사회복지역사

HISTORY OF SOCIAL WELFARE

장갑수 곽미정 권 붕 김광수 정명희 박주현 저

왜 우리는 사회복지의 역사를 알아야 하는가? 과거의 사회복지를 만남으로써, 우리는 과거의 사실을 바르게 이해할 수 있다. 또한, 여기에 그치는 것이 아니라 현재를 사는 우리가 사회복지를 발전시키는 데 도움을 준다. 왜냐하면, 현재는 과거의 결과물이기 때문이다. 사회복지의 역사를 공부하는 것은 과거의 사실을 바르게 이해하는 데서 출발하여, 현재의 사회복지 발전을 약속하는 것이다. 그것은 곧 미래의 사회복지를 향한 더욱 넓은 안목을 길러나가는 길이다.

양 성 원

머리말

왜 우리는 사회복지의 역사를 알아야 하는가? 과거의 사회복지를 만남으로써, 우리는 과거의 사실을 바르게 이해할 수 있다. 또한, 여기에 그치는 것이 아니라 현재를 사는 우리가 사회복지를 발전시키는 데 도움을 준다. 왜냐하면, 현재는 과거의 결과물이기 때문이다. 사회복지의 역사를 공부하는 것은 과거의 사실을 바르게 이해하는 데서 출발하여, 현재의 사회복지 발전을 약속하는 것이다. 그것은 곧 미래의 사회복지를 향한 더욱 넓은 안목을 길러나가는 길이다.

복지라는 말은 원래 '행복'이라는 의미를 가지고 있으며 이러한 원래의 뜻에 입각하여 생각하면 사회복지는 '사회 전체의 행복'을 의미하게 된다. 사회복지란 사회 구성원의 일정한 생활 수준 및 보건 상태를 확보하기 위한 사회정책 및 제도의 조직적인 체계를 말한다. 사회복지의 개념을 좁은 의미로 사용할 때는 노인 · 신체장애인과 같이 평균적 생활 수준에서 낙오된 사회적 약자에 대한 특수한 사회적 보호의 방책을 말한다. 넓은 의미로는 사회적 약자뿐만 아니라 모든 사회 구성원이 일생 동안 행복하고 안정된 바람직한 삶을 누릴 수 있도록 하는 인간의 사회적 노력이라 말할 수 있다.

사회보장제도는 옛날에도 존재했지만 보편적으로 시행된 것은 아니었다. 영국에서는 그러한 제도를 1945년 이전에는 주로 사회봉사라 했고, 그 이후 사회보장이라는 말을 사용하였다. 독일에서는 19세기 말 질병보험을 비롯한 사회보장제도가 발달했으며, 미국에서는 1935년 사회보장이라는 말이 실증법상에 세계 최초로 나타났다. 따라서 사회보장의 역사는 오래된 것이라 할 수는 없지만, 사회보장의 영역에 들어갈 수 있는 각종 사업은 이미 여러 나라에 존재하고 있었다. 그중에서도 가장 보편적인 것이 빈곤과 재해를 구제하기 위한 구빈사업(救貧事業)이었다. 구빈사업은 오늘날의 사회보장, 특히 공공부조의 원초적 형태라고 말할 수 있다.

사회보장의 개념은 역사적으로 점차 확대되어 왔다. 영국의 사회보장제도를 발달시키는 데 공이 컸던 베버리지(Beveridge)는 사회보장을 실업 · 질병 · 사고 · 정년퇴직 등으로 말미암은 생계의 위협을 예방하고, 출생 · 사망 · 혼인 등으로 말미암은 예외적 지출을 해결하기 위하여 소득을 보장하는 활동이라고 규정하였다. 그러나 오늘날 소득보장 이외에도 의료보장을 사회보장의 개념 속에 포함시키는 것이 일반적이다. 국제노동기구(ILO)에서는 사회보장의 내용을 사회보험과 공공부조의 두 가지로 나누고 있고, 우리나라와 일본에서는 사회보험과 공공부조 · 사회서비스(사회복지서비스)로 나누고 있다.

우리나라 사회보장제도의 역사는 매우 짧지만, 전통사회에서 널리 시행되었던 구빈정책 혹은 구황사업(救荒事業)도 넓은 의미의 사회보장, 특히 공공부조의 범주에 넣을 수 있다. 구빈정책과 구황사업은 광복 이후에도 1950년대 말까지는 국가에 의한 공공부조의 주종을 이루었으며, 사회보험과 사회서비스(사회복지서비스)가 본격적으로 시행된 것은 1960년대 이후부터였다.

이 책 말미의 참고문헌은 이 책을 쓰는 데 큰 도움이 되었다. 이 외에도 그동안 읽었지만 서지정보를 기억하지 못하는 다양한 자료를 참고하였음을 밝힌다. 이러한 참고문헌이 없었다면 이 책은 세상에 선보일 수 없었을 것이다. 그럼에도 이 책은 부족한 부분이 많다. 이 책의 부족한 부분은 참고문헌을 통해 더욱 깊고 넓은 학문의 세계로 나아가기를 원한다.

끝으로 원고를 의뢰 · 편집 등 다양한 역할을 한 도서출판 양성원 관계자 분들께 마음속 깊은 곳에서 고마움을 전한다. 무엇보다 이 책을 쓸 수 있도록 건강과 시간 등 모든 것을 허락하신 존귀하신 하나님의 축복과 은혜는 그 무엇으로도 표현할 수 없다. 모든 영광을 하나님께 드린다.

2019년 8월

저자 일동

차 례

Chapter 06 사회조사와 자유주의적 개혁

Chapter 07 자선조직협회와 전문사회사업

Chapter 08 국가책임주의와 복지국가의 형성

Chapter 09 복지국가의 팽창과 확산 및 발전

Chapter 10 복지국가의 위기와 재편 및 전망

Chapter

01

사회복지 역사 탐구의 기초적 이해

Chapter 01

사회복지 역사 탐구의 기초적 이해

1. 사회복지 역사 탐구의 의의와 방법

1) 사회복지 역사 탐구의 의의

현대 사회복지제도의 발달은 인류의 역사와 함께 진행되어 왔다. 사회복지의 역사는 지나간 과거의 사회복지적 사실을 살펴보는 일이며, 현재의 사실에 대한 더욱 객관적이고 올바른 이해를 가능하게 하는 데 있다. 특히, 사회복지의 역사를 통하여 사회복지 활동이 과거에 어떠한 모습으로 이루어졌으며, 오늘의 사회복지가 형성되기까지 어떤 과정을 밟아왔는지를 살펴보는 것은 대단히 중요하다.

(1) 역사의 개념

역사(歷史)란 무엇인가? 아주 단순하게 말하면, 역사는 과거부터 지금까지의 시간 흐름이다. 그러나 단순히 시간이 흘러가는 것이 역사가 아니다. 시간의 흐름은 역사를 구성하지만, 그 자체가 역사는 아니다. 역사는 맥락이 있는 시간의 흐름이다. 시간은 어떤 일정한 규칙이나 유형을 보이면서 지나간다. 그냥 흘러간 시간이 아니라, 흘러간 시간 사이에 있는 연결고리가 있는 시간의 흐름이 역사다. 따라서 역사의 기본적 의미는 인류 사회의 변천과 흥망의 과정, 이와 관련된 의미 있는 과거 사실에 대한 인식 또는 그 기록을 뜻한다.

▲ 과거에 일어난 일 모두가 역사인가?

역사란 단어는 19세기 말 서양의 히스토리(history)라는 단어를 번역한 말이다. 근대 이후 한국 · 일본 · 중국에서 공통으로 사용되고 있다. 이 용어가 들어오기 전 동양의 역사는 사(史) · 감(鑑) · 통감(通鑑) · 서(書) · 기(記)라는 용어로 쓰였다. 한편, 사(史)라는 한자의 어원은 객관성을 상징하는 중(中)과 기록을 상징하는 수(手)의 합성어로서 '객관적으로 공명정대하게 기록하는 행위' 자체를 의미하였으며, 이후 어떤 일 · 사실의 편찬을 맡아 초고(草稿)를 쓰는 일을 맡아보던 벼슬 또는 그런 벼슬아치, 즉 사관(史官)의 의미로도 사용되었다(http://encykorea.aks.ac.kr).

전통적인 동양의 역사는 사관이 기록한 기록물로서, 연구자의 자의적 해석을 금기시하고 원전을 충실히 인용함을 중시하였다. 자신의 견해는 사론(私論) · 찬(贊) · 안(案) · 평(評)이라는 제목하에 역사의 기록과 구분해 붙였다. 그런데 서양의 히스토리는 저자의 주관적인 서술이 중심을 이루는 학문이어서 종래의 사학과는 그 방법이 크게 다르므로 새로운 번역 용어가 만들어졌다. 그러나 오늘날에는 역사학과 사학은 같은 개념으로 사용되고 있다.

역사라는 용어에는 4가지의 개념이 있다. 첫째, 시간이 흘렀다는 뜻이다. 지구의 역사, 군대의 역사라고 할 때의 개념과, 역사가 오래된 학교라고 칭할 때의 개념이 이에 속한다. 둘째, 과거에 기록해 놓은 기록물을 뜻한다. 예컨대, 《삼국사기》, 《고려사》, 《조선왕조실록》, 《승정원일기》, 《비변사등록》 등을 역사라고 칭할 때와, 역사시대와 선사시대라고 구분할 때의 개념이 그 경우이다. 셋째, 역사학을 의미한다. 이는 사학이라고도 한다. 연구자에 의해 전문적으로 연구 · 서술하는 학문이란 개념이 그것이다. 넷째, 철학적 · 추상적 개념으로 과거의 역사가 어떤 의미를 가지는가 할 경우와, 역사의 죄인이라든가, 역사의 심판을 받는다, 역사를 창조한다고 할 때의 용어는 이 개념에 속한다(박주현, 2018: 11-16).[1)]

동양의 역사에서는 기록을 정확히 남기는 것에 큰 가치를 두어 지배층의 계보, 왕과 신하들의 행동과 말을 꼼꼼히 기록하였다. 그리고 왕조의 역사를 중시했으며, 왕조를 유지하는 필수요인을 군주와 신하 그리고 통치제도로 파악하였다. 또한, 군주의 선악을 평가하는 평정(評定)함을 중시했으며, 공자가 편찬한 《춘추(春秋)》의 정신을 이어받는 '춘추필법(春秋筆法)'[2)]을 역사기록의 근본정신으로 삼았다.

주로 역사라 할 때는 인간의 역사를 말한다. 그러나 인간의 역사는 시간에 따라 전 지구상에서 진행되어 왔다. 이를 지역과 대상에 따라 세계사와 각 국사, 그리고 동양사 · 서양사로 구분하기도 한다. 그리고 역사를 총체적으로 다루는 통사와 분야별로 다루는 분류사가 있다. 분류사에는 정치사 · 경제사 · 사회사 · 사상사 · 문화사 · 예술사 · 문학사 · 어학사 등 다양한 종류의 역사가 있다.

그리고 이를 더 세분하면 분야사(分野史)도 있다. 또 면면히 이어지는 역사를 더욱 선명하게 다루기 위해서 일정한 시기를 그어 구분하는 시대구분이 있다. 그러나 역사의 시대구분은 연구자의 편의상 시도된 것일 뿐 시대구분이 타당하지 않다는 반론도 있다. 한국사의 시대구분은 여러 가지 기준에 따라 여러 가지 방식이 있으나, 일반적으로

1) 이러한 개념 중에서 일반적으로 역사라고 할 경우, 과거 및 현재의 인간이 지적 · 예술적 · 사회적 활동을 한 산물의 총체 및 부분을 역사라고 한다. 역사 연구의 내용과 대상은 시대와 역사의식의 발전에 따라 달라져 왔다. 고대는 역사의 대상이 주로 국가의 역사였다. 국가의 시조에 대한 신화가 기록되고, 전쟁사, 국경 혹은 영토의 확대, 자연 현상의 기록, 사신의 왕래 등이 주를 이루었다.

2) 이 말은 《춘추》의 문장에는 공자(孔子)의 역사 비판이 나타나 있다고 하는 데서 비롯된 것으로, 중국의 경서(經書) 《춘추》와 같은 비판적인 태도로 오직 객관적인 사실에만 입각하여 기록하는 것을 의미한다. 일명 '춘추직필(春秋直筆)'이라고도 한다.

왕조단위와 성격단위가 함께 절충된 시대구분이 일반화되어 있다.

역사는 인간과 인간문화, 사회의 속성을 정확히 이해하기 위해서 알아야 한다는 현대적 효용성이 있는가 하면, 자기 국가와 문화의 정체성을 정립하기 위해서 배워야 한다는 견해도 있다. 그러나 과거 중국이나 한국에서 역사는 과거의 잘잘못을 되풀이하지 않기 위해서 배운다고 인식되었다. 그리고 개인의 선과 악을 구분해 주는 기록으로도 이해되었다. 또한, 유교 경전이 원리를 제시하는 기본으로서의 체(體)라면, 역사는 경전의 원리가 구체적으로 적용된 용(用)으로 이해되기도 하였다.

역사의 자료로는 문자로 기록된 모든 자료와 생활의 도구로 사용된 유물, 생활의 근거로 남겨진 유적, 전해 오는 설화, 그리고 인간의 기억을 회생한 구술자료 등이 활용되고 있다. 또한, 역사의 기록으로 메울 수 없는 공백이나 자료의 해석에는 인류의 보편적 모습(상태)을 비교 연구하는 인류학적 연구 성과의 도움을 받기도 한다. 그리고 역사적 해석에는 사회과학적 방법의 도움을 받기도 한다. 그런데도 역사는 인문학에 속한다. 왜냐하면 역사가의 역사에 대한 의식에 따라 자료의 취사선택이 가능하며, 이를 묘사하는 행위는 문학적 성격을 지니기 때문이다. 역사는 문학 · 철학과 함께 인문학의 기초가 되는 중심이라 할 수 있다(http://encykorea.aks.ac.kr).

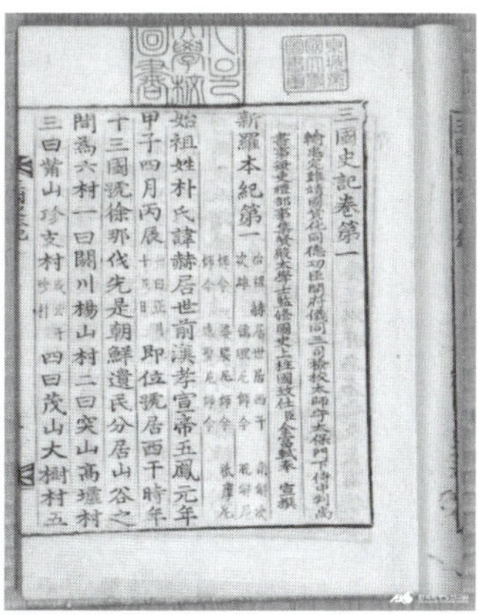
三國史記卷第一
新羅本紀第一
始祖姓朴氏諱赫居世前漢孝宣帝五鳳元年
甲子四月丙辰 即位號居西干時年
十三國號徐那伐先是朝鮮遺民分居山谷之
間爲六村一曰閼川楊山村二曰突山高墟村
三曰觜山珍支村 四曰茂山大樹村五

▲ **삼국사기(三國史記)**

출처: http://terms.naver.com

한편, 역사의 '불편한 진실'은 없을까? 바로 역사는 '이긴 자의 기록'이라는 견해다. 이러한 견해에 따르면, 역사는 현재를 지배하는 세력의 주관적 기록이다. 예컨대, 우리는 삼국시대 당시 삼국 건국 순서를 '신라 – 고구려 – 백제'로 배우고 있다. 이는 《삼국사기(三國史記)》[3]에 근거한 결과이다. 그런데 만약 고구려가 삼국 통일을 했더라도 삼국 건국 순서가 그렇게 되었을까? "신라가 그 건국이 고구려와 백제보다 뒤진 것을 부끄럽게 생각하여, 두 나라를 멸망시킨 뒤에 기록상 세대와 연조(年祚)를 삭감하여 모두 신라 건국 이후에 세워진 나라로 만든 것이다(신채호, 1948; 박기봉, 2006: 154, 재인용)." 그나마 고구려는 건국시조로서 주몽(朱蒙)[4]의 존재를 인정하고 있지만, 백제는 건국 연대 조작뿐만 아니라 건국시조로서 소서노(召西奴) 여왕[5]의 존재마저 부인하고 오늘날 우리가 알고 있는 것처럼 비류(沸流)와 온조(溫祚) 형제가 백제 건국을 한 것으로 전해지고 있다(신채호, 1948; 박기봉, 2006: 176–177, 재인용).

(2) 사회복지 역사 탐구의 의의

영국의 저명한 사회학자요 마르크스주의 역사학자 홉스봄(Hobsbawm)은 1789년 프랑스 혁명부터 1914년 제1차 세계대전(1914–1918)[6] 발발에 이르는 과정을 다룬 3부작 《혁명의 시대(The Age of Revolution)》, 《자본의 시대(The Age of Capital)》, 《제국의 시대(The Age of Empire)》를 집필하면서 자신의 시도에 대해 다음과 같이 표현했다(김동택 역, 1998: 65–66).

---

3) 《삼국사기(三國史記)》는 1145년(인종 23)경에 김부식(金富軾) 등이 고려 인종의 명을 받아 편찬한 삼국시대의 정사다. 기전체의 역사서로서 본기 28권(고구려 10권, 백제 6권, 신라 · 통일신라 12권), 지(志) 9권, 표 3권, 열전 10권으로 이루어져 있다. 현재까지 전해 오는 우리나라 역사책 중에서 가장 오래되었다.

4) 주몽(朱蒙)은 기원전 58년에 태어나서 기원전 19(동명성왕 19)년에 사망한 것으로 기록되어 있다. 그의 재위 기간은 기원전 37년부터 기원전 19년이다. 성은 고씨(高氏)이며, 이름은 주몽(朱蒙) 또는 추모(鄒牟), 상해(象解), 추몽(鄒蒙), 중모(中牟), 중모(仲牟), 도모(都牟)라고도 한다.

5) 신채호(1948)는 소서노를 우리나라 역사상 첫 여왕으로 소개하고 있다. 고구려 주몽을 도와 고구려를 건국하였고, 비류와 온조 두 아들의 어머니로서 백제를 건국하고 첫 번째 왕이 되었다(박기봉, 2006: 176-177, 재인용).

6) 1914년 7월 28일 오스트리아가 세르비아에 대한 선전포고를 하면서 시작되었으며, 1918년 11월 11일 독일의 항복으로 끝난 세계적 규모의 전쟁이다. 이 전쟁은 영국 · 프랑스 · 러시아 등의 협상국(연합국)과, 독일 · 오스트리아의 동맹국이 양 진영의 중심이 되어 싸운 전쟁으로서, 그 배경은 1900년경의 '제국주의' 개막의 시기부터 고찰되어야 할 것이다. 이 전쟁으로 약 1,000만 명이 죽고, 약 2,000만 명이 부상을 당했다.

"19세기 역사와 그것의 역사적 위치를 이해하고 설명하는 것, 과거 토양으로 돌아가 우리의 현재를 이루고 있는 뿌리를 추적하는 것, 무엇보다도 분산된 주제의 나열(예컨대, 다른 국가, 다른 정치 · 경제 · 사회 · 문화 등에 관한 역사의 나열)이 아니라, 응집된 전체로서의 과거를 보여 주려는 데 있다."

▲ 에릭 홉스봄(1917~2012)

홉스봄(1987)이 말한 것처럼, 사회복지를 연구하는 사람들이 사회복지 역사를 이해해야만 하는 가장 중요한 이유는 바로 '과거로 돌아가 현재의 뿌리를 추적'해야 하기 때문이다. 말하자면, 우리가 분석하고 연구하는 사회복지제도 혹은 행위가 극히 현대적인 현상인데도 과거 봉건시대로까지 되돌아가 「구빈법(救貧法, Poor Law)」[7]부터 현대 복지국가에 이르기까지 그 궤적을 추적하는 궁극적인 까닭은 그런 과정을 통해, 아니 통해서만이 현대적 사회복지의 본질을 파악할 수 있다는 것이다(원석조, 2013: 15).

흔히 사회복지 역사 연구는 발달사 연구로 표현하고 있다. 그러나 정작 '발달'이 무엇을 의미하는가에 대한 정의를 내리기는 녹록하지 않다. 사회복지 발전 혹은 발달이 무엇인가를 생각할 때는 다음 두 가지 문제를 해명하여야 한다. 그 첫째는 발달 혹은 발전이 무엇을 의미하는가에 대한 정의를 내리는 것이며, 둘째는 더욱 근본적인 문제로, 과연 역사가 발달 혹은 발전하는가라는 역사관이 분명하게 드러나야 한다.

사회복지가 발달 혹은 발전한다는 인식을 명확하게 제시하고 기술한 예는 사회복지

7) 「빈민법(貧民法)」이라고도 부르는 「구빈법」은 영국의 빈민을 구제하기 위한 법률을 뜻한다. 중세의 빈민구제는 교회 · 수도원 · 장원(莊園) · 길드(guild) 등에서 하였으나, 16세기 「인클로저 법(法)」과 물가 앙등(昂騰)의 영향으로 거지와 부랑자가 늘어나고, 수도원이 해산되었기 때문에 교구(敎區)가 구빈사업을 책임지게 되었다. 그리하여 구빈세(救貧稅)가 과해지고 구빈위원회도 설치되었는데, 이들 제도가 1601년 「구빈법」으로 통합되었다. 1662년 「정주법(定住法)」에서는 떠돌이 빈민을 출생지로 돌려보내도록 규정하였으며, 1723년에는 빈민을 구빈원(救貧院)에 수용하여 일을 시키고, 거부하는 자는 구제하지 않아도 된다고 하였다. 1782년 원외구조(院外救助)가 인정되었고, 1795년 스핀햄랜드제도에서는 일정 임금 이하의 사람에게는 구빈세에서 생활보조금을 주기로 하였으나, 1834년 개정된 법에서는 원외구조가 완전히 폐지되었다. 그 후 구빈사업은 차차 주(州)와 국가기관으로 이관되었고, 20세기에 와서는 사회보장제도가 발달하여, 1946년 「국민보험법」 및 1948년 「국민부조법」이 제정됨으로써 「구빈법」에 대신하는 새로운 복지제도가 완성되었다. 이와 관련한 상세한 내용은 이 책 제3장과 제4장에서 다루고 있다.

역사를 진화과정으로 파악한 로마니신(Romanyshyn)에서 찾을 수 있다. 그가 제시한 사회복지는 자선의 성격, 즉 소극적 의미로부터 더 넓은 적극적인 의미로 변천한다. 구체적으로, 사회복지는 잔여적 개념에서 제도적 개념으로, 자선사상에서 시민의 권리사상으로, 빈민에 대한 특별한 프로그램에서 전(全) 국민의 보편적 욕구에 대한 관심으로, 가능한 최저한의 급여와 서비스에서 최대한의 적절한 급여와 서비스로, 개인의 치료에서 사회의 개혁으로, 민간 후원에서 정부 후원으로, 빈민을 위한 복지라는 개념에서 복지사회라는 개념으로의 점진적 진화과정으로 파악할 수 있다(전남진, 1987: 50, 재인용).

인간 생존의 역사로서 사회복지 역사를 연구하는 것은 과거의 역사성과 사회성을 공부함으로써 미래의 사회복지 발전에 이바지하기 위한 것이다. 이를 위해 현재 당면한 사회적 문제와 욕구를 올바로 이해하고, 그것을 해결하기 위하여 역사를 배우면서 폭넓고 다양한 식견과 균형 잡힌 직관 및 판단력을 갖추어 미래를 예측하는 연구자로서의 구실과 구체적인 문제 해결에 이바지하는 실천가로서의 구실을 적절히 해낼 수 있을 것이다. 물론 현재 당면한 문제의 해결방안을 찾거나 미래를 대비하기 위한 참고자료의 역할을 할 뿐이지, 확실한 예측 수단을 원하는 대로 언제나 제공해 줄 수는 없다.

사회과학이 연구대상으로 삼는 사회현상은 자연현상과는 달리 역사적인 맥락이 있다. 사회복지가 해결하고자 하는 사회문제(社會問題, social problems)[8]가 시대에 따라 확대되어 왔기 때문에 사회복지의 개념과 영역도 확대되어 왔다. 그렇기 때문에 사회복지라는 개념은 결코 고정적인 것은 아니며, 앞으로도 사회 변화와 사회문제에 따라 계속해서 변화하고 발전해 나갈 것이다. 이미 사회복지가 인간과 사회, 그리고 양자의 변화를 통하여 인간의 부적응문제를 해결하고자 하는 조직적인 활동이라고 개념 정의를 한다면, 그것 역시 현대적인 의미에서 그렇다는 뜻이다. 결코 과거에도 사회복지가 그

8) 사회문제란 사회제도나 사회구조의 결함·모순에서 생기는 문제로, 그 발생 원인이 사회에 있으며, 사회가 해결해야 한다고 많은 사회 구성원에 의해 평가하는 문제라고 할 수 있다. 따라서 사회문제를 해결하려면 당사자에 대한 개인적 차원의 원조가 아니라, 사회정책적 견지에서 결함이나 모순을 시정하여야 한다. 사회문제의 해결에는 사회의 변혁이나 개량이 생각되는데, 그 방향에는 현 체제의 테두리 안에서 해결·완화하려는 것과 체제 자체를 변혁함으로써 해결하려는 것이 있다.

런 개념이었다는 것도 아니고, 미래에도 그러할 것이라는 의미도 아니다.

따라서 사회복지의 본질과 개념, 사회에서 사회복지가 차지하는 역할과 비중 등을 정확하게 파악하기 위해서는 사회복지가 발전해온 과정을 깊이 연구하고 이해하여야 한다. 현대에 행해지는 다양한 사회복지사업을 단순히 분류하거나 다른 국가의 그것과 비교하는 것만으로는 사회복지의 본질이 결코 명백해질 수 없다. 예컨대, 초등학교, 중학교, 고등학교, 대학교 등으로 분류하고 각각의 기관이 어떤 교육서비스를 제공하는가에 초점을 맞추고 연구한다고 해서 각 교육기관의 본질을 파악할 수는 없는 것과 마찬가지이다. 사회복지 역사를 연구하는 목적이 사회복지에 관련된 역사적 사실에 관한 지식을 얻는 것에 머무르지 않고, 사회복지 그 자체의 개념이나 기능을 정확하게 파악하는 것에 있다는 것은 바로 이러한 까닭이기 때문이다(박광준, 2002: 41-42).

(3) 사회복지 역사 탐구의 가치

과거에 대한 연구결과는 현재 우리 삶의 다양한 존재양식 및 문제에 대하여 영향력 있는 대안을 제시할 수도 있다. 이러한 연구결과가 역사를 연구하고 공부하는 중요한 필요성이라고 말할 수 있다. 따라서 사회복지 역사에 대해 공부하는 이유, 즉 사회복지 역사에 대해 공부하는 것이 우리에게 어떤 가치가 있는지를 감정기 등은 다음과 같은 세 가지로 제시하고 있다(감정기 외, 2002: 21-22).

첫째, 현대사회에 이르러 정착된 사회복지 생성 및 발달과정과 역사적 특성을 이해할 수 있다는 점이다. 오늘날 많은 복지제도는 자본주의 발전과정에서 발생한 사회문제와 욕구에 대한 대응으로 등장한 것으로 현대적 관점에 사회복지제도는 자본주의 변화와 사회복지 변화를 함께 고려함으로써 이해되어야 할 것이다.

둘째, 과거의 사회문제 및 사회적 욕구, 그리고 이에 대응했던 사회복지제도 및 프로그램의 등장과 변천과정에서 나타난 성공과 실패 원인, 조건, 배경 등에 관한 지식을 확보함으로써 현재의 사회복지정책, 제도, 프로그램 개발에 활용할 수 있다.

셋째, 사회복지 역사를 연구하는 과정에서 발견할 수 있는 사회복지제도의 변천 혹은 발전에 내재하는 모종의 법칙성을 발견함으로써 한국적 사회복지제도 발달의 이론화에 적용할 수 있다. 아직 우리의 사회복지 역사가 짧기 때문에 서구의 사회복지 역사로부터 하나의 제도가 생성 · 소멸되는 일반적 원리와 조건을 배울 수 있다.

2) 사회복지 역사 탐구의 방법

사회복지 역사를 연구하고 설명하는 방법은 다양할 수 있지만, 시대구분에 따른 연구방법, 비교연구방법, 사례연구방법이 유용하게 적용될 수 있다. 즉, 시대에 따라 사회복지제도와 의미가 변화하기 때문에 어떤 시기를 종적으로 바라보기가 어려우므로 시대를 구분하여 접근해야 한다. 또한, 시대적으로 같은 시대라 하더라도 사회와 국가마다 사회복지제도의 내용과 의미가 다를 수 있기 때문에 비교하는 방법이 필요하다. 또 필요에 따라 사회복지의 미세한 역사적 사실을 알기 위해서는 특정 시대 · 사회 · 국가를 집중적으로 분석하여야 한다(감정기 외, 2002: 43-44).

(1) 시대구분에 따른 연구

사회복지 역사의 기술에서 무엇보다 중요한 것은 수세기에 걸친 연구범위, 즉 그 시작과 끝 시점 사이의 시간적 범위 속에 너무도 큰 차이가 있는 사상 · 사건이나 역사적 사실을 어떻게 어느 정도로 시대를 구분하여 그 변화과정을 명백히 할 것이냐이다. 더구나 그 시대구분이 자의적이어서는 안 되기 때문에 그 근거를 명시하여야 한다(박광준, 2002: 45). 따라서 지금까지 소개된 시대구분연구를 몇 가지로 분류해보면 다음과 같다(감정기 외, 2002: 45-48).

첫째, 자본주의 발달단계에 따른 구분으로, 즉 자본주의 생산양식의 변화에 따라 시대를 구분하고, 이에 일치하게 대응하는 사회복지제도나 정책의 변화를 분석하는 것이다.

둘째, 수혜자의 주체적 반응의 변화에 따라 구분하는 방법이다. 예컨대, 고도진(高島進, 1995)은 자본주의의 발전, 사회복지대상 및 문제의 변화, 수혜자의 반응으로 시대를 구분한다(이상록, 1991: 50). 이 접근은 앞의 자본주의 발달단계에 따른 접근보다는 포괄적이고 수혜자의 반응을 제시했다는 점에서 세련되었으나, 국가 혹은 정치체제의 변화가 주변적으로 다루어진다는 약점이 있다.

셋째, 통합적 접근으로 자본주의 발전단계를 외재적 측면으로 하고 사회정책의 형태(법, 제도, 프로그램)와 내용(대상자 및 보장 위험범위, 위험분산, 국가 개입태도), 사회정책에 대한 수혜자의 의식 및 수혜자에 대한 사회인식을 내재적 측면으로 설정하여 사회복지 발달단계를 설명하고 있다.

넷째, 정치 · 사회적 변수를 중심으로 시대를 구분하는 접근이다. 이 접근은 복지국가의 산출구조가 국가, 세계체제, 사회계급 간의 관계에 의해 영향을 받는다는 점을 고려해야 한다거나, 정치체제와 그 내부의 행위자들 간의 상호작용 속에서 사회복지의 변화를 파악해야 한다는 견해다.

이상의 접근은 대체로 비(非)사회복지적 기준으로 시대를 구분한 후 해당 시기의 사회복지 내용, 특성, 변화 등을 파악해나간다. 하지만 그 반대의 접근방법도 가능하다. 사회복지제도나 복지국가 등 거시적인 사회복지 변화과정에서 나타나는 외양 및 내용의 질적 변화나 경제적인 특성을 중심으로 시대를 구분한 후 해당 시기에서의 생산양식과 같은 외재적 요인, 그리고 사회복지의 변화를 둘러싸고 발생하는 다양한 차원의 내재적 요인의 관계를 살펴봄으로써 각 시기의 사회복지에 대한 이해의 폭을 넓혀 나가는 방식이다(김승훈, 2000: 23-24).

(2) 비교연구

비교연구(比較硏究, Comparative study)는 교육연구에서 광범위하게 사용되는 접근방법이다. 유사점, 공통점, 차이점 등을 상호 비교하는 방법으로, 비교교육학(比較敎育學, comparative education)[9]에서는 이 방법이 핵심이 되고 있다. 그러나 넓은 의미의 비교연구

9) 1817년 프랑스인 줄리앙(M. A. Julien)의 "비교교육학 연구를 위한 예비적 고찰"에서 처음으로 그 명칭이 사용되었고,

법은 일반적으로 역사적 연구, 기술적 연구, 실험적 연구 등에서도 상용될 수 있다. 비교교육학에서 국민교육제도를 상호 비교연구할 때는 역사적 접근법, 사회과학적 접근법, 철학적 접근법, 문제접근법 등으로 구분되지만, 그 어느 경우를 막론하고 국제 간 또는 서로 다른 사회 간의 비교를 전제로 한다. 비교연구에서는 구체적인 사실의 기술로서 만족할 수 없으며 역사적, 사회적, 철학적, 일반화(generalization)가 요청된다. 그러나 구체적 사실의 규명이 선행되어야 함은 물론이다.

비교연구는 비슷한 사회 · 경제적 배경 아래 각 국가가 그러한 환경에 어떻게 변화하는가를 잘 보여 준다. 즉, 사회복지 발전에서 문화적 전통이라는 요소가 각 국가의 독자적인 사회복지 발전에 얼마나 큰 영향을 미치는가를 드러내는 것이다. 예컨대, 사회보험 도입에서 독일의 비스마르크(Bismarck) 사회보험 내용은 결국 당시까지 존재하였던 질병금고제도를 약간 변형한 정도였고, 혁명적인 변화를 거친 것으로 이야기되는 소비에트(soviet)[10] 사회보장제도도 그 내용과 시행과정을 보면, 당시까지 러시아의 문화적 전통을 초월하지 못했음을 알 수 있다(박광준, 2002: 49).

이 책에서는 사회복지 역사에 대한 서술 중 대부분을 영국의 사회복지 역사를 중심으로 전개하고 있다. 자본주의 최선진국이었던 영국의 사회문제에 대한 국가의 개입이 빨랐는데, 이는 최초로 의회민주주의 실현과 산업혁명 등 다른 나라가 경험하지 못했던 부분에서 선두에 있었기 때문이다. 이에 「구빈법」이 성립된 이래 약 300여 년간 유지되면서 사회 · 경제상의 변화에 따른 「구빈법」의 대응과정은 그것이 가진 강점뿐만 아니라, 그 제도의 한계에 관해서도 역시 많은 교훈을 보여 주고 있다. 이와 함께 같은 시대에 발생한 사회복지 역사를 여러 국가로 확대하여 논의한다.

본격적인 연구는 20세기 이후 영 · 미 · 독 · 불 등에서 점차 추진되었다. 미국의 캔들(I. L. Kandel), 영국의 한스(N. Hans), 독일의 슈나이더(F. Schneider) 등에 의해서 그 초석이 놓여졌으며, 점차 전 세계적으로 확충되면서 학문적 전통이 공고히 되어 가고 있다. 그러나 아직까지도 연구의 과제와 대상, 연구의 방법론 등에 있어서 많은 문제점이 제기되고 있고, 비교연구법의 난점을 충분히 극복하지 못하고 있다.

10) 소비에트(Soviet)는 러시아 말로 프롤레타리아 독재정권의 권력기관 또는 권력형태, 즉 평의회 또는 대표자 회의를 뜻하는 단어이다. 그러나 이후 러시아 혁명 때 노동자 · 병사 등의 대의원인 소비에트 기관이 창설되면서 부르주아 민주주의 의회에 대비되는 개념이자, 민중에 의해 자발적으로 조직되고 운영되는 프롤레타리아 독재 정권의 권력기관이란 의미로 전용되었다.

이러한 비교적 관점의 연구방법은 비슷한 사회 · 경제적 배경 아래에서 각 국가가 그러한 환경에 어떻게 변화하는가를 잘 보여 준다. 즉, 그것은 사회복지 발전에서 문화적 전통이라는 요소가 각 국가의 독자적인 사회복지 발전에 얼마나 큰 영향을 주는가를 단적으로 보여 줌으로써 사회복지 발달을 전반적으로 이해하는 데 많은 도움을 준다.

(3) 사례연구

사례연구(事例研究, Case study)는 대량 관찰이나 대표 표본에 의하지 않고, 하나의 사례 또는 여러 사례를 집중적으로 연구하는 방법이다. 다르게 표현하면, 사례연구는 특정 사례에 대해 여러 사람이 전개과정, 특성, 문제점과 원인 및 대책을 검토하고 분석하는 훈련방법을 말한다. 보통 사회과학에서 사례연구라고 할 때는 양적 연구의 전통에 대한 반동으로 나타난 질적 연구방법의 하나이다. 사례연구는 주로 관리자나 감독자의 의사결정이나 인간관계에 관한 훈련에 활용되고 있으며, 구체적인 과제를 놓고 집단적으로 토의하는 데 특징이 있다.

옌(Yen)은 사례연구를 현상과 맥락 간의 경계가 불분명한 경우 다면적 증거 원천을 사용함으로써 현재의 현상을 실생활 맥락 내에서 연구하는 경험적 탐구라고 정의하였다. 이처럼 사례연구는 맥락을 독립적으로 구분하는 것이 아니라, 맥락 속에서 현상을 이해하고자 하며, 연구의 초점을 실생활에 두어 표준화된 측정도구가 아닌 다면적 자료를 축적하는 연구이다. 결과적으로 사례연구는 사상이나 조건 및 그들 간의 관계성에 대한 세밀한 맥락적인 분석을 하고자 한다(김승훈, 2000: 25-26).

사례연구는 다른 교육훈련의 방법과 비교할 때 다음과 같은 장점이 있다. 첫째, 훈련을 받는 자 모두가 능동적으로 참여할 수 있고, 과제에 대해 관심과 흥미를 가질 수 있다. 둘째, 주입식 교육이 아니고 자발적으로 연구를 하기 때문에 독자적인 문제 해결의 능력을 기를 수 있다. 셋째, 참여한 모든 사람의 여러 가지 경험과 의견을 듣게 되므로 폭넓은 지식이나 정보를 얻게 됨은 물론 더욱 합리적이고 바람직한 결론을 내릴 수 있다. 넷째, 공동으로 문제를 해결하는 경험을 살려 민주적 정책결정이나 의사결정에 활용할 수 있다.

사회복지 역사를 연구할 때, 이러한 사례연구는 특정 시대 혹은 특정 범주 내에서 구체적 사례를 들어 전체적인 이해를 돕고자 할 때 유용하게 사용될 수 있다. 또한, 하나의 이론이 적용되는 구체적이고 경험적 근거가 요구될 때, 그에 적합하고 전형적이라고 판단되는 사례를 분석하여 제시할 수도 있다(김승훈, 2000: 26; 박주현, 2018: 19).

〈표 1-1〉 사회복지 역사연구방법

연구방법	변화요인	
시대 구분에 따른 연구	외적 요인	사회 · 경제적 환경 변화(자본주의 생산방식, 산업화, 세계화)
	내적 요인	원조방법(이념과 원리, 급여방식, 대상, 전달체계, 재정)
비교연구	횡단적 연구	동일 시대와 공간(특정 시대의 국가 간 비교)
	시계열 연구	동일 공간과 시간(특정 국가의 시간에 따른 변화 비교)
사례연구	특정 사례	특정 개인, 집단, 국가대상의 변화를 심층적, 집중적으로 조명

출처: 이강희 외(2006: 19).

2. 사회복지 변화와 발전을 설명하는 다양한 이론

사회복지학은 사회복지제도와 관련된 여러 이론의 정립을 궁극적인 목표로 삼고 있다. 따라서 사회복지제도와 관련된 여러 이론의 정립을 위해서는 사회복지의 역사에 대한 연구를 꼭 하여야 한다. 그런데 사회복지학은 그 역사가 짧아 1950년대에 와서 비로소 학문으로서의 기초적 틀을 마련하게 되었고, 최근에 이르러 정리되기 시작했다. 최근 사회복지제도의 변화와 발전을 설명하는 이론이 다양하게 제시되고 있다. 그런데 그 내용을 살펴보면 서로 비슷한 점이 상당히 많은데, 대체로 기능주의적 이론의 관점에서 점차 갈등주의적 이론[11]의 관점으로 확대되어 왔다고 말할 수 있다(김승훈, 2010: 30-53; 박주현, 2018: 20-44; 이강희 외, 2011: 17-31). 여기서 기능주의(functionalism)는 실체(實體)의 개념을 배척하고 요소 간의 상호작용이라는 견지에서 대상을 기능적으로 파악하는 견해다. 기능주의에 따르면, 사회를 구성원들의 역할이 서로 의존된 체계로 보고 각 부분은 서로 의존적 역할을 수행하며, 체계의 기능에 이바지함으로써 전체 체계가 조화를 이룬다. 그리고 이러한 조화의 필요에서 사회복지가 변천한다.

한편, 갈등주의(conflictism)는 기능주의가 사회를 합의와 균형만 존재하는 이상향으로만 바라보고 있다고 비판하면서, 사회는 의견대립과 갈등을 가지고 있어 항상 변화하며, 사회에는 무질서가 늘 존재하여 불안정하기 때문에 갈등이 일어난다. 이런 현상은 비정상적인 것이 아니라 보편적인 현상이라는 견해다. 갈등주의에 따르면, 사회는 통합이 잘 되어 있고 잘 짜인 체계가 아니다. 경제적인 이해관계 또는 정치권력은 갈등의 중요한 요인으로 작용하며, 모든 사회는 일부 구성원이 다른 구성원을 탄압하고 강제함으로써 유지된다. 사회문제는 지배자의 탄압과 착취에서 비롯하며, 사회 각 부분 간의 관계는 협동적이라기보다는 경쟁적이다. 사회는 이해관계에 따라 형성되어 있고, 이러한 이익 혹은 자원의 차이는 갈등을 일으킨다. 이 갈등이 사회복지와 사회 발전을 점점 더 늘려가고 나아가게 한다.

1) 경제적 관점의 이론

(1) 수렴이론

수렴이론(收斂理論, Convergence theory)은 기술과 산업화에 의한 경제 수준이 사회복지의 수준을 결정한다는 이론으로, 산업화이론(logic of industrialism) · 기술결정론(technological

11) 갈등이론(Conflict theory)이란 사회의 여러 집단 간에 존재하는 갈등현상을 중요시하고, 그것의 개념화 및 일반화를 통해 사회현상을 분석 · 설명하려는 사회학이론을 말한다. 본래 갈등현상은 사회학의 모든 이론에서 이론적인 관심의 대상이 되어 왔으나, 근세에 들어와 모든 사회현상을 사회통합적 관점에서 설명하려는 구조기능주의(structural functionalism)가 사회학이론의 주류(主流)를 이루게 되자, 이 이론이 갈등현상을 제대로 보고 있지 못하다는 비판과 함께 갈등현상을 더욱 적극적으로 인식하고 이론화(理論化)하려는 노력이 나타나게 되었다.

determination)·합리이론(rationality theory)이라고도 한다. 윌렌스키(Wilensky), 르보(Lebeaux) 등의 학자가 주장하였다. 수렴이론은 일반적으로 사회복지를 산업화의 산물로 여긴다. 다르게 표현하면, 사회복지제도의 변천요인을 산업화라고 하는 맥락에서 찾는다. 즉, 산업화 과정에서 각종 사회문제가 발생하고, 그러한 문제에 대한 합리적 해결책이 복지제도로 나타난다는 주장이다.

자본주의 국가의 경우 기술 발전이 주도하는 산업화는 새로운 사회적 욕구를 일어나게 한다. 산업화로 말미암은 도시화, 이혼의 증가, 지리적 이동, 핵가족화 등은 가족 기능을 약화시킨다. 따라서 가족에 대한 지원이 요구된다. 동시에 산업화는 양질의 훈련된 노동력을 원하기 때문에 병자, 실업자, 한부모가족, 노인 등은 고용문제에 직면하게 된다. 그러므로 산업사회는 양질의 노동력 확보와 생산성 향상을 위해서도 사회복지를 필요로 하게 된다. 이처럼 산업화는 두 가지 주요한 이유에서, 즉 산업화로 말미암은 가족 기능의 약화와 훈련된 노동력의 필요 때문에 국가의 지원을 불가피하게 한다. 결국, 산업화에서 일어난 문제의 대응으로서 사회복지가 확대된다는 것이다.

수렴이론은 사회복지의 발전을 경제발전의 종속변수[12]로 여긴다. 즉, 경제발전과 사회복지는 상관관계(correlation)[13]가 높다는 것이다. 이는 근본적으로 경제발전론(economic level theory)에 그 기반을 두고 있다. 산업화와 기술의 발전은 경제성장을 가져오는 동시에 새로운 사회적 욕구를 일으키며, 경제성장은 복지 확충에 필요한 자원을 제공하고, 새로운 욕구는 새로운 복지제도를 등장하게 한다는 주장이다. 다시 말해, 선진산업사회의 복지체계와 내용은 이데올로기(ideologie)[14]나 법적·정치적 제도, 사회적 양심이나

12) 서로 관계를 주고받는 둘 또는 그 이상의 변수 중에는 다른 변수에 영향을 주는 변수도 있고, 다른 변수에 의해 영향을 받는 변수도 있을 것이다. 이때 영향을 받는 변수를 종속변수라 하고, 반대로 영향을 주는 변수를 독립변수 또는 설명변수라고 한다. 상품의 가격과 수요의 관계에서 상품가격이 수요에 영향을 미치는 것이라 본다면 상품의 가격은 독립변수가 되며, 상품의 수요는 종속변수가 된다.

13) 두 변량 사이에 한쪽이 증가하면 다른 쪽도 증가(또는 감소)하는 경향이 있을 때, 이 두 변량 사이에는 상관관계가 있다고 한다. 이러한 예는 흔히 볼 수 있다. 예를 들면, 키가 큰 사람은 작은 사람보다 일반적으로 몸무게가 많다. 이와 같이 한쪽이 증가하면, 다른 쪽도 증가하는 관계를 양의 상관관계라고 한다. 또 어떤 제품의 생산량이 늘어나면 그 제품의 가격이 떨어지는 경향이 있듯이, 한쪽이 증가하면 다른 쪽은 감소하는 관계를 음의 상관관계라고 한다.

14) 이데올로기(Ideologie)는 트라시(Destutt de Tracy)가 처음 사용한 말이다. 이데올로기는 'idea'와 'logik'의 합성어이다. 'idea'는 현상에 대한 관념적 인식과 이상(ideal)을 의미하는 말이고, 'logik'은 현상에 대한 사실적 인식, 즉 과학적 인식과 관련된다. 따라서 이데올로기는 '관념의 과학'이라고 표현할 수 있다. 쉽게 말하면, 이데올로기는 세상에 대한 다양

권리 등이 아니라, 오로지 기술과 산업화의 수준에 달려 있다고 주장한다. 자본주의체제이든 사회주의체제이든 정치·경제적 체제에 관계없이 경제발전 수준이 비슷하면 사회복지의 수준 또한 비슷해진다는 것이다.

경제성장이 복지비 지출을 가능하게 하여 비슷한 경제발전의 수준에 있는 선진자본주의 국가는 비슷한 복지제도를 가지게 되는 수렴현상이 나타난다는 주장이다. 이는 과거 자본주의와 사회주의 양 체제에도 적용되었다. 즉, 문화적·정치적 전통이 아닌 경제성장이나 산업화가 양 체제의 사회복지 수준을 비슷하게 만든다는 주장이다. 산업화와 경제성장에 따라 자유방임적 자본주의체제는 시민의 기본적 욕구충족과 사회통합을 위해서 국가의 개입을 강화하고, 공산주의체제는 효율성과 창의성 증대를 위해 통제의 분산화를 꾀하다 보면 양측의 사회복지가 수렴한다는 것이다. 결국, 두 체제 국가의 산업화 정도와 경제발전 수준이 비슷하면 사회복지 지출 규모도 차이가 별로 나지 않는다는 것이다.

그러나 공산주의체제가 붕괴된 현재에는 양 체제의 수렴은 의미가 없어졌다. 또 여러 산업국가의 사회복지정책이 비슷하다는 뚜렷한 증거가 없으며, 오히려 수렴이론으로는 각 산업국가에 다양한 복지형태가 있는 것과 경제적으로 부유한 국가 간에도 사회복지 수준의 차이가 있는 점을 설명하지 못한다. 수렴이론은 노동자의 투쟁, 집단과 계급 간의 갈등, 가치와 이데올로기, 기득권, 민주화 등과 같은 정치적 요인 등 중요한 변수를 배제했다는 데 그 한계가 있다.[15)]

(2) 독점자본이론

특정 자본이 생산과 시장을 지배하는 상태를 독점(獨占)이라고 하며, 그와 같은 대자

한 인식의 방법과 형태로 세계관, 종교관, 가치관, 사상, 사고방식 등 다양한 신념체계 혹은 인식체계를 말한다.

15) 참고로, 정치에서의 수렴이론(收斂理論)에 대해 살펴보자. 앞서 설명했듯이 수렴이론은 대립하는 두 현상이 동질화되는 것을 뜻하는데, 정치에서는 대립하는 동서 진영 사회가 점점 동질화되어 가면 평화를 실현할 수 있다는 이론을 말한다. 원래 서방측의 수렴이론은 소련경제의 발전에 따라 소련사회가 서방측에 접근해 온다는 것이었는데, 1984년 4월 미국 컬럼비아대학 연구원 워드 모어하우스(Ward Morehouse)는 핵전쟁의 위협에서 벗어나기 위해서는 서구사회가 동구사회에 접근해야 한다는 이론을 주장했다.

본을 독점자본(獨占資本, monopoly capital)이라고 한다.[16] 현재의 모든 선진자본주의 국가에는 주요 산업의 각 분야에 몇 개의 거대기업(巨大企業)이 존재하며, 생산과 자본을 집중하여 그 산업을 지배하고 있다. 이러한 거대기업은 어느 특정산업에서만 독점적 지배력을 발휘하는 것이 아니라, 다른 거대기업과 수평적 · 수직적 · 다각적으로 통합하거나, 거대 금융기관과도 결합하여 그 나라의 경제계 전체를 지배하는 몇 개의 거대한 그룹을 형성한다.

이처럼 독점 또는 독점자본은 경제만이 아니라, 정치 · 군사 · 외교 등에도 영향을 미치는 강력한 힘으로 현대사회를 꼼짝 못 하게 한다. 또한, 국제적으로도 생산의 세계적 집적, 화폐자본의 국제적 집적을 기초로 하여 국제적인 독점지배체제를 확립하게 된다. 그러나 독점 또는 독점자본에 대해, 이는 진보의 적이며 자기 기업의 이윤을 확보하기 위해서는 사회 전체의 기술적 진보를 억제하고, 생산력 발전을 훼방할 뿐더러, 노동자를 비롯하여 중소기업 · 농업 등도 수탈하는 경향이 있다고 비난하는 견해도 많이 나와 있다. 하지만 독점쇠퇴론, 슘페터(Schumpeter)의 독점긍정론, 유효경쟁의 이론, 길항력(拮抗力, countervailing power)의 이론[17] 등 독점자본을 어떤 형태로든 두둔하는 이론도 있다.

전통적 마르크시즘(marxism)[18]을 수정하여 변화된 자본주의(고도의 독점자본주의)를 설명하는 네오마르크시즘(neo-marxism)[19]은 복지국가의 발전을 독점자본주의의 속성과 연결하

16) 19세기 말 이후의 중공업의 발전에 기초한 주식회사 형식에 의한 생산의 집적 · 집중이 진행되고 20세기 초의 자본주의 주요 국가에 카르텔(cartel: 기업연합), 트러스트(trust: 기업합병), 콘체른(concern: 기업결합) 등의 협정이나 결합을 통하여 제품에 대해서 시장을 지배하고 자유로운 가격경쟁을 제한하여 평균이윤을 넘는 독점이윤을 포함한 독점가격을 유지하는 독점자본이 성립한다. 독점자본은 자본의 수출을 위한 식민지 지배 강화를 요구하고 제국주의 단계에 자본주의의 발전을 초래하였다.

17) 자본주의체제에서 한 기업이 마음대로 가격을 인상하거나 조악품(粗惡品)을 판매할 수 없는 현상은 동업자 간의 경쟁 때문이라고 할 수 있다. 그러나 독점화되면 그 경쟁적 제약이 없어지므로 자본주의의 합리성이 그만큼 상실된다는 것이 통설이었다. 이에 대하여 갈브레이드(J. K. Galbraith)는 독점적 대기업의 발전은 불가피한 것으로 인정하고 동시에 대기업에 대한 제어력은 같은 판매자 측으로부터의 경쟁으로 생기는 것이 아니고, 그것에 길항하여 발생하는 중간적 구매자의 조직 또는 노동조합 등에서 생긴다는 이론을 제시했다. 이것이 길항력의 이론이다. 길항력이 그 기능을 충분히 발휘하면 경쟁형은 아니라 할지라도 일종의 균형이 달성되고 독점의 폐해도 어느 정도 제거될 수 있지만, 인플레이션 과정에서는 이와 같은 길항력의 기능발휘가 어렵다는 것을 갈브레이드 자신도 인정하고 있다.

18) 마르크스와 엥겔스에 의해 기초가 다져지고, 그들의 사상에서 출발 · 전개되었던 사상 · 학설 등을 통틀어 이르는 말로, 과학적 사회주의라고도 한다.

여 설명하였다. 이러한 독점자본이론은 독점자본주의 단계에서 자본축적을 돕고 자본주의사회의 모순을 완화하는 국가의 적극적 역할을 강조한다. 복지국가의 발전을 설명하는 네오마르크시즘은 계급갈등과 국가의 역할을 기준으로 도구주의(instrumentalism)와 구조주의(structuralism)로 구분한다.

▲ 조지프 슘페터
(1883~1951)

첫째, 도구주의 관점에서는 국가를 자본계급의 이익을 결정하는 도구(道具)로 보기 때문에 복지는 자본계급으로부터 제안 · 결정된다. 자본주의사회에서는 자본가들이 경제조직을 독점하기 때문에 이러한 경제 부문의 독점에 힘입어 정치조직도 자본가들이 강력한 영향력을 발휘하게 되고, 결국 국가는 자본가들의 요구에 필연적(必然的)으로 따를 수밖에 없다. 말하자면, 국가의 지속적 생존이 자본가들의 경제기반에 근거하기 때문에 국가는 자본가들의 자본축적과정을 도와줄 수밖에 없다. 따라서 국가는 자본가들의 장기적 이익에 봉사하는 도구에 불과하다.

이러한 관점에 따르면, 복지는 자본가들의 자본축적 필요성에 따라서 자본가들의 도구역할을 스스로 맡는 국가에서 이루어진다. 지속적 · 안정적 · 효율적인 자본축적을 위해서는 국가 개입이 필요하며, 자본주의 질서유지 및 갈등과 긴장을 줄이기 위해서도 국가 개입이 필요하다. 이러한 맥락에서 복지는 경제 대공황 같은 자본축적의 위기나 혹은 대규모 폭동 같은 정치적 도전 등이 발생하는 것에 대한 대응이다. 예컨대, 미국의 뉴딜정책과 「사회보장법」은 자본주의 경제위기에 대처하기 위하여 자본가들이 제안 · 결정한 것으로 본다. 즉, 이러한 복지 조치의 본질은 온건한 개혁과 산업의 합리적 효율화를 통해 노동자들의 동요를 막는 데 있었다는 것이다. 결국, 복지정책은 장기적으로 자본가들의 이익을 위하여 추진되고, 본질적으로 자본가들이 가진 자원(소득, 지

19) 좁은 의미의 문화비판과 사회비판의 문제가 제기된 것은 그다지 오래지 않다. 현대의 사회비판(소위 프랑크푸르트학파)은 종래의 사회비판과 다른 길을 걷고 있다. 전통적인 의미의 사회비판은 퇴니에스(F. J. Tönies)에서 비롯하여 좀바르트(W. Sombart), 겔렌(A. Gehlen), 셸스키(H. Schelsky) 등으로 이어졌다. 비판이론이 마르크스철학에 기초하기 때문에 신좌익(新左翼) 또는 네오마르크시즘이라고 불리며, 프로이트의 심리학에 영향을 받았다는 뜻에서 프로이트 좌파라고도 한다. 이들 모두 비판이론이라는 이름 아래 총괄되지만 관심영역과 방법에서 서로 다양하게 발전하고 있다.

위, 정치적 힘)을 변화시키지 않으며, 복지의 구체적 내용도 자본가들의 이익을 반영한다는 것이다.

둘째, 구조주의 관점에서는 도구주의와는 달리 국가와 자본가들의 객관적 관계를 강조한다. 즉, 자본가들이 국가기구에 영향력을 행사하여 도구화하는 것이 중요한 것이 아니라, 자본주의 경제구조, 그 자체 때문에 국가 기능은 자본가들의 이익과 일치될 수밖에 없다는 주장이다. 자본가들이 국가기구에 영향력을 행사하는 것과 상관없이 자본주의에서 국가는 필연적으로 자본주의사회 경제체제를 유지하고 강화해야 한다고 말한다.

이러한 관점에 따르면, 자본가들은 그들의 단기적 경제적 이익만을 목표로 하기 때문에 이들에게만 의존하면 자본주의사회가 자본가들의 장기적인 이익을 위하여 기능하는 것을 보장할 수 없다. 따라서 국가는 자본가들로부터 직접적으로 통제되지 않은 상태, 즉 상대적 자율성(relative autonomy)을 가진 상태에서만 자본주의사회의 안정을 이룰 수 있고, 이는 장기적으로 자본가들의 이익을 보장할 수 있다.

도구주의 관점이든 구조주의 관점이든 독점자본이론은 독점자본주의 단계에서 국가는 먼저 이윤이 발생하여 자본축적이 될 수 있는 상황을 유지하고 만들어야만 하고, 이것을 위해서는 다른 한편으로 사회 조화·안정의 상황도 유지하고 만들어야 한다고 주장한다. 이것이 국가가 수행해야 하는 두 가지, 즉 자본축적과 합법화 기능이다. 이러한 기능 수행을 위해 국가는 노동력 재생산과 비(非)노동인구의 유지과정에 개입하여 복지를 추진할 수밖에 없다는 것인데, 이는 결국 자본주의 모순을 은폐하고 자본주의적 축적체제를 공고히 하기 위한 수단이다. 따라서 복지국가의 발전이 결코 자본주의의 모순을 해결하는 근본적인 대안이 될 수는 없다(이강희 외, 2011: 18-21).

2) 정치적 관점의 이론

(1) 사회민주주의이론

자본주의(Capitalism)라는 개념은 19세기에 처음 등장했다. 자본주의라는 말은 처음에 사회주의자가 쓰기 시작하여 점차 보급된 용어인데, '자본주의란 무엇인가?'에 대하여는 명확한 정의(定義)가 있는 것은 아니다. 자본주의란 인간생활의 물질적 기초를 생산하고 또 재생산하는 과정이 자본제적 생산이라는 독자 형태로 이루어지는 사회를 말한다. 따라서 이러한 자본주의는 산업혁명을 거쳐서 성립된 근대 산업사회의 특이한 경제구조이다. 자본주의는 이윤추구를 목적으로 하는 자본이 지배하는 경제체제로, 개인소유를 바탕으로 한 경쟁에 따라 운영되는 경제적 '개인주의(individualism)'다.

그런데 19세기 사회주의 사상가들은 자본주의적 민주주의가 자유 · 평등을 실현하지 못하는 원인이 자본주의의 개인주의에 있다고 생각하였다. 따라서 자유 · 평등의 민주주의 사회를 실현하려면 자본주의의 '개인주의'를 그 반대의 원리, 즉 '사회주의'로 바꾸어야만 된다고 믿었다. 따라서 이를 달성하기 위한 방법으로 마르크스주의자들은 폭력혁명을 주장했지만, 사회민주주의자들(social democrats)은 폭력이 아닌 민주주의적 방법을 통하여 그 목적을 실현하려 하였다. 그러나 마르크스주의와는 달리, 이 사회민주주의(social democracy)에는 통일된 이론체계가 없고 그 개념도 시대에 따라 미묘한 변화를 거쳐 왔다. 하물며 오늘날에도 사회민주주의를 한마디로 딱 잘라 말하기 어렵다.

사회민주주의가 역사상 처음으로 나타난 것은 1860년대로서, 1864년 창간된 라살레파(lassalle派)의 전독일노동자협회(全獨逸勞動者協會, Allgemeiner Deutscher Arbeiterverein)[20] 기관지 〈사회민주주의자〉는 그들이 사회민주주의를 지도이념으로 삼고 있음을 보여 주고 있으며, 1869년 마르크스(Marx)와 엥겔스(Engels)의 지도하에 조직된 사회민주노동자

---

20) 1863년 5월에 성립한 독일 최초의 노동자 정당(ADAV)을 말한다. 1850년대 말 독일 영방(領邦)에서 자유주의적인 정책 전환이 진행된 '새로운 시대'의 도래와 더불어 1848~1849년의 혁명 후 침체기를 맞이한 노동자의 조직활동이 다시금 활성화되었다. 다만 당시 성립한 노동자협회 혹은 노동자교육협회의 거의 대부분이 자유주의적 명망가 계층의 주도하에 있었고, 거기서는 독자적인 '제4신분'으로서의 노동자의 존재가 부정되어 오히려 교육을 통해 노동자를 '시민'으로 끌어올릴 것이 의도되고 있었다.

당(SDAP), 이른바 아이제나흐파(eisenach派) 역시 이 사상을 저들의 지도이념으로 내걸고 있다.

대체로 말해서, 1864~1876년 제1인터내셔널 시대에 있어서 사회민주주의란 말은 모든 사회주의운동의 총칭처럼 되어 있었으며, 1889~1914년 제2인터내셔널 시대에는 사회민주주의란 말에 혁명적 요소가 가미됨으로써 공산주의란 말을 대신하는 경향을 보이기까지 하였다. 레닌(Lenin)도 이 명칭을 자랑스럽게 생각하여, 그가 이끈 러시아의 마르크스주의당을 러시아 사회민주노동당으로 불렀다. 그러나 이 단계에 있어서도 예컨대, 카우츠키(Kautsky)는 레닌과 마찬가지로 마르크스주의에 기초하면서도 끝까지 폭력과 독재를 배격함으로써 민주주의적 방법에 따른 사회개조라고 하는 이 사상을 고수하여 이른바 중도파(中道派)를 이루었다.

▲ 레닌(1870~1924)

▲ 겨울 궁전 앞에서의 '피의 일요일'

그런데 제1차 세계대전을 고비로 사회민주주의의 주장에 개량주의적 · 수정주의적 요소가 증대되어 가자, 이 사상의 좌파(左派)를 대표하던 레닌은 1919년 제3인터내셔널을 결성하였다. 이러한 결과로 사회민주주의는 마르크스주의에 입각하지 않는 사회주의 사상을 뜻하게 됨으로써 마르크스레닌주의, 즉 공산주의와 결별하게 되었다. 레닌

혁명 이후 1940년대 중반까지 소련에서 생산수단의 사회적 소유에 의한 사회개조의 실패, 소련 · 독일 · 이탈리아 등에서 독재의 해악(害惡) 등이 세상에 알려지게 되면서, 민주주의에 대한 재평가 · 재인식의 기운이 용솟음치게 되었다. 마침내 1951년 6월 서독 프랑크푸르트암마인(Frankfurt am Main)에서 자유세계의 약 30개 사회민주주의 정당대표들이 회동하고, 7월 '민주사회주의의 목적과 임무(흔히 민주사회주의선언 또는 프랑크푸르트선언으로 불림)'를 채택 · 선포하였다.[21)]

사회민주주의이론(계급정치이론)은 독점자본이론처럼 자본주의에서 계급갈등에 초점을 맞추었지만, 독점자본이론이 이러한 계급갈등에서 자본의 일반적 이익추구라는 관점으로 설명한 것과는 달리 노동의 정치적 세력의 확대 결과로 설명한다. 독점자본이론은 자본 소유로부터 나오는 경제적 힘이 지배적이라는 주장을 하지만, 사회민주주의이론은 의회민주주의제도에서의 정치적 힘을 강조한다. 즉, 고도산업사회에서 힘의 근원은 시장에서 나오는 경제적 힘과 정치에서 나오는 정치적 힘으로 나눌 수 있다. 여기서 경제적 힘은 생산수단 소유로 말미암은 노동체제로부터 나오고, 정치적 힘은 민주제도를 통한 다수 무산자(無産者)의 조직화에서 나온다고 본다. 즉, 경제영역에서는 노동이 자본과 비교할 때 열등한 위치에 있지만, 정치영역에서는 많은 수의 노동자는 조직화를 통하여 정치적 힘을 키워 자본의 경제적 힘과 대등하게 경쟁하고, 또 승리할 수 있다고 주장한다.

사회민주주의이론에 따르면, 사회복지 발전은 노동자 계급의 정치적 세력 확대의 결과다. 즉, 사회복지는 노동자 계급을 대변하는 정치적 집단의 세력이 커질수록 발전한다. 고도산업사회에서 제도화된 권력 투쟁은 시장논리와 정치논리 사이의 투쟁이고, 이러한 투쟁에서 사회권의 확대로 사회복지 발전이 이루어진다. 이렇게 되기 위해서는 우선 노동자 계급의 선거권이 확대되어야 하고, 이를 바탕으로 이들의 이익을 대변하

21) 민주사회주의의 본질 및 사회민주주의와의 다름에 대하여는 아직도 서로 다른 의견이 분분하여 과도기적 혼란상을 보이고 있으나, 종래의 사회민주주의가 생산수단의 사회적 소유를 만능시(萬能視)해 온 데 대하여 민주사회주의는 이것을 부정함으로써, 사회민주주의와는 물론이고 종래의 모든 사회주의와도 근본적으로 다른 새로운 방향 및 성격을 나타내고 있어서, 사회민주주의를 포함하는 사회주의 자체의 하나의 질적(質的) 변화를 느끼게 하고 있다.

는 노동조합이나 정당이 민주제도를 통하여 권력을 행사할 수 있어야 한다. 결국, 노동자 계급의 선거권이 확대되고, 이들의 이익을 대변하는 집단이나 정당이 민주제도를 통하여 권력을 행사할 수 있게 되면 사회복지 발전이 이루어진다. 따라서 사회복지는 자본과 노동의 계급투쟁에서 노동의 승리 전리품(戰利品)이다. 예컨대, 독일과 영국에서의 사회보험 시작은 유권자인 노동자 계급에 대한 독일의 보수적 비스마르크 정부와 영국 자유당 정부의 흡수, 혹은 지지 호소의 수단이었으며 사회주의적 위협에 대한 대응이었다.[22)]

(2) 이익집단 정치이론

이익집단 정치(利益集團政治, Interest group politics)[23)]이론은 다양한 이익집단 사이의 정치적 힘에서 사회복지 발전을 설명한다. 사회복지 발전은 다양한 이익집단 사이에 자원배분을 둘러싼 경쟁이 치열해지고, 이들의 정치적인 힘이 중요해져서 정치가들이 이들의 요구를 수용하는 데서 나온 결과라고 본다. 사회민주주의이론이 마르크시스트(Marxist)이론의 계급갈등에서 정치적인 면을 강조했다면, 이익집단 정치이론은 산업화이론의 정치적인 면에 초점을 둔다고 볼 수 있다. 즉, 사회민주주의이론은 자본과 노동의 정치적인 권력투쟁으로 사회복지 발전을 설명하지만, 이익집단 정치이론은 다양한 이익집단의 정치적인 힘에 초점을 맞춘다.

---

22) 사회복지(혹은 복지국가) 발전을 설명하는 데 가장 적합한 국가로는 스웨덴을 비롯한 스칸디나비아(Scandinavia) 제국이다. 여기서 스칸디나비아란 노르웨이 · 스웨덴 · 핀란드에 걸쳐 있는 반도로, 면적은 약 77만 3,000㎢이다. 스칸디나비아 제국이란 북유럽 5개국(스웨덴 · 노르웨이 · 덴마크 · 아이슬란드 · 핀란드)을 의미하는 경우도 있지만, 기본적으로는 노르웨이 · 스웨덴 · 덴마크의 3개국을 가리킨다. 후자 3개국은 서로 언어와 민족이 유사하고 역사상으로도 밀접한 관계에 있었다. 오늘날에는 모두 입헌군주제의 선진공업국이다. 사회민주주의 정당의 주도로 포괄적이고 공적 서비스 중심인 고(高)복지국가가 되었다. 평화주의 외교이지만 EU(유럽연합)나 NATO(북대서양조약기구)로의 대응은 분분하다.

23) 현대사회는 경제적으로나 사회적으로 다원화 · 세분화됨에 따라 사람들의 욕구나 이해관계도 복잡해지고 있다. 그래서 서로 같은 생각과 이해를 가지는 사람들이 어울려 일정한 단체를 만들게 되는데, 이러한 집단을 가리켜 이익집단(利益集團) 또는 압력단체라고 한다. 이익집단 정치는 정부 규제로 말미암은 비용과 편익이 모두 소수의 동질적 집단에 국한되고, 개개인이 느끼는 비용과 편익이 크기에 쌍방이 모두 조직화와 정치행동의 유인을 강하게 가지는 규제 정치적 상황을 말한다. 윌슨(James Q. Wilson)은 규제에 따른 비용과 편익의 집중 및 분산을 기준으로 하여 규제의 네 가지 정치적 상황을 이 같은 이익집단 정치와, 고객 정치(client politics), 대중적 정치(majoritarian politics), 기업가적 정치(entrepreneurial politics)로 분류했다.

이익집단 정치이론에 따르면, 현대의 고도산업사회에서는 노동자 계급의 소득이 어느 정도 향상되고 중간층이 확대됨으로써 자본가와 노동자라는 전통적인 계급의 구분이 흐려진다고 본다. 따라서 많은 수의 노동자 계급에 속하는 사람도 우익정당을 지지하는 현상이 나타나기도 한다. 이것은 특히 고도산업사회에서 노동자 계급의 소득이 어느 정도 향상되어 경제적 요인이 더는 정치적 갈등의 결정적 요소로 작용하지 않는 데서 비롯된다.

이러한 상황에서는 비(非)계급적인 이익집단의 인종적 · 종교적 · 언어적 · 문화적 · 성적, 그리고 연령 등의 귀속적 차이에 따른 집합적 · 정치적 행위가 커지게 된다. 이러한 집단의 결속력이 커지게 되면 전통적인 계급 차이를 극복할 수 있다. 예컨대, 자본가인 노인과 노동자인 노인은 노인이라는 이름하에 단결하여 노인복지를 추구하는 운동에 적극 참여한다. 또한, 고도산업사회에서는 직업 · 산업 · 경제적 집단이 다양화되고 이질화되어 하나의 커다란 계급 내에도 다양한 이익집단이 형성된다. 예컨대, 자본가 계급 내에도 산업별 차이에 따라 다양한 이익집단이 형성되어 계급 전체를 대변하는 단일 전선을 형성하기 어렵다. 마찬가지로 노동자 계급 내에서도 숙련 대 비숙련 노동자들 사이에 서로 다른 이익을 추구하게 된다.

그런데 정부의 공공정책 지출은, 민주주의 사회에서는 선거에서 더 많은 표를 얻기 위한 경쟁에서 비롯된다. 그리고 정당의 궁극적 목표는 선거에서 이기는 것이다. 이러한 상황에서 결속력이 커진 이익집단은 자신들의 이익을 위한 프로그램을 지지하는 정당이나 정치가들에게 표를 던진다. 일반 국민은 정치적 목표에 대한 뚜렷한 생각이 없다. 따라서 자신들의 업적이나 경제적 이익을 따져 투표한다. 즉, 정부의 지출에는 민주주의제도 아래 각자의 이익을 추구하는 이익집단의 활동이 반영된다. 따라서 사회복지 프로그램이나 발전도 이익집단의 정치적 활동과정에 따라 달라진다.

이처럼 이익집단 정치이론에 따르면, 국가의 복지는 사회 구성원 가운데 소득이 낮은 집단, 즉 빈곤층이나 저임금근로자의 욕구를 해결하기보다는 정치적 힘이 강한 집단, 즉 중산층의 이익을 반영한다. 오늘날 복지국가 대부분에서 가장 큰 사회복지 프로그램은 국민연금이나 노령수당 같은 노인들을 위한 것이다. 이것은 노인들의 객관적 복지 욕구가 다른 집단보다 높기 때문이라고 말할 수 있다. 하지만 오히려 노인들의 수가 늘어나고 그들의 이익이 동질화되어 정치적 힘이 커졌기 때문이라는 게 더 설득력이 있다.

(3) 국가 중심적 이론

앞에서 살펴본 이론에 따르면, 사회복지의 발전과정에서 국가의 역할은 수렴이론에서는 단순한 시행자로, 독점자본이론에서는 자본가의 하수인으로, 사회민주주의이론에서는 노동계급 요구의 수용자로, 이익집단 정치이론에서는 이익집단의 중재자로 강조되었다. 따라서 산업화로 말미암은 수요, 자본가 계급의 수요, 노동자 계급의 수요, 이익집단의 수요에 초점이 맞추어져 있다.

그런데 국가 중심적 이론은 복지를 독립된 주체인 국가가 특정 집단의 요구를 반영하는 것이 아니라, 스스로 문제를 인식하고 해결하려는 노력의 산물로 파악한다. 즉, 사회복지에 대한 수요의 측면보다는 사회복지를 제공하는 공급의 측면에서 국가의 역할을 강조한다. 국가는 나름대로 사회복지 확대가 필요한 이유를 알고 있고, 사회복지 발전은 각 국가구조의 특징에 따라 결정된다는 것이다.

국가 중심적 이론에 따르면, 국가는 국민을 통제하는 합법적 권위를 가지고 있다. 국가의 결정을 정당한 공권력을 사용하여 강제할 수 있는 독립적 존재이기 때문에 복지정책은 그러한 국가의 행위이다. 따라서 복지정책의 내용은 국가구조와 능력에 따라 결정된다. 결국, 정치인과 직업 관료(官僚)를 포함한 국가 관리자들의 역할과 실행을 위한 국가구조가 사회복지를 결정한다.

국가 중심적 이론은 다음의 요인으로 사회복지 발전을 설명한다(이강희 외, 2011: 21-25).

첫째, 사회복지 발전은 국가 관료기구를 맡은 개혁적인 정치가나 장기적인 안목의 전문화된 관료기구의 바탕에서 이루어졌다. 예컨대, 20세기 초 영국과 미국의 복지 발전이 차이가 나는 이유는, 영국은 미국과 비교할 때 전문 관료기구가 발전되었고, 뚜렷한 정책정당이 형성되었으며, 정당의 지도자들이 복지의 확대 필요성을 인지하고 추진했기 때문이다.

둘째, 사회복지 발전에는 중앙집권적이고 조합주의적인 국가조직 형태가 중요하다. 예컨대, 스웨덴이 복지가 발전된 이유는 중앙집권화된 정부, 노동자 집단, 자본가 집단이 사회복지 확대의 필요성에 대한 합의를 할 수 있는 국가조직 형태이기 때문이다. 반대로 미국처럼 지방분권적이고 다원적인 국가조직 형태에서는 많은 반대세력으로 말미암아 복지 확대가 어렵다.

셋째, 사회복지 발전은 이를 담당하는 관료조직의 속성에 따른다. 일반적으로 정부 관료들은 각자의 이익을 위하여 예산과 인력을 팽창하려는 경향이 있는데, 사회복지분야 역시 마찬가지이다. 사회복지기구의 팽창을 위하여 대상을 늘리고 기존 프로그램의 확대나 새로운 개발의 결과가 복지의 확대로 나타난다. 즉, 산업화 같은 어떤 사회적이고 외부적인 요인이라기보다는 사회복지 관리기구의 내부적인 이익 추구에 따라 사회복지가 확대된다.

3) 가치이론

(1) 사회양심론

양심(良心, Conscience)이란 인간이 사회에서 자신의 행위에 대하여 도덕적인 책임을 생각하는 감정상의 느낌을 말한다. 즉, 자신의 행위에 대하여, 각 개인이 스스로 그 행위에 대해 평가하는 것에서 생긴다. 양심에 대해서는 인간에게 고유한 불변적인 것인지, 또는 진화의 결과로 생겨난 것인지에 대해 논의(論議)되고 있다. 하지만 양심 그 자체가 인간에게 불변하는 것으로서 부여된 것도 아니고, 진화의 결과로 생겨난 것도 아니다. 양심은 사람들의 사회적 지위, 그가 받은 교육 등에 의해 형성된다. 거기에서 계급적 양심이라는 것이 이야기된다. 양심은 의무와 밀접히 연결되어 있는데, 의무를 수행할 때는 양심이 맑아지고, 그것을 거부할 때는 양심이 번뇌하게 된다. 양심은 개개인의 도덕적 성장에 중요한 요인으로 작용한다.

사회양심론(Social conscience theory)은 1950년대 영국 사회정책학의 통설로, 다수의 사회사업가나 박애주의자로부터 지지받는 이론이다. 사회양심론은 사회 구성원의 집단양심을 사회복지의 변수로 보고, 이 사회적 양심의 증대가 사회복지 발전을 가져오는 원동력이 되었다고 본다. 즉, 인간이면 누구나 가지게 마련인 다른 사람에 대한 사랑, 인간 상호 간의 사랑이 국가를 통해 구체화되어 나타난 것이 사회복지라는 것이다. 따라서 사회복지는 사회적 의무감의 확대와 사회적 욕구에 대한 국민의 인식 제고에 따라 변한다는 것이다.

사회양심론은 다음의 다섯 가지로 요약된다.

첫째, 사회복지는 인간이 지닌 인간 상호 간의 사랑이 국가를 통해 표현된다. 사회복지 혜택은 시혜적이며, 수혜자와 공동체 전체를 위해 제공된다. 둘째, 사회복지는 사회적 의무감의 확대와 심화, 그리고 사회적 욕구에 대한 과학적 지식의 증대라는 두 가지 요인에 따라 변화된다. 셋째, 사회복지의 변화는 누적적으로 확대된다. 넷째, 사회복지의 개선은 후퇴하지 않으며, 현재의 서비스 수준이 역사적으로 가장 높은 단계이다. 다섯째, 비록 현재의 서비스가 불완전할지라도 계속 더 나은 방향으로 해결될 것이며, 전망은 낙관적이다.

그러나 사회양심론은 다음과 같은 이유로 비판을 받기도 한다. 사회양심론은 지나치게 사회복지의 자비적 특성을 강조하고, 국가의 복지활동을 동정주의적 관점에서 본다. 또한, 국가의 능동적 역할을 과소평가(過小評價)하고 있다. 그리고 사회복지 발전에 대해 너무나 낙관적이고, 진화론적(進化論的) 관점을 취하고 있다.

(2) 사회정의론

정의는 개인의 정당한 몫을 배분해 주는 것으로, 이해가 상충되는 당사자들 어느 한편을 일방적으로 부당하게 희생시키지 않고, 모든 당사자의 이익을 공정하게 고려하여야 한다는 원칙이다. 이때 무엇이 정당한 것인가에 대해서는 절차를 중시하는 견해와 실질(결과)을 중시하는 견해가 있다. 전자를 절차적 정의 혹은 형식적 정의라고 하고,

후자를 실질적 정의라고 부른다.[24)]

사회정의론(Social justice theory)에 따르면, 사회복지의 변천은 사회정의 개념의 변화에 따라 결정된다. 즉, 사회정의 개념을 어떻게 보느냐에 따라 복지의 형태가 변해왔다. 예컨대, 원시시대는 친밀한 인정적 대인관계의 그물로 짜인 사회였기 때문에 사회정의 개념보다는 관대함이 복지의 기본 요소였다. 따라서 복지의 형태는 상호부조의 형태가 주가 된다. 봉건시대에는 사회적 계급이 엄격하게 존재하고, 계급 간의 인정적 대인관계의 친분 범위가 제한된 사회였기 때문에 사회정의는 일차적으로 기득권 보호였으며, 빈민에 대한 구호는 이차적 사회정의로 통용되었다. 따라서 복지의 형태는 자선이 주가 된다. 시장 중심의 자본주의사회는 몰인정적(沒人情的) 교환에 근거를 둔 대인관계가 지배하는 사회이기 때문에 사회정의는 개인의 업적에 대한 보답이며, 욕구에 따른 분배원칙을 보조 기준으로 일부 적용하고 있다.

이처럼 자본주의 발전과 함께 근대적 의미의 사회복지가 나타나게 되지만, 이 역시 사회정의를 어떻게 해석하느냐에 따라 다양한 형태로 나타난다. 사회정의 핵심문제는 자유와 평등이라는 두 가지 이념에 기초하고 있다. 그러나 자유와 평등은 한꺼번에 추구하기가 어렵기 때문에 사회정의의 주요 쟁점이 된다. 아리스토텔레스(Aristoteles) 이래 아직까지도 절대적인 정의관은 존재하지 않는다. 아리스토텔레스의 정의관은 계급 질서 위에 성립한 신분주의적 정의관으로서, 사회적 지위로 결정된 정당한 욕구에 따라 물질을 배분한다. 아리스토텔레스의 정의관은 로크(Locke), 루소(Rousseau) 등의 사회계약론과 벤담(Bentham), 밀(Mill) 등의 공리주의를 거치면서 자유주의적 정의관 혹은 자본주의적 정의관으로 변질되었다.[25)]

자본주의 모순을 비판한 사회주의적 정의관 혹은 평등주의적 정의관은 공상적 사회

---

24) 절차적 정의는 문제나 갈등의 해결과정에서 적절한 규칙을 준수하는 것으로, 대화와 협상을 해나가는 과정에서 지켜야 할 원칙으로는 협상과 대화를 하는 상대방을 존중하고, 자유스러운 분위기 속에서 합의를 이끌어 내고, 합의된 내용을 성실히 이행하는 것 등이다. 실질적 정의는 문제나 갈등 해결의 결과 및 분배가 형평성 있게 이루어지는 것, 즉 공정하게 이익이 조정되는 수준을 말한다.

25) 자유주의자들은 정치적 평등이 중대한 사회적 · 경제적 불평등과 양립할 수 있다고 본다. 이러한 자유주의의 개인주의적 성향은 자유방임주의적 자본주의를 발전시켰다.

주의를 거쳐 마르크스와 엥겔스에 의해 전개되었다. 마르크스는 정의를 지배계급이 이해하는 정의와 핍박받는 사람이 이해하는 정의 관념으로 구분하고 있다. 즉, 18~19세기까지 정통적 자유를 강조하는 자유주의적 정의관이 지배적이었으나, 그 필연적 귀결로써 경제적 불평등이 심화되자 재화의 배분이라는 측면에서 평등주의적 정의관이 등장하게 되었다.

오늘날 롤스(Rawls)는 중립적 견지에서 자유주의적 정의관과 평등주의적 정의관을 통합하려 한다. 롤스에 따르면, 자유주의적 정의관은 개인의 자유와 권리를 침해하지 않고 보호하는 경우 바람직하다고 여겨지는 이상적인 평등주의사회에 도달하기 어렵고, 평등주의적 정의관은 평등의 요구를 만족시키기 위해서 개인들이 외부의 간섭 없이 자신의 삶을 형성할 자유와 권리를 침해하게 된다. 따라서 롤스에게 정의는 자유와 평등을 조화시키는 문제이다. 롤스의 사회정의관은 전통적 자유주의 속에 깃든 부정합성을 비판하면서도, 자유주의 전통의 연장선상에서 사회주의이론에 대항하기 위한 수정자본주의적 정의관 혹은 복지국가적 정의관이다.

이처럼 사회정의 개념을 어떻게 보느냐에 따라 자본주의 모순을 해결하기 위한 사회복지의 내용과 형태가 달라질 수 있다. 예컨대, 아리스토텔레스나 자유주의적 정의관에 따르면 민간에 의한 잔여적(殘餘的) 복지 형태가 될 것이고, 마르크스식의 평등주의적 정의관에 따르면 민간에 의한 제도적(制度的) 복지 형태가 될 것이며, 롤스의 정의관에 따르면 국가에 의한 제도적 복지(혹은 복지국가) 형태의 사회복지가 될 것이다.[26]

26) 잔여적 복지는 일반적인 주변 사회의 욕구 충족 자원이 고갈되어 가족이나 시장의 욕구 충족 기능이 상실되었다고 인정되는 경우에만 도움을 주어야 한다는 개념이다. 반대로, 제도적 복지는 현대사회의 구조적인 문제로 대두된 사회적 위험에 대해 국가가 적극 개입하여 항상적으로 사회복지제도를 마련하여 소득의 재분배기능을 수행하여 전체 국민이 최적의 삶을 지속적으로 영위할 수 있는 권리 차원의 보편적인 복지 개념이다.

세기의 정의론자 존 롤스의 《정의론》

롤스(1921~2002)는 그의 저서 《정의론(A Theory of Justice)》(1971)에서 자연권 이론의 바탕이 된 고전적 사회계약이론을 일반적 논변 형식으로 발전시켜 정의관을 제시하고 있다. 롤스는 정의의 원칙을 평등한 최초의 입장에서 합의의 대상으로 여긴다. 그는 이러한 방식을 공정으로서의 정의라고 부르고 있다.

원초적 입장은 일정한 정의관에 이르게 하도록 규정된 순수한 가상적 상황이다. 원초적 입장이 가진 본질적 특징은 ① 각각의 개인이 자신의 특수한 사실을 알지 못하며, ② 각각의 개인은 합리적이고 상호 무관심하다는 것이다. 자신의 특수한 사실을 알지 못한다는 것을 무지의 베일이라고 하며, 이러한 특징은 원초적 입장을 공정하게 만들어 준다. 이 때문에 순수 절차적 정의로서의 공정으로서 정의라는 말이 성립한다. 결국, 원초적 입장에서의 합의는 공정한 것이 된다. 각각의 개인이 합리적이며 상호 무관심하다는 것은 서로 다른 사람의 이해관계에 관심이 없으며, 자신의 이익을 위해 노력한다는 것으로 이해되어야 한다. 즉, 개개인은 다른 사람에 대한 시기심 때문에 자신의 이익을 무시하는 행위를 하지 않는다.

이러한 원초적 입장에서 정의의 두 원칙을 채택하게 된다. 제1원칙은 기본적 권리와 의무의 할당을 평등하게 요구하는 원칙이며, 제2원칙은 사회적 · 경제적 불평등의 허용은 사회의 최소 수혜자에게 그 불평등을 보상할 만한 이득을 가져오는 경우에만 정당하다는 것을 주장한다. 따라서 어떤 불평등이 불운한 사람의 처지를 개선한다면, 그로 말미암아 소수의 사람이 더 큰 이익을 취하는 것은 정당하게 된다. 그러나 전체적인 선을 증대시킨다고 해도 평등한 기본적 권리를 침해하는 제도는 부당하다. 왜냐하면, 정의의 두 원칙은 제1원칙을 제2원칙보다 우선한다는 것을 인정하기 때문이다.

(3) 시민권론

시민권론(Citizenship theory)은 사회복지의 변천이 시민권의 변천에 따라 개선되고 확대되었다는 이론이다. 시민권(Civil rights, Citizenship)은 완전한 사회 구성원으로서의 지위를 말하며, 그 주요 구성 내용은 자유권(civil rights), 정치권(political rights), 사회권(social rights)이다. 시민권은 일반적으로 개인과 국가와의 관계에서 권리 · 의무에 관한 개념이며, 헌법에 의해 보장된 국민의 여러 권리를 의미한다. 17세기와 18세기의 서양국가에서 근대 시민혁명을 매개로 인간의 자연권 또는 인권의 보장이 헌법이나 권리장전, 인권선언에서 널리 퍼졌다. 시민권이란 그러한 인간의 기본적 권리를 실정법상 구체적으로 보장한 것, 국민의 개별적 여러 권리의 총칭이다.

영국의 사회학자 마셜(T. H. Marshall)에 따르면, 시민권은 서양 국가에서 17~18세기 이래 시민적 요소, 정치적 요소, 사회적 요소의 3요소로 실현되었다. 이것은 자유권, 참정권, 사회권이라는 형태로 역사적으로 발전해 왔다는 것을 의미한다. 당초는 종교의 자유, 양심의 자유, 사상의 자유, 언론 · 출판의 자유, 사적 소유의 자유, 경제활동의 자유라는 형태로 자유권이 확대되었다. 또한, 19세기 중엽 이후(특히, 20세기)에 많은 민주주의 제국에서는 보통선거권이라는 방법으로 국민이 통치에 간접적으로 참여하는 참정권이 확립되었다. 마지막으로, 사회권은 사회주의의 영향으로 근로자의 노동조건이나 생활조건의 개선을 추구하는 운동을 통하여 요청되어 20세기에 들어 입헌주의 틀 속에서 보장되었다. 사회권에는 국민에게 경제적 재화의 공정한 배분, 최저한의 사회보장, 복지후생의 보장 등도 포함된다.

자유권 · 참정권 · 사회권으로 성립된 시민권의 보장은 역사적으로는 인종 · 성별 등에서 차별되어 왔지만, 20세기에 들어 점차 시민권의 보편주의적 보장이 대폭 실현되었다.[27] 따라서 현대 복지국가에서는 개인의 생활 수준이 그 사람의 계급적 신분이나 경제적 교섭능력과 상관없이 정치적 결정에 따라 합의된 일정 수준으로 보장된다는 것이다. 즉, 사회복지제도는 시민권의 내용 확대와 사회권의 확립이라는 진화에 따라 개선되고 확대된 것이다.

---

27) 오늘날 일본에서도 글로벌화의 배경하에 국적에 의거한 시민권이 아니라, 국적과 분리된 시민권의 방향으로서 재외국인에게도 '단계적 시민권'을 인정해야 한다고 제창되고 있다. 이것은 종래의 형식적 시민권에 대한 보완으로서 실질적 시민권의 보장을 요구하는 글로벌한 움직임을 반영하고 있다. 최근의 용어법에서, 시민권은 '시티즌십'이라는 의미에서 시민의 정치의식이나 정치참여라는 함의(含意)로 사용되었다. 이것은 시민참여, 시민의 덕성(德性) 등의 주제에 대한 관심을 반영하고 있다. 최근의 시민적 공화주의 논의는 시민의 덕성, 준법정신, 정치참여의 의의를 강조하고 있다. 민주주의 논의는 참정권의 능동적 구현화로서 시민의 정치제도의 창설권이라는 문제가 제기되고 있다.

시민권 개념이 함축하는 중요한 의미는 그것이 자유방임 혹은 보완적 모델과는 반대편에 서 있는 사회복지의 제도적 모델에 대한 준거 기준이 된다는 것이다. 자본주의 사회에서 보편적이고 포괄적인 권리로서 사회적 서비스에 대한 정당성이 요구되는데, 시민권이 그러한 역할을 하고 있다. 시민권은 법률적인 의미에서 일정한 조건을 갖추게 되면 사회복지의 혜택을 받는 것이 정당한 권리로 인정되는 것이므로 사회복지의 제도적 모델과 깊은 관련을 가진다. 빈곤이 국가의 책임이 아니라 개인의 게으름 탓이라고 말하는 국가에서, 시민권은 빈곤이 개인의 책임이 아니라는 것을 주장하기 위한 노력에 정당한 근거를 제시할 수 있다.

그러나 시민권 개념을 지나치게 좁게 해석하여 자본주의가 추구하는 지배적 가치 혹은 신념과 정면으로 배치된다는 식으로 해석을 하게 되면 사사건건 모든 문제와 마찰을 일으킬 수밖에 없다. 자본주의는 양면성을 함께 가지고 있다. 개인의 자립을 높게 평가하는 측면이 있기는 하지만, 다른 측면에서는 공동체나 집합체의 가치를 중히 여기는 경우도 많이 있다. 시민권이 낙인(stigma)에 대해 투쟁할 수 있는 단서를 제공하기는 하지만, 그것도 제한적 범위 내에서 이루어져야 정당성을 부여받을 수 있다. 따라서 자본주의 질서를 송두리째 무너뜨리는 행동은 결코 바람직하지 않다.

〈표 1-2〉 사회복지 관점별 발달이론과 결정요인

관점	발달이론	결정요인
경제적 이론	수렴이론(산업화이론, 기술결정론, 합리이론)	산업화와 경제성장
	독점자본이론(네오마르크시즘, 길항력의 이론)	자본 축적과 합법화
정치적 이론	사회민주주의이론(계급정치이론)	노동자계급의 정치력
	이익집단 정치이론(다원주의이론)	이익집단의 정치력
	국가 중심적 이론	국가구조의 특이성
가치이론	사회양심론	이타적 의무감
	사회정의론	사회정의 개념의 변화
	시민권론	시민권의 확대

출처: 이강희 외(2011: 32)를 참고로 저자가 수정.

4) 기타 이론

(1) 종속이론

종속이론(從屬理論, Dependency theory)은 개발도상국의 후진성이나 그 원인을 설명한 이론이다. 개발도상국의 경제발전이 각 국가의 경제발전의 경로나 정책에 의한 것이 아니라, 중심과 주변(수도와 위성)으로 구성된 세계자본주의의 구조로 규정된다는 것이다. 주로 1960년대에 라틴아메리카(Latin America)에서 발전하여 후에 미국 등의 학계에 큰 영향을 미쳤으며, 세계시스템론(world system approaches)[28] 등의 기초가 되었다.

종속이론에는 몇 가지 다른 견해가 있는데, 프랭크(Frank) 등은 중심은 주변을 착취하여 발전하고 주변에는 '저개발의 발전'이 일어나 중심과 주변의 격차가 더욱 벌어지며, 또 일단 주변이 된 국가는 개발이 불가능하고 정치적으로는 억압적인 체제가 된다고 주장하였다. 그러나 종속이론 중에는 카르도소(Cardoso)와 같이 주변에서도 국가의 정책, 경제구조에 따라 발전이 가능하다고 주장한 학자도 있다. 개발도상국이 종속되어 있어도 발전하는 경우는 후에 종속적 발전이라고 한다. 월러스테인(Wallerstein)은 세계시스템론을 전개하는 데 있어서 중심과 주변의 중간에 준(準)주변이라는 카테고리를 두고(종속론 중에서도 중심, 주변뿐만 아니라 준주변을 두는 경우도 있다), 주변에 있는 국가도 준주변으로 상승이동하고 더 나아가 중심으로 이동할 수 있다는 가능성을 제시하였다.

종속이론은 자본주의 체제를 논한 것이지만, 개발도상국의 경제구조가 어디까지 자본주의인지에 대해서 견해에 차이가 있으며, 개발도상국 경제 속의 전(前)자본주의적인 요소를 중시하고 그것을 착취구조 속에 포함시킴으로써 중심은 더욱 많은 잉여를 얻을

---

28) 세계시스템론(World system approaches)은 세계 시스템을 분석 단위로서 실행하는 분석을 말한다. 월러스테인이 제창한 연구에 한정된 경우가 많다. 그 경우 주로 분석대상이 되는 것은 '근대 세계 시스템'으로 이 시스템은 자본주의에 의해 전체가 결합되어 그 경제적 역할에 따라 중심, 준주변, 주변의 3층 구조를 이룬다는 것으로 이러한 경제구조 위에 정치구조로서의 국가 간 시스템이 추가된 개념이다. 또한, 이 시스템은 자본주의의 진화로 발생된 추세적 변화와 반복적으로 일어나는 순환적 변화로 특징지어지며, 끊임없는 상품화라는 추세적 변화가 한계에 달하면 이 시스템은 새로운 시스템에 의해 교체된다고 한다. 추세적 변화로서 보면 지리적인 확대와 함께 끊임없이 상품화로 나타나는 시장의 진화가 있으며, 그것에 의해 시스템의 위기는 심화된다고 한다. 한편, 순환적 변화에는 경제면에서의 장기 경기순환인 대순환(kondratieff cycle)이 존재하고, 정치면에서는 콘드라티예프 2사이클에 대응하는 형태로 패권과 다극의 사이클이 존재한다고 한다.

수 있다고 논한 것도 있다. 종속이론은 중심·주변구조에 기초한 것이지만 기본적인 단위는 국가이며, 선진국과 개발도상국의 관계를 논한 것이지만 선진국이나 개발도상국 모두 국내에 중심과 주변이 있으며, 선진국의 중심과 개발도상국의 중심이 제휴하여 지배구조를 형성하게 된다. 종속이론은 그 내용에 따라 개발도상국이 발전하기 위한 대책에 대해 다른 견해를 제시한다. 세계자본주의체제의 변혁, 세계자본주의에서의 이탈, 세계자본주의 내부에서의 발전 등이다.

(2) 확산이론

확산이론(擴散理論, Diffusion theory)은 한 나라의 선진 사회복지제도는 인근 국가 혹은 후진국으로 확산된다고 주장하는 이론으로, 타이라(Taira)와 콜리어(Collier) 등이 주장했으며, 전파이론이라고도 한다. 사회복지정책의 발달을 국내적인 요인을 가지고 설명하려는 것에서 국제적인 관계와 범위로 그 영역을 넓혀 설명함으로써 설득력을 인정받고 있는데, 교통·통신의 발달과 인터넷 등으로 말미암아 확산이론의 설득력이 높아졌다.

확산이론에 따르면, 국제관계가 긴밀하게 이루어지는 현대사회에서는 국가 간 교류로 말미암아 사회복지정책의 발전이 이루어지는데, 어느 국가에서 사회보장제도를 혁신하는 주된 이유가 선진 복지국가의 경험을 모방하기 때문이라고 본다. 이런 관점에서 사회복지정책의 세계적 확산은 곧 국제적 모방과정이라는 것이다. 또 사회보장제도가 두 가지 과정을 거쳐 확산된다고 주장한다. 첫째는 공간적 확산으로, 한 국가의 제도적 혁신은 인근 국가로 확산된다는 것, 즉 사회보장 발전과 국가의 지리적 위치는 밀접한 상관관계가 있다는 것이다. 둘째는 위계적 확산으로, 새로운 제도는 선진국에서 후진국으로 확산된다는 것이다. 확산이론에서는 사회복지정책의 도입에 있어 제도뿐만 아니라 관념의 확산도 중요하게 생각한다.

그런데 확산이론에는 다음과 같은 한계가 있다. 국제적인 환경 변수로 구체적인 사회복지정책과정을 설명하는 것이 부족하다. 선진국에서 후진국으로 확산되어 간다는 위계적 확산에 대하여는, 후진국에서 선진국으로 역(逆)확산되는 경우가 있다는 지적이 있다.

(3) 음모이론

음모이론(陰謀理論, Conspiracy theory)은 이유를 알 수 없고 설명하거나 이해가 어려운 사건에 대해 전체적인 그림을 그리고 의미 있는 것으로 해석하기 위한 인지적 노력의 일환으로 볼 수 있다. 음모이론을 지지하는 증거를 발견한 후에는 이에 일관되는 방식으로 인지적 동조 편향(confirmation bias)이 일어나고, 반대되는 증거를 무시함으로써 신념이 강화된다.[29] 음모이론을 추종하는 사람들은 자신이 다른 사람보다 더욱 비판적이고, 많은 정보를 가지고 있다고 생각하며, 주체적이고 능동적인 존재라고 생각함으로써 상대적 우월감이나 만족감을 느낄 수도 있다. 이 같은 측면으로 말미암아 사실 여부 혹은 충분한 근거의 존재 유무와 관계없이 음모이론은 끊임없이 제기되고, 대중으로부터 관심을 받는다.

음모이론(陰謀理論, Conspiracy theory)의 다양한 사례

9 · 11 테러가 알 카에다(Al-Qaeda)의 소행이 아닌 미국의 자작극이었다는 음모이론, 미국 정부에 의해 민간인 출입이 통제되어 있는 네바다 주(State of Nevada)의 공군기지 에어리어 51에 외계인과 미확인 비행물체와 관련된 정보가 저장되어 있으며 비밀리에 관련 실험 등이 진행된다는 음모이론, 다이애나(Diana) 전 영국 왕세자비와 그의 연인 알 파예드(Al-Fayed)의 자동차 사망 사고가 우연이 아닌 왕세손인 윌리엄(William) 왕자의 친어머니와 무슬림(muslim) 간의 결혼을 막기 위한 영국 왕실의 개입이었다는 음모이론, 2011년 3월 11일 일본 미야기 현(宮城縣) 동쪽 해안에서 시작된 대지진과 쓰나미(tsunami)를 인위적인 음모라고 주장하는 음모이론, 세계무역센터 테러는 미국이 중동의 석유자원에 대한 전쟁을 정당화하기 위해 꾸민 자작극이며 쌍둥이 빌딩의 붕괴는 비행기 충돌 때문이 아니라 교묘하게 숨겨진 폭발장치 때문이라는 음모

29) 이를 통해 재난이나 부조리한 정치적 사건이 조절 불가능한 자연적 힘이나 우연에 의한 것이 아닌, 사람에 의한 것이라고 귀인(歸因, attribution)하여 통제감을 획득할 수 있도록 한다는 점에서 심리적 안정감을 제공한다. 또한, 인류의 안전에 위협이 되고 막대한 피해를 입힌 사건에 대해 악마적인 세력으로부터 비롯된 것으로 정의함으로써, 복잡한 문제를 선과 악의 대결 구도로 단순화하여 심리적 혼란을 줄일 수 있다.

이론, 미국 내의 모든 인구는 그림자 정부가 운영하는 검은색 헬리콥터에 의해 감시를 받고 통제되며 그림자 정부를 미군과 UN 및 외계인이 조종하고 있다는 음모이론 등 다양한 음모이론이 존재한다.

음모이론에 따르면, 사회복지의 변천은 인도주의나 안정의 실현에 따라 좌우되는 것이 아니라, 사회 안정 및 질서 유지와 사회통제의 목적에 따라 영향을 받는다. 즉, 사회(사회복지)정책은 지배계층이 기존 사회질서를 위협받는다고 느낄 때 개선되거나 악화된다. 이것은 사회복지의 이면에는 정치적 목적의 음모가 도사리고 있기 때문이다. 이러한 면에서 음모이론은 사회양심론에 정면으로 도전하는 견해다. 그래서 음모이론을 사회통제이론이라고도 한다.

피븐과 클로드(Piven & Cloward, 1971)의 빈민통제(regulating the poor)론에 따르면, 미국 태생의 중산층 계급이 공적 사회복지제도를 시행하는 것은 자비심에서가 아니라 빈민을 통제하기 위한 수단이다. 그 근거로 대량 실업과 같은 심각한 사회문제가 사회적 무질서를 일으킬 때 정부는 공적 복지제도를 확대하고, 반대로 고용이 확대되고 사회가 안정되면 복지가 위축된다는 사실을 제시했다. 이런 견해는 사회복지가 인도주의나 경제적 · 정치적 엘리트의 선한 의지의 결과라는 기존의 통념을 완전히 부정한다. 즉, 사회복지 확대는 서민들이 가난에 대해 저항하고 투쟁하는 것에 대한 지배계급의 대응책이다. 이런 점에서 이들의 이론은 음모이론이다.

음모이론에 따르면, 사회복지는 인도주의적 관심으로부터 발생한 것이 아니라, 시민의 무질서를 해결하고 노동규범을 강제하기 위한 억압정책의 하나로 등장하였다. 사회복지는 지배층의 장기적 계획으로 이루어지며, 이를 통해 빈민이나 부랑자에 대한 두려움을 완화시키고, 사회문제에 대해 무엇인가 행동을 취하는 것으로 보이게 하며, 자본주의 생산양식의 결과인 불평등을 유지하기 위해 노력한다.

사회복지를 정치적 음모나 사회적 통제로 보는 견해는 독일 비스마르크 사회보험정책을 대표적인 역사적 사례로 든다.[30] 비스마르크의 의도는 당시 독일에서 증대하기 시작한 정치세력인 혁명적 사회주의를 분쇄하는 데 있었으며, 국가 온정주의정책으로 독일 노동자들을 회유하거나 설득하는 데 있었다. 비스마르크는 기존 사회질서를 유지하고, 사회주의 세력을 억압하기 위한 조치로서 사회보험 프로그램을 도입했다.

이러한 음모이론은 엘리트이론(elite theory)의 모델과 비슷하다. 엘리트이론은 소수의 지배엘리트 혹은 권력엘리트들이 사회복지에 대해 어떤 태도를 취하느냐에 따라 복지가 달라진다는 것이다. 엘리트이론에 따르면, 사회복지는 다름 아닌 지배엘리트의 선호나 가치의 반영이라고 볼 수 있다. 엘리트는 기존 질서의 기득권자이기 때문에 기본적으로 보수적이지만, 때에 따라서는 기존 질서를 크게 위협하는 사건이 발생하면 장기적으로 자신들의 이익을 위해 개혁적인 변화를 시도하기도 한다(이강희 외, 2011: 26-31).[31]

30) 사회보험은 독일 비스마르크에 의한 질병보험(초기에는 노동자보험이라 부름)에서 시작되었다. 1880년대 독일 사회정책의 중심은 사회보험이었고, 1883년에는 질병보험, 1884년에는 재해보험, 1889년에는 노령 및 폐질보험(廢疾保險)이 성립하였다. 이것들은 '비스마르크의 사회정책 3부작'이라 불렀으며, 만성불황에 따르는 사회주의세력 대두에 대한 탄압정책, 즉 '채찍'과는 대조적으로 노동계급을 어루만지며 달래는 설득정책이었다. 실업보험은 영국에서 1911년에 '국민보험 제2부'라 하여 탄생되었다.

31) 앞에서 살펴본 19세기 독일 비스마르크 사회보험 입법도 사회주의화되어 가는 노동자들이 기존 질서를 크게 위협하자, 이에 대한 선제전략으로 귀족엘리트들이 선택한 것이라고 볼 수 있다. 또한, 1935년 미국 「사회보장법」도 그 당시 대규모 불경기로 말미암은 사회적 혼란에 대처하기 위해 루스벨트(Roosevelt) 대통령 주위의 자본가엘리트들이 장기적인 안목에서 그들에게 유리할 것으로 판단해 선택한 입법이라고 볼 수 있다.

Chapter

02

근대사회 이전의 사회복지

Chapter 02

근대사회 이전의 사회복지

1. 자선과 박애

1) 자선과 박애의 개념

자선(慈善, Charity)이란 일반적으로 종교적 · 윤리적 동기로 불쌍히 여기거나 이웃애 또는 은혜 등을 총칭한다. 자선은 구제의 정치, 전략적 동지에 대해 주관적인 봉사나 윤리적인 선(善)에 중점을 둔 종교적 실천덕목으로서 중요한 의미를 가지고 있다. 이들 실천태도를 비교하면 로마 가톨릭은 신앙과 박애적 실천을 동시에 추구했고, 개신교는 구제대상 중에 신의 형상을 나타내어 근대적 인격관을 형성했다. 그리고 남에게 베푸는 주체윤리로 강조하고 동기의 순수성을 중시했다. 또 불교에서는 베푸는 자와 받는 자와는 자타불이(自他不二)라고 하는 평등관계에 있다고 하고, 유교에서는 개인의 수양이 가정과 국가를 다스리는 원리가 된다고 하였다.[1)]

1) 참고로, 불교의 근본사상인 자비(慈悲)는 자(慈)와 비(悲) 두 낱말의 합성어이다. 자는 애념(愛念: 사랑하는 마음)을 가지고 중생에게 낙(樂)을 주는 것이요, 비는 민념(愍念: 불쌍히 여기는 마음)을 가지고 중생의 고(苦)를 없애주는 사랑이다. 이 자비는 사랑과 연민의 뜻을 함께 포함한 것으로, 이기적인 탐욕을 벗어나고 넓은 마음으로 질투심과 분노의 마음을 극복할 때에만 발휘될 수 있는 것이다. 즉, 이 자비는 철저한 무아사상(無我思想)을 바탕으로 하여 중생에게 실제로 즐거움을 주고 중생의 고통을 제거하여 주며, 근본적으로 그 근심 걱정과 슬픔의 뿌리를 뽑아내어 주는 지극한 사랑이다.

박애(博愛, Philanthropy)란 인간의 인격·인간성(人間性, humanity)[2)]을 존중하고, 각자 평등이라는 사상에 입각하여 인종·종교·습관·국적 등을 초월한 인간애를 말한다. 그리스의 비극작가 아이스킬로스(Aescylos)는 신들을 사랑하는 것보다는 인간을 사랑하는 것을 '필란트로피아(philanthropia, 인간애)'라고 불렀다. 이것이 후에 박애를 뜻하는 말의 어원이 되었다. 아리스토텔레스도 《시학(詩學)》[3)]에서 극악인(極惡人)에 대해서까지도 느끼는 사랑의 아픔을 인간애라고 보았다. 또한, 세계 시민주의를 주장하는 스토아 철학자들도 박애주의의 입장에 섰으나, 로마시대에 들어와서 이 말은 '후마니타스(humanitas)'로 변역되어 단순히 인간애라는 뜻만이 아니라 널리 교양을 나타내는 말이 되었다. 이것은 그 후에 이른바 휴머니즘적 이념을 뜻하는 것으로 변화되었다.

▲ 아이스킬로스
(BC 525 추정~456)

근대에 와서 휴머니즘(humanism)을 배경으로 이 박애사상을 실현하려고 시도한 사람은 18세기 독일의 바제도우(Basedow)였다. 그는 루소로부터 이어받은 교육이념 아래 범애학교(汎愛學校, philanthropinum)를 설립하여(1774), 범애주의(汎愛主義)라고 하는 박애주의 교육을 시행하였다. 이 이념은 페스탈로치(Pestalozzi), 프뢰벨(Frobel)의 교육이념으로 전개되었다. '박애'는 정치적으로는 프랑스혁명

▲ 아리스토텔레스
(BC 384~322)

2) 인간이 가지는 본질, 인간다움을 말한다. 인간이란 무엇인가, 인간이란 어떠해야 마땅한가에 대한 견해는, 당연히 사회에서 생활하는 인간의 존재방식에 따라 다양하다고 할 수 있다.

3) 원제는 《시작(詩作)에 관하여》이다. 현존 원본은 26장(章)으로 되어 있으나, 그 대부분은 비극을 문학의 최고 형식으로 삼는 저자의 비극론이 차지하고 있다. 특히, 비극의 정의를 내리는 데 유명한 '정화설(카타르시스)'은 6장에 잘 나타나 있다. 아리스토텔레스는 비극의 구성요소로서 이야기의 줄거리, 성격, 문체, 사상, 시각적 효과, 작곡의 6가지 요소를 들고 있다.

때에 '자유', '평등'과 함께 혁명의 모토가 되었다. 박애주의는 평화주의 · 비폭력주의 · 세계주의와 함께 톨스토이(Tolstoy) 사상의 한 중심이 되었다. 간디(Gandhi)의 무저항주의, 슈바이처(Schweitzer)의 삶인 공경(恭敬)하고 두려워함의 배경에서도 박애사상을 엿볼 수 있다(박주현, 2018: 49-50).

박애학교(博愛學校, Philanthropinum)

루소의 자연주의 교육을 가장 많이 받아들여 교육실천에 옮긴 바제도우가 세운 학교이다. 그는 1771년에 친교를 맺은 괴테(Goethe)의 알선으로 레오폴드(Leopold)의 초청을 받아 교육고문이 되어 그의 후원으로 1774년 이 학교를 세웠다. 그러나 1793년 창립 20년이 못 되어 문을 닫았다.

이 학교교육의 특징은 다음과 같다.

- 빈부의 차별이나 종파의 구별 없이 모두 박애정신으로 교육했다.
- 교육을 아동의 행복을 위한 육성(도야, 陶冶)으로 보고, 그렇게 하기 위하여 국어과(國語科)를 비롯한 실용적인 실과교육을 중시했다.
- 직관(直觀)과 유희를 중시하고 아동을 유쾌한 상태에서 자유롭게 공부를 시켰다.
- 체육을 중시했다.
- 체벌을 피하고 칭찬에 힘쓰며, 성적에 의한 석차를 정하여 경쟁심을 고취했다.
- 문법부터 시작했던 어학교수(語學敎授)를 회화부터 시작했다.
- 아동문고를 많이 제공했다.

2) 자선과 박애의 특징

혈연으로 맺어진 가족은 언제 어디서나 보호와 원조가 필요한 가족 구성원에 대해 보호와 원조를 제공하는 임무를 맡아왔다. 그러나 종종 가족이 감당할 수 없는 요보호자(要保護者, person requiring protection)에 대해서는 그 사회의 가진 집단에 의한 보호와 원조가 자선과 박애의 형태로 제공되었다.

사실상 자선과 박애는 인간 역사에서 가장 오래된 사회복지의 한 형태라고 말할 수 있다. 자선과 박애의 뿌리는 기독교 문명에서 출현한 자선과 서구 문명사회의 큰 줄기를 형성했던 그리스 로마사회에서 싹튼 박애, 그리고 불교문명을 바탕으로 한 자비에서 찾을 수 있다. 자선은 라틴어 카리타스(caritas 혹은 carus: brotherly love, 형제애)로부터 연유(緣由)하고, 박애는 그리스어 필로(philo: 사랑)와 안트로포스(anthropos: 인류)의 합성어로 인간에 대한 사랑(love of mankind)에서 연유한다. 양자 모두 주는 자와 받는 자 사이의 분명한 지위 차이를 기반으로 한 사회복지의 형태이다. 양자 모두에 내포된 기본적 사회관계는 주는 자와 받는 자 간의 관계이다.

자선은 분명히 박애보다 기부된 금품이 더욱 불행한 자를 위해 사용되어야 한다는 의미가 강조되고 있다. 자선은 주는 자와 받는 자 사이의 불평등한 관계를 내포하는데, 받는 자가 덜 가치 있는 사회 구성원이라는 것을 의미한다. 자선은 소규모로 이루어지는 기부로서, 지역사회 생활이나 종교생활의 일부로 이루어진다. 특히, 역사적으로 볼 때 자선은 종교적 동기가 강하여 자비심으로 남에게 재물이나 불법을 베푸는 자가 그것에 따라 신의 은총을 받는다는 것이다. 따라서 베푸는 자의 행복이 강조되며, 포시(布施, alms)를 통한 속죄라는 면죄부의 성격이 강했다.

박애는 보통 자선보다는 더 대규모로 이루어지는 것을 말한다. 또한, 박애는 어떤 기관에 기부되는 대규모 기부를 의미하기도 한다. 박애는 원래 비종교적 동기, 즉 도덕적 신념에서 출발하여 빈곤자를 원조하는 활동이었다. 그러나 현대적 의미의 박애는 기부된 자원이 극빈자나 개별적으로 확인된 욕구를 지닌 사람들만을 위해 사용되어야 한다는 의미를 담는 경우는 거의 없다. 또한, 박애주의자는 자기의 경제적·사회적 우월성 보존에 노력하고, 도덕적 우월성을 주장하는 경향이 있다.

사회복지의 한 형태로서 자선과 박애의 특징은 주관성(主觀性)과 임의성(任意性)이다. 자선은 빈곤자의 구제가 빈곤자 자신의 필요 때문이 아니고, 남에게 거저 물건을 주는 자(施輿者) 자신의 필요에 따라 발생한다. 주는 일 자체가 목적일 뿐 상대가 정말로 그것을 바라고 있는지, 상대에게 어떤 영향을 주는지는 관심 밖의 일이다. 마찬가지로 박애도 가진 자의 개인적 양심에 기대하며, 개인의 주관 혹은 자혜(慈惠: 자유롭게 베푸는 은혜)에서 출발하며, 선행에 대한 자기만족의 성격이 강하다. 선행자가 대상자와 함께 협력하여 생활문제를 해결하는 것이 아니고, 일방적인 귀족의 의무만이 강조된다. 따라서 사회적 필요성(사회적 보호)에 따른 조직적 활동을 의미하는 근대적 사회복지와는 거리가 있다. 그러나 고대나 중세의 자선이나 박애사업이 남긴 경험과 시설은 그 후의 근대적 사회복지에서 민간활동에 커다란 영향을 주었다는 데 큰 의미가 있다(이강희 외, 2011: 45-46).

3) 고대와 중세의 자선과 박애

초기 기독교의 자선행위는 유대교와 마찬가지로 사랑의 표현으로서의 자선, 즉 하나님의 의무를 수행하기 위해 필요한 활동으로 인식되었다. 초기 기독교는 중・하류층에게 특별히 매력적이었으나, 점차 부유한 사람들에게도 호소력을 가지게 되었다. 기독교가 사유재산과 빈부격차를 현실세계로 받아들이자 부유함이 선행을 가능하게 함으로써 구원에 이를 수 있다고 인식되었다. 한편, 교회는 콘스탄틴 황제(새로운 로마를 세운 Constantinus I 황제) 이후 기부와 유증(遺贈)[4]을 받을 수 있는 권리를 확보하게 되어 많은 재산을 보유하게 되었다.

로마제국에서는 빈부격차가 심화되자 소농민은 노예나 농노가 되든가 거지 혹은 강도가 되어야 할 정도가 되었다. 이런 상황에서 구걸이 직업으로 발전하였고, 4세기 말이 되면 거지들이 별도의 계급을 형성할 정도였다. 기독교 초기 3세기 동안 개별교회는 상대적으로 빈약한 기금으로 해당 교회의 빈민들을 구제하였다. 4세기 이후 교회재산의 증가에 따라 교회조직에 변화가 있었고, 빈민구제 행정은 각 교구 주교의 일이 되었다. 또 로마제국의 쇠퇴와 함께 주교가 해당지역의 실질적 행정책임자가 되었다. 따라서 권력과 부가 교회와 주교에게 귀속되고, 그는 증여와 기부를 받을 뿐만 아니라

4) 유증(Devise)이란 유언자가 유언에 의하여 재산을 수증자(受贈者)에게 무상으로 증여하는 단독행위를 말한다. 유증에 의하여 재산을 받는 자를 수증자라고 하며, 유증을 이행하는 상속인을 유증의무자(遺贈義務者)라고 한다.

징수하기도 하였다.

476년 로마 멸망 이후 1500년경까지의 중세에는 강력한 중앙정부가 없어서 농촌은 경제적으로 불안하였고 외부의 공격에 취약했다. 자신들의 보호를 위해 농민은 영주에게 토지를 기탁하였고, 농노가 되어 수확의 일부를 영주에게 바치고 영주의 보호 아래 예속되었다. 이러한 장원(莊園)경제에서 농노들은 장원 한쪽에서 집단으로 거주하였다. 시간이 지남에 따라 장원 자체가 하나의 교구가 되어 주교의 관할에 속하게 되었으며, 주교는 영적 영주가 되었고, 장원의 영주는 현세의 영주가 되었다.

장원(莊園, Manor)

중세 서유럽에서 영주의 토지와 농노로 구성된 자급자족적인 경제체제 또는 봉건사회의 경제 단위를 이루는 영주의 토지 소유 형태나 그 토지를 말한다. 봉건제하에서는 농업생산이 생산력의 기축(基軸)이기 때문에 토지의 의의는 결정적이며, 부는 주로 토지의 소유라는 형태를 취한다. 토지 소유는 귀족적 영주의 독점적 특권이며, 농노인 직접생산자 농민은 원칙적으로 여기서 배제되고 있었다. 농민은 영주에 대해 봉건적 지대를 부담하지만, 경제발전에 대응해서 지대 형태는 노동지대 → 생산물지대 → 화폐지대로 전환한다. 봉건적 토지 소유하에서는 모든 산업은 농업을 기축으로 해서 이것과 불가결하게 결합하는 수공업과 함께 공동체적으로 구성되어 있다.

장원은 봉건제와 밀접하게 결부되어 있으며, 영주 직영지와 농민 보유지 및 공동지로 이루어져 있었다. 직영지는 다시 영주의 저택과 직영 농장으로 나뉘었다. 중세 말에 상품 화폐 경제가 발전하여 지대가 금납화되고, 흑사병으로 말미암아 유럽의 인구가 감소하는 상황이 나타났다. 이로 말미암아 농노의 사회 · 경제적 처지가 나아졌고, 농민 중에는 자영 농민으로 상승하는 자가 나타나 장원은 해체되었다.

이렇게 되자 많은 성직자가 빈민보호의 의무를 비롯한 자신의 의무를 망각하고 세속의 물질주의에 빠져들었다. 이에 일부 성직자는 수도원으로 알려진 은둔 공동체로 회피하여 종교에 전념하는 노력을 하였다. 수도승들은 기도생활과 교육 및 빈민에 대한 초기 기독교적 관심의 부활을 도모하였다. 수도원은 부자든 빈자든 문전에서 음식이나 거처를 제공받을 수 있는 장소가 되었다. 그러나 수도원도 그들이 회피하고자 했던 교회와 마찬가지로 교회조직 비슷한 형태를 발전시켰고, 특정 교단이 운영하는 수도원의 조직체가 발전하였다. 수도원 원장들은 부의 축적을 가능하게 하는 교구의 사제들과 투쟁하였고, 빈민에게 사용되도록 기부된 돈은 교회나 수도원에 귀속되었다.

▲ 《구약성서》에 기원하는 십일조

8세기에 교회는 십일조(十一條, tithe)[5)]제도를 만들어 교인들의 연소득 가운데 1/10을 기부하도록 하였고, 이것은 ① 교회의 주교 생활비, ② 교구 성직자의 생활비, ③ 교회의 유지보수비용, ④ 빈민 · 과부 · 장애인 · 고아 · 노인 등에 균등하게 배분되었다. 구원에 관한 믿음은 빈민구호를 위해 교회에 자선 목적으로 기부하도록 하는 강력한 유인책이 되었다. 십일조는 유럽의 많은 대성당을 건축할 때 사용한 주요 자금원이기도 했다. 심한 반발에도 불구하고 십일조는 그리스도교가 유럽 전역에 보급되면서 의무적인 제도가 되었다(박주현, 2018: 54).

5) 십일조란 모든 소유와 생산의 1/10, 곧 수입의 십분의 일을 하나님께 드리는 헌금을 말한다. 여기서 1/10은 일부분이라는 개념이 아니라, 10/10을 대표하는 1/10의 역할을 말한다. 즉, 십일조는 모든 것이 하나님으로부터 왔음을 인정하고, 만물이 하나님의 소유요, 그래서 모든 인생은 오로지 하나님의 은혜로만 살아갈 수밖에 없음을 고백하는 신앙 행위의 한 부분이다(고린도후서 9:6-7). 아브라함이 멜기세덱에게 바친 십일조가 기원이다(창세기 14:20). 구약에서는 구제, 성전 보수, 제사장의 몫으로 사용되었다. 그리고 후대로 오면서 유대 지도자들은 십일조를 아주 사소한 것까지 세분하여 땔나무나 채소의 십일조까지 명문화하였다. 이런 배경에서 신약 시대의 바리새인들은 박하와 회향과 근채의 십일조까지 하였지만(마태복음 23:23), 예수께서는 율법의 근본정신을 외면한 채 형식에만 치중한 십일조를 책망하셨다.

중세 말 상업혁명과 그에 이은 산업혁명으로 장원경제는 도시사회로 변천하게 된다. 따라서 상인들이 사회적으로 우월한 지위와 권력을 가지게 되었다. 자신들의 성공을 과시하고 싶어 하는 상인들은 화려한 장례식을 치르면서, 이때 빈민구제를 하였다. 상인들은 가능한 한 많은 빈민에게 자선을 베풂으로써 현세에서의 그들의 사회적 지위를 정당화했을 뿐만 아니라, 자신들이 저지른 과거의 과실을 정화하는 데 관심을 가졌다.

이처럼 중세 이전의 사회복지는 종교적 자선과 박애라는 민간복지의 형태가 주를 이루었다. 산업화 이후 국가가 빈곤문제를 비롯한 사회문제에 대한 개입의 폭을 넓혀 감에 따라 자선과 박애는 근대 초 이래 공공복지에 상당한 기능과 역할을 넘겨주었다. 그러나 서구국가들에서의 민간복지는 분명히 중세 이전의 자선과 박애의 전통을 이어받고 있다. 여전히 서구사회에서 자선과 박애는 사회문제에 대처하는 사회적 대응 양식으로 위상을 굳건히 하고 있다(이강희 외, 2011: 47-48).

2. 상부상조

1) 상부상조의 개념과 특징

상부상조(相扶相助, Mutual help, Mutual aid)란 서로서로 도움, 즉 서로 의지하고 서로 도움을 뜻한다. 종종 상호부조(相互扶助)[6]로 일컬어지는 상부상조는 도움의 제공이 도움받는 사람들 자신에 의해 좌우되는 원조 형태로 구제 혹은 원조의 가장 원초적 행위라고 할 수 있다. 상부상조는 도움 제공자와 도움받는 자가 서로 입장이 뒤바뀔 수 있다는 점에

6) 상호부조란 복수(複數)의 개인 또는 집단이 공통적인 목적과 공동의 효과를 올리기 위하여 사회행동을 의식적 · 의도적으로 행하는 경우에 성립되는 관계를 말한다. 일차적 사회집단인 가족, 동족 간의 상호구조가 그 원형이다. 고도산업사회로 오면서 전통적 사회집단의 상호부조 기능이 저하되었다. 이것을 대체 또는 보완하는 것으로 요원호자 혹은 요원호 집단에 대한 공동사회에서의 일방적인 원조를 나타내는 사회부조와 강제적인 상호원조에 기금을 두는 사회보험이 정형화되고 있다.

서 다른 사회복지의 유형(예컨대, 자선과 박애, 공공복지, 사회적 서비스)과 구분된다.

상부상조에서는 참여자들 사이에 공유된 정체성이 존재한다. 같은 신앙을 가진 자, 같은 지역에 거주하는 자, 같은 직업과 공통의 생활불안을 가진 자들 사이에 동류의식(同類意識, kind consciousness)[7]을 가진다. 이러한 상부상조의 특징은 다음과 같다. 첫째, 사회 구성원 간의 연대의식을 바탕으로 하기 때문에 낙인(stigma)[8]을 부여하지 않는다. 둘째, 상부상조가 행해지는 범위가 제한되기 때문에 폐쇄적 성격을 가진다. 셋째, 원조의 부담능력에 제한이 있다. 즉, 대규모의 천재지변(天災地變)과 전염병이 발생한다든가, 경제제도의 결함으로 빈민이 대량으로 발생할 때 힘을 발휘하지 못한다.

〈표 2-1〉 민간에 의한 잔여적 복지의 특징

구분	특징
자선	• 종교적 동기(신의 은총) • 일방적 불평등 관계(주는 자의 행복), 주관적 · 임의적 성격
박애	• 비종교적 동기(도덕적 신념) • 일방적 귀족의 의무(도덕적 우월성), 주관적 · 임의적 성격
상부상조	• 연대의식(공속감, 동류의식), 호혜적 관계, 비낙인, 폐쇄적

출처: 이강희 외(2011: 51).

2) 상부상조가 일상화된 유대인

전(全) 세계에서 가장 영향력 있는 민족을 꼽으라면 단연 유대인을 꼽는다. 어머니가 유대인이거나 유대교로 개종한 경우를 말하는 유대인은 정치 · 경제 · 문화 · 사회 · 과

7) 동류의식은 자기 이외의 의식적 존재를 자기와 동류(同類)라고 인정하는 의식 상태로, 미국의 사회학자 기딩스가 그의 저서 《사회학 원리(The Principles of Sociology)》에서 제창한 개념이다. 일반적으로 일정한 사회계층 · 집단 등에 공유되는 의식을 동류의식이라 하며, 통속적으로 말해서 한패의식 같은 것이라고 할 수 있다. 이러한 동류의식을 계급의식의 기초로 보는 견해도 있으나, 일상적인 생활에 입각한 공동의식일 뿐 결코 일정한 이데올로기에까지 이르는 것은 아니다.

8) 스티그마(Stigma)에 대한 현대적인 관점을 제공한 고프먼(Goffman, 1963)에 따르면, 낙인 또는 사회적 낙인이란 어떤 개인을 완전하고(whole) 평범한(usual) 속성을 부정하고, 더럽혀지고(tainted) 가치가 떨어지는(discounted) 사람으로 축소하는 것이다.

학 · 예술 등 모든 방면에 걸쳐 그 이름이 오르내리지 않는 곳이 없다. 유대인은 미국 인구 2억 8,000만 명의 2.14%에 해당하는 600만 명, 세계 인구의 0.25%에 불과하지만 노벨상 전체 수상자의 27%를 차지하고 있으며, 세계적 천재인 마르크스, 프로이트(Freud), 아인슈타인(Einstein) 등이 모두 유대인이다. 전 세계에 흩어져 사는 대략 1,600만 명의 유대인이 세계를 좌우한다고 해도 과언은 아니다.

고난의 역사 속에서도 오늘날 유대인이 크게 성공할 수 있었던 원동력은 무엇일까? 다른 이유도 있겠지만, 돕기 커뮤니티(community)[9] 활동에서도 찾을 수 있다. 이러한 전통은 유대인들의 교육에서 비롯되었다. 유대인들은 어렸을 때부터 불우한 이웃을 위해 자신의 물건을 내줄 수 있도록 가르친다. 그들은 가난한 사람들에게 물건이나 돈을 내주는 것을 인간으로서 중요한 덕목이라고 생각한다. 그러나 단순한 동정이 아니라, 그들은 상대방의 마음과 감정을 이해할 수 있기를 바라는 마음으로 베푼다(http://www.sallimbooks.com).

유대인들은 '돈은 세상을 돌고 돈다'고 생각한다. 따라서 손에 들어온 돈은 조금씩 밖으로 내보내 사회에 환원해야 한다고 생각한다. 여기서 자선과 봉사의 정신이 생겨났다. 유대인들은 자선을 의무처럼 여긴다. 그들은 유대라는 공동체 속의 한 사람이 될 때에야 비로소 유대인이 된다고 여긴다. 유대인들은 개개인이 유대인다운 바른 행위를 해야 한다는 의식뿐만 아니라, 모든 구성원이 서로 사회적인 연대 책임을 진다는 생각을 강하게 가진다. 이는 구성원이 바른 행위를 하도록 이끌어야 할 책임도 포함한다. 이러한 사고방식은 고대로부터 지금에 이르기까지 줄기차게 전승되어 왔다.

예컨대, 탈무드에 "만일 부모가 자식을 올바로 교육시키지 못했거나 그런 환경을 자식에게 마련해 주지 못했을 때 그 자식이 저지른 죄는 사회 전체가 져야 하고, 그 자식 혼자서만 지게 할 수는 없다."라고 한 것으로도 짐작할 수 있다. 유대인들의 민족 서로

9) 커뮤니티(Community)는 지역사회, 근린사회, 지역연대집단 등으로 번역되고 있다. 정의도 가지각색이지만 기능을 중시하면 '개인으로는 만족시킬 수 없는 각종의 요구를 주민과 공동으로 실현하는 집단'이고, 정신면을 강조하면 '고독으로 냉담한 도시 가운데 따뜻한 인간관계'가 된다. 또 도시공학적으로 말하면 '하나로 통합된 안전하고 쾌적한 거주구'라고 할 수 있다. 최근에는 인터넷상의 모임이 활발해지면서 다양한 커뮤니티가 온라인상에서 형성되고 있어 그 의미가 더욱 넓어지고 있다.

돕기와 혈족의식은 전통 유지와 동질성의 상호 확인이 가져온 것이다. 2,000년에 이르는 오랜 디아스포라(diaspora)[10] 시대에서 자신의 주체를 잃지 않고 견딜 수 있었던 것도, 어려운 처지에 놓여 있는 동포를 도울 수 있었던 혈족의식도 이에서 비롯된 것이다.

이 중 미국의 유대인 모금조직은 대표적인 것이다. 전주(錢主)는 성공한 유대인으로 기금액은 1만 달러에서 50만 달러가 절반이다. 500만 달러가 넘는 거액기금도 흔하다. 이런 모금액 중 80%를 본국에 보낸다. 다른 나라에 있는 유대인들을 돕기도 하고 소수민족을 돕기도 한다. 이런 모금단체를 포함하여 각종 커뮤니티 조직만도 미국에 200여 개가 넘는다. 요란하지 않고 조용하게 자발적으로 참여하는 유대인들은 모국인 이스라엘과 미국 두 나라 경제를 모두 살린다는 자세다. 유대인들은 '디아스포라'란 말을 자주 한다. 이스라엘 밖의 지역에 사는 유대인을 일컫는 그리스어이다.

어느 나라에 살든 유대인은 하나라는 뿌리 깊은 인식이 그들을 강하게 만드는 것이다. 이스라엘과 아랍권 사이에 전쟁이 일어났을 때 미국에 유학하고 있던 유대계 학생은 서둘러 이스라엘로 돌아가 전쟁에 참여했지만, 아랍계 학생은 방관만 했다는 이야기는 우리에게 잘 알려져 있다. 일반적으로 외국에서 사는 유대인들은 이스라엘에 대한 일반적인 관심뿐만 아니라 매우 우호적이고 적극적인 관심을 지니고 있다. 이와 함께 유대인을 하나로 묶는 조직의 조직력도 주목할 만하다.

이런 유대인 조직은 각 조직이 좋아하는 테마에 입각하여 활동하고 있다. 또한, 비유대인에 대한 계몽에 주안을 두고 TV나 라디오의 스폰서가 되어 유대인 문제를 다루거나 기독교인이나 흑인 대표와의 토론을 방송하여 유대교의 선전에 종사하고 있는 단체가 있는가 하면, 이스라엘 여행을 전문으로 하는 여행사와 같은 단체도 있다. 언뜻 보면 여러 가지 활동을 차별적으로 전개하는 것처럼 보이지만 많은 단체가 공통으로 주력하는 유대인의 종교적 · 문화적인 전통의 전승과 유대인의 권리옹호에 노력하고 있다.

---

10) 디아스포라(Diaspora)는 고대 그리스어에서 '~너머'를 뜻하는 '디아(dia)'와 '씨를 뿌리다'를 뜻하는 스페로(spero)가 합성된 단어로, 이산(離散) 또는 파종(播種)을 의미한다. 본래는 팔레스타인을 떠나 세계 각지에 흩어져 살면서 유대교의 규범과 생활 관습을 유지하는 유대인을 가리키는 말이었으나, 후에 그 의미가 확장되어 본토를 떠나 타국에서 자신들의 규범과 관습을 유지하며 살아가는 공동체 집단 또는 그들의 거주지를 가리키는 말로 사용되기도 한다.

유대인 단체는 이스라엘 건국 이전부터 존재한 유대인의 세계적 조직이면서 어떤 측면에서는 이스라엘 정부 이상으로 강한 힘을 가지고 있다. 또한, 이스라엘의 건국에 중요한 역할을 하였으며, 현재도 이스라엘에 대한 경제원조, 이스라엘 이주자에 대한 여비 지급에서부터 취직알선 등의 활동을 통해 세계 각지에 흩어져 있는 유대인들을 하나로 모으는 역할을 하고 있다. 이 단체들은 1948년 이스라엘 건국을 계기로 미국과 이스라엘을 특수 관계로 묶는 데 중요한 역할을 했고, 전 세계에 흩어져 있는 유대인들의 권익 향상을 위해 구소련은 물론 아프리카의 에티오피아에 이르기까지 지구상 전 대륙으로 그 영향력을 확대하고 있다.

예를 들어 에이펙(AIPAC: American-Israel Public Affairs Committee, 미-이스라엘 공적위원회)은 약 5만 5,000명의 각계 유력 인사를 정회원으로 확보하고 미국의 중요한 주마다 지부를 두고 있는 단체이다. 뉴욕타임스는 에이펙이 최소한 상원의원 45명과 하원의원 200명의 고정적인 지지를 확보하고 있다고 보도하기도 했으며, 요르단의 후세인 국왕은 "미국의 대(對)중동정책 기조는 에이펙이 설정한 범주를 넘기 어렵다."고 꼬집기도 했다.

이러한 유대인 조직은 유대인으로서의 생활을 유지하고 언어 · 역사 · 문화를 전수하는 데 필요한 모든 경비를 지원한다. 신문 발행이나 각종 문화행사 경비도 포함된다. 총 경비는 연 8억~10억 달러 정도이며, 전액 기부금으로 충당된다. 바로 이 같은 조직적인 연대와 이를 매개로 한 사회활동에의 참여를 통해 현재의 성공이 가능했다고 볼 수 있다. 즉, 유대인들의 성공에 특별한 비결이 있다기보다는 완벽한 조직과 이를 통한 공적 활동에 참여함으로써 적응력을 기르는 데 매우 뛰어났다는 데에서 그 이유를 찾을 수 있다(http://www.sallimbooks.com).

한편, 유대인이 미국에서 행사하는 막강한 영향력 때문에 여러 제3세계 국가에선 '유대인 음모론'이 인기 상품이다. 1997년 아시아의 외환위기 당시 말레이시아 수상이었던 마하티르(Mahathir)가 '유대인 음모론'을 역설한 게 그 대표적 예다. 그는 소로스(Soros)를 비롯한 국제 환투기꾼들의 대부분이 유대인이라는 점을 겨냥해 "유대인은 이슬람 국가의 번영을 원치 않는다.", "유대인들이 이슬람을 죽이려 하고 있다."라는 등의 독설을 마구 퍼부어댔다. 또 유대인들은 어느 나라에서건 뛰어난 상술로 막강한 경제력을 가지고 있기 때문에 간혹 그 나라의 민족주의 정서의 공격 목표가 되기도 한다. 2000년 러시아 대통령 푸틴(Putin)이 미디어 재벌들을 탄압했을 때 여론은 열렬한 지지를 보냈다. 그 이유 중의 하나는 그 재벌들이 러시아인들의 혐오 대상인 유대인이었기 때문이었다.

3. 공공복지

1) 고대사상과 공공복지[11)]

(1) 고대사상

그리스의 대표 철학자요 소크라테스의 제자이자 아리스토텔레스의 스승인 플라톤(Plato, Platōn)은 인간생활에 관한 좋은 것은 모두 혼합에서 찾아질 수 있다고 했다. 도덕적 사유(思惟: 개념 · 구성 · 판단 · 추리 따위를 행하는 인간의 이성 작용)와 이기적 쾌락을 동시에 포함하는 혼합된 생활이, 쾌락만의 생활이나 사유만의 생활보다 우월하다고 주장했다. 디오니소스(Dionysos)[12)]적 신비주의 관점에서는 보편적 · 신적 · 도덕적 요소와 특수적 · 인간적 · 이기적 요소의 혼합에 의해서만 가치 있는 것이 형성되고, 이 혼합된 것이 가장 바람직하다는 것이다.

---

11) 공공복지(公共福祉, Public welfare)란 국민들에게 정신적이고 물질적인 삶을 보장해 인간다운 생활을 영위할 수 있도록 국가가 제공하는 복지를 말한다. 국가는 국민의 보건 · 위생 · 영양 · 보험 · 주택 · 의무교육 등 실생활에 직결되는 기본적인 문제를 해결함으로써 국민의 안정된 삶을 보장하는 책임을 지고 있다. 국민의 최저생활 및 인간다운 생활을 보장하기 위한 구체적인 프로그램으로는 보험 · 부조(扶助) · 서비스 제공 등이 있다.

12) 디오니소스는 포도나무와 포도주의 신이며 풍요의 신이자 황홀경의 신이다. 또한, 기쁨의 신이자 광란과 황홀경의 신이다. 그는 죽었다 다시 살아난 신으로써 부활의 신이자 잔인함과 즐거움이 공존하는 도취와 쾌락의 신이다. 그는 식물의 성장을 관장하는 리베르라고도 불린다. 카드모스와 하르모니아 여신의 딸 세멜레와 제우스의 아들이다. 로마 신화의 바쿠스(Bacchus)에 해당한다.

▲ 소크라테스
(BC 470~399)

▲ 플라톤(좌, BC 427~347)과
아리스토텔레스(우)

그래서 고대 그리스인들이 생각한 도시국가는 그 구성원들이 조화된 공동생활을 영위할 수 있도록 해야 한다는 것이다. 또한, 될 수 있는 한 모든 시민이 계급이나 부(富)로 말미암아 차별받지도 않고, 적극적으로 참여할 수 있으며, 개인의 타고난 역량이 자발적 · 자연적으로 실현될 수 있는 행복한 기회를 발견할 수 있는 사회로 구현되어야 한다는 것이다. 그리스인들의 이러한 관념은 하나의 정치적 사상이지 정치적 현실은 아니었다. 플라톤과 아리스토텔레스는 어느 도시국가에서도 조화의 정치적 사상은 실현되지 않고 있음을 알고 있었다. 그들이 도시국가의 윤리를 파고들어 갈수록 더욱 그 의의가 소수의 부자(富者)를 위한 것이며, 전체 대중을 위하여 존재하는 것이 아니라는 결론을 내릴 수밖에 없었다.

플라톤과 아리스토텔레스의 철학적 노력을 현대적 사회계층 구분에 입각하여 본다면, 중간하층을 중심으로 한 조화의 이상을 실현하는 데 있다. 플라톤도 도시국가를 수립하는 목적은 어느 한 계급이 행복하게 되도록 하자는 것이 아니라, 시민 전체가 최대한으로 행복해지기를 바라는 것이라고 하였다. 이는 시민 전체의 행복을 도모하는 국가에서 정의를 찾을 수 있다는 것이며, 행복한 국가는 소수 사람들을 따로 구별해서 이들을 행복하게 함으로써 가능한 것이 아니라, 시민 전체를 행복하게 함으로써 가능하다고 본 것이다. 이러한 플라톤의 정치적 사상인 중간하층에 입각한 사회적 조화와 질서의 실현은 아리스토텔레스의 정치철학에서도 그러하다(노무지 외, 2009: 19–20; 신재명 · 노무지, 2005).

(2) 고대의 빈민정책

그리스 도시국가에서는 부유한 사람들이 도시국가나 사회단체의 재정에 이바지하는 전통이 있었다. 많은 재산이 있음에도 기부하지 않는 사람에게는 유 · 무형적 압력이 가해졌으며, 기부자에게는 명예가 주어졌다. 그러나 그리스 시대의 기부는 수혜계층으로 특별히 빈민을 지목하지 않았다. 오히려 '필요'보다는 '시민'이라는 신분 확보가 수혜 여부를 결정짓기도 했다. 경제적으로 곤궁에 빠진 엘리트 시민이 자선의 주요 대상이었으며, 실업자나 거지는 '게으름'을 조장한다는 이유로 수혜대상에서 제외되었다. 기독교가 전파되기 이전의 로마도 그리스의 경우와 비슷했다.

보통 그리스와 로마의 문화를 서양문명의 원류(源流)로 이야기한다. 하지만 빈곤과 복지의 문제에 관한 한 고대문화의 전통은 생각보다 그리 대단하지 않다. 그 이유는 서양의 고대사회가 가진 특수성 때문이다. 아테네와 스파르타 등 그리스 대부분 도시국가와 기원전 2세기 이후의 로마에는 모든 생산활동을 거의 떠맡다시피 한 대규모 노예가 있었다. 이들의 숫자는 시대에 따라 달랐지만 전체 인구의 30~40%에 달했던 것으로 추정된다. 그런데 이러한 노예와 외국인들은 자선의 대상에서 빠져 있었다는 점이 문제다.

아테네를 비롯한 그리스 도시국가에서는 경제위기 때 식량을 배급하는 공공정책이 있었으며, 로마에서도 그러한 정책이 계승되었다. 또한, 기원전 2세기 그라쿠스(Tiberius Gracchus) 형제[13]는 토지보유에 상한선을 설정하여 곡물 가격의 안정화를 꾀하기 위한

13) 기원전 2세기 로마, 남편을 여의고 자식들을 혼자 키우며 살아가고 있던 코르넬리아의 집에 귀족 부인들이 찾아왔다. 부인들은 이런저런 대화를 나누다 이윽고 각자 자기네 집에서 가장 값나가는 보석을 소개하는 시간을 가졌다. 코르넬리아가 대화에 끼지 않고 가만히 앉아 있자, 한 부인이 말했다. "코르넬리아, 당신은 정말 보석을 하나도 갖고 있지 않나요? 다른 사람들이 당신이 가난하다고 수군대는 얘기를 들었는데 그게 사실인가요?" 그러자 코르넬리아는 웃으며 말했다. "나에게 그런 보석은 하나도 없지만, 대신 다른 보석은 있지요." 그리고 자신의 어린 두 아들을 불렀다. 아이들

개혁을 추진하였다.

황제(黃帝)는 공공부조제도를 활성화하고 많은 시민에게 식량을 공급하였다. 서기 2세기경에는 북아프리카와 이집트에서 생산된 곡물을 20만 가구의 빈민들에게 무상으로 분배하기도 하였다. 정치적 동기가 개입되었다는 이유로 정책의 순수성을 의심하는 시각도 있지만, 우리는 이러한 일련의 정책을 빈민정책이라고 규정할 수 있다. 그러나 이런 정책은 생산을 담당하는 노동력으로서 경제적 효용(效用)만으로 평가되었을 뿐이다. 진정 인간으로 인정받지 못했던 노예들과는 거리가 먼 정책이었다. 생존에 매달려 허덕이던 전체 인구의 1/3이 넘는 진짜 빈곤층은 그대로 놓아둔 채 특권층인 시민만을 상대로 한 정책은 그 의미가 축소될 수밖에 없다(허구생, 2002: 31-32).

(3) 고대 이집트의 공공복지

이집트에서는 기원전 5500년 이전에 강력한 부권(父權) 왕조가 출현하였다. 이집트 제1왕조부터 파라오(Pharaoh)들은 농민보호를 위한 법을 만들었다. 아울러 빈민이 직접 파라오에게 불만을 말할 수 있는 통로를 만들었다. 당시의 믿음에 따르면, 신은 빈민에게 그들을 억압하는 사람을 영원히 저주할 수 있는 힘을 주었다. 그래서 권력자들은 그 저주를 몹시 두려워했다.

이집트 복지는 노동자의 경제적 욕구와 생사(生死)에 관한 종교적 욕구 양자(兩者) 모두에 기반을 두었다. 범람하는 나일 강(Nile River)[14] 홍수를 다스리기 위해 제방을 쌓는 일은 농민들을 동원하는 부역제도를 통해 해결하였다. 모든 성인 남자는 7년에 1년씩

이 다가오자 그녀는 다정하게 어깨를 끌어안으며 말했다. "여기 이 아이들이 저의 보석입니다. 그 어떤 보석보다도 값지고 소중한 보석이지요." 이 두 아이가 후에 로마의 유명한 정치가가 되는 그라쿠스 형제이다. 두 형제는 당시의 어느 누구보다 인품과 신망이 높았으며, 둘 모두 가난한 평민의 권리 확대를 위해 자신들의 목숨을 포함한 모든 것을 희생하는 숭고한 삶을 살았다.

14) 적도 부근에서 발원하여 지중해로 흘러드는 강으로, 총길이 6,671km이다. 총길이는 남반구의 부룬디·탄자니아 국경 부근에서 강어귀까지이며, 유역면적은 아프리카대륙의 약 1/10을 차지한다. 나일 강에는 몇 개의 원류가 있는데, 그 중 가장 오지에 있는 것은 부룬디 산맥에서 발원하는 것이며, 여기서부터 카게라 강이 되어 빅토리아호(湖)로 흘러든다. 빅토리아호부터는 빅토리아나일이라 하는데, 키오가호를 지나 머치슨 폭포를 거쳐 앨버트호의 북단으로 들어간다. 앨버트호에서 수단 국경까지는 앨버트나일이라 하며, 여기까지의 나일 강은 산악지대를 지나면서 머치슨 폭포 같은 경관을 이룬다.

은 파라오의 일을 하여야 했다. 관개사업이 어느 정도 이루어진 후(후기 왕조)에는 부역노동은 파라오의 무덤과 사원 건축을 위해 동원되었다. 수상(grand vizier)이 지시하는 관료체계가 대규모 공공사업, 곡물의 수확과 저장, 곡물배분 및 구제를 책임졌다. 구제는 노동력을 보호하고 유지하기 위해, 즉 노동자를 보호하기 위해서 이루어졌다.

제4~6왕조(대략 기원전 2700년에서 기원전 2200년까지)에 농민들은 중소 영주에게 소속되었다. 성실한 노동이 강조되었고, 장사를 통한 개인적 부의 축적도 강조되었다. 생필품은 정부에서 통제하였고, 소요가 발생하거나 식량이 제한되면 현지 수확량과 생필품이 그 지방 인구를 위해 충분히 조달될 수 있도록 하기 위해 국경을 폐쇄하는 것이 일반적이었다(감정기 외, 2010: 116; Day, 1997: 64-65; Dolgoff & Feldstein, 1984: 27-28).

신적인 존재로서의 왕, 파라오

메소포타미아(Mesopotamia)를 비롯한 셈족 문화권에서 왕은 일반적으로 절대 권력을 가진 존재로 이해되었다. 그는 신은 아니로되 신적인 권위를 가지고 나라를 다스리는, 이를테면 반(半) 신적인 존재(semi-god)였다. 그러나 이집트에서는 달랐다. 신의 형상으로, 그리고 파라오로 불리는 이집트의 왕들은 셈족 문화권과는 달리 신적인 존재로 여겨졌으며, 그 자신이 곧 신이었다. 셈족 문화권의 왕들이 신들을 위해 나라를 다스린 반면에, 이집트의 왕들은 신으로서 나라를 다스렸던 것이다.

언제부터인지는 확실하게 알 수 없으나 대체적으로 파라오는 고왕국 시대로부터 태양신의 화신(化身)으로, 그리고 태양신 레의 아들로 간주되어 왔다. 실제로 제4왕조 중반부터는 왕의 이름이 매우 자주 태양신 레와 결합하였으며, 왕권이 태양신에게 속해 있음을 강조하던 제5왕조 동안에는 왕의 이름 앞에 '태양신 레의 아들'이라는 칭호가 따라 붙었다.

그러나 파라오가 신적인 왕권을 가지고 있다고 해서 그 권력을 마음대로 행사할 수 있는 것은 아니었다. 그는 신과 인간의 합일을 구현하는 인물이었지만, 동시에 자연계와 사회 안에 있는 삶의 질서를 유지하고 계속적인 세계 보전을 보증하는 역할을 수행하였다. 달리 말해서 태양신 레가 창조 시에 확립시킨 우주적인 질서, 곧 진리의 여신인 마아트(Maat)를 지상에 실현해야 할 책임을 지고 있었던 것이다.

2) 성서의 자선사상과 구제관

이스라엘(State of Israel)[15]이 어려움에 처했을 때 하나님의 소명을 받은 예언자 아모스(Amos)[16]는 세상에는 살찐 암소와 같은 자들이 있어 빈약한 자를 학대하며, 궁핍한 자들을 압제하고 있다고 경고하였다(아모스 4:1). 이사야(Isaiah) 선지자가 여호와를 경외함으로써 즐거움을 삼고 공의로 빈핍한 자를 심판하고, 정직으로 세상에 겸손한 자를 판단하여야 한다고 호소하였던(이사야 11:4) 것은 당시의 사회상을 반영한 것이라고 생각한다.

그러나 유대인의 풍습은 달랐다. 그들은 소유자(所有者)들이 무산자(無産者)들에 대하여 양보하는 것을 하나의 미풍으로 생각했다. 그래서 빈곤한 사람과 고아 · 과부 · 이방인에 대하여 불쌍히 여겼고, 은혜적인 구제를 그들의 의무로 알았다. 팔려온 노예의 석방과 이웃의 전답에서 곡식의 이삭(fall)을 채취하여 공복을 채우는 것을 허락하였다. 그리고 떨어뜨린 곡식 다발과 땅에 떨어진 이삭, 수확하다가 전원(田園)의 한쪽 부분을 무산자들을 위하여 남겨 두었다. 그리고 7년마다 소유자는 그들의 토지를 경작하지 않았다. 이때 빈곤자들이 그 토지를 경작하여 그들의 생계를 유지하도록 하는 등 무산자 · 과부 · 고아와 영세 일용노동자들에 대한 구제의 여러 면을 실천했다.

이와 같은 이스라엘의 자선사상과 시설은 《구약성서(舊約聖書, Old Testament)》[17]에서 모

15) 이스라엘(Israel)은 《성서》에서 가장 많이 언급되는 민족이자 땅이며 국가이자 이념이다. 이스라엘은 창세기 32장에 처음으로 나온다. 야곱 족장이 천상의 방문객과 밤새 씨름을 벌인 뒤 손님에게서 '신과 씨름하는 자'라는 뜻의 이스라엘이라는 이름을 받게 된다(어떤 학자들은 이스라엘이 '신의 지배를 받는다.'는 뜻이라고 말한다). 야곱의 열두 아들을 조상으로 하는 12개 '지파(부족)'를 모두 합쳐 이스라엘이라고 불렀다. 이스라엘인들은 이스라엘에도 속하고 각자 자기 지파에도 속한다고 생각했다. 예를 들어 모세는 레위 지파에 속하지만 레위족인 동시에 이스라엘인이었다.

16) BC 750년경 이스라엘의 예언자이자 《구약성서》 아모스의 필자로, 예루살렘 남쪽 16km의 드고아(테코아)에서 양치는 목자였다. 하느님의 부름을 받고 북이스라엘 왕국으로 가서 하느님의 계시를 전하는 예언자가 되었다. 당시 여로보암 2세(재위 BC 787~740) 치하에 있던 이 왕국은 외견상으로는 매우 융성한 것 같았으나, 실은 빈부의 격차가 심하고 사회적 해악이 만연하였으며 종교는 타락해 있었다.

17) 그리스도교 《성서(聖書)》 중 예수 탄생 이전의 신(神)의 계시를 기록한 책으로서 유대교(Judaism)는 《구약》만 경전으로 삼고 있으며, 히브어로 기록된 《구약성서》는 크게 율법 · 예언 · 성문서(聖文書) 등으로 분류된다. 《구약》은 그리스도교 초기 《신약》이 완성된 후, 이 새 계약인 《신약》과 비교해서 초대교회 교부(敎父)들에 의하여 불린 말이다. 《구약성서》는 히브리문학(일부는 아랍어)으로 BC 1000년부터 AD 100년까지 기록과 편집과정을 거쳐 39권으로 만들어지게 되었다. 구약문학 안에는 고대 시가(詩歌)들의 단편 · 율법 · 예언 · 역사 · 예배 · 역대기 · 지혜문학 등이 있는데, 이들이 포함하는 이스라엘(히브리인)의 역사는 BC 1750년부터 BC 2세기까지, 즉 그리스 통치시대까지 이르며, 《구약》은 그동안의 히브리 민족의 역사와 종교사상의 변모를 보여 주고 있다.

세(Moses)[18]의 율법과 예언자의 기록에서 알 수 있다. 그러나 모세의 율법은 모세가 시내산(Mount Sinai)[19]에 올라가 여호와 하나님으로부터 계시를 받은 경전으로서, 당시에는 종교와 율법은 하나였으며, 그것을 지키는 것이 신성한 의무로 규정되었다. 모세의 율법은 대개 두 가지 부분으로 분류할 수 있다. 첫째는 인간의 하나님에 대한 의무이며, 둘째는 인간과 인간과의 관계, 즉 이웃이나 동포에 대한 의무를 규정하였다.

▲ 강에서 건져지는 모세
(출애굽기 2:1–8)

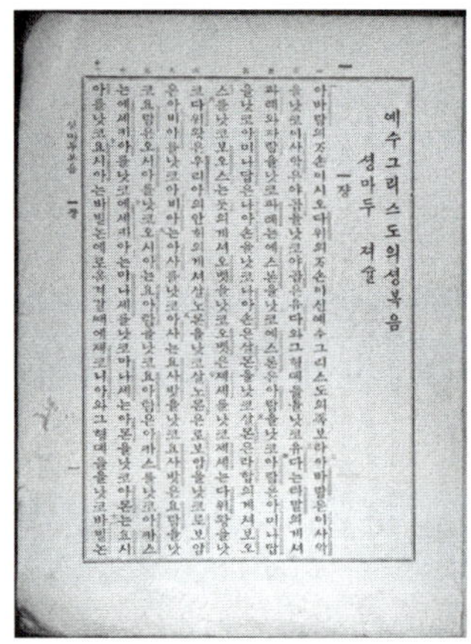

예수그리스도의셩복음
셩마두 져술
一쟝

▲ 사사성경
(1910년에 간행된 한글번역본 4복음서)

하나님에 대한 의무의 관습으로써(예컨대, 하나님께서 자비를 베풀어 우리 인간을 구제하는 것과 같이), 우리는 하나님을 사랑하는 것을 실제로 증명해야 한다는 사상이다. 이웃에 대한 의무로, 우리의 국토는 하나님의 소유로서 인간이 이것을 소유한다 하여도 임시로 잠시

---

18) 모세는 이스라엘의 종교적 지도자이자 민족적 영웅이다. 시내 산에서 노예로 있던 히브리 민족을 해방시키라는 음성을 듣고 이집트로 돌아와 협력자 아론과 함께 그들을 구출하였으며, 시내 산에서 십계명을 받았다. '약속의 땅'인 가나안으로 들어가기 위해, 이스라엘 백성들의 지도자가 되어 40여 년간 광야를 유랑하지만, 가나안 땅으로 들어가지는 못한다.

19) 시내 산(Mount Sinai)은 히브리어로는 '가시나무 무성한 곳'이란 뜻인데, 이는 가시나무가 많이 서식했기 때문에 붙여진 이름인 듯하다. 시내 반도 남단에 위치해 있으며 큰 산맥 군(群)을 형성하고 있다. 그중 모세가 십계명을 수여받은 산이 '호렙 산(출 3:1)'이다. 오늘날 '모세의 산'이란 뜻을 가진 해발 2,291m의 '예벨무사(Jebel Musa)'로 추정된다. 이슬람교의 코란에서도 무함마드(마호메트)가 시내 산을 두고 맹세하는 것이 언급되어 있어 사실상 시내 반도는 기독교, 이슬람교, 유대교의 공동 성지이다. 베두인족들의 유목 터전, 불타는 듯 뜨거운 광야가 펼쳐지는 이곳 '위대한 광야'의 성산을 찾아 세계인들의 순례 발걸음은 이어지고 있다.

머무는 것에 불과하다. 그러므로 하나님이 주신 것 중에서 베풀어 빈곤자를 구제하는 것은 하나님을 아버지로 하고, 우리 인간들은 그의 자녀인 형제자매의 처지와 같은 것이라고 하는 근본적 관념이 내재하고 있다. 그리하여 사회적 정의, 사회적 평등, 약자의 구제 등과 같은 자선사상과 시설은 동포, 즉 이웃에 대한 의무로서 실천되고 있었다.

모세의 율법 중 이웃에 대한 의무로서 사회사업에 관한 성경구절을 살펴보면 다음과 같다.

> "너희는 너희에게 몸 붙여 사는 나그네를 학대하거나 억압해서는 안 된다. 너희도 이집트 땅에서 몸 붙여 살던 나그네였다. 너희는 과부나 고아를 괴롭히면 안 된다. 너희가 그들을 괴롭혀서, 그들이 나에게 부르짖으면, 나는 반드시 그들의 부르짖음을 들어주겠다. 나는 분노를 터뜨려서, 너희를 칼로 죽이겠다. 그렇게 되면, 너희 아내는 과부가 될 것이며, 너희 자식들은 고아가 될 것이다. 너희가 너희 가운데서 가난하게 사는 나의 백성에게 돈을 꾸어 주었으면, 너희는 그에게 빚쟁이처럼 재촉해서는 안 되고, 이자를 받아도 안 된다. 너희가 정녕 너희 이웃에게서 겉옷을 담보로 잡거든, 해가 지기 전에 그에게 돌려주어야 한다. 그가 덮을 것이라고는 오직 그것뿐이다. 몸을 가릴 것이라고는 오직 그것밖에 없는데, 그가 무엇을 덮고 자겠느냐? 그가 나에게 부르짖으면 자애로운 나는 들어주지 않을 수 없다(출애굽기 22:21-27)."

> "너희는 여섯 해 동안은 밭에 씨를 뿌려서, 그 소출을 거두어들이고, 일곱째 해에는 땅을 놀리고 묵혀서, 거기서 자라는 것은 무엇이나 가난한 사람들이 먹게 하고, 그렇게 하고도 남은 것은 들짐승이 먹게 해야 한다. 너희의 포도밭과 올리브 밭도 그렇게 해야 한다. 너희는 엿새 동안 일을 하고, 이렛날에는 쉬어야 한다. 그래야 너희의 소와 나귀도 쉴 수 있을 것이며, 너희 여종의 아들과 몸 붙여 사는 나그네도 숨을 돌릴 수 있을 것이다(출애굽기 23:10-12)."

그리고 기원전 1407년경에 모세가 죽기 직전에 이스라엘 백성에게 행한 마지막 가르침을 기록한 《신명기》를 살펴보면, 12~15장에는 모세의 율법에 규정된 보호가 한층 확대·강화되었다. 사회사업상 중요한 성경구절을 열거하면 다음과 같다.

> "당신들은 매 삼 년 끝에 그 해에 난 소출의 십일조를 다 모아서 성 안에 저장하여 두었다가, 당신들이 사는 성 안에, 유산도 없고 차지할 몫도 없는 레위 사람이나 떠돌이나 고아나 과부들이 와서 배불리 먹게 하십시오. 그러면 주 당신들의 하나님은 당신들이 경영하는 모든 일에 복을 내려 주실 것입니다(신명기 14:28-29)."

> "매 칠 년 끝에는 빚을 면제하여 주십시오. 면제 규례는 이러합니다. 누구든지 이웃에게 돈을 꾸어 준 사람은 그 빚을 면제하여 주십시오. 주님께서 면제를 선포하였기 때문에 이웃이나 동족에게 빚을 갚으라고 다그쳐서는 안 됩니다. 이방 사람에게 준 빚은 갚으라고 할 수 있으나, 당신들의 동족에게 준 빚은 면제해 주어야 합니다. 당신들 가운데 가난한 사람이 없게 하십시오. 그러면 주 당신들의 하나님이 당신들에게 유산으로 주어 차지하게 하시는 땅에서 당신들이 참으로 복을 받을 것입니다(신명기 15:1-4)."

> "당신들은 길 잃은 이웃의 소나 양을 보거든, 못 본 체하지 말고, 반드시 끌어다가 그 이웃에게 돌려주어야 합니다. 또 당신들은 그 이웃이 가까이에 있지 않거나, 누구인지 알지 못한다 해도, 그 짐승을 당신들의 집에 끌어다가 두었다가, 그 주인이 찾을 때에 돌려주어야 합니다. 나귀도 그렇게 하고, 옷도 그렇게 하십시오. 그 밖에도 이웃이 잃은 것이 무엇이든지, 당신들이 박력하거든 그렇게 하고, 못 본 체하지 마십시오. 이웃의 나귀나 소가 길에 쓰러져 있는 것을 보거든, 못 본 체하지 마십시오. 당신들은 반드시 그 이웃을 도와 그것을 일으켜 주어야 합니다(신명기 22:1-4)."

> "이스라엘의 딸은 창녀가 될 수 없습니다. 또 이스라엘의 아들들도 남창이 될 수 없습니다(신명기 23:17)."

"악성 피부병에 걸린 사람에 대하여는, 레위 사람 제사장들이 당신들에게 가르쳐 주는 대로, 모든 것을 철저히 지켜야 합니다. 내가 그들에게 명령한 대로 지키십시오(신명기 24:8)."

"같은 겨레 가운데서나 당신들 땅 성문 안에 사는 외국 사람 가운데서, 가난하여 품팔이하는 사람을 억울하게 해서는 안 됩니다. 그날 품삯은 그날로 주되, 해가 지기 전에 주어야 합니다. 그는 가난한 사람이기 때문에 그날 품삯을 그날 받아야 살아갈 수 있습니다. 그가 그날 품삯을 못 받아, 당신들을 원망하면서 주님께 호소하면, 당신들에게 죄가 돌아갈 것입니다(신명기 24:14-15)."

"외국 사람과 고아의 소송을 맡아 억울하게 재판해서는 안 됩니다. 과부의 옷을 저당 잡아서는 안 됩니다(신명기 24:17)."

"당신들이 밭에서 곡식을 거둘 때에, 곡식 한 묶음을 잊어버리고 왔거든, 그것을 가지러 되돌아가지 마십시오. 그것은 외국 사람과 고아와 과부에게 돌아갈 몫입니다. 그래야만 주 당신들의 하나님이 당신들이 하는 모든 일에 복을 내려 주실 것입니다. 당신들은 올리브 나무 열매를 딴 뒤에 그 가지를 다시 살피지 마십시오. 그 남은 것은 외국 사람과 고아와 과부의 것입니다. 당신들은 포도를 딸 때에도 따고 난 뒤에 남은 것을 다시 따지 마십시오. 그 남은 것은 외국 사람과 고아와 과부의 것입니다. 당신들은 이집트 땅에서 종살이하던 때를 기억하십시오. 내가 당신들에게 이런 명령을 하는 까닭도 바로 여기에 있습니다(신명기 24:19-22)."

그리고 우리는 《신명기》 이외에도 《시편》과 《잠언》 여러 곳, 《레위기》 등에서 자선을 찬양한 다음과 같은 성경구절을 찾아볼 수 있다.

"은혜를 베풀면서 남에게 꾸어주는 사람은 모든 일이 잘 될 것이다. 그런 사람은 일을 공평하게 처리하는 사람이다(시편 112:5)."

"나의 원수들은 나쁜 말을 지어서 '저자가 언제 죽어서, 그 후손이 끊어질까?' 하고 나에게 말합니다(시편 41:5)."

"가난한 사람을 억압하는 것은 그를 지으신 분을 모욕하는 것이지만, 궁핍한 사람에게 은혜를 베푸는 것은 그를 지으신 분을 공경하는 것이다(잠언 14:31)."

"가난한 사람에게 은혜를 베푸는 것은 주님께 꾸어드리는 것이니, 주님께서 그 선행을 넉넉하게 갚아 주신다(잠언 19:17)."

"너희 동족 가운데, 아주 가난해서, 도저히 자기 힘만으로는 살아갈 수 없는 사람이 너희의 곁에 살면, 너희는 그를, 나그네나 임시 거주자처럼, 너희와 함께 살도록 하여야 한다. 그에게서는 이자를 받아도 안 되고, 어떤 이익을 남기려고 해서도 안 된다. 너희가 하나님 두려운 줄을 안다면, 너희의 동족을 너희의 곁에 데리고 함께 살아야 한다(레위기 25:35-36)."

이상에서 살펴본 바와 같이 이스라엘에서 사회사업적 자선은 외국인 · 과부 · 고아 · 노인 · 나그네 · 일용근로자 · 무산자 등 광범위하게 걸치고 있었으며, 그것이 농업시대였기 때문에 주로 농업적 방법으로 행해지고 있었다. 그 구제는 개인적 성질의 것이었으나, 빈민계급의 발생을 방지하는 적극적인 측면도 있었다.

▲ 히브리어 묘비의 일부

그리고 히브리어(Hebrew)[20]에는 자비에 상당하는 문구가 없고, 자비와 정의를 합한 문구가 있는데, 이는 이웃의 마음을 아는 자는 선을 행한다는 뜻의 말이라고 한다. 바꾸어 말하면, 인간이 신성을 구하며, 그 신성을 존중하는 것은 선을 행한다는 뜻이며, 그러한 정의를 행한다는 것은, 즉 일체의 규정과 명령을 폐하고 바로 하나님과 직결하려고 하는 동기이며, 하나님에 대한 감사와 이웃에 대한 의무, 하나님이 주신 재산의 관리는 모두가 사회사업의 원천을 이루고 있는 것이다.

모세의 율법이 이와 같은 정신적 기초 위에서 발전함에 따라 결국 빈민의 보호가 신의에 부합되는 당연한 것으로 되었다. 또한, '죄장(罪障)[21]소멸(消滅)'의 수단으로 여겼던 것이다. 즉, 앞에서 신명기에서 인용한 바와 같이 "매 삼 년 끝에 그 해에 난 소출의 십일조를 다 모아서 성 안에 저장하여 두었다가, 당신들이 사는 성 안에, 유산도 없고 차지할 몫도 없는 레위 사람이나 떠돌이나 고아나 과부들이 와서 배불리 먹게 하십시오. 그러면 주 당신들의 하나님은 당신들이 경영하는 모든 일에 복을 내려 주실 것(신명기 14:28–29)"에서 이해할 수 있다. 그리고 이 죄장소멸사상은 후년에 기독교 교회에 전달되어 마치 물은 타는 불을 끄는 것과 같이 구제는 죄과를 소멸하는 것이라고 설명하게 되었다(노무지 외, 2015: 21–26).

3) 그리스 · 로마의 공공복지

방금 살펴본 공공복지 관련 고대 이집트의 사례는 공공복지의 출발에 대한 이해의 실마리를 제공하는 것에 불과하다. 서구 국가의 경우 공공복지의 근원(根源)은 그리스 ·

20) 히브리어는 고대 이스라엘의 언어다. 오늘날 대부분의 문자와는 달리 오른쪽에서 왼쪽으로 쓴다. 《구약성서》는 거의 대부분 히브리어로 쓰였고 후대에 작성된 일부만 아람어로 쓰였다. 히브리어는 스물두 개의 자음이 있고 모음은 없다. 그러나 수백 년 전 마소라 학자들은 구약성서의 내용에 '모음 요소들'을 추가해 독자들에게 히브리어 단어들을 발음하는 방법을 가르쳐주었다. 《신약성서》의 시대에는 대다수 유대인들(예수와 사도들을 포함)이 히브리어 대신 아람어나 그리스어를 썼다. 구약성서는 히브리어에서 아람어와 그리스어로 번역되었다. 유대 학자들은 여전히 히브리어를 배웠으나, 135년 무렵 히브리어는 거의 '사어'가 되어 생활에서는 자취를 감추었다. 20세기에 이스라엘이 국가로 재탄생되자 히브리어를 공식 언어로 사용하게 되었다(하지만 이스라엘인들은 대부분 히브리어 이외에 다른 언어도 할 줄 안다).

21) 죄장(罪障)이란 죄악(罪惡)이 선한 과(果)를 얻는 데 장애(障礙)가 됨을 이르는 말이다.

로마에서 찾아볼 수 있다. 그 이유는 서구 국가의 통치와 관련된 각종 법제가 로마법에 그 뿌리를 두고 있을뿐더러, 서구 국가의 문화 역시 그리스·로마문화에서 대부분 비롯되었기 때문이다(감정기 외, 2010: 120-123). 그리스·로마의 공공복지에는 부유한 시민이 공공의 재정에 기부하여 이를 빈민구호에 활용하는 사적 자선이 혼재되어 있다. 또한, 기독교 공인 이후 국가는 구호재정을 조달하고, 교회가 이를 받아 직접 구호에 나서는 공공-민간(교회)의 역할분담도 보인다(감정기 외, 2010: 123).[22]

(1) 그리스 도시국가의 공공복지

그리스 도시국가는 기본적으로 전쟁을 통해 이루어진 정복국가였다. 기원전 700년경부터 기원전 300년경까지 다수의 식민지 획득 전쟁이 있었다. 기원전 500년경에 그리스 도시국가들이 성립되었다. 농민들이 농지를 떠나 새로운 빈민계급이 되었다. 계급분화도 가속화되었다. 초기 그리스에서 노동은 정신을 황폐화시키는 저주로 받아들여졌다. 노동은 진리를 사고하고, 덕을 쌓는 것을 불가능하게 만들기 때문에 천시되었으며, 그에 따라 당연히 노동자도 무시당하였다. 노예와 빈민노동에 기반을 둔 부자들이 엘리트계급을 이루었다. 노예들이 고대 그리스의 대다수 일을 수행하였다. 노예의 지위는 그 주인이 가진 부(副)의 크기에 따라서 종종 자유민의 지위보다 높을 수 있었다. 해방되었을 때 노예들의 다수는 궁핍한 하층민이 되기보다는 옛 주인의 근처에 머물렀다.

그리스 도시국가에서 박애는 '인간에 대한 신의 자비'를 의미하였다. 기원전 4세기경에 박애는 부하나 피(被)후견자에 대한 세력이나 재산이 있는 사람(有力者)의 의무로 이해되었다. 식량, 돈, 기름 등을 시(市) 재정에 기부하여 비상사태와 식량부족에 대비하는 것이 박애의 주된 내용이었다. 기부자들은 시민의 상부상조 협회나 재정적으로 어려움을 겪는 엘리트시민들에게 기부하는 것을 영예로 생각하였다. 공직에 자발적

22) 그러나 로마가 멸망하고 나서 교회가 영적 권위뿐만 아니라, 세속적 권력까지도 장악하게 되는 중세에는 종교적 자선과 공공복지 사이의 구분이 거의 무의미한 상황으로 전개된다.

으로 봉사하는 것 또한 영예로운 일이었다. 가치 있는 빈민, 즉 일반적으로 귀족이나 상인과 같이 교양 있게 자랐으나 곤경에 빠진 사람들을 돕는 것도 영예로운 일로 여겼다.

가치 없는 빈민은 노동자나 실업자인 하층계급 사람들이었다. 이들에 대해서는 엘리트들이 기부를 거절하였다. 그들을 돕는 것은 가치 없는 일로 여겼다. 그 이유는 그들로부터 감사(gratitude)받는 것은 전혀 영예로운 일이 아니라고 여겼기 때문이었다. 실업자는 게으른 사람으로 여겼으며, 그래서 그들은 방치되었다. 노예는 시민권이 없었고, 따라서 구호도 받을 수가 없었다. 거지 역시 추방되었다. 그 이유는 거지를 돕는 것은 그들을 진정 돕는 게 아니라, 결국 거지근성을 조장하는 것에 불과하다고 보았기 때문이었다.

그리스에서 빈민 보호는 이타적이었다기보다는 이기적 · 자기본위적(自己本位的)이었다. 숙박소와 의료센터, 옛 종교사원의 잔재가 전국에 다양하게 흩어져 있었다. 아테네에서는 시 당국이 식량이 부족할 때 시민들에게 곡식을 배분하였다. 또한, 장애인에 대한 수당과 연금도 있었다. 불경기 때에 이루어진 공공의 식량배분 이외에도 불행한 사람들을 위한 여러 유형의 수용보호시설도 있었다. 고아원(현 보육원)과 유족연금은 전쟁에서 사망한 자의 자녀를 위한 것이었다. 여타의 고아들은 18세 생일까지 부양되었다.

그러나 빈민에 대한 처우는 실로 가혹하였다. 피임과 낙태, 심지어 영아 살해가 정당화되었다. 플라톤은 그의 저서 《공화국(The Republic)》에서 장애인과 노인에 대한 안락사를 촉구하기도 하였다. 노예제, 축첩제(蓄妾制),[23] 강압적 식민화가 복지로 여겨졌다. 즉,

23) 2006년 미국 방송 CNN에서 애리조나 주에 숨어 사는 일부다처제 가정을 취재하여 화제가 되었다. 10여 명의 처가 밤마다 제비뽑기를 해서 남편과 잠자리를 함께 한다고 한다. 이들은 몰몬교 분파에 속하는데 남자는 3명 이상의 아내를 얻어야 천국의 최고 단계에 이를 수 있다고 믿고 있다. 그 지도자인 워런 제프스는 72명의 아내를 거느린 것으로 알려졌다. 그러나 미국에서는 일부다처제를 법으로 금지하고 있어 결국 경찰에 체포되었다. 우리나라에서도 일부다처제의 전통이 강했다. 신라시대 지방관리였던 차득공은 처와 첩을 합쳐 세 명이나 두었다. 고려시대 태조 왕건은 후비가 29명이었는데, 왕후 또는 왕태후가 6명이었다. 이처럼 왕비가 여러 명이 되는 것은 성리학에 철저했던 조선시대에는 상상할 수 없는 일이다. 중국 사신이 기록한 고려 풍속에는 다음과 같이 적혀 있다. “부잣집에서는 3~4명의 아내를 맞이하는데, 조금만 맞지 않아도 바로 이혼한다(『고려도경』).”

개인보다는 국가의 안녕이 일차적 목적이었던 것이다. 마카로브(Macarov, 1978: 76)는 "그리스에서 박애의 개념이 유래함에도 불구하고, 박애의 정신은 그곳에 결코 존재한 적이 없었다."고 하였다. 그 이유 중 하나는 자선에 관한 종교적 계명이 없는 데에서 찾을 수 있다. 소크라테스, 플라톤, 아리스토텔레스 등은 '자연 미덕(美德)'에 자선을 포함하지 않았다. 그들이 말한 '자연 미덕'은 사려분별(prudence), 절제(temperance), 불요불굴의 정신(fortitude), 정의(justice)였다(Day, 1997: 74-77; Dolgoff & Feldstein, 1984: 33-35).

(2) 로마제국의 공공복지

로마제국의 공공복지는 다분히 정치적 색채(色彩)가 짙었다. 초기 로마에서는 엘리트들이 표를 얻기 위해 자유민들과 소년들에게 불규칙적으로 급여(給與, pay)를 베풀었다. 이때 급여를 받을 자격은 피(被)급여자의 욕구가 아니라, 그들이 투표권을 가졌느냐 그렇지 않으냐가 기준이었다. 로마 후기 공화제(기원전 450~150년까지)하에서 급여 이외에도 부조 프로그램이 있었다. 당시 존재한 부조 프로그램은 ① 부유한 로마시민이 종종 베푸는 식량, ② 개인적 급식 프로그램, ③ 개인후원자가 베푸는 공공연회, ④ 장사나 제조업에 종사하는 집단이 콜레기아(collegia, 협회)[24]를 결성하여 매월 회비를 납부한 다음에 받는 상호부조, ⑤ 부유한 자의 후원으로 콜레기아 소속 노동자에게 제공하는 식량, 거처, 의복, 기타 생필품 등이었다.

초기 제국(기원전 100년경에서 기원후 100년경)에 들어서면서 장차 병사가 될 소년들에 대한 부조 프로그램이 나타났다. 기원전 시기로부터 서기 시기로의 전환기에 그리스, 로마, 유대, 이집트, 동유럽 등이 로마 지배하에 들어가게 되었다. 영국 해협까지 확장된 영토는 지배계급에게 막대한 부를 집중시켰다. 피지배계급에게는 군사비로 말미암은 늘어난 조세가 큰 부담이 되었다. 빈곤과 빈부격차 · 부패는 믿을 수 없을 정도

24) 콜레기아(Collegia)란 3명 이상으로 구성된 사적(私的) 결합인데, 경제적 · 종교적 · 정치적 목적을 가진 3종류의 결합으로 대별할 수 있다. 기능면에서는 중세 도시에 존재했던 길드와 같은 경제적 활동은 하지 않고 오로지 일반적 신앙 · 오락 · 상호부조를 위한 결합이었다. 또한, 예수회의 수도학원(修道學院)도 콜레기아라고 불렀으며, 영국 · 미국의 학제(學制)인 칼리지도 여기에서 유래한다.

가 되었다.

서기 2세기경이 되면 각종 급여와 후견인제도(patronage system)에도 불구하고 120만 로마시민 가운데 15만 가구가 공공의 식량부조를 필요로 할 정도로 빈곤이 심각했다. 로마 도시의 하나인 콘스탄티노플(Constantinople)[25]에서는 8만 가구가 무료급식을 받기도 하였다. 빈민에게 불리한 조세체계로 기존 납세자가 파산함으로써 정부 재정은 점점 축소되어 갔다. 수세기 동안 유지했던 용병(傭兵)에게 봉급을 주지 못할 정도로 중앙정부가 나약해졌다.

기원후 361년에 기독교가 공인되었다. 이제 기독교가 궁핍한 자에게 자선을 베푸는 기관이 되었다. 그리하여 국가 · 교회 · 자발적 기부자 등으로 사회복지 기능이 중복되었다. 교회의 개입으로 국가는 빈민구호 부담에서 일부 벗어나게 되었다. 이탈리아에서는 개인이 기부하여 설립한 재단이, 재단의 재산을 부동산에 투자하여 얻은 수익을 특정 도시나 국가에 자선 목적으로 기부하기도 하였다. 비잔티움(Byzantium)[26]에서는 사제가 부조를 배분하는 역할을 맡았다(Day, 1997: 77–85; Dolgoff & Feldstein, 1984: 33–39).

4) 중세의 공공복지

서기 476년경 로마제국의 붕괴 이전에 로마 지역에서 봉건제가 출현하였다. 가난한 농민은 농지를 영주(領主)에게 기탁하고 그 휘하에 예속되었다. 한편, 도시빈민은 부족한 일자리를 놓고 노예와 경쟁하는 처지에 놓이게 되었다. 이들은 도망친 노예, 군 탈

---

25) 터키 서쪽 보스포러스 해협 입구에 위치한 도시를 말한다. 게르만 민족의 이동으로 로마가 위협받자 콘스탄티누스 1세가 330년에 그리스의 식민 도시인 비잔티움(Byzantium)을 제2의 수도로 삼고 '콘스탄티노플'이라 불렀다. 이후 1453년 술탄 메흐메트 2세는 이곳을 점령하여 오스만 제국의 수도로 삼고 '이스탄불(Istanbul)'이라 불렀으며, 1923년 터키가 수도를 앙카라로 옮길 때까지 이슬람 제국 최고 도시로서의 영화를 누렸다. 오늘날 터키 최대의 공업, 군사 도시로서 교통, 상업, 무역, 금융업이 발달하였고, 정치 · 문화 · 종교의 중심지이기도 하다.

26) 고대로부터 보스포루스해협의 서해안에 번영한 옛 도시를 말한다. BC 8~7세기에 고대 그리스의 메가라 주민에 의해 식민지 도시로 건설되었으며, 그리스에 정복된 뒤에 이 이름으로 고쳤다. 비잔티움폴리스는 아테네로부터 보스포루스 해협 통과세의 징수권을 부여받았고, BC 270년경 그리스 여러 도시와 화폐동맹을 체결하였으며, 통상을 통하여 경제적으로 매우 번영하였다. 로마제국 때도 해협세가 징수되었으나, 196년 셉티미우스 세베루스황제에 의해 폐지되었다. 그러나 그것이 오히려 로마제국의 통상무역에 지장을 초래하였기 때문에 즉시 재개되었고, 당시의 왕조명에 따라 '안토니니아'라 호칭되었다.

영병, 부랑자, 세금포탈농민, 야만족 이민자 등과 함께 농노(農奴)[27]로 편입되었다.

튜튼족(라틴어: Teutones, Teutoni)[28]의 침입으로 로마의 중앙집권구조가 붕괴되었고, 지방분권화가 가속화되었다. 도시가 쇠퇴하고, 무역과 통상이 거의 소멸하였다. 로마제국이 멸망한 것이다. 로마제국이 멸망하고 나서 신성로마 교회가 부상하였다. 신권(神權)이 세속의 왕권보다 우위에 서게 되었다. 로마 영토를 정복한 자들은 기독교에 입교하였다. 기독교는 왕을 인정하였고, 그 결과 기독교의 위세가 강화되었다.

로마제국 붕괴로부터 1215년 '마그나카르트타(Magna Carta)'(대헌장)[29] 발표 시기까지 이른바 중세 암흑의 시기가 찾아왔다. 통일정부의 부재 속에 도시가 위축되고 통상이 쇠퇴하였다. 군소 국왕들은 영토전쟁에 열을 올렸고, 백성들은 전쟁의 고통을 감내해야 했다. 비잔틴 제국(소아시아, 시리아, 이집트) 농민들은 자유민으로 농장과 마을에 거주하였다. 세금은 적정하였고, 불경기에는 정부와 교회가 협동으로 상품을 구매하였으며, 수도원에서 일자리를 보장하였다. 7세기경 교회의 지원을 받는 일종의 복지국가가 알렉산드리아에서 발전하였다. 임산부병원(maternity hospital)을 비롯한 의료시설이 세워졌고, 식량배급이 이루어졌다.

---

27) 농노(Serf)란 봉건제사회에서 봉건 영주의 신분적 지배하에 직접적 생산을 담당하였던 피지배 계급을 말한다. 농노는 고대의 노예보다는 인격적으로 자유로우나 토지에 바싹 죄어 묶여 경제외적 강제에 따라 영주에게 봉건지대를 납부하였다. 각국의 봉건제 구조는 지역 또는 시대에 따라 다르며, 이에 대응하는 봉건적 토지 소유의 자기실현방법인 노동지대 · 생산물지대 · 화폐지대의 실현방법도 달랐고 직접적 생산자인 농노의 사회 · 경제적 지위도 다르게 나타난다.

28) 백인종 안에는 라틴족과 슬라브족과 튜튼족이 있다. 중국의 사상가 양계초(梁啓超)는 그 가운데 튜튼족이 가장 우월하다고 여겼다. 그는 튜튼족의 특징이, 야만인 때부터 가졌던 강건하고 자유로운 기개에 로마문화의 영향이 같이 어우러져 만들어 낸 것이라고 진단하고, 그들의 대표적인 장점은 정치능력이라고 꼽았다. 그들은 독일, 영국, 미국 등의 민족국가를 건설했다. 그것이 그들의 정치능력을 단적으로 증명한다.

29) 1215년에 영국의 존 왕이 귀족들의 압력에 굴복하여 칙허(勅許)한 63개조의 법으로 일반적으로 '대헌장(大憲章)'이라고 한다. 1215년에 발포된 '마그나카르트타'는 국왕의 전제(專制)를 제한하는 조항이 잡다하게 실려 있으며, 전체의 일관성을 찾아볼 수 없기 때문에 1216년에 상당 부분이 삭제 · 수정되었다. 현행법으로서 확인되어 있는 것은 1225년에 약간의 개정을 거쳐 다시 발행된 것이다.

자유와 권리의 상징, '마그나카르타'

영국의 존(John, 1167~1216) 왕에 대해 제후들이 일으킨 반란에 런던 시민이 동조하여 런던 시내에서 전투가 벌어지게 되었다. 결국, 왕이 굴복하게 되면서 '마그나카르타'(대헌장)에 조인했는데, 이 대헌장의 주요 내용은 왕의 과세권 제한과 자유민의 보증, 대헌장의 존중 등이었고 이는 영국 헌법의 근원이 되었다.

"자유민은 누구를 막론하고 자기와 같은 신분의 동료에 의한 합법적 재판 또는 국법에 의하지 않는 한 체포, 감금, 점유 침탈, 법익 박탈, 추방 또는 그 외의 어떠한 방법에 의하여서라도 자유가 침해되지 아니하며, 또 짐 스스로가 자유민에게 개입되거나 또는 관헌을 파견하지 아니한다(마그나카르타 제39절)."

로마 교회는 봉건정치 속에 흡수되었다. 자체 법과 행정기구, 조세제도 및 법원과 처벌기구까지를 교회가 가지게 되었다. 육체와 정신 모두를 교회 소관으로 한 것이다. 이때 세속적 지배자들은 백성을 통제하기 위하여 자선을 베풀 필요가 없었다. 그러나 조금 주어진 자선도 보통 지배자의 임종 시 유언에 따라서 이루어졌거나, 종교적 구원을 기대하고 친척 · 가까운 가신(家臣) · 군지도자나 교회에 주어지는 것이 보통이었다. 다수의 영주는 교회 주교를 겸임하여 십일조와 세금을 징수하였고, 기부와 유산을 관리하였다. 대부분은 그 교구민을 돕기 위해서가 아니라, 자신들의 사리사욕(私利私慾)을 위해 이용하였다.

서기 800년경에는 「샤를마뉴(Chalemagne)[30]법」에 따라 구걸을 금지하고, 건강한 거지에게 동냥을 주는 자에 대해 벌금을 부과하는 법이 제정되었다. 10세기 영국에서는 에덜레드(Ethelred) 왕 치하에서 빈민부조가 종교관습이 아니라, 국가의 법으로 규정되었다. 일부 왕, 공작, 상인, 영주가 급여(dole)를 제공하거나, 다목적 수용시설(hospital)이나

30) 오늘날의 서유럽 세계의 토대를 만든 것은 프랑크 왕국의 샤를마뉴(카를로스 마그누스 카를 대제)였다. 서기 800년에 교황 레오 3세로부터 로마제국의 제관(帝冠)을 받고 게르만족, 기독교, 그리고 그리스 · 로마문화를 연결했다.

자선원(慈善院)을 설립하였다(Day, 1997: 89-99; Dolgoff & Feldstein, 1984: 39-42).

이제까지 살펴본 중세의 공공복지는 실상 교회의 자선과 구분되지 않는다. 세속적 권력과 종교적 권력을 함께 가진 중세교회는 자체 행정기구를 갖추고 있을 정도여서 실상은 국가와 다름이 없었다. 십일조 형태의 자체 조세권을 가진 교회는 모아진 재원 가운데 1/3에서 1/4 정도를 빈민구호를 위한 자선에 할당하였다. 이러한 사정을 종합적으로 고려한다면, 중세의 사회복지는 대부분 교회에서 이루어졌다.[31] 당시 교회로부터 인정받는 세속적 권력을 지녔던 국왕과 영주가 행한 공공복지는 급여(dole) 형태의 자선이었다(Higgins, 1981).

> "사람이 하나님의 것을 훔치면 되겠느냐? 그런데도 너희는 나의 것을 훔치고서도 '우리가 주님의 무엇을 훔쳤습니까? 하고 되묻는구나. 십일조와 헌물이 바로 그것이 아니냐! 너희 온 백성이 나의 것을 훔치니, 너희 모두가 저주를 받는다. 너희는 온전한 십일조를 창고에 들여 놓아, 내 집에 먹을거리가 넉넉하게 하여라. 이렇게 바치는 일로 나를 시험하여, 내가 하늘 문을 열고서, 너희가 쌓을 곳이 없도록 복을 붓지 않나 보아라. 나 만군의 주의 말이다(말라기 3:8-10)."

5) 중세 말과 근대 초의 공공복지

중세 말에서 근대 초에 공공복지에서 변화가 나타나기 시작하였다. 그 중요한 계기는 신대륙(新大陸)[32]의 발견에 따른 상품화폐경제의 발전과 빈부격차의 발생, 도시의 발전, 농경지의 목초지화(인클로저 운동)[33]에 따른 이농 부랑민의 발생 등이었다(Day, 1997;

31) 근세 이후 종교개혁과 수도원의 해산으로 교회가 자선에 할애할 수 있는 물적 토대가 약화되자 교회는 자선과 구제의 기능을 세속적인 국가에 양도하지 않을 수 없었다. 그것이 곧 중세에서 근세에 걸쳐 발생한 사회복지의 세속화(secularization)였다(Higgins, 1981).

32) 신대륙(新大陸)은 지구의 비(非)유럽권, 비(非)아프리카권에 쓰이는 이름으로 대항해 시대 당시에 유럽인이 새로 발견한 토지에 대한 호칭이다. 신세계(新世界)이라고도 하며 구체적으로 아메리카와 오스트레일리아 대륙을 가리킨다.

33) 인클로저 운동이란 중세 말부터 19세기까지 유럽, 특히 영국에서 개방경지나 공유지 · 황무지를 산울타리나 돌담으로 둘러놓고 사유지임을 명시한 운동이다. 이에 대한 상세한 내용은 이 책 제3장을 보기 바란다.

Dolgoff & Feldstein, 1984). 유럽 도시는 유입하는 빈민들의 처리문제가 부담으로 작용하였다. 도시의 구제능력을 초과하는 빈민의 유입은 긴장과 갈등을 유발하였다. 그래서 여러 도시에서 빈민구호와 관련된 새로운 수단을 강구하였다. 거기에는 다른 지역 빈민에 대해 구호를 제한하는 것에서부터, 빈민에 대한 억압적 수단을 도입하는 것 등이 포함되었다. 당연히 이제까지 방치되었던 빈민들을 정확히 파악하기 위해 빈민등록제도를 시행한다든가, 구걸허가증을 발급하는 등의 행정적 노력이 수반되었다. 이러한 과정에서 국가는 공공복지와 관련하여 서서히 그 기능을 확장하였다(감정기 외, 2010: 126–128).

(1) 구빈세 전(前)단계로서의 공동금고

「구빈법」 시기에는 일종의 목적세라고 할 수 있는 구빈세(poor rates)가 주요한 공공복지 재원이었고, 오늘날 공공복지에 필요한 재원은 일반조세로 충당한다. 그러나 중세 말에서 근대 초에는 구빈세와 그 성격이 비슷한 공동금고(common fund)가 공공복지, 즉 구빈을 위한 재원으로 활용되었다. 공동금고에 대한 제안은 루터(Luther)의 구빈개혁안에서 찾아볼 수 있다(Friedlander & Apte, 1974: 10). 루터는 1520년 독일에서 발표한 공개선언문(기독교 귀족에 대한 독일국민의 호소)에서 구걸은 절대 금지해야 하며, 빈민에 대한 금전, 식량, 의복 등의 지급을 위해서 공동금고를 각 교구에 조직하여 활용하도록 해야 한다고 주장했다.

▲ 마르틴 루터(1483~1546)

루터가 제안한 공동금고 규정을 보면, "정직하게 수공업이나 농업에 종사하는 가난한 세대주가 다른 곳에서 도움을 구할 수 없을 경우에는 무이자로 공동기금에서 자금을 대출받도록 하며, 대출자금의 상환이 불가능할 때에는 탕감해주도록 한다. 금고의 수입은 교구의 헌금, 자유로운 기부, 시민에 대한 과세로 충당하며, 그 관리업무는 선출된 시민에게 맡겨야 한다."고 되어 있다. 프랑스, 오스트리아, 스칸디나비아제국 등에서는 이러한 루터의 제안과 비슷한 계획을 발전시켜 빈민, 환자 및 고아에 대한 구제기금의 모집이나 분배를 지방당국이 책임지도록 하였다. 그러나 당시에는 교구가 실질적 행정구역이었기 때문에 구빈을 실제 수행한 주체는 교구당국이었다.

(2) 빈민등록제

제한된 공공복지 재원으로 구빈행정을 수행하기 위해 도입한 방안의 하나는 빈민등록제였다. 해당 지역(도시) 출신 빈민들의 명부를 파악하여 그들에게만 구호를 제공하기 위한 빈민등록제는 ① 다른 지역 출신 빈민의 추방, ② 등록된 빈민에게만 일종의 구걸허가증 발급, ③ 등록된 빈민에게만 각종 구호금품 지급 등을 내용으로 하는 것이었다. 빈민등록제의 아이디어는 이미 16세기에 비브(Vives)의 구빈안(安)에서 찾아볼 수 있으며, 1531년 영국 헨리 3세의 「구빈법」에 반영되었다(Friedlander & Apte, 1974: 10-11).

(3) 빈민의 도덕성과 행동에 대한 통제

중세 말과 근대 초의 빈민은 비도덕적이고, 나태한 존재로 인식되었다. 빈민에게는 음주와 도박, 도둑질, 매춘, 무책임한 결혼, 그리고 일하지 않으려는 거지근성(pauperism) 등의 부정적 낙인이 부여되었다. 이 시기 구빈행정에서는 성격개조가 필요한 빈민을 처벌하고, 구호와 노동을 결합하려는 시도가 나타났다. 나태한 빈민에게 엄격하고 가혹한 처우를 통해 성격을 개조한다는 이러한 제안은 후일 영국에서 무자비하게 적용된 구호억제 프로그램으로 발전하였다. 아울러 구빈에 조건을 붙여 빈민의 도덕성과 행동에 대해 감시하고 통제하려는 의도도 반영되었다(Handel, 1982: 30).

6) 산업화 이전 공공복지의 의미와 영향

지금까지 살펴본 산업화 이전의 공공복지, 즉 공공구빈은 그것을 제공한 엘리트와 그것을 받은 빈민에게 어떤 의미를 지녔을까? 산업화 이전 사회에서 빈민이 지닌 가장 큰 관심사항은 생존이었다. 반면, 부자 혹은 엘리트들의 최대 관심은 빈민의 동태에 있었다. 산업화 이전에 유럽 각지에서 다양한 시기에 이루어진 공공구빈에서 유럽의 엘리트가 관여한 방식은 놀랄만한 유사성을 지니고 있었다(Leeuwen & Marco, 1994).

당시의 구빈은 하나의 통제전략으로서 엘리트들에게 유익한 방법으로 빈민의 행동에 영향을 미쳤다. 반대로 빈민은 구빈을 수용하였는데, 역시 그렇게 하는 것이 자신들에게 이롭기 때문이었다. 엘리트집단과 빈민집단 모두 공공자선 이외의 통제전략이나 생존전략에 의존할 수도 있었지만, 둘 다 그렇게 하지 않았다. 산업화 이전의 공공구빈은 양 집단 사이의 '거래과정(bargaining)'으로 기능하였다. 엘리트는 현금 · 음식 · 서비스를 제공하였는데, 그것들을 제공하는 데 있어서 특정한 조건을 받아들일 것을 전제로 하는 '일괄거래(package deal)' 방식을 적용했다. 특정한 조건은 사회질서를 수용하는 것과 근면한 생활을 하는 것, 그리고 도덕적 생활방식을 수용하는 것 등이다. 빈민들은 이를 받아들였다. 엘리트가 구빈을 통제전략으로 활용하지 않았다면 빈민은 생존전략으로 그것을 이용할 수 없었을 것이며, 그 반대도 마찬가지다.

실업과 빈곤의 주요 원인은 훈육의 부재와 일 대신 여가를 선호하는 것이라는 견해였기 때문에, 구빈은 빈민들이 노동을 하도록 자극하는 방식으로 제공되어야 했다. 다른 한편 잘못 맺어진 결혼과 혼외정사의 결과로 나타나는 빈곤의 재생산은 억제되어야 한다고 생각하였다. 후일 맬더스(Malthus)[34]의 저서 《인구론(An Essay on the Principle of Population)》(1798)에서 체계화된 '도덕적 억제'를 빈민들에게 교육할 필요성이 제기되었다. 초기 공공구호에서 엘리트들은 빈민의 가정생활을 구빈 자격과 관련시켰다.

---

34) 맬더스(1766-1834)는 영국 고전파 경제학자의 한 사람으로, 저서 《인구론》에서 인구는 기하급수적으로 증가하나 식량은 산술급수적으로 증가하므로 인구와 식량 사이의 불균형이 필연적으로 발생할 수밖에 없으며, 여기에서 기근 · 빈곤 · 악덕이 발생한다고 하였다. 이러한 불균형과 인구증가를 억제하는 방법으로 도덕적 억제를 들고 있다. 차액지대론, 과소소비설, 곡물법의 존속 및 곡물보호무역정책을 주장하였다.

구체적으로 공공구빈은 다음과 같은 다섯 가지 측면에서 부자 혹은 지배 엘리트들의 집합적 이해와 서로 맞아떨어졌다(감정기 외, 2010: 124-134).

첫째, 노동시장과 관련하여 볼 때 빈민의 존재는 지방 엘리트의 이익에 이바지했기 때문에 그들에게 구호를 제공하였다. 자신들의 노동력만으로는 살아갈 수 없고, 구호가 없으면 다른 지역으로 이주하거나 비합법적 행동에 호소하거나, 혹은 아사(餓死)에 직면할 수도 있는 노동인구에게 구호가 제공되었다. 농업의 특성상 노동력 수요는 계절적·주기적으로 편차가 심하였다. 여름철과 경기상승 시에는 농업노동력 수요가 급증하지만, 겨울철과 경기침체 때는 노동력 수요가 급감하였다. 노동시장이 불안정한 상황에서 고용주인 농장주들이 불경기에 노동자 혹은 빈민을 구호하는 것은 합리적 선택이 된다. 왜냐하면, 노동력 수요가 많아질 때 이들의 노동력 활용을 보장하는 방편으로 구호가 작용하기 때문이다.

둘째, 사회질서의 유지라는 측면에서도 공공구호는 지배 엘리트들에게 의미가 있었다. 빈민들에게 현존 사회질서는 신이 정해준 것으로 정당하며, 따라서 변동될 필요가 없는 것이라는 점을 인식시키는 것이 필요했다. 이를 위해서는 일종의 호혜성에 입각한 관념이 양자, 즉 빈민과 지배 엘리트에게 받아들여질 필요가 있었다. 바꾸어 말하면, 부자들은 빈민을 부조할 의무를 지고 있고, 빈민은 세계를 있는 그대로 수용할 의무를 지고 있다는 것이다. 구호금품을 받음으로써 빈민들은 사회질서의 정당성을 수용하지 않을 수 없었다.

빈곤 아동 역시 빈민학교에 취학하여 지금의 사회질서가 정의롭고, 그것이 변할 수 없다는 것을 강조하는 교육을 받아야 했다. 상향적 사회이동(社會移動, social mobility)[35]을 최소화하려는 엘리트의 의도가 공공구호에 잘 반영되었다. 공공구호는 또한 하향적 사회이동을 약화시키기 위해 좋은 가문 출신으로 빈궁해진 사람들에게도 제공되었다. 이런 수치(羞恥)를 아는 빈민(shame-faced poor)은 보통의 빈민보다 덜 엄격한 조건

35) 사회계층에서 지위가 상하로 이동하는 것을 말한다. 사회이동을 평가하는 지위의 기준은 소득, 직업, 교육 등이다. 근대산업사회는 위계가 높아질수록 부와 권력 및 존경의 면에서 점점 유리해지는 지위의 질서가 존재한다. 카스트나 신분과 같은 과거의 계급체제의 상황과는 달리 지위의 이동은 업적에 의해 달성될 수 있다.

에서 더 많은 구호를 받았다.

사회이동, 현대판 카스트(caste)가 존재한다면?

사회구조 또는 위계적(位階的)인 사회체제 속에서 개인이나 집단이 하나의 사회적 위치에서 다른 사회적 위치로 움직이는 과정을 사회이동이라고 한다.

백정이라는 천한 신분으로 제중원의학교를 졸업하여 의사가 된 한국인 최초 양의사인 박서양의 이야기는 각종 소설과 드라마로 만들어질 만큼 흥미진진하다.

조선 후기로 갈수록 양반, 중인, 상민, 천민의 구별이 강해졌다. 천민에는 노비를 비롯하여 광대, 기생, 백정, 악공, 무당, 가파치 등이 포함된다. 그러면서 '반상의 구별'도 강화되어 폐쇄적인 신분제 사회가 유지되었다.

1895년 갑오개혁으로 신분제도가 사라지면서 양민과 천민의 형식적인 구별은 사라졌지만, 사람들에게는 여전히 신분의 잔상이 남아 있었다. 그래서 사람들은 천민, 그것도 그 당시 가장 천대받았던 백정 출신 의사 박서양의 진료를 거부했다. 그러나 그는 마침내 제중원의학교의 교수가 되었고, 그 후에는 만주로 가서 독립군의 치료를 도맡으며 일생을 마쳤다.

평생 신분이라는 틀에 갇혀 살았지만, 어쩌면 처음부터 자기를 옭아매던 끈을 스스로 버린 이가 바로 박서양인지 모른다. 그가 오늘날 우리나라에서 대접받는 의사가 되기 위해 대다수의 이과생이 의대에 가고 싶어 하는 모습을 보면 어떤 생각을 할까?

셋째, 공공질서의 유지라는 측면에서도 공공구호는 지배 엘리트들에게 의미가 있었다. 다수의 경제적 파탄은 불만으로 이어질 수 있다. 식품가격이 비싸지는 시기에는 특히 빈민에 대한 공포가 널리 퍼졌다. "노동계급은 위험한 계급(classes laborieuses, classes dangereuses)"이라는 인식이 엘리트들에게 공유된 상황에서 구빈 내용이 공공질서를 유지하고, 지배 엘리트의 재산과 생명을 보호하기 위한 다른 수단에 드는 비용보다 싸다면, 그것은 엘리트들에게 유리한 것이었다. 궁핍한 자에 대한 부조는 그들의 기아상태를 점검할 수 있는 수단이 되고, 어느 정도로는 굶주린 빈민들의 난폭한 행동으로부터 부자를 지킬 수 있는 방편이기도 했다. 빈민구호는 자신의 집과 양심을 안전하게 지키기 위해 부자들이 지불하는 일종의 보석금(ransom)인 셈이었다.

넷째, 감염위험의 경감이라는 측면에서도 공공구호는 지배 엘리트들에게 의미가 있었다. 빈민을 죽이는 어떤 질병은 마찬가지로 부자들도 죽일 수 있다. 따라서 빈민들이 원하든 원하지 않든지 간에, 구빈 조건의 하나로 그들에게 확실한 의료 원조를 받도록 하는 것은 중요하였다. 이러한 맥락에서 공공복지의 영역에 보건의료와 관련된 보건의료사업이 강조되었다.

다섯째, 도덕적 행위의 강화라는 측면에서도 공공구호는 지배 엘리트들에게 의미가 있었다. 도덕적으로 엘리트는 빈민을 교화(civilize) 혹은 훈육(discipline)하기 위해 그들에게 새로운 가치와 규범을 교육함으로써 그들의 바람직하지 않은 행위를 교정하고자 시도하였다. 이러한 조치는 "왜 빈민들을 야만(uncivilized) 상태로 그냥두지 않는가?"라는 점에서 이상하게 보인다. 그러나 당시 빈곤은 도덕적 문제로 생각되었고, 역겨운 생활방식의 결과로 생각되었다는 점을 상기해야 한다. 도덕적 조건을 따지지 않고 부조를 제공하는 것은 빈민들 사이에 천박함과 방종을 재생산할 뿐이라는 생각이 만연하였다.

그렇다면 산업화 이전의 공공구호는 빈민들에게 어떤 의미를 가지는가? 빈민들이 선택할 수 있는 대안으로 구호를 받아들이는 것 이외에는 다른 대안이 없었는가? 중세말에서 근대 초에 걸쳐, 혹은 오늘날까지도 빈민들이 택할 수 있는 대안은 다음과 같은 것들이 있을 수 있다. 이들 대안 역시 일종의 생존전략으로 이해될 수 있다.

첫째, 부녀노동이 있다. 빈곤가정의 부녀들은 미숙련, 저임금 직종에 취업함으로써 가계소득의 증대를 꾀한다. 그 이외에도 불법적이고, '명예롭지 못한' 소득획득활동에도 참여할 수 있다. 그 대표적인 것이 매춘이다.

둘째, 아동노동을 들 수 있다. 편지배달이라든지 구두 닦기, 굴뚝청소 등의 일이 빈곤가정에서 자녀에게 강요할 수 있는 구빈의 대안일 것이다. 그 이외에도 아동구걸을 들 수 있다.

셋째, 구걸행위를 들 수 있다. 구걸은 생존을 위한 다른 어떤 전략이 가능하지 않을 때 선택할 수 있는 대안의 하나였다. 중세에는 구걸에 종교적 의미가 담겨 있기도 하였으므로 구걸하는 자에 대한 자선이 관대한 경우도 있었다. 그러나 점차 많은 지역에서 구걸을 단속하고, 구걸하는 자를 처벌하는 조치가 취해지게 되었다.

넷째, 상부상조가 있다. 앞에서도 살펴본 바와 같이 다양한 동류의식을 바탕으로 한 상부상조 기제가 가동됐지만, 그 보호의 수준은 높지 않았고, 가입에는 일정한 정도의 자원동원이 가능해야만 했던 전략이었다.

다섯째, 범죄가 있다. 빈민들이 생존전략으로서의 범죄는 극한상황에서 이루어지는 것이 보통이었고, 공공행정에 의해 철저하게 통제되었던 생존전략이었다.

공공구호는 이상에서 소개한 생존전략과 보완적 관계가 있었다고 보는 것이 타당할 것이다. 빈민들이 구빈을 받는다는 것은 불법적 생존전략을 포기하고, 엘리트가 정한 사회통제 유형을 수용한다는 것을 의미했다. 그러나 미미한 수준의 공공구호라 하더라도 구빈은 경제적 생존전략 이상의 의미를 빈민들에게 부여했다. 특정 시설을 이용하는 데 있어서 그것의 제공자가 원했든 그렇지 않았든 빈민들은 이를 자신들의 생존과 관련된 욕구 충족을 위해 활용했다. 예컨대, 빈민학교는 빈민들에게 자녀를 맡기는 탁아소로 활용되었고, 작업장이나 정신병원과 같은 수용소는 가족의 자원을 축내는 구성원을 강제로 추방하여 격리시키는 수단으로 활용하였던 것이다.

공공구호를 둘러싸고 제기되는 현대의 쟁점 역시 근대 초에 이미 제기되어 왔던 것과 다를 바가 없다. 그중에 구빈이 자발적 실업을 증가시켰다는 주장에 대해서는 이를 지지하는 사람이 있는가 하면, 반박하는 사람도 있다. 구빈이 자발적 실업을 증가시키지 않았다는 주장에 따르면, 구빈 수준이 너무 낮아 노동에 대한 반유인기제로 가동되지 못하였다는 점이 지적된다. 아울러 구빈감독기관이 매우 효과적이어서 대규모의 '노동회피(labor evasion)'가 불가능하였을 것이라는 점도 지적된다. 구빈은 특정 집단에게만 특정의 경제적 상황에서 제공되었기에 구빈이 광범위한(자발적) 실업을 가져온 것이 아니라, 거꾸로 만연한(비자발적) 실업이 특정 형태의 구빈을 초래한 것이라는 점이다.

한편, 구빈이 사회질서나 정치질서를 안정시켰는지 혹은 불안정시켰는지에 대해서는 커다란 쟁점이 없다. 분명히 구빈은 사회질서를 유지하고 정치적 안정을 가져오는 데 이바지하였던 것으로 파악된다. 구빈은 그 수준이 적절할 때 빈민의 생활에 도움이 되었을 것이다. 반면, 그 수준이 너무 낮으면 아사자가 증가하였을 것이며, 그 수준이 다른 지역과 비교해서 높고 관대하면 다른 지역으로부터 유입자가 많았을 것이다. 이러한 가정(假定)은 각각의 상황에 따라 다양하게 전개되었다. 한 가지 분명한 사실은 구호가 빈민 수의 증가에 이바지하였다는 점이다. 특히, 빈민에 대한 의료구호는 빈민 아동의 생존 확률을 높여 빈민 수의 증가에 이바지하였다. 빈민구호는 빈민의 교육 수준 향상과 영적 안녕에도 이바지하였다. 아울러 빈민의 가족생활에 대한 태도에도 영향을 미쳤는데, 구체적으로 성관계에서의 도덕성이나 전반적 위생 상태에서 그러했다(박주현, 2018: 79-84).

Chapter

03

구빈법의 등장과 변천과정

Chapter 03 구빈법의 등장과 변천과정

1. 장원경제의 해체와 구빈법의 대두

1) 중상주의

중상주의(重商主義, Mercantilism)란 근세 절대주의국가의 성립기부터 영국 산업혁명의 개시기에 이르는 약 300년간 유럽제국에서 지배적이었던 경제정책 · 이론의 총칭을 말한다. 국가의 보호로 무역, 특히 수출을 추진함으로써 나라를 부강하게 하려는 사상 및 그러한 사상에 기초한 경제정책을 의미한다. '미사일이냐 빵이냐.'라는 말에 나타나 있듯이 부(풍요로움)의 추구와 힘의 추구 간에 교환이 존재한다는 견해에 대해서 중상주의는 오히려 국가가 윤택한 것이 대외적인 힘의 우위성을 실현하는 것이라는 신념에 기초하고 있다. 그러한 사상이나 정책은 당연히 국가주의(내셔널리즘)적 요소를 포함하고 있으며, 무역에서의 자유주의와는 양립하지 않는다.[1)]

1) 중상주의자는 국가의 안보를 지키고 독립을 유지하는 것이 국가의 기본적인 책무라고 간주한다. 당시 유럽에서의 끊임없는 전쟁이 보여 주듯이 전쟁과 폭력의 위협은 항시 존재했다. 따라서 영토의 보전이 국가 책무의 최우선이었다. 만약 국가가 외부의 침략이나 국가를 전복하려는 내부 세력의 위협으로부터 국가를 지키지 못한다면 국내의 평화나 번영, 그리고 정의의 달성은 난망할 뿐만 아니라 아무런 의미도 없기 때문이다.

▲ **베니스(Venice, Venezia)의 상인들**

주: 중상주의 시대에 상인들은 대외무역을 통하여 국가의 이익을 증진시켰고, 이에 대응해서 국가는 특정한 산업에 대해서는 상인들의 독점적인 위치를 부여함으로써 무역상인 계층의 영향력은 점점 커졌다.

출처: http://www.terms.naver.com

역사적으로 중상주의는 15세기 중엽부터 18세기 중엽까지 장기간에 걸쳐 유럽 국가가 근대국가를 확립하면서 투쟁을 반복하는 과정에서 많은 국가의 엘리트계급 간에 지배적인 경제사상이었다. 당시는 화폐로 사용되었던 금이나 은이 부의 기본적인 형태였으며, 무역에서의 수출입 차액이 국가 부의 증감에 직접 관계한다고 생각되었다. 이러한 생각이 국가를 수출 진흥으로 향하게 한 것이다. 그 후 중상주의는 이론적으로 스미스(Smith), 리카도(Ricardo) 등의 자유무역론자들로부터 비판을 받았다.

그러나 20세기에도 제1차 세계대전 후 강대국의 블록경제(bloc economy)[2)]화, 제2차 세계대전 후 일본의 산업정책 전개의 예 등에서도 볼 수 있듯이 중상주의적인 사상이 국가의 정책에 반영되었을 것이라고 지적되고 있다. 과거의 역사적 산물로서의 중상주

---

2) 블록경제(Bloc economy)란 정치적 · 경제적으로 관계가 깊은 여러 국가가 결집하여 역내(域內)는 경제교류를 촉진하지만, 역외(域外)국가들에 대해서는 차별대우를 취함으로써 폐쇄적이고도 유리한 경제관계를 맺는 경제나 경제권(經濟圈)을 말한다. 전통적으로는 광역경제와 같은 뜻으로 자본주의가 판매시장 · 원료시장으로서의 식민지나 반식민지를 필요로 하고, 이의 배타적 지배를 강화하게 된 데서 비롯됐다. 이 말은 1932년 오타와에서 열린 영국 제국경제회의에서 세계공황 후의 심각한 경제위기와 각국 간의 격렬한 시장경쟁에 대처하기 위해 영국 본토와 그 속령과의 사이에 특혜관계가 설정되면서 널리 사용됐다.

의와 구별하여 오늘날 국내의 산업보호나 잠재적인 수출사업 육성을 위한 보호주의적 정책, 지역주의적인 경제권의 확립, 무역정책에서의 유니래터럴리즘(unilateralism, 일방주의)[3] 등 아무 거리낌 없이 제멋대로 행동하는 다양한 조치를 총칭하여 '신중상주의'라고 하는 경우가 있다.

▲ 애덤 스미스(1723~1790)

▲ 데이비드 리카도(1772~1823)

중상주의 아래에서는 국가와 국가는 제로섬게임(zero-sum game)[4]을 연출하고 있으며, 무역에서 한편의 이득은 다른 한편의 손실이라고 인식된다. 이러한 발상은 왈츠(Waltz)에 대표되는 국제관계이론의 리얼리스트(realist, 현실주의자)들에 의한 상대적 이득(relative gain)을 강조하는 견해에 적지 않은 영향을 미쳤다고 할 수 있다.

---

3) 유니래터럴리즘(Unilateralism)이란 상대의 합의를 얻지 않고 자신의 선호에 의해서만 행동하는 것을 원리로 하는 주의를 말한다. 주권국가의 체계인 국제정치에서는 국가가 독립적으로 행동하는 것이 드문 일은 아니지만, 일방주의(단독주의)는 통상 2국 간에 협조하는 양국간주의, 3국 이상 간에 협력하는 다각(다국 간)주의와 대비되며, 따라서 단독주의의 목표가 일반적인 선(자유무역, 인도 등)이면, 그것을 시인하는 견해도 있다. 예를 들면, 미국의 무역정책의 상호주의는 1974년 무역법 제301조 등의 미국 국내법에 기초하여 상대 국가의 자유화를 일방적으로 요구하는 경우가 많고, 그것은 GATT나 WTO의 다각주의에 반하는 것이다.

4) 제로섬게임(Zero-sum game)이란 게임이론에서 이용되는 게임의 유형으로, 《게임의 이론과 경제행동》을 집필한 폰 노이만(J. L. von Neumann)과 모드겐쉬테른(O. Morgenstern)에 의해 발안(發案)되었다. 이 게임은 승리한 플레이어가 획득한 이득과 패한 플레이어가 잃은 손실의 합계가 제로(0)가 된다. 정치의 세계에 관하여 예를 들면, 상대적 다수결제 선거에 있어서 1의석을 다투는 2명의 후보자는 필연적으로 제로섬게임을 하게 된다. 어느 한쪽의 후보자가 많은 표를 획득하면 그 만큼 상대 후보자의 득표는 적어진다. 2명 제로섬게임은 플레이어의 이해가 정면으로 대립하여 플레이어 간에 공통 이익이 존재하지 않기 때문에 협력관계의 발생 가능성이 상당히 낮다. 그러나 3명 이상의 플레이어가 제로섬게임을 한 경우(n명의 제로섬 게임) 한정된 플레이어 간에 협력이 발생할 가능성이 있다.

중상주의는 중세 동안 서구사회의 가장 강력한 정치경제였다. 중세의 붕괴로부터 이 시대는 경제사적으로는 근대 자본제(資本制) 사회의 성립기이며, 정치적으로는 중앙 집권적 절대군주국가의 시대이다. 이 시기에 노동자들은 새로운 국제시장의 교역상품을 생산하는 데 투입되었다. 특히, 농지를 떠나서 도시로 이입된 노동자들은 상인계급(mercantile class)에게 점점 더 종속되어 갔다.

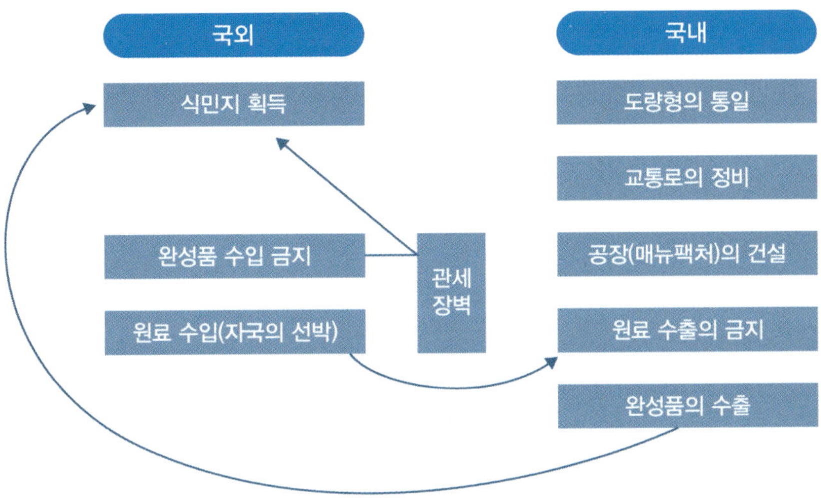

[그림 3-1] 중상주의 경제정책

출처: http://www.shinwonbook.co.kr

중상주의 초기에는 가부장적인 지배계급이 빈민들에게 보호를 제공하였다. 그러나 시간이 지남에 따라 값싼 노동력은 다른 나라와의 경쟁에서 매우 중요한 역할을 하는 외국과의 교역으로부터 상업자본가들과 국가의 노동정책이 영향을 받게 되었다. 그리고 이것은 빈민에 대한 다음과 같은 새로운 이데올로기(ideology, ideologie)를 창출하였다. 국가를 부유하고 강대하게 만드는 것은 근면한 노동력이고, 근면한 노동을 확보하기 위해서는 저임금을 유지해야 하며, 고임금은 노동자의 근면성을 저해하여 게으름을 조장하기 때문에 빈곤은 사회적인 악이 아니라, 오히려 국가의 이익에 합치하는 것이다(박광준, 2013: 51).

중상주의 대변자들의 다음과 같은 말은 중상주의 빈곤관(貧困觀)을 더욱 극적으로 표현하고 있다(Rimlinger, 1971, Chap. 2; 박광준, 2013: 51-52, 재인용).

- 국가의 가장 확실한 부는 다수의 근면한 빈민에게 있다. 공장 기술자들은 만약 일주일에 4일간의 노동으로 먹고 살 수 있다면 결코 5일째는 노동하지 않을 것이다.
- 노동자들은 결코 부유해서는 안 되며, 의식주 해결을 겨우 할 수 있는 빠듯한 월급이 제공되어야 한다. 지나치게 편안한 환경은 게으름을 불러오고 다양한 해악을 가져온다.
- 하층계급이 가난하지 않으면 결코 근면할 수 없다는 것은 바보가 아니라면 다 아는 사실이다.
- 노새(Mule)가 몸이 망가지는 이유는 장시간의 힘든 노동 때문이 아니라, 장기간의 휴식 때문이다.

그렇다면 중상주의 경제정책 중에서 사회복지 발전과 관계되는 정책은 무엇일까? 여러 가지가 있겠으나, 그중 깊이 연관되는 정책은 무역정책과 인구정책이다. 무역정책은 곡물가격이나 노동자의 임금과 깊이 관련되기 때문이며, 인구정책은 국가에 의한 빈곤구제와 직접적인 관련이 있기 때문이다.

(1) 무역정책

무역정책에서 중상주의는 우선 수입을 제한하고, 수출을 장려하는 정책을 폈다. 외국제품의 수입은 높은 관세를 매겨서 이를 제한하거나 저지하였으며, 국내 산업이 필요로 하는 원자재를 외국으로부터 수입할 때는 면세 혹은 낮은 관세를 적용하였다. 이를 위해 강력한 대기업에 무역 관련 독점적 특권을 부여하여 상권 확장을 시도하였다.

다른 나라 상품에 대한 자기 나라 상품의 경쟁력을 갖추기 위해서는 생산비를 줄여야 하며, 그렇게 하기 위해서는 원재료 값과 임금의 억제가 필수적이다. 고임금은 노동자들을 나태하게 만들 뿐만 아니라, 노동자들이 외국에서 생산된 물건을 살 수 있게 하여 무역수지(trade balance)에 나쁜 영향을 준다고 굳게 믿었다. 이러한 정책은 국가와 상인계급 양자와는 이해관계가 일치하였지만, 노동자들은 저임금과 가혹한 노동시장으로 내몰리게 되었다(박광준, 2013: 50-52).

(2) 인구정책

인구 증가는 그만큼 생산을 증가시킨다고 보았기 때문에 인구 증가의 열망은 거의 광신적이었던 것이 중상주의의 또 다른 특징이었다. 각국은 적극적인 인구장려정책을 추진하였다. 낮은 임금으로 많은 수의 가족 구성원을 부양하려면 빈곤은 불가피한 것이었지만, 빈곤가족의 생활고보다는 국가의 이익을 위해서 다산(多産)이 장려되었다. 인구장려정책의 유형은 다음과 같이 요약할 수 있다(김광수, 1984: 35-36).

- 인구 유출은 억압하였고, 인구 이입을 장려하였다.
- 독신을 억압하였다. 부득이 결혼하지 않는 사람에게는 일정한 이익을 박탈하였다. 예를 들면, 공직에 취임하지 못하게 하거나, 혹은 일정액의 세금을 부과하였다.
- 조혼을 장려하였다. 가능한 한 빨리 결혼하도록 상금이나 보조금을 지급하기도 하고, 조세를 감면해주기도 하였다. 또한, 배우자의 사망 후에 재혼도 빨리하도록 장려하였다.
- 다산(多産)을 장려하였다. 예를 들면, 스페인에서는 6명 이상의 남자아이를 낳은 부모에 대해서는 평생 조세를 면제해주었으며, 반대로 불임(不姙)은 강력히 억제하였다.
- 사생아의 대우를 개선하였다. 성범죄의 처벌 및 이에 따르는 사회적 스티그마(stigma)는 아이들을 죽이는 중요한 요인이라고 보고, 이에 대한 처벌을 면제하고 사생아에 대한 처우를 개선하였으며, 사생아를 양육하는 시설을 설립하였다.

2) 본원적 축적의 시기와 부랑자

(1) 본원적 축적의 시기

자본주의 발전의 내용을 이루는 자본의 축적(蓄積)은 이미 성립하고 있는 자본 · 노동관계를 전제한 그의 확충 · 발전을 의미한다. 그러나 이러한 자본 · 노동관계는 역사적으로 형성된 것이다. 이러한 자본 축적에 대해 그것이 전제하고 있는 자본 · 노동관계 그 자체의 역사적 형성을 본원적 축적(本源的 蓄積, primitive accumulation)이라 한다.

생산자와 생산수단을 분리시켜 노동자를 대량으로 양산해 내는 동시에 생산자의 손을 떠난 생산수단(토지)을 자본으로 전환시킴으로써 자본주의의 획기적 출발점을 만든 마르크스 경제학에서의 역사적 과정을 말한다. 자본주의가 태동하기 시작하는 이 시기를 흔히 본원적 축적의 시기, 원시적(原始的) 축적의 시기, 선행적(先行的) 축적의 시기 혹은 사회 분극화의 시기라고 부른다(박주현, 2018: 93-94).

본원적 축적은 두 개의 과정으로 구성된다. 제1의 과정은 자영업자, 특히 자영농민으로부터 생산수단을 수탈하는 과정이다. 이 수탈과정은 영국의 인클로저 운동(enclosure movement)[5] 가운데 전형적으로 나타난다. 두 차례의 인클로저 운동은 대량의 농민을 토지로부터 분리시키고 그들을 무산자(無産者)로 전락시켰다. 제2의 과정은 이렇게 해서 분리된 생산수단이 소수의 수중에 집중되고 이것이 자본으로 전화(轉化)하는 과정이다. 농업에서의 토지집중 · 집적 · 도시수공업의 발전, 해외무역과 식민지 착취를 통한 거대한 상업자본의 축적 · 집중이 이루어짐으로써 이 과정이 완성되었다. 즉, 이렇게 해서 소수의 수중에 집중된 거대한 부가 자본으로 전환하고, 이 자본이 제1과정에서 형성된 무산자를 고용하여 임금노동자로 전화시킴으로써 자본주의적 생산을 역사적으로 출현시켰던 것이다.

15~16세기의 신대륙발견과 이에 따른 세계적 상업혁명은 상품유통의 확대로써 본원적 축적과정을 촉진하였으며, 17세기의 시민혁명 후의 부르주아 정권은 초기산업자

5) 인클로저 운동이란 중세 유럽의 공동이용이 인정되었던 토지에 울타리나 담을 둘러쳐서 사유지임을 명시하던 운동을 말한다.

본의 발전을 국가권력으로 강력히 조성하였다. 즉, 식민제도 · 국채제도 · 근대적 조세제도 · 식민지무역 · 보호무역제도 등의 체계를 이루었다. 그리하여 이들 체계는 본원적 축적과 상호 촉진작용을 하였다.

그러나 다른 나라의 본원적 축적은 영국에서처럼 완전한 농촌공동체의 붕괴 위에 진행되지는 않았다. 국가에 따라 공동체 해체의 정도, 세계시장에서의 상대적 지위, 자본주의 확립의 시기, 정부의 정책 등을 기초로 각기 다른 편차로 진행되어, 이 중에는 농촌공동체를 그대로 존속시키면서 본원적 축적을 부분적으로 진행, 자본주의적 생산을 확립시킨 나라도 있다.

우리나라 조선 후기 사회에서도 생산력의 발달에 따라 경영형 부농 등 일부 농민들이 부를 축적하고 부농층으로 성장했으며, 농민층의 분해에 따라 다수의 농민이 임금노동자로 전락하는 등 이와 비슷한 현상이 나타났다. 그러나 이들 부농층이 산업자본가로 전환했다는 명백한 징후를 찾기 어려우며, 이후에도 단순 임금노동자보다는 영세소농층이나 소작농 등이 직접 생산자층의 주류를 이루었다는 점에서 대한민국 사회에서 이를 그대로 적용하기에는 무리가 있다.

(2) 부랑자의 발생

인구 증가와 식품가격의 폭등은 대량 빈곤의 주요 원인이었다. 인구는 16세기 중엽에서 17세기 중엽까지 약 4배가 상승하였다. 특히, 곧 다음 절(節)에서 상세하게 다룰 엘리자베스(Elizabeth)[6] 「구빈법(救貧法, Poor Law)」이 형성되는 16세기 중엽부터 17세기 초까지는 상당한 인구 증가가 있었다.

식량 위기의 발단은 흉작이었다. 즉, 심각한 기근은 식량가격의 폭등을 가져왔고, 그로 말미암은 생계의 압박으로 공업제품에 대한 수요가 급감했으며, 이는 당시의 중

6) 헨리 8세와 앤 폴린 사이에 태어난 공주로서 1588년에 영국의 여왕이 되었다. 헨리 8세 이래 로마교회와의 불화 속에서 영국을 근대적인 국가로 발전시켰고 영국의 국위를 드높였다. 또 해외에 식민지를 개척함으로써 대영국가의 기초를 세웠다. 국내에서는 사회 변화, 즉 봉건제의 쇠퇴에 따라 많은 부랑인과 빈민이 발생했는데, 이에 대응하기 위해 그녀의 만년인 1601년에 「구빈법」을 제정하였다. 엘리자베스 「구빈법」은 구빈의 국가책임을 명시했다는 점에서 세계 최초의 근대적인 빈민을 위한 법이었다.

심적 공업이었던 모직물공업을 불황으로 만들었다. 이에 따라 실업자가 발생하고, 빈곤층이 팽창하여 결국 식량가격의 폭등이나 범죄, 그리고 부랑자(浮浪者, tramp) 증가로 이어졌다.[7]

엘리자베스 여왕 시대에 부랑자의 수는 약 1만 5,000명으로 추산되는데, 주목할 만한 것은 아동 · 청소년 부랑자가 많았다는 것이다. 21세 이하의 청소년이 압도적인 비율을 차지하였는데, 16세 이하 소년이 40%를 차지하였고, 15세 이하의 비생산적 인구도 급속히 증가하였다. 그 근본적인 이유는 빈곤으로 말미암은 가족해체가 많았기 때문이며, 견습공인 도제(徒弟)가 고용주로부터 도망하는 경우도 있었다. 청소년의 경제적 곤란은 사생아 발생 등의 사회문제를 일으켰다.

인클로저(Enclosure)도 식량위기의 원인이었다. 이 시기의 인클로저란 농지를 양(羊)을 사육하는 목초지로 전환하는 것이었기 때문에 그만큼 식량생산은 줄어드는 것을 의미한다. 도시 교외의 농촌공업 발전은 노동자의 주요한 취업 형태를 도제에서 미숙련 노동자로 전환시켜 갔으며, 농업경영자도 계절적으로, 혹은 해마다 변화하는 노동수요에 대응하기 위하여 농업노동의 고용 형태를 연간 계약에서 일일 계약으로 바꾸어 갔다. 그리고 귀족은 하인의 수를 대폭 줄였다. 이러한 요인으로 대규모 부랑자가 발생하였다(박광준, 2013: 52-53).

3) 영국 특유의 상황

(1) 인클로저

앞에서 설명한 것처럼 인클로저는 15세기 중엽 이후 주로 영국에서 대규모로 이루어졌다. 지주계급이 개방지(open area) · 공동지 · 황무지 등을 돌담 · 나무 · 울타리 · 벽 · 그

---

7) 일반적으로 부랑(浮浪)은 사회적 상승을 위한 이동(betterment migration)과 생존을 위한 이동(subsistence migration)으로 나눌 수 있다. 사회적 상승을 위한 이동은 단거리 이동이자 비교적 부유층의 이동이지만, 생존을 위한 이동은 장거리 이동이며 높은 이동빈도를 나타내는 빈민들의 이동이다. 이 시대에 문제가 되었던 것은 생존을 위한 이동으로, 빈곤하고 임금이 낮은 북서부에서 부유하고 임금이 높은 남동부로 이동하는 부랑자였다.

밖의 경계표지로 둘러싸고, 일방적으로 그들의 사유지로 한 것을 말한다. 영국에서 이루어진 두 차례의 인클로저는 다음과 같다.

제1차 인클로저는 15세기 말~17세기 중엽에 일어난 것으로 두 가지 형태를 보였다. 하나는 농민들이 공동체적 규제에서 해방되어 개인주의적 농업을 영위하기 위해 분산된 보유지를 상호 합의에 의해 교환하여 규모가 큰 농지로 조성하는 것이었다. 다른 하나는 영주가 양을 방목하는 목양지(牧羊地)로 이용하기 위해 농민의 이해를 무시하고 폭력으로써 경지나 공동지에 울타리를 친 것으로, 이것이 큰 사회문제를 일으켜 토머스 모어(More)가 그의 저서 《유토피아(Utopia)》에서 "전에는 사람이 양을 먹었지만, 지금은 양이 사람을 잡아먹는다."라고 하는 표현으로 인용되었다.

모어와 《유토피아》

당시 영국이 본원적 축적을 이루고 있었던 시대인 1516년에 인문주의자 토머스 모어(1478~1535)는 《최선의 국가 형태와 새로운 섬 유토피아에 관하여(A fruteful and pleasaunt works of the best state of a publyque weale, and of the newe yle called Utopia)》를 써서, 그 당시 영국 농민의 비참한 상태를, 그리고 사유재산이 아닌 공유재산에 의한 생산의 사회주의화, 노동과 분배의 평등, 하루 6시간 노동, 여가는 학문 · 예술에 종사하고 각 개인의 개성의 전면적인 발전을 기대하는 이상사회를 묘사하였다. 이것은 사회주의의 원형이라고 할 수 있지만, 그것을 실현하는 구체적인 방법이 그에게서 보이지는 않았다. 이것이 《유토피아》로 알려진 유명한 책이다. '유토피아(utopia)'라는 말은 모어가 만든 것이다. 이 말은 'u'와 'topia'의 합성어이다. 'u'에는 '없다'라는 뜻과 '좋다'라는 뜻이 같이 들어 있고, 'topia'는 장소를 의미한다. 따라서 '유토피아'는 이 세상에 '없는 곳(no-place)'이지만, 그러나 '좋은 곳(good-place)'이라는 이중의 의미가 내포되어 있다.

제2차 인클로저는 18세기 초~19세기 중엽에 일어났다. 이는 대지주가 의회를 통해 개별적이고 합법적으로 울타리를 친 것이다. 이때 영국의 거의 모든 땅에 울타리가 쳐지고, 중세 이래의 삼포식(三圃式) 개방경지 · 공동 목초지 · 황무지는 그 모습이 사라졌으며, 사유화된 경작지가 되었다.

그 영향은 크게 두 가지이다. 하나는 인클로저를 통해 대농경영이 농업 생산의 중심을 이루자 독립 자영농민 혹은 소규모 토지 소유자의 몰락이 촉진되었다. 또한, 몰락 농민들이 공업노동자로서 도시로 이동하게 되어 산업혁명기의 거대한 산업예비군을 형성하여 저임금 노동자가 되었다. 다른 하나는 농지의 축소는 식량 감소로 이어져 곡물가격을 상승시키는 작용을 하였다. 이로 말미암아 발생하는 생활상의 곤란은 이루 말할 수가 없었다.

이 외에도 모어는 귀족이 하인 수를 줄인 것과 전쟁에서 돌아온 병사들의 존재가 또한 부랑자를 만들어 내고 있음을 지적하였다. 부랑자 문제가 심각해짐에 따라 부랑자를 외국으로 파병하는 것이 정책적으로 행해졌다. 주로 부랑자와 범죄자를 대상으로 징병을 하였기 때문에 파병(전쟁) 후에 귀환한 병사들이 다시 부랑자가 되는 경향이 강했으므로 부랑자의 사회문제는 악순환이 되었다.

(2) 수장령

「수장령(首長令, Acts of Supremacy)」이란 영국의 왕을 영국 교회 최고의 권력자, 즉 수장으로 선포하여 영국 교회에 대한 로마 교황의 수장권을 부정하고, 영국 국교회를 성립시킨 종교개혁 법령을 말한다. 헨리 8세(Henry Ⅷ)는 캐더린(Catherine)과의 이혼이 교황의 승인을 받지 못하자, 로마 교회에서 분리할 것을 결의하고 1529년 성직자의 특권을 제한하였다. 그리고 1532년 초에는 교황에게 지불하던 수입세마저 금지하고, 1533년에는 교황에 대한 영국으로부터의 모든 상고(上告)를 금지하였다. 이에 대한 조처로 교황이 1534년에 헨리 8세를 파문하자 영국 의회는 강경한 자세를 보여 「수장령」을 통과시켰다.[8] 이 법령으로 영국 국교회는 로마 교회로부터 분리되고, 영국 국왕을 최고의

장(長)으로 하여 재편성되었다. 스튜어트(Stuart) 여왕 시대에 일시 로마 가톨릭적 반동이 있었으나, 1559년에 엘리자베스가 다시 반포(頒布)·시행함으로써 영국 국교회의 기초가 확립되었다.

▲ 헨리 8세(1491~1547)

▲ 메리 스튜어트의 탄생지인 린리스고 궁전

교황청의 자산이었던 교회와 수도원 등이 국왕의 소유로 됨에 따라 수도원에서 보호하던 많은 생활무능력자가 더는 그곳에 기숙할 수 없게 되어 부랑자가 될 수밖에 없었다. 수도원의 폐쇄로 말미암아 거리로 내몰린 빈민의 수는 8만 8,000명 이상으로 추정되는데, 그것이 「구빈법」 탄생 배경의 하나가 되었다는 게 영국적인 특색이다. 이 시기 유럽대륙에서는 억압일변으로 정책을 시행하였다. 예를 들면, 스페인에서는 부랑자 초범의 얼굴에 십자 문신을 새기고, 재범할 때는 사형에 처했다. 이러한 강력한 억제정책의 배경에는 교회나 수도원의 구제가 그 전제가 되었던 것이다. 그러나 수도원으로부

8) 헨리 8세는 튜더 왕가의 혈통으로, 부왕인 헨리 7세와 엘리자베스의 둘째 아들로 태어났다. 헨리 8세는 복잡한 여성 편력과 여섯 번의 결혼으로 유명하다. 헨리 8세는 재위 기간 중 종교개혁, 영국 국교회 수립, 정치적 중앙집권화 등의 성과를 거두었다. 그러나 헨리 8세 집권기에 영국은 늘어나는 왕실의 비용과 과도한 화폐 발행 등으로 심각한 인플레이션 현상을 겪었고, 공유지의 사유재산화로 농민에 대한 수탈이 극심하였으며, 런던 인구가 크게 증가하여 여러 가지 사회문제가 발생하였다. 헨리 8세는 과부가 된 형수 아라곤 출신의 캐더린과 재혼하였다(그녀는 칼 5세의 아주머니이기도 하였다). 교황도 이 결혼을 승인하였다. 그러나 헨리 8세가 궁정시녀인 앤 볼렌과 재혼할 속셈으로 로마 교황 클레멘스 7세에게 캐더린과의 혼인을 풀어 달라고 요청하였다. 교황이 이를 거부하자 1534년 헨리 8세는 자신의 영토에서는 자신이 교회의 유일한 수장임을 선언하고 로마교회와 결별하였다.

터의 구제라는 완충장치가 없어진 영국에서는 억압과 보호라는 양면적인 정책이 시행되어 그것이 「구빈법」 탄생으로 이어졌다.[9)]

(3) 구빈법의 점진적 형성

부랑자들의 대도시 유입은, 도시주민에게 곡물 공급이 불리해졌고, 그들의 구빈세(救貧稅)[10)] 부담은 급격히 증가하였으며, 파생적인 사회문제도 끌어 일으켰다. 예컨대, 1559~1620년 사이에 런던 인구는 3배로 불어났다(Bruce, 1968: 37). "16세기는 부랑자에 대한 공포의 시대였다."는 토니(Tawney)의 말은 부랑자의 존재가 정부에 얼마나 큰 부담이었는가를 잘 묘사해 주고 있다.

「구빈법」 탄생은 1563년 이후 1572년, 1576년, 그리고 1597년 법을 거쳐서 비로소 1601년에 완성을 보는 점진적인 경과를 거친 것이라는 점을 이해하는 것이 중요하다. 왜냐하면, 이러한 법은 억제와 구재라고 하는 이중성을 가지고 있었다는 점과 이미 1601년 이전에도 구빈사업은 각 지역에서 나름대로 행해지고 있었고, 1601년 법은 이러한 조치를 전국적 · 체계적으로 정비하는 것에 불과한 것이었기 때문이다. 특히, 1572년 법은, 한편에서는 노동능력이 있는 부랑자에 대한 억제 및 처벌[11)]과, 다른 한편에서는 노동능력이 없는 빈민에 대한 보호를 규정하였다. 또한, 그 비용은 구빈세로 조달한다고 규정하여 억압과 구제라는 양면성을 강하게 내포하고 있다.

---

9) 일반적으로 구빈제도(救貧制度, poor relief)라 하면, 무언가의 원인으로 말미암아 곤궁 상태에 빠져 자립생활이 곤란해진 사람들을 대상으로 교회나 자선단체 혹은 지방자치체(교구)나 국가가 조직적으로 행하는 구제사업을 총칭하는 것이지만, 15세기 말부터 19세기에 걸쳐 그 근간을 이룬 것은 「구빈법」이라 불리는 일련의 빈민구제 입법이었다.

10) 유럽 여러 나라에서 찾아볼 수 있으며 대표적인 나라로는 영국을 들 수 있다. 영국에서는 부랑자가 가장 많았던 엘리자베스 여왕 시대에 시작되었다. 엘리자베스 「구빈법」에서 규정은 "모든 주민과 모든 토지 · 가옥 · 십일세(十一稅) · 탄광 · 임야의 점유자에 대한 과세"라고 되어 있어, 모든 주민의 담세능력(擔稅能力)에 알맞은 과세를 목적으로 하였으나, 그 후 2세기 반에 걸친 시간이 흐르는 동안 오직 부동산 점유자(특히, 농민)에 대한 과세라는 형태로 변하게 되었다. 19세기 구빈세의 성격을 규정짓는 특징은 ① 과세대상이 부동산이란 것, ② 납세의무자가 점유자이지 소유자가 아니라는 것, ③ 과세표준이 임대가격이라는 것의 3가지 점에 있다. 과세권의 주체는 처음에는 교구(敎區)에, 후에는 교구조합에 있었으나, 1929년 지방제도(地方制度)의 개혁으로 30년 후에는 카운티와 카운티바러가 이에 대체되었다.

11) 이 법에서 규정한 부랑자로 판정된 자에 대한 규제의 내용을 보면, 초범자에게는 채찍질과 귀에 1인치의 구멍을 뚫는 형, 재범자에게는 중죄인(felon)으로서 성직자 승인(benefit of clergy)하의 교수형, 삼범자에게는 성직자 승인 없이도 교수형에 처하도록 하고 있다.

수도원의 해산 이래 런던에서는 이미 1547년부터, 그리고 전국적으로는 1572년부터 구빈세를 부과함으로써 구빈비(救貧費) 재원을 충당하였다. 이에 따라 각 도시는 독자적인 구빈체제를 갖추기 시작하였고, 부랑자의 대도시 유입은 구빈비의 급증을 초래했다. 그리고 만약 이러한 독자적인 체제가 전국적으로 체계화되지 않는다면, 구빈체계가 잘 갖추어진 도시로 부랑자들을 끌어들이는 결과를 가져올 것이다. 따라서 이러한 사태를 방지하기 위하여 전국적인 차원에서 빈민구제의 의무를 교구에 일률적으로 부과하기 위하여 성립한 것이 1601년 엘리자베스 43년의 「구빈법」이었던 것이다(박광준, 2013: 53-55).

2. 엘리자베스 구빈법과 변천과정

1) 엘리자베스 구빈법

1601년에 제정된 엘리자베스 「구빈법」은 부랑의 원인을 더욱 깊이 인식하여 지금까지 내려오던 빈민구호에 관한 법률을 성문화한 법이다. 당시 부랑자 수가 꾸준히 늘어났기 때문에 국가가 그에 대한 가시적인 조치를 취할 수밖에 없었다. 「구빈법」은 문자 그대로 빈곤한 사람(貧)의 구제(求)를 목적으로 만들어졌다. 이 법은 정치적 · 경제적 · 종교적인 변화의 시기 빈곤에 대한 정부의 조치에 일반 국민의 여론을 수렴한 법이라 할 수 있다. 이 법은 주로 농촌사회에 초점을 맞춘 것으로, 가족이나 친족으로부터 부양받지 못하는 빈곤한 사람들의 생활 유지는 그 지방의 공동체인 교구가 책임진다는 것을 확인하였다. 그 지역에서 태어난 사람들과 적어도 그 지역에서 3년 이상 거주한 사람들의 생활보호는 그 지역 교구가 책임져야 한다는 생각이었다. 공적 구호를 받는데 가장 중요한 요건의 하나가 바로 주거(residence) 혹은 정주권(settlement right)으로서, 이는 오늘날의 공공부조(public assistance)에서도 가장 핵심적인 논쟁거리(issue)로 남아 있다.

1601년 엘리자베스 「구빈법」은 이런 목적의 영국 법 최초로 당시의 영국 내 1,500교구마다 구빈원을 설치하는 것을 골자로, 빈곤한 사람의 구제를 명령하고 있다. 엘리자베스 「구빈법」은 같은 해 제정된 「거주 및 이주법」과 함께 빈곤층을 각지에 지정한 지역에 한정시키려는 것이었지만, 산업혁명의 진행과 함께 노동인구의 유동화가 필요하게 되었지만, 엘리자베스 구빈체계가 공업으로의 노동력 공급을 못하게 막았다.

「구빈법」은 친척, 남편 혹은 부인, 부모 혹은 자녀가 부양능력이 있을 경우 자선구호의 대상으로 등록하지 못하게 하였다. '친족의 책임원리' 혹은 '가족의 책임원리'로, 친족이나 가족이 빈곤한 사람들의 생활부양을 일차적으로 책임져야 한다는 것이다. 공적인 구호를 담당한 당국은 가족들이 이를 책임질 수 없을 때에 한해서 빈곤한 사람을 돕는다는 것이다. 가족의 책임문제는 공공부조에서 지금까지도 계속되고 있는 중요한 논쟁거리다.

엘리자베스 여왕은 부랑자 문제가 억압과 교구의 구빈만으로는 해결되지 않는다는 것을 인정하고, 더욱 합리적인 조치를 마련하였다. 그것은 바로 분류화(分類化, classification)였다. 구체적으로 살펴보면, 엘리자베스 「구빈법」은 빈곤한 사람을 세 가지, 즉 일할 수 있는 건장한 빈민, 일할 수 없는 무력한 빈민, 의지할 곳 없는 요보호아동으로 분류하여, 그에 상응하는 처우를 한다는 것이다.

(1) 일할 수 있는 건장한 빈민

일할 수 있는 건장한 빈민(The able-bodied poor)은 일명 건장한 걸인으로 불리며, 교정원(the house of correction) 혹은 작업장(work house)에서 강제로 노동을 시켰다. 일반 시민은 이들에게 시혜를 베풀 수 없으며, 다른 교구로부터 온 걸인들은 오기 전(前) 그들이 최종적으로 1년간 거주하였던 장소로 되돌려 보내졌다. 교정원에서 작업을 거부하는 걸인이나 완강한 부랑자들은 유치장에 감금시켰다.

(2) 일할 수 없는 무력한 빈민

일할 수 없는 무력한 빈민(The impotent poor) 범주에 속하는 계층은 병자 · 노인 · 맹인 · 귀머거리 · 벙어리 · 절름발이 · 정신이상자, 그리고 어린아이들이 딸린 어머니들이었다. 그들은 구빈원에 수용되며, 그곳에서 제한된 도움을 받게 하였다. 만약 이러한 사람들 중 거처할 집이 있으면 그들을 돕는 경비를 줄일 수 있게 된다. 이러한 때 빈민감독관은 그들을 원외구호(outdoor relief) 형태로 음식과 의류 및 난방을 위한 현물을 그들의 집으로 보내는 것을 허용하였다.

(3) 의지할 곳 없는 요보호아동

의지할 곳 없는 요보호아동(Dependent children) 범주에 속하는 계층은 고아 · 기아 혹은 양쪽 부모가 모두 도피해버린 가정의 아동들이거나 혹은 부모가 있더라도 너무 가난해서 실제로 그들을 양육할 수 없는 가정의 아동들이다. 이러한 아동들을 데려가서 키우겠다는 시민이 있으면 당국은 이를 허락하였다. 만약 그렇게 할 가정이 나타나지 않을 때는 경매 입찰자에게 주어지기도 하였다. 8세 혹은 그 이상 연령 아동으로서 가사 혹은 기타 일을 할 수 있는 아동은 도제(徒弟, apprentice)계약을 맺게 하였다. 소년은 24세의 생일까지 주인의 기술을 배워 일하게 했으며, 소녀는 21살 혹은 결혼할 때까지 집안일을 돌보는 하녀로 도제생활을 하게 했다.

그러나 대단히 안타깝게도 빈민들을 이처럼 분류하여 보호한다는 방침은 그 후 한 번도 실현된 적이 없었다. 구빈원과 작업장을 별도로 설립하거나 구빈원 안에 여성, 노인, 불구폐질자(不具廢疾者) 등을 보호하기 위한 건물을 별도로 건립할 만한 재정적 능력을 가진 지방정부는 없었으며, 설혹 그만한 능력이 있다 치더라도 그것을 실천에 옮기고자 하는 의지를 가진 지방정부가 있었을 리가 없었다. 그리하여 구빈원과 작업장은 점차 작업장으로 통일되어 갔다.

빈민감독관(Overseers of the poor)은 치안판사나 그 지방 행정책임자로부터 임명된다. 빈민감독관은 그 교구의 구빈행정을 실제로 운영하였다. 그들의 기능은 구호신청자의 서류를 접수하고, 생활환경을 조사하여 신청자가 구호를 받을 수 있는 자격을 갖추고 있는지를 결정하는 일이다. 또한, 그들은 신청자와 그들의 가족을 작업장으로 보낼 것인지, 혹은 구빈원으로 보낼 것인지, 그렇지 않으면 경매에 붙일 것인지, 그 이외에 그들이 자신의 집에서 구호를 받게 할 것인지를 결정한다. 빈민감독관은 토지·주택 등 주민의 십일조에 기초해서 일정액의 구빈세를 사정(assessment)[12]하고, 이를 거둬들이는 일과 집행하는 책임을 맡았다.

지금까지 살펴본 1601년의 엘리자베스 「구빈법」은 영국에서 300여 년간 정부의 책임 아래 시행된 공적 구호사업의 유형을 설정하였다. 그것은 교구 및 지방 공동체가 그 주민의 구호조직과 재정을 책임지는 원칙을 마련한 것이기도 하다. 즉, 일할 수 없는 사람들과 어린아동들의 생계를 책임지는 것과 일할 수 있는 빈곤자들에게 일을 시키는 책임을 교구 공동체가 맡는다는 원칙을 수립한 것이다. 빈곤한 사람들에 대한 초기 억압과 경멸 형태는 계속됐지만, 그들 자신의 생계를 스스로 마련할 수 없는 사람들을 도와주는 책임은 수용했다는 점이 이 법의 특징이라 할 수 있다(김근홍 외, 2007: 23-32).

2) 정주법

구빈행정 역사는 곧 빈곤에 대한 도덕적인 책임과 재정적인 책임 간의 갈등의 역사다. 각 교구는 자기 교구 내의 빈민을 보호할 책임을 지도록 되어 있었다. 따라서 다른 지역으로부터 이주해 오는 빈민으로 말미암아 구호 부담이 증가하는 것을 결코 원치 않았다. 그러나 빈민들은 일자리를 찾아 부유한 교구로 이동해 다녔기 때문에, 이로 말미암아 많은 부랑자 군이 생겨났고 구빈비용은 계속해서 늘어나게 되었다. 그런가 하면, 상류귀족사회는 그들의 사유지 경작에 필요한 농촌 노동자 확보·유지를 항상 염려하고 있었다. 교구민과 상류귀족사회 양측의 압력에 따라 찰스 2세(Charles II)[13]는

12) 사정(査定)은 흔히 평가(evaluation), 측정(measurement), 그리고 검사(test) 등과 동의어로 사용되는 용어이나, 사정대상에 대한 계량적인 정보와 비계량적인 정보를 모두 활용하고, 또한 가치판단을 포함하는 경우가 일반적이므로 평가와 동의어로 사용된다. 평가는 측정행위와 가치판단, 또는 의사결정 행위를 포함하는 것으로서 사정보다는 그 의미가 일관되게 사용되는 경향이 있지만, 사정은 일반인들에게 친숙한 용어로서 선호된다.

빈민의 자유로운 이동을 금지하는 법을 1662년에 제정하기에 이른다. 바로 「정주법(定住法, The Settlement Act)」이다.

빈민감독관의 의견이 반영된 「정주법」에서, 빈민감독관에게 장차 지역사회 주민들에게 부담이 될 것으로 생각되는 새로운 이주자들을 그들의 이전 거주지로 되돌려 보내는 권한이 부여되었다. 이에 따라 이주자들은 교구에 도착한 이후 40일 이내에 빈민감독관의 조사를 받게 됐으며, 그들은 치안판사로부터 추방명령을 받게 되어 있다.[14] 그러나 새로 이사 온 가정이 1년에 은화 10파운드에 해당되는 자산을 빌릴 수 있거나, 저축이 있으면 추방의 위협으로부터 벗어날 수 있었다.

「정주법」은 하나의 극단적인 형태로, 지방파벌주의의 한 표현이라고 말할 수 있다. 이것은 1년에 은화 10파운드를 저축할 수 없거나, 그러한 액수에 상당하는 자산을 빌릴 수 없는 일반 노동자들을 차별하는 것으로 인정된다. 이 법은 그 지역의 산업발전이 그들에게 커다란 꿈을 약속하는 것이었지만, 봉건제도가 붕괴된 이후에도 농촌 노동자들을 그 마을에 묶어 두려는 시도라고 생각할 수 있다. 어느 교구에서는 빈민감독관이 걸인들을 없애기 위하여 그들에게 뇌물을 주고 몰래 다른 지역으로 가게 하는 문제까지도 일으켰다. 따라서 1686년 제임스 2세(James II)는 새로 이주한 사람이 그의 거주를 서면으로 보고하는 날로부터, 혹은 그의 가족이 빈민감독관이나 교회위원에게 보고한 날부터 40일 이내에 조사를 받아야 한다는 것을 금지시켰다. 그 후 1691년 윌리엄 3세(William III)는 새로 이주해 오는 사람들을 교회 게시판에 게시하게 하였다.

이처럼 법 개정에도 불구하고 거주권에 대한 잦은 논쟁, 특별히 한 교구 내에서 노동자들이 정착할 수 있는지, 혹은 그렇지 않은지에 대한 논쟁이 끝나지 않았다. 이러한 문제는 법정소송과 가족 및 증인들의 불필요한 비용을 증가시켜 「정주법」의 변화를 요구하게 되었다. 이러한 노동력의 이동문제는 결국 증명서제도의 도입을 가져오게

13) 찰스 2세는 단두대에서 처형당한 찰스 1세의 장남으로 10여 년의 망명생활 끝에 대영국의 왕으로 복위되었다. 이후 타협적인 정책을 펼치며 안정적으로 국정을 이끌었고, 통치권 회복, 해군력 강화, 식민지 확장 등에 주력했다. 또 종교정책에서 포용력을 펼치고자 했고 청교도 혁명 이후 침체된 과학, 지식, 문화 전반에 큰 관심을 보였다. 그러나 찰스 2세는 개인적 욕망과 쾌락을 기꺼이 추구했던 인물인 만큼 성군이 되기에는 도덕적 자질이 미흡했고, 대영국의 강력한 통치 군주로 인정받기에는 종교문제가 걸림돌이었다.

14) 1662년 「정주법」은 빈곤한 사람들은 물론이거니와 방랑인, 무뢰한, 미혼모까지도 강제로 추방할 수 있었다.

하였다. 1795년 「정주법」 개정으로 이 제도가 생긴 이후부터 각 지역에서 새로 이주해 오는 사람들에게 증명서를 요구하였다. 증명서제도는 만약의 경우 교구당국이 발행한 증명서를 소지한 사람에게 구호의 필요성이 생기면, 증명서를 발행한 교구가 그 비용을 지불한다는 일종의 보증서인 셈이다.

3) 작업장과 원외구호

17세기 후반 영국은 산업과 무역에 효율적인 발전과 성공을 거둔 네덜란드(Netherlands)와 심한 경쟁을 하고 있었다.[15] 영국의 경제학자들은 네덜란드 구빈원의 수용자들이 수출할 제품을 만드는 생산적인 구빈원 운영과 길거리에 걸인이 없는 것에 대해 깊은 감명을 받았다. 따라서 그들은 원료, 양모, 철 등을 확보하여 산업을 위해 영국의 빈민을 훈련시켜, 수출완제품을 생산하고자 하는 의욕을 가지게 되었다. 이는 자연히 산업에 빈곤한 사람들을 투입시킨다는 문제와 연계되었다.

1696년에 제정된 「작업장법(The Workhouse Act)」은 노동 가능한 빈민들에게 기술을 가르쳐 국가의 부(富) 증대에 이바지하는 한편 빈민에게 수입을 줄 수 있는 기회를 마련하는 데 목적이 있었다. 이어 브리스톨(Bristol) 작업장 및 기타 다른 도시들이 작업장 수용인들에게 방적 뜨개질, 아마포 직조(linen weaving), 레이스 세공(lace work), 어망과 범선의 돛을 제조하는 작업을 시켰다. 그 결과, 거리의 상습적인 걸인이나 난폭한 부랑자가 사라졌다. 하지만 작업장 제품은 다른 기업의 질과 경쟁할 수 없어 경영난을 겪게 되었고, 재료의 낭비 등으로 오히려 교구민의 세 부담이 늘었다.[16] 1722년 빈민감독관은

15) 네덜란드라는 국명은 국토의 20%가 바다 수면 아래에 있어서 생긴 이름이다. 영어로 직역하면 'Low Country(낮은 나라)'라는 뜻이다. Holland는 네덜란드의 지역 이름이지만, 가끔 네덜란드를 대체하는 국명으로 쓰이기도 한다. Holland는 영어로 "hollow land"라는 뜻으로 알려지기도 했지만, "wooded land"라는 뜻이다. 그렇다면 '네덜란드의'라고 하는 형용사로 쓰이는 'Dutch'의 어원은 무엇일까? Dutch라는 말은 본래 독일(Deutsch, 도이치)을 지칭했다는 주장도 있다. Dutch라는 말은 뭔가 '열등하고 미흡한 것(an epithet of inferiority)'으로 인식되었기 때문인데, 17세기에 군사적으로 상업 경쟁에서 미움을 샀던 영국과 여타 국가들이 시샘을 하면서 생긴 감정이다. 게다가 독일을 의미했던 Deutsch 중에서 좀 더 열등했던 저급 '도이치'가 오늘날 Dutch로 남게 되었고, 그 잔재는 영국 영어, 미국 영어에도 상당한 흔적을 남겼다.

16) 이 법은 빈민의 혹사, 노동력의 착취가 문제시되었다. 그러나 이 법의 의의는 빈민의 작업 보전적 성격을 띤 원초적인

걸인들을 고용하는 민간제조업자와의 고용교섭에 대하여 교섭권이 부여됐으며, 작업장 입소를 거부하는 사람에게는 구호 혜택을 주지 않았다.

이와 같은 작업장제도의 실험(workhouse test)은 빈곤한 사람들에게 가정을 포기하고 가족이 작업장(workplace, working place)[17]에 함께 살 것을 강요하였다. 따라서 많은 수의 빈곤한 사람이 작업장이나 교정원에 들어가기보다는 빈곤하지만 자기 가족과 함께 살기를 더 원했다. 작업장은 장비나 보수, 수용자들을 위한 경비를 최소화시킴으로써 이윤을 내려고 시도하는 민간 청부인에게 운영을 맡겼다. 그러나 굶주리고 피곤한 작업장 수용자들의 작업성과란 부진한 것이어서 그들도 적자운영을 면치 못하였다.

한편, 작업장 수용자들의 부당한 취급, 신선한 공기와 적절한 위생시설의 부족, 좁은 공간의 과밀수용 등으로 말미암은 부도덕한 환경상태는 급기야 사회 저명인사들로부터 엄청난 도전을 받기에 이르렀다. 즉, 한웨이(Hanway), 타운센드(Townsend), 번(Burn), 스콧(Scott), 그리고 길버트(Gilbert) 등과 같은 목사 혹은 공상적 사회개량가(社會改良家)[18]의 신랄한 비판을 받게 되었다.

작업장제도는 영국의 구빈 관련 법상 중요한 의미를 지닌다. 「작업장법」은 부랑을 금지하고, 노동력이 없는 사람들을 위하여 교정원과 구빈원을 설치하였다. 교정원과 구빈원은 엄격히 구분되는 시설이다. 하지만 실제로는 그 구분이 애매했을 뿐만 아니라 구빈원에서도 작업장을 운영했기 때문에 작업장은 빈민에 대한 수용시설로 일반화되었다. 작업장 건설은 각 교구의 자유였지만, 규모가 작은 교구는 독자적으로 작업장을 설치하는 것은 재정적으로 무리였다. 따라서 여러 교구가 연합해서 작업장을 설치하였다. 교구가 단독으로 건설한 작업장을 단독교구형 작업장이라고 하고, 여러 교구가 연합해서 건설한 작업장을 교구연합형 작업장이라고 했다.[19]

프로그램이라는 점에 있다.

17) 17세기 말 영국에서 「구빈법」에 의한 구빈사업의 지출이 증가하자 그 대책으로 1697년 브리스톨에서 보수를 주는 작업장이 설립되었다. 이 작업장은 영국 전역에 세워졌으나 1722년 워크하우스 테스트에 의해 본보기의 장소로 이용되어, 1834년의 「신구빈법(개정구빈법)」에서는 이 방향이 강조되었다.

18) 공상적 사회개량가(Do-gooder)란 업무 또는 개인적 양심이 그들로 하여금 법령, 사회의 윤리적 가치를 견지하고 불우한 사람들이 특권자로부터 약탈당하는 것을 보호하기 위한 일을 꼭 해야만 하는 사회사업가를 말한다.

19) 교구연합형의 경우 여러 교구가 하나의 구빈조합이나 빈민구호위원회와 같은 법인을 설립하고, 또 의회에 청원해서

교구연합형 작업장의 가장 대표적인 것은 브리스톨시(市)의 작업장을 들 수 있다. 브리스톨 작업장 설치를 제의한 사람은 상인이었던 케리(Cary)였다. 그는 브리스톨시의 19개 교구가 개별적으로 행하고 있는 구빈행정을 단일체제로 통합하여 작업장을 운영할 것을 건의하였다. 그의 제안에 따라 브리스톨시는 1696년 지방법을 제정하였고, 이듬해인 1697년 교구연합형 작업장을 설치하기에 이르렀다.

브리스톨 작업장의 임원은 시장, 시의원, 교구위원, 그 이외 각 교구에서 선출된 주민대표 48명으로 구성되어 있다. 또한, 구빈조합의 조합장과 15명의 집행위원이 실무를 담당했으나, 실제 행정관리는 다수의 유급요원이 고용되어 일을 하였다. 구빈조합에는 구빈위원회와 작업장위원회가 구성되어 있다. 구빈위원회는 의료 · 의복 · 주택 등의 구호업무를 맡았고, 작업장위원회는 작업장의 경영관리를 맡았다. 초기에 브리스톨 작업장은 성공을 거두어 많은 도시가 브리스톨 사례를 모방하였다. 그 후 15년간 영국에서는 14개 도시가 브리스톨 모형을 도입하였다.

당시 작업장 사례를 보면, 그곳에 수용된 사람들은 아동 · 노인 · 병자 · 장애인 등과 같이 노동능력이 없는 빈민들이었다. 노인과 부녀자들의 반수 이상은 가사와 육아에, 그 이외 사람들과 아동들은 가내공업에 종사시켰다. 기상 · 취침 · 식사 · 기도 등의 일상생활에 대한 엄격한 규칙이 정해져 있으며, 이를 위반한 사람은 발에 족쇄를 채우고 지하실에 감금하거나, 식사를 줄이거나, 외출을 금지시켰다.

이와 같은 분위기 때문에 능력 있는 빈민은 구호를 신청하지 않게 되었다. 그 결과, 작업장에 수용된 사람들은 고아나 기아 · 노인 · 만성병 환자 · 광인 · 백치 · 급성환자 · 사생아를 가진 임산부 · 매춘부 · 성병환자 등 빈민 중에서도 최하층에 속하는 사람들이 대부분이었다. 또한, 작업장 관리인들은 수용자들의 건강이나 정신적이고 도덕적인 향상을 이끌 수 있는 자질이 없었다. 그리하여 그들은 도덕적 타락을 조장하는 경우가 많았다.

작업장제도는 점차 빈민의 생활유지를 일정한 금액을 개인과 계약해서 행하는 관습

「특별지방법(Local Act)」을 만들어 작업장을 설치했다.

으로 전환되는 청부제도로 변해갔다. 빈민을 청부로 맡기는 것은 모든 빈민의 생활유지나 작업장 관리 및 구빈행정 전체를 청부하는 제도이다. 청부제도는 모든 빈민의 생활유지를 함께 청부하는 일괄 청부와 작업장만의 청부가 있다. 교구당국은 1722년의 「나치불법(Knatchbull Act, 작업장테스트법)」에 의해 번잡한 구빈행정을 민간에 맡김으로써 빈민구호의 비용을 줄이고, 구호에 따르는 빈민들의 불만을 청부인들에게 전가할 수 있게 되었다.

청부인들은 대부분 지주이거나, 작업장의 관리인 혹은 투기를 목적으로 하는 상인들이었으며, 이들은 빈민수탈방법을 잘 알고 있는 집단이었다. 일괄 청부의 경우 청부인은 빈민들의 남녀노소 및 노동능력 유무 등에 관계치 않고, 이들을 강제노동에 투입시켰다. 또 가능한 한 작업장을 최저비용으로 유지하려고 했기에 그 잔학성은 자연히 증가할 수밖에 없었다. 「나치불법」은 작업장 선서와 청부제도가 결합되어 작업장은 억압적인 공포의 기관이 되었고, 교구의 지하 감옥으로 전락하였다.

작업장 개량을 처음 부르짖은 사람은 한웨이로서, 그는 작업장 연구를 위해 수년간 심혈을 기울였다. 한웨이는 작업장에서의 유아사망률을 폭로하였는데, 어떤 작업장의 경우에는 작업장 안에 수용되어 있는 영아 중 82%가 한 살을 다 채우기 전에 죽는 사례도 들춰내었다. 1761년 한웨이의 연구에 자극을 받아 의회는 작업장에 수용되어 있는 모든 영아를 등록하게 함으로써 이러한 환경을 개선하려고 노력하였다. 또한, 1767년에는 6세 미만의 아동들을 작업장에서 퇴거시키고, 위탁가정에 맡길 것을 법으로 규정하였다.

작업장 개량사업에 가장 끈질기게 나선 사회개량가는 토머스 길버트였다. 길버트는 지방행정 책임자로서 「구빈법」의 병폐를 누구보다 잘 알고 있었으며, 하원의원으로서 그 효과성을 평가할 수 있었다. 1782년의 「구빈법」 개정은 일명 길버트법으로 알려졌으며, 이 법은 작업장의 청부계약인제도(contractor system)를 철폐하고, 대신 월급을 받는 지도원을 두고 종래의 원내 구호 원칙을 원외 구호로 바꾸는 것이었다. 즉, 일할 수 있는 사람과 일을 원하는 사람들에게 일자리를 얻을 때까지 그들의 집에서 도움을 제공받게 하는 제도로 바꾼다는 것이다(김근홍 외, 2007: 23-32).

4) 스핀햄랜드제도와 임금보충제

프랑스 혁명 이후 1793~1815년까지 프랑스와의 전쟁은 영국의 생활비 · 물가를 뛰게 만들었다. 전쟁에서 돌아온 상이군인들은 그들의 가족과 함께 구빈원에 들어가는 것을 꺼려했으며, 대신 자신들의 집에서 구호받기를 원했다. 지방행정 책임자들과 빈민지도위원(guardian)들은 빈민들의 이러한 고충을 알게 됐으며, 따라서 최저임금 보장에 대해 고려하기 시작했다.

1795년 5월 잉글랜드 남부 스핀햄랜드(Speenhamland)의 버크셔(Berkshire) 주(州)에서는 임금보충제 방안을 채택하였다. 바로 스핀햄랜드제도(Speenhamland System)로, 치안판사들이 스핀햄랜드에서 구빈의 원외구제를 목적으로 시행한 제도이다. 이 방안은 한 가정의 생계(生計)에 필요한 그 지방의 음식비에 기초해서 구호의 양을 결정하는 방법이다. 일명 음식물 척도(bread scale)로 불리는 이 방법은 최저생계비보다 적게 버는 노동자들의 임금보충으로 적용되었다. 이러한 방법은 다른 지방에도 전파됐으며, 의회에서 「스핀햄랜드법(Speenhamland Act)」으로 승인되었다.

스핀햄랜드제도

1795년 잉글랜드 남부 버크셔 주의 치안판사들이 스핀햄랜드에서 구빈의 원외구제를 목적으로 시행한 것이다. 빵의 가격과 가족의 수에 따라 최저생활기준(speenhamland bread scale)을 선정해 실업자 및 저임금노동자에게 구빈세에 의한 수당을 지급하는 과도적인 임금보조제도이다. 영국에서는 당시 산업혁명과 농업혁명의 진행에 의해 농업 노동자의 보조적 수입원이 끊겨 임금저하와 물가저하 등에 따라 곤궁상태가 악화되었고, 프랑스혁명이 민중에게 영향을 미치기 시작했다. 이와 같은 상황에서 산업예비군 유지와 사회운동의 진전을 방지할 필요성에 따라 지주의 이해를 중심으로 해서 이 제도는 각지에 급속하게 파급되었다. 그러나 산업혁명기의 모순에 대한 대응이었기 때문에 그 뒤 대비전쟁의 종결, 불황의 심각화에 의해 소규모화되고 지배계급의 폐해가 심해 1834년 구빈법위원회의 권고에 따라 폐지되었다. 길버트법에 이어지는 개혁이기에 양법을 합해 길버트 · 스핀햄랜드체제라 칭하기도 한다.

「스핀햄랜드법」은 가족규모에 따라 그것이 그들 가정의 부양이든 혹은 저임금 보충이든 간에 빈곤가정에 대한 구호수당을 인정한 것이라고 볼 수 있다. 이 법은 노인·허약자·장애인들을 위한 원외 구호로 광범위하게 활용되었다. 이 법은 상당히 합리적인 구호제도이다. 그러나 이러한 빈민대책은 한편으로 임금과 생활기준이 낮아지는 결과를 가져왔다. 또한, 이 방법은 더 많은 사람이 구호대상이 되는 결과를 낳았다. 즉, 생활기준에 따라 전적으로, 혹은 부분적으로 구호를 받아야 할 사람이 증가됨으로써 주민이 더 많은 구빈세를 낼 수밖에 없게 되었다. 또 고용주들은 고용인들에게 기준 이하의 임금을 주는 데 익숙해졌다. 이는 어차피 구호기관이 임금의 부족분을 채워주기 때문이다.

이와 같은 상황에서 노동자들은 부분적인 구호(partial relief)를 받는 데 익숙해졌으며, 결과적으로 이러한 제도는 노동자들의 작업 동기를 무너뜨렸을 뿐만 아니라, 임금을 낮추는 요인으로 작용했다. 따라서 이 방법은 경제적·도덕적 실패를 가져왔다는 비판을 받게 되었다. 이 방법은 원외 구호방법 자체에 대한 비판보다는 노동자들의 생활유지를 위한 최저임금 보장에 대한 실패와 구호행정의 효율성에 대한 비판, 그리고 구빈세 증가와 공평치 못한 납세자들의 부담에 대한 불만을 양산했다.

「스핀햄랜드법」 시행에 관한 또 다른 비판은 스미스의 《국부론(國富論, The Wealth of Nations)》[20]에 나타난 자유방임적 경제이론에서 나왔다. "국가는 개인의 사경제(私經濟)에 관여하지 말아야 한다. 그렇게 함으로써 생산자들은 생산물품에 대한 이윤을 걷어들일 수 있다."라는 주장에 의해 공적인 빈민구호사업을 줄여 갈 것을 강조했다.

그리고 또 다른 비판자는 맬서스(Malthus)였다. 그는 1798년 《인구론(人口論, An Essay on the Principle of Population)》이라는 책에서 "인구는(억제되지 않을 경우) 기하급수적으로 증가하고, 식량은 산술급수적으로 증가한다." 초판에만 나오는 이 유명한 구절은 《인구론》의 핵심을 한 마디로 요약한다. 즉, 인간은 가급적 자손을 많이 낳으려는 경향이 있으므로,

---

20) 정식 명칭은 《국가의 부(富)의 성질과 원인에 관한 고찰(An Inquiry into the Nature and Causes of the Wealth of Nations)》(5편)이다. 10년에 걸쳐 완성한 이 대저에서 스미스는 부의 원천은 노동이며, 부의 증진은 노동생산력의 개선으로 이루어진다고 주장하고, 생산의 기초를 분업(分業)에 두었다. 그는 분업과 이에 수반하는 기계의 채용을 위해서는 자본의 축적이 필요하며, 자유경쟁에 의해서 자본축적을 꾀하는 것이 국부 증진의 정도(正道)라고 역설하였다.

이를 방치할 경우에는 결국엔 식량생산이 인구증가를 따라잡지 못해서 파국이 불가피하리라는 것이었다. 맬서스는 인구가 대략 25년마다 두 배씩 증가하므로, "2세기 뒤에는 인구와 생활 물자 간의 비율이 256대 9가 되며, 3세기 뒤에는 4,096대 13이 되고, 2,000년 뒤의 차이는 거의 계산이 불가능할 정도로 커질 것"이라고 주장했다. 그는 빈민구호는 가난한 사람들이 구호를 받기 위해 더 많은 자녀를 가지기에 더욱 가난해진다고 했으며, 이러한 인구증가는 음식물 가격을 상승시켜 노동계층이 더욱 궁핍하게 된다고 하였다. 공적 구호사업에 대해 고전경제학자들의 반대가 경제이론에 근거되어 있지만, 밀(J. S. Mill)과 같은 사람은 구빈법의 근본 취지가 인도주의와 도덕적인 입장에 기초되어 있음을 강조했다.

《인구론》을 저술한 영국의 경제학자 맬서스

"도대체 맬서스는 어떤 짓을 저질렀단 말인가? (…) 맬서스는 19세기를 유토피아적 환상으로 낙관하던 사람들의 낭만적인 꿈을 앗아가 버렸다. 그는 인류가 환희에 넘치는 미래를 맞기는커녕 인구 과다로 말미암아 사회 붕괴와 소멸을 맞게 되리라고 전망했던 것이다. 언론은 맬서스를 심판하였고 즉각 그에게 유죄 선고를 내렸다. 새로운 세기를 맞는 감격적인 순간에 맬서스는 재수 없는 소리만 늘어놓아 흥을 깨어 버렸던 것이다. (…) 맬서스의 장례식에 참석한 사람들 중 일부는 애도하러, 일부는 그가 정말 죽었는지 확인하려고 왔을 것이다."

-토드 부크홀츠(Todd G. Buchholz)-

한편, 스코틀랜드(Scotland) 킬마니(Kilmany)의 작은 마을 교구 목사인 찰머스(Chalmers)는 이웃과의 상부상조 정신에 입각한 사설 자선사업을 조직했다. 그는 달변의 설교자로서, 1814년 스코틀랜드 글래스고(Glasgow)에 부임하게 되었다. 그는 그곳에서 무거운 세금과 교회헌금으로 구빈재원을 충당하는 실정을 알게 되었다. 그는 비인간적이고 비능률적인 구빈사업에 대해 비판적인 태도를 가졌다. 그는 교구 각 가정을 방문함으로써 예전에는 알려지지 않았던 수많은 개인문제와 건강상의 문제를 알게 되었다.

▲ 토머스 찰머스 (1850~1926)

4년 후 찰머스 목사는 아주 가난한 지역인 세인트 존(Saint John) 교구를 맡아달라는 제의를 받았다. 그는 구빈행정의 전적인 책임을 맡는다는 조건으로 그 교구에 부임을 승낙했다. 그는 이 교구를 25개 지역으로 나누고, 각 지역의 400명 요구호 교구민들을 대상으로 한 사람의 구빈담당 집사를 두었다. 그러나 이 숫자는 4년 동안 8,000명 교구민 중 20명만이 새로이 구호를 요청하는 놀라운 성과를 얻었다. 이러한 경험을 토대로 찰머스는 당시 성행하고 있는 공공 구호사업과 교회 구호사업이 낭비적이며, 빈곤한 사람들을 비도덕적으로 만들어 그들의 자립의지를 파괴한다고 했다. 또한, 그들의 친척 · 친구 · 이웃들에게는 그들을 돕고자 하는 의지를 빼앗아 버린다고 했다.

찰머스는 그의 경험에 입각해서 다음과 같은 절차를 제의하였다.

- 빈곤 케이스는 하나하나 주의 깊게 조사한다.
- 만약 자립이 불가능하다고 판단될 때에는 친척 · 친구 · 그의 이웃들이 그들을 돌보게 한다(이러한 경우는 대개 고아 · 노인 · 병자 · 장애인들이 그 대상이 됨).
- 만약 빈곤가정의 욕구가 충족될 수 없을 때, 그 가정의 생계유지를 도울 수 있는 시민(후원자)들을 찾는다.
- 이와 같은 대책이 성공을 거두지 못할 때, 그 지역 담당집사는 교회당국에 도움을 요청한다.

찰머스는 자선 분야에서 큰 공헌을 했다. 그의 중요한 공헌은 바로 구호사업을 개인적인 단위로 했다는 점과 교구적인 구호에 대한 그의 철학이었다. 그는 빈곤 원인을 조사하는 데 있어서, 개별적인 단위로 조사하는 것과 그 해결책 역시 개별적이어야 한다는 원칙을 발전시켰다. 그 역시 당시의 사람들과 마찬가지로 빈곤의 주요 원인은 '개인적인 실패'와 개인의 힘이 미치지 못하는 '사회경제적인 요인'으로 생각했다. 찰머스의 선구적인 사업 이후 50년이 지나서 런던시에 최초로 자선조직협회(the London Charity Organization Society)가 조직되었다.[21] 이는 찰머스의 아이디어를 발전시킨 개념으로서, 오늘날 케이스워크(case work)[22]라 부르는 개별적인 접근방법과 지역사회 조직사업의 기초를 놓았다(김근홍 외, 2007: 23-32).

21) 1869년 런던자선구제조직 걸식박멸협회를 결성, 그 이듬해 런던 자선조직협회(The London Charity Organization Society)로 개칭하였다. 이 협회의 위원은 구빈신청서를 조사하고 빈곤가족의 체계적인 관찰을 행하였고 선택된 대상은 독지가에게 의뢰하여 독지가가 그들에게 끊임없는 충고와 감독을 행하여 가족이 독립하여 생계를 영위할 수 있도록 도와주려 했다.

22) 케이스워크(Case work)란 개별처우(個別處遇) · 개별사회사업(個別社會事業) 등으로 번역되는 사회적 케이스워크(social casework)의 약칭이다. 케이스워커(caseworker)라고 불리는 전문가가 개인적 · 사회적 부적응(不適應) 증상을 가진 개인 및 문제에 대하여, 주로 면접을 통하여 내면의 자아(自我)가 강화되도록 지도하거나, 또는 외부로부터 각종 사회자원을 활용하게 함으로써 피구호자가 통찰력을 가지고, 스스로 문제해결에의 의욕과 힘을 되찾아, 만족할 만한 사회적 관계와 수준을 회복할 수 있도록 전문적으로 원조하는 과정이다.

Chapter

04

신구빈법과 구빈제도의 소멸

Chapter 04

신구빈법과 구빈제도의 소멸

1. 신구빈법의 등장

1) 산업화와 사회적 보호의 양립불가피성

모든 재산, 특히 토지 기타 천연자원 · 공장 등의 생산시설을 사인(私人)의 소유로 하여 국법으로 이를 보호하고, 원칙적으로 소유자의 자유로운 관리 · 처분에 맡기는 제도인 사유재산제도(私有財産制度, privateigentum)는 근세(近世, early modern period)[1] 초기의 개인주의사상에 의하여 확립되고, 계약자유의 원칙과 더불어 자본주의 문명의 원동력이 되었다. 그리하여 18세기 말 모든 사람은 사유재산을 가지게 되었다. 개인의 성공과 실패는 철저히 개인의 책임이라고 주장하며, 경제 운용은 원칙적으로 시장의 가격기구에 맡겨야 한다는 자유주의와 산업화를 맞이하게 되었다.

「구빈법」의 엄격한 규율은 노동과 임금의 통제를 불러왔다. 그리하여 산업화를 저지하고 있다고 주장하는 자본주의가 「스핀햄랜드법(The Speenhamland Act)」(1795)을 비판하면서 이전 봉건사회에서의 전통적인 보호주의는 거부되기 시작하였다. 그 결과, 사회의 보호가 필요한 빈민자들에 대한 책임이 국가에 있다는 관념이 없어지게 되었다. 즉,

1) 근세(近世)란 르네상스에서부터 절대주의 · 중상주의가 전개되던 17~18세기까지의 시기를 말한다. 유럽에서는 보통 고대 · 중세 · 근대의 3시대로 구분하였는데 K. 브레이지히가 이 3분법의 앞뒤에 두 시대를 더해서 원시 · 고대 · 중세 · 근세 · 최근세의 5시대로 구분해야 한다고 주장했다. 그 후 3분법이 수정되어 르네상스와 종교개혁 또는 지리상의 발견 이후를 근세로 구분하였다. 중국사에서는 3분법의 구분론이 지배적인데, 송나라 이후를 근세라 한다. 한국사에서는 고려왕조 이후, 즉 조선시대를 근세로 구분한다.

자유주의와 자본주의 국가에서는 농업경제시대에 출현한 「구빈법」을 산업화 시대에 맞지 않는 제도라고 믿었다(정재훈 외, 2016: 58–61).

더욱이 출산율은 높아지고 사망률은 감소함에 따라 인구가 증가하였고, 영국은 나폴레옹 전쟁으로 곡물 수입이 어려워져 집약적 농법을 개발하고 농업의 기계화를 추진하여 농민들이 일자리를 잃게 되는 제2차 인클로저 운동을 맞이하게 되었다. 이에 따라 일자리를 구하고자 농민들은 도시로 집중 이주하기 시작하였다. 이주한 노동자들은 도시의 구빈세를 급격히 증가시켰다. 이는 산업화에 초점을 맞추는 자본주의 · 자유주의 이념을 추구하는 국가에 버거운 짐이 되었다(Fraser, 1984; Jones, 2000).

「신구빈법(New Poor Law)」이 새롭게 제정될 수밖에 없게 만들었던 사상적 주류인 자유주의 사상을 주창한 사람들이 있다. 그들 중 한 명이 스미스이다. 그는 산업혁명의 이론적 지주로서 모든 사람은 자신의 고유한 선택권이 있고, 자유의지와 행동에 의한 자유로운 생산과 거래가 경제의 번영을 가져온다고 그의 책 《국부론(The Wealth of Nations)》을 통해 주장했다. 부르주아(bourgeois)[2] 계급은 신흥 상공업자로서 자유방임(laissez faire)[3] 제도를 열렬히 지지하였고, 1832년 선거법 개정으로 의회에서도 발언권을 가졌던 신흥 유산계급이었다. 이들은 프로테스탄티즘(Protestantism) 윤리에 기초하여 개인주의적 빈곤관을 가졌으며, 구빈제도에 반대하는 입장을 고수하였다.

반면, 타운젠드(Townsend)는 복음주의 교회의 목사로서 빈곤을 자연법칙의 산물로 보았다. 빈민을 공공의 조세로 구제한다는 것은 부자와 빈자로 나누어져 있는 자연법칙을 거스르는 일이고, 빈민은 기아의 고통을 극복하기 위해서만 노동을 하는데, 구제법은 빈민자의 노동 동기를 저지한다는 것이다. 빈민에 대한 구제는 교회의 자선을 통해 이루어지면서 종교교육을 통해 그들을 구제하는 것이 자연스러운 일이라고 주장하였

2) 부르주아(Bourgeois)란 원래는 성(城)에 둘러싸인 중세 도시 국가의 주민을 이르는 말이었으나, 근대에 와서 절대 왕정의 중상주의 경제정책으로 부를 축적한 유산계급으로 시민혁명의 주체가 된 사람을 칭하였다. 시민혁명 이전의 시기에는 상당한 부를 소유하였음에도 왕과 귀족의 지배를 받는 피지배계급으로 존재하였다. 하지만 구제도의 모순을 깨뜨리려는 시민혁명을 주도한 이후 사회의 주체 세력으로 등장하였다.

3) 자유방임(Laissez faire)이란 정부의 경영, 경제 간섭이 최소화되어야 한다는 주의를 말한다. 스미스는 《국부론》에서 모든 사람에게 최대의 선을 제공해주는 '보이지 않는 손'이라는 용어로 자유방임경제를 묘사하였는데, 이것은 경영자가 이익 기회를 추구하는 데 자유로울 때 성립한다.

다. 소득보장을 위한 구제정책과 같은 인위적인 것은 빈민을 부지런하지 못하게 하며, 도덕적이지 못하게 하는 수단이 된다는 것이다.

자유주의이자 경제학자인 맬서스는 영국 국교회 목사였다. 그는 빈곤문제의 가장 큰 원인이 인구 압력이라고 믿었다. 역사를 초월하고 불가항력적인 인구 증가에 따라 빈민이 발생하므로 구빈제도는 무용지물이라고 주장했다. 예를 들어 그의 주장에 따르면, 전혀 경제능력이 없는 사람도 「구빈법」의 구제를 받아 결혼을 하고, 자식을 낳아 구제되어야 할 빈민의 수만 늘린다. 이러한 인구증가가 배분되는 식량의 양을 감소시키면서 동시에 교구는 재정적 부담을 더욱 가지게 되고, 교구는 국가 원조에 더욱 의지하게 되어 점점 더 많은 사람이 스스로 자립하지 못하는 상태로 빠져들어 경제적으로나 사회적으로 부정적 영향을 끼친다. 결국, 이러한 그의 사상은 결정적인 구빈 억제 정책의 기초 사상이 되어 그를 「신구빈법」의 아버지라고 부르게 되었다.

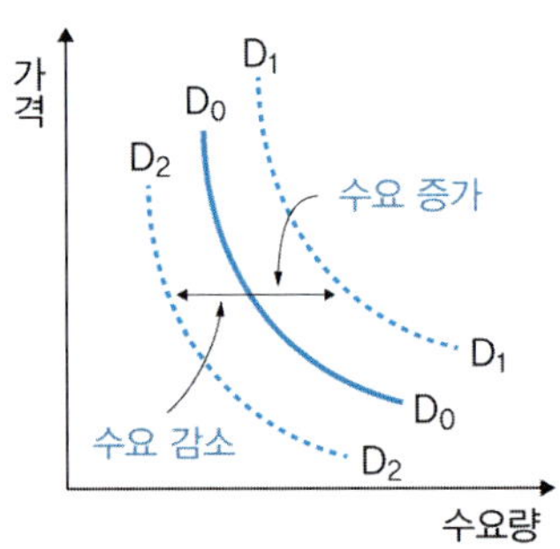

[그림 4-1] 수요 곡선

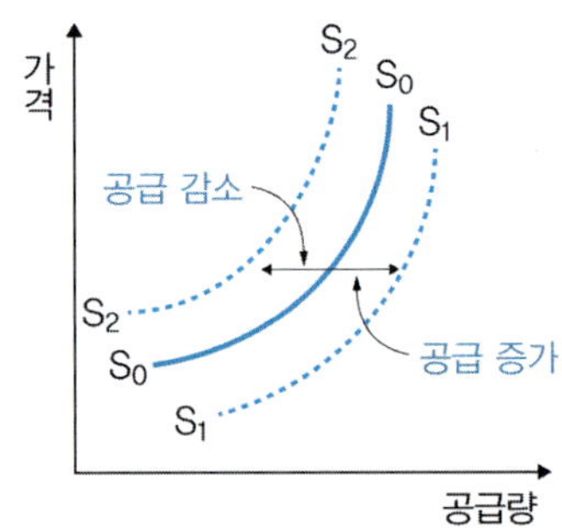

[그림 4-2] 공급 곡선

영국의 고전파 경제학자인 리카도는 1917년 그의 저서 《정치경제학원론(Principles of Political Economy and Taxation)》에서 수요공급이론에 연동하는 임금철칙을 주장하였다. 그의 주장은 국부의 어느 일정한 금액이 반드시 임금으로 배분되기 때문에 빈민구제 비용으로 많은 부분이 들어가면, 임금으로 배분되어야 할 몫이 적어져 임금을 하락시킨다는 것이다. 노동력이 증가하면 임금이 낮아지고, 노동자 수가 줄어들면 임금이 높아지는 수요공급의 원칙을 고려할 때 결혼을 억제하여 노동 인구를 제한할 수밖에 없다고 보았다. 전쟁으로 말미암아 관대해진 구제정책 때문에 구빈세가 늘어나고 노동자 임금이 낮아졌으며, 그들의 처지를 악화시켰다고 믿었기 때문에 빈민구제정책의 폐지가 노동자들의 삶의 질을 향상시킬 수 있다고 주장하였다.

다른 한편으로, '최대 다수의 최대 행복'이라는 벤담(Bentham)의 공리주의(utilitarianism)[4]

채드윅과 「구빈법(救貧法)」

채드윅(Chadwick, 1800~1890)은 《웨스트민스터 리뷰(Westminster Review)》에 에세이를 기고한 것이 그의 출세의 계기가 되었다. 게재된 에세이가 제러미 벤담의 눈에 띄게 되어 그로부터 사사(師事)받게 되었다. 벤담은 산업혁명을 가져온 새로운 경제체제를 앞서서 통찰하고, 법률과 행정을 확고하게 한 후에 경제활동을 진행시킬 것을 제창한 이론경제학자로서 급진론 그룹의 중심으로 큰 힘을 가지고 있었다.

벤담의 애제자가 된 채드윅은 1832년 「구빈법」의 시행과 행정의 실태조사를 위한 왕립위원회의 조수로 임명되었으며, 후에 위원장이 되어 「구빈법」을 개정하게 된다.

각 교구의 구제업무를 폐지하고 교구연합마다 선출된 위원회와 중앙의 구빈위원회라는 두 개의 위원회로 구성된 새로운 행정 조직을 설치하여, 이것을 「구빈법」 개정법이라는 새로운 법률로 운용하였다. 벤담의 주장대로 새로운 체제라고 해도 좋았다. 그러나 이 개정은 노동인구의 도시집중화를 급속하게 촉진시키는 것이었기 때문에 도시의 환경을 더 한층 급속하게 악화시키게 되었다.

1834년에 「구빈법」 개정법이 발효됨과 동시에 채드윅은 중앙구빈법위원회의 상임서기로 임명되었다. 상임서기로 집무하면서 채드윅은 당시에 팽배하였던 빈곤을 가져다주는 현실에 직면하게 되었다. 그리고 그 심각한 현실이 채드윅으로 하여금 도시환경 개선에 전력투구하게 만들었던 것이다.

4) 공리주의(功利主義, Utilitarianism)는 공리성(utility)을 가치 판단의 기준으로 하는 사상이다. 곧 어떤 행위의 옳고 그름은 그 행위가 인간의 이익과 행복을 늘리는 데 얼마나 기여하는가 하는 유용성과 결과에 따라 결정된다고 본다. 넓은 의미에서 공리주의는 효용 · 행복 등의 쾌락에 최대의 가치를 두는 철학 · 사상적 경향을 통칭한다. 하지만 고유한 의미에서의 공리주의는 19세기 영국에서 벤담(1748~1832), 제임스 밀(James Mill, 1773~1836), 존 스튜어트 밀(John Stuart Mill, 1806~1873) 등을 중심으로 전개된 사회사상을 가리킨다.

사상도 「신구빈법」을 제정하는 데 많은 영향을 미쳤다. 이후 「신구빈법」의 핵심적 원리인 '열등처우의 원칙(the principle the less eligibility)'을 만드는 역할을 한 채드윅(Chadwick)이 공리주의를 「신구빈법」 정책에 적용하였다. 그의 주장에 따르면, 전체 국민의 행복의 합은 사회 행복의 합이며, 그 합이 클수록 사회총체의 행복의 합도 커지기 때문에 전체 국민에게 세금을 징수하여 사회 구성원의 일부인 빈민을 위해 사용한다면 그것은 사회 전체의 행복에 반한다는 것이다. 이러한 생각은 당시의 구빈제도를 비판하고, 「신구빈법」이 제정되는 데 큰 영향을 주었다(Jones, 2000).

존 스튜어트 밀과 그의 저서 《공리주의》

밀(J. S. Mill)은 1806년 제임스 밀(James Mill)의 장남으로 런던에서 출생했다. 제임스 밀은 벤담의 친우(親友)로서 대학교육과 종교를 불신하였지만, 아들 밀의 교육에 남다른 노력을 기울였다고 한다. 밀은 (기억이 나지는 않지만) 3세부터 그리스어를 배우기 시작했고, 7세에는 이미 플라톤의 대화 편을 읽을 수 있게 되었다. 8세부터 라틴어를 배우기 시작한 밀은 많은 문학적 저작과 역사서를 섭렵했고, 12세부터는 논리학과 경제학도 학습해 나갔다.

그러나 이렇듯 천재적인 학문적 역량을 선보인 밀도 20세에 이르면서 심각한 정신적 위기를 겪게 된다. 프랑스 여행에서 알게 된 벤담주의에 대한 반감, 주지주의적(主知主義的) 이성과 반드시 일치하는 것만은 아닌 자신의 감정 등이 원인이 된 이러한 위기는 밀이 24세가 되던 1830년까지 지속된다. 물론 그동안 밀이 아무런 일도 하지 않은 것은 아니다. 밀은 1823년에 아버지가 몸담고 있던 동인도 회사의 서기로 취직했고, 논리학과 경제학을 연구했으며, 아버지의 《웨스트민스터 평론》이나 벤담의 《증거론》 출간을 돕기도 했다. 하지만 "네 인생의 목적이 모두 실현되었다고 가정해 보라. … (중략) … 이것이 네게 큰 기쁨이요 행복이 되겠는가?"라는 물음은 여전히 해결되지 못했던 것이다.

벤담의 저술이 공리주의라는 새로운 사상을 정립하고 이를 법률에 적용시키기 위한 의도를 가지고 있는 것이라면, 윤리이론과 관련된 밀의 저술, 특히 《공리주의(On Utilitarianism)》는 이처럼 공리주의의 개념을 분명히 하고, 유럽 대륙의 철학자들에 의해 공리주의에 제기된 물음들과 밀 스스로 확인한 의문들에 답하기 위한 의도에서 저술된 것이다.

이 책은 '공리'와 '쾌락'의 어의적 부정합성에 대한 해명을 포함하여 공리주의와 여타 이론을 비교하는 내용으로 채워져 있지만, 무엇보다도 중요한 것은 공리주의는 인간의 특성을 해명하지 못한다는, 즉 공리주의는 쾌락을 추구한다는 점에서 인간과 여타 존재 –가령 돼지–를 동일하게 취급하고 있다는 비판에, '쾌락의 질적 차이'를 강조하는 이른바 '질적 공리주의'로 응수하고 있다는 점이다. 그래서 밀에 따르면 "만족한 돼지보다는 불만족한 인간이 낫고, 만족한 바보천치보다는 소크라테스가 되는 것이 더 낫다." 바보천치나 돼지가 어떤 다른 견해를 가지고 있다 하더라도, 그것은 모두 이 문제에 대해 자신들 각자의 입장만을 알고 있는 데 지나지 않는다. 그러나 바보천치나 돼지에 비교되는 상대방은 양쪽 모두를 알고 있기 때문이다.

출처: http://philinst.snu.ac.kr

2) 신구빈법의 형성

「구빈법」의 관리와 실제 운영에 대한 조사를 목적으로, 1832년 왕립위원회(Royal Commission into the Operation of the Poor Laws)가 구성 · 설치되었다. 1834년 2월 왕립위원회는 2년 동안 조사한 결과를 위원 9명이 서명한 1만 3,000페이지 분량의 보고서를 작성하여 제출하였다. 이 보고서는 「신구빈법」의 방향을 가늠하게 해 주는 다음과 같은 문구로 시작한다.

> "우리들이 조사할 수 있었던 대부분의 지역에서, 아동이나 일상의 직업에 종사하지 않는 사람들을 일하게 하기 위하여, 그리고 생활무능력자에 대한 필요한 구제를 위하여 엘리자베스 43년의 법률이 설치한 기금이 법문(法文)이나 입법취지에 맞지 않은 방법으로 사용되고, 나아가 다수계급의 도덕과 모든 사람의 복지를 파괴하는 방식으로 운용되고 있다는 것을 보고하는 것은 우리들의 고통스러운 의무이다."

왕립위원회 보고서에서는 스핀햄랜드제도가 「구빈법」 정신을 변질시키고, 노동자로 하여금 도덕정신에 위배되는 나태함으로 사회 전체의 이익에 반(反)한다고 기술하였다.

즉, 왕립위원회 보고서는 제도가 주는 긍정적 효과는 드러내지 않고, 제도가 가진 문제점만을 두드러지게 하였다. 더불어 행정개혁을 통해 충분히 문제점을 해결할 수 있는 가능성이 있음에도 이를 언급하지 않았다. 그리고 구빈세의 증가에만 초점을 맞추어 19세기 중반 이후 빈민 구제를 규제하고 억제하는 「신구빈법」을 1834년 제정하게 하는 데 이바지하였다(Blaug, 1964).[5)]

3) 신구빈법의 내용과 의미

구체적으로, 「구빈법」 실태조사를 한 왕립위원회는 다음과 같은 6가지를 건의하였다(Blaug, 1964).

- 스핀햄랜드제도의 임금 보충제 폐지
- 일할 수 있는 노동자 중 신청자는 모두 작업장에 수용
- 노동능력이 없는 병자 · 노인 · 허약자 · 부양아동이 있는 과부 등에게 원외 구제를 제공
- 여러 교구의 구제행정을 하나의 구빈법 연합(Poor Law Union)으로 통합
- 구제 수준은 그 지역사회에서 노동하는 노동자의 최하위 임금보다 낮게 책정
- 구빈행정을 통제하는 중앙통제위원회를 설치

그러나 이와 같은 6가지 건의를 기반으로 1834년 제정된 「신구빈법」은 특별히 새로운 것이라고 할 만한 원칙을 확립한 것이 아니었다. 오히려 억압정책으로 되돌아가는 경향을 획기적으로 강화한 것이었다. 즉, '억압기제 속의 구제'라는 특징을 가졌던 엘리

5) 「구빈법」은 교구(敎區)를 단위로 하고 지방행정을 지주(支柱)로 하고 있지만, 「구빈수정법(救貧修正法)」이라고도 하는 「신구빈법」은 전문 109조로 되어 있고 조직의 특색은 중앙에 3명의 위원, 지방에는 구빈위원을 두어 교구연합을 통괄했고, 중앙위원은 국왕으로부터 절대권을 부여받았다. 「원외구제법(院外救濟法)」을 폐지하고, 원내(院內)의 구빈 기준도 낮추고 「정주법(定住法)」도 완화하여 노동능력이 있는 자에게 노동을 강제하는 것을 목표로 하였다. 이 법은 1948년 「국민부조법(國民扶助法)」이 공포됨에 따라 폐지되었다.

자베스 「구빈법」의 성립 이후 다소 완화(혹은 인간주의화)되었던 경향을 오히려 없애고, 애초의 엘리자베스 「구빈법」으로 되돌아갔다고 볼 수 있다.

이러한 「신구빈법」은 열등처우의 원칙, 작업장제도(작업장 활용)의 원칙, 균일처우(전국통일)의 원칙으로 정리할 수 있다. 이 세 가지 원칙을 구체적으로 살펴보면 다음과 같다.

(1) 열등처우의 원칙

처우제한의 원칙이라고도 하는 열등처우의 원칙(the principle the less eligibility)은 「신구빈법」으로 구제받는 빈민의 전반적 생활 수준을 최하 임금노동자의 수준보다 낮게 책정하는 것이 당연하다는 이론이다. 공적 구제의 대상이 되는 빈민의 생활이 자신들의 노동을 통해 자립 생활하는 사람들의 삶의 질보다 더 좋아서는 안 된다는 원칙이다. 즉, 구제를 받는 빈민들은 저임금 노동자보다 더 나은 삶을 살 자격을 가져서는 안 된다는 것이다. 이에 기인하여 복지서비스의 이용자에 대한 처우는 엄격하게 제한하는 것이 당연하며 그렇지 않을 때 그들의 의존심을 조장시킨다는 것을 나타내는 말로 오늘날에도 쓰인다.

열등처우의 원칙은 치안을 유지하는 목적으로 빈민을 교정하고 억압하는 합리화 원리로 사용되었다. 그러나 긍정적인 측면으로 열등처우의 원칙을 설명하는 이도 있다. 이 원칙이 적절히 실행되기만 한다면 구제를 유용하게 만들 수 있는 새로운 인력정책으로 볼 수 있다는 것이다. 정상적인 노동을 강조함으로써 자유시장에서 개인의 노동능력이 빈곤을 벗어나게 할 수 있다는 논리로, 노동의 적극성을 장려함으로써 경제발전에 긍정적인 효과가 있을 수 있다는 것으로 해석될 수 있다. 하지만 이러한 주장은 반대로 빈곤을 개인의 성격적 결함문제로 취급하면서 그들에 대한 처우를 악화시키는 작업장 원내 구호를 이끌었고, 그리하여 빈곤자의 삶은 인간 존엄성을 상실하는 삶으로 추락하게 되었다(Blaug, 1964).

(2) 작업장제도(작업장 활용)의 원칙

이후 영국에서는 임금보조와 아동수당, 가족수당을 전면 폐지하였고, 노동능력에 대해 시설 원외 구조를 중지하였다. 노동능력이 있는 빈민이 구제를 받고자 할 때에는 17세기 후반부터 「구빈법」 시대의 노역을 통해 빈민구제를 시행해 왔던 작업장 수용으로 한정하였다. 작업장은 흡연과 음주를 금지하는 것은 물론 허가 없이 외출도 안 되는 속박 속에서 가족과 헤어져 살아야 했으며, 혐오와 공포를 주는 제2의 감옥이 되었던 것이다. 그리하여 빈민들은 비인도적인 작업장에 입소하기를 꺼렸다고 한다(Blaug, 1964).

(3) 균일처우(전국통일)의 원칙

왕립위원회가 건의한 대로 정부는 행정기구를 개혁해서 전국적인 행정 수준을 통일하여 전국에 균일한 구제를 시행하는 원칙을 통해 구빈행정의 중앙집권화를 이루었다. 중앙통제기관을 설치하고, 구빈정책을 지도 · 감독할 중앙감독위원회를 결성하여 모든 작업장을 운영하고 노동자들을 통제하게 되었다(Blaug, 1964).

모든 개인은 노동을 선택할 수 있는 자유가 있음을 작업장제도(작업장활용)의 원칙(the workhouse test)과 균일처우(전국통일)의 원칙(the principle of national uniformity)에서 고시하고 있지만, 실제 노동능력이 있는 자가 노동을 선택하지 않고는 빈곤에 대한 구제를 받을 길이 전혀 없었기 때문에 빈민들은 노동을 강요받았던 것과 다름이 없었다. 그러나 감독들이 너무 냉철하고 가혹하게 노동자들을 처우함으로써 작업장에 심각한 문제가 나타나게 되었다. 예컨대, 열등처우의 원칙과 균일처우의 원칙을 지키기 위해 감시적인 태도로 식사량을 줄이고, 환경을 열악하게 만들려고 노력하였다. 또한, 작업장에서 일하는 노동 빈곤자에 대한 국민의 경시 풍조를 만들어 구제를 받는 사람들이 서서히 작업장을 싫어하고 회피하게 하였다. 그리하여 「신구빈법」 실행 3년 만에 작업장에서 일하는 노동자 수가 1/3로 줄었다(Blaug, 1964).

4) 신구빈법 반대운동

구빈행정의 역사는 빈곤에 대한 도덕적 책임과 재정적 책임 간 갈등의 역사다. '억압 속의 구제'라는 「구빈법」 특징이 다소 완화되는 경향으로 성장하던 시기에 「신구빈법」은 다시 억압정책으로 회귀한 법이었다. 이처럼 비인간성과 잔인성 등 수많은 모순을 나타내며 의도대로 시행되지 않았던 「신구빈법」에 대한 강한 반대운동이 사회 각계각층에 일어났다. 「신구빈법」은 빈곤의 원인이 개인의 나태함에서 기인한다고 여기고, 빈민자에 대한 억제정책을 펼쳤다. 하지만 빈민자들의 의지와 상관없이 산업의 불황이라는 시대적 · 사회적 문제로 그들이 일자리를 구할 수 없는 상황이 발생하자, 그들이 일을 구할 수 있기 전까지 인간 존엄적 처우를 해야 한다는 움직임이 일어났다.

1837년 디킨스(Dickens)의 소설 《올리브 트위스트(Oliver Twist)》는 작업장의 비인간적 처우를 비판하였고, 1838~1848년에는 보통선거권 획득을 위한 영국 노동자의 정치 개혁운동인 차티스트 운동(Chartism)[6]이 일어났다. 이 운동은 계몽주의적 성격을 띠면서 「신구빈법」 반대운동과 연합전선을 구축했다. 더불어 억압받는 빈민들을 위해 자선조직협회(The Charity Organization Society: COS)[7]가 결성되었고, 도움이 필요한 사람들과 함께 거주하면서 문제를 해결하려는 인보관운동(Settlement House Movement)이 일어났다.[8] 1861년 런던에는 640여 개의 자선단체가 있었고, 자선사업의 지출 규모는 연간 250만 파운드로 추계되었다(Loch, 1892).

---

6) 차티스트 운동(Chartism)은 1830, 1840년대에 일어났던 영국 노동자 계급의 정치적인 운동이다. 선거법 개정이 일부 신흥 자본가에게 선거권을 확대시켰으나, 노동자에게는 실질적으로 아무런 혜택도 주지 않았다. 그리하여 노동자를 중심으로 일부 중산층도 가담하여 1838년 '인민헌장'을 내걸고 청원운동을 전개하였다. 인민헌장의 주된 내용은 성년 남자의 보통 선거, 인구 비례에 의한 평등한 선거구 설정, 하원 의원의 재산 자격 철폐, 매년 선거, 비밀 투표 등이었다. 이러한 청원운동은 그 뒤 운동 자체의 조직력과 지도력의 부족으로 성공을 거두지 못하였다. 제1차 세계대전까지 매년 선거만을 제외하고 나머지 요구는 모두 실현되었다.

7) 18세기 말엽 영국은 산업혁명으로 인해 공업 및 산업상의 대변혁과 함께 사회조직에 변혁이 일어나 여러 가지 사회문제가 발생하였다. 이것을 해결하기 위해 「구빈법」을 중심으로 한 빈민구제, 경제 · 교육 · 의료제도의 개선으로 빈궁방지의 방법을 사용했는데, 전자를 보완하기 위한 기술방법으로 나타난 것이 자선조직협회이다. 이 협회는 당시의 복지사업과 기관 간의 효과적인 조정을 기하며, 구호행정의 중복과 경쟁을 피하고 기구와 기술을 발전시키고자 하는 데 있었다.

8) 인보관(Settlement House)은 사전적 의미로 사회복지관, 즉 '영세민 구제 사회사업 시설'을 뜻하며, 이러한 사회복지관의 역사는 영국의 인보관운동에서 그 시초를 찾아볼 수 있다.

디킨스의 저서 《올리버 트위스트》

《올리버 트위스트》는 악명 높은 「신구빈법」에 대한 당대 사람들의 반응을 보여 주는 역사적 사료로 가치가 크다. 영국은 전통적으로 교구의 빈민이나 취약 계층에게 책임감을 느끼는 온정주의적 전통을 면면히 이어온 신분제 사회다. 지역의 교구는 미혼모에게는 아이의 아버지를 찾아주어 양육의 책임을 부과하고 경제적 지원을 해주며 빈민에게는 생존 가능한 수준의 경제적 원조를 해왔다. 한때는 빈민의 가족 수에 따라 지원금을 지원하기도 했다. 그러다 자본주의적 체제로 경제가 움직이면서 빈민에 대한 온정적 지원이 부담스럽게 다가왔고 그러한 지원은 오히려 빈민들의 의존심만 키워 사회악을 유발한다는 비판이 거세졌다. 급기야 1834년 기존의 「구빈법」을 개정한 「신구빈법」에 따라 오직 구빈원에 수용된 빈민만을 교구가 지원하도록 했다. 「신구빈법」에 따라 자립능력이 없는 사람은 오직 구빈원 안에 수용되어야만 교구의 원조를 받을 수 있게 되었고, 구빈원은 수용된 빈민들을 노동과 통제로 혹독하게 다루었다.

《올리버 트위스트》를 「신구빈법」에 대한 비판을 담고 있는 사회 비평적 소설로 읽는 비평 작업은 상당한 성과를 이루어왔다. 그 논의는 고아인 올리버가 구빈원에서 겪는 굶주림이나, 빈민을 범죄자로 취급하는 사회에 대해 비판한 텍스트의 내용에 기초하여 이루어졌다. 특히, 가난한 사람을 '원조받을 만한' 빈민과 '원조받을 자격이 없는' 빈민으로 구분하여 전자만을 구빈원에 수용하고, 구빈원이 안락한 곳이 되지 않도록 대우를 박하게 하고 일을 시키는 감옥으로 만든 점에 대한 비판이 거세었다. 또한, 「신구빈법」은 가난과 타락을 동일시하는 반면, 디킨스는 올리버의 경우에서처럼 가난한 사람은 타락한 사람이라는 단정을 깨뜨린다. 올리버가 구빈원 출신 아이면서도 완전히 도덕적인 소년임을 보여 줌으로써, 혹은 도덕적으로 선하면서도 동시에 완전히 거지임을 보여 줌으로써 구빈원의 공식을 비틀어놓았다. 기존의 「구빈법」을 혹독하게 개정하기 시작한 때가 1834년이고, 이 작품은 1838년에 나왔다. 「신구빈법」을 운영하기 위한 위원회 등이 그 뒤 몇 년에 걸쳐 조직되기 시작했고, 디킨스가 이 작품을 쓸 때에는 「신구빈법」에 따라 운영되는 구빈원은 아직 확립되지 않은 때였다. 디킨스는 바로 당시 논란의 핵심이던 「신구빈법」 문제를 과감히 붙들고 그 비인간성과 통제성에 대해 비판의 장을 열었던 것이다.

2. 다수파보고서와 소수파보고서

1834년 「신구빈법」은 자본주의 진전이라는 현실을 도외시한 조치로서 농촌형 부랑자와는 질적으로 다른 실업자 문제에 무기력하였다. 20세기 초 들어 실업문제가 점점 더 심각해지자 「신구빈법」에 대한 재검토가 불가피해졌다(원석조, 2013: 91-94).

1905년 이 문제를 다루기 위해 왕립구빈법위원회(The Royal Commission on the Poor Law and Relief of Distress)가 구성되었다. 왕립구빈법위원회에는 보수주의자 · 자유주의자 · 페이비언 사회주의자 등 다양한 성향의 인사 20명이 위원으로 참여하였는데(위원장은 보수당의 해밀턴(G. Hamilton) 경), 심각한 의견 차이로 결국 1909년 두 개의 보고서, 즉 다수파보고서와 소수파보고서를 낼 수밖에 없었다. 다수파보고서는 보수주의자들의 의견을 담고 있었고, 소수파보고서는 저명한 페이비언 사회주의자 웹(Webb) 부부[9]의 작품이었다.

다수파와 소수파는 빈민과 빈곤정책에 대한 기본적 시각부터 달랐다. 다수파는 빈곤의 원인을 개인의 생활태도, 즉 빈민의 나태와 무책임에서 찾았다. 그래서 빈민의 자활의지를 불신했으며, 빈민에게는 관대한 동정보다는 가혹한 조치가 필요하다고 생각했다. 반면에 소수파는 빈곤을 개인의 문제가 아니라 불합리하고 불건전한 사회질서의 결과로 보았으며, 빈곤 해결을 위해 공공지출이 불가피하다고 여겼다. 그리고 구빈행정의 운영방식에 관해서도 입장을 달리했다. 다수파는 현행 구빈제도의 개혁을 통한 유지 · 존속을, 소수파는 「신구빈법」의 완전한 폐기를 주장했다.

---

9) 영국의 사회주의자이자 개혁가인 시드니 웹(Sydney Webb, 1859~1947)과 베아트리스 웹(Beatrice Webb, 1858~1943)으로, 1895년에 런던 경제대학을 창설했으며, 노동운동과 노동조합주의이론에 지대한 영향을 끼쳤다. 《영국의 협동주의 운동》(1891), 《노동조합주의의 역사》(1892), 《산업민주주의》(1897), 《자본주의적 운명의 쇠락》(1923), 《소비에트 공산주의, 새로운 운명인가?》(1935), 《나의 견습기간》(1926), 《우리의 동료의식》, 《사회연구의 방법》(1932)은 부인인 베아트리스 웹의 저술이며, 남편 시드니 웹은 《페이비안 에세이》(1889)를 저술하였다.

1) 구빈행정에 대한 다수파보고서의 권고사항

구빈행정에 대한 다수파보고서의 주요 권고사항을 구체적으로 살펴보면 다음과 같다(Jones, 1991: 91-93).

- 중앙관청(당시의 지방정부청)의 지위가 격상되어야 한다. 즉, 관청의 장(長)이 장관급이 되어야 한다.
- 지방행정은 시·군의회의 감독을 받아야 한다.
- 「신구빈법」의 명칭을 공공부조(public assistance)로 변경해야 한다.
- 작업장 입소자는 분류 보호를 받아야 하며, 가능한 한 치료적이고 회복적인 처우를 받도록 한다.
- 원외 구호(Outdoor relief를 Home assistance로 용어 변경)는 민간기관이 담당한다.[10)]

2) 구빈행정에 대한 소수파보고서의 권고사항

구빈행정에 대한 소수파보고서의 주요 권고사항을 구체적으로 살펴보면 다음과 같다(Jones, 1991: 91-93).

- 노동능력빈민과 노동무능빈민(Impotent poor를 Non-able-bodied poor로 용어 변경)은 달리 처우해야 한다.
- 노동무능빈민은 지방정부가 책임져야 한다. 단, 각 전문위원회가 이를 분담하여

10) 여기서 말하는 민간기관은 자선조직협회(COS)를 염두에 둔 것이었다. 다수파보고서는 구빈행정에서 민간기관과의 협력을 강조하였다. 그렇다고 소수파보고서를 작성한 웹 부부가 민간사회복지 영역 자체를 부정했던 것은 아니다. 그들의 생각에는 기본적인 생활보장은 어디까지나 국가의 책임으로 이루어져야 하며, 국가는 생활곤궁자에 대하여 보편적이며 공정하고 계속적인 원조를 제공해야 한다는 것이 전제되어 있었다. 웹 부부는 이러한 국가의 역할을 전제로 민간사회복지의 영역이 필요하다고 주장하였다. 그 이유는, 민간사회복지는 새로운 시도를 통하여 창의가 발휘되고, 특정 케이스에 대하여 충분한 보호를 제공할 수 있으며, 개인의 성격에까지 영향을 줄 수 있는 강력한 종교적인 감화력이 있기 때문이라고 하였다.

담당한다. 예컨대, 아동문제는 교육위원회에, 병자는 보건위원회에, 노인은 연금위원회에, 실업자는 노동성 산하 전문위원회에 그 책임을 맡긴다.

- 노동능력빈민에 대한 처우는 완전히 달라져야 한다. 일자리를 얻는 데 있어 개인책임보다는 국가 책임을 강조해야 한다. 노동행정을 확대 · 개편하고, 정부의 실업방지정책이 강화되어야 한다. 또한, 직업소개소제도가 확립되어야 하고, 노동자에 대한 직업훈련 프로그램이 확대되어야 한다.
- 고의적 실업자(The willfully idle)는 내무성의 감화원(reformatory colony)으로 보낸다.

앞에서도 살펴본 바와 같이, 두 보고서의 결정적인 차이는 다수파보고서가 「신구빈법」의 확충과 강화, 그리고 인도주의적 개선으로 예방적 · 치료적 효과를 높이려고 했지만, 소수파보고서는 「신구빈법」을 해체하여 그 기능을 각각의 공공위원회 당국에 이관함으로써 문제가 해결되어야 한다고 주장한 데에 있었다. 그러나 이러한 근본적인 차이에도 불구하고 양자의 정책 대안은 상당히 비슷한 측면이 있었다. 예컨대, 「신구빈법」을 폐지하여 기존의 구빈업무 상당 부분을 지방정부에 이양한다거나, 정부는 직업소개소의 신설과 실업보험의 시행을 위해 노력한다는 것이다. 또한, 두 보고서는 기존의 법체제가 많은 문제를 가지고 있어서 개혁이 필요하고, 개혁 방향은 빈곤에 대하여 예방적 · 치료적이어야 한다는 점에서 의견일치를 보았다.

다수파보고서와 소수파보고서의 주요 차이점을 정리하면 〈표 4-1〉과 같다(Bruce, 1961: 151-152; 원석조, 2013: 94, 재인용).

〈표 4-1〉 다수파보고서와 소수파보고서의 주요 내용 비교

구분	다수파보고서	소수파보고서
조직	구빈감독청을 지방정부의 공공부조청으로 대치한다.	「빈민법」 폐지에 따라 구빈감독관도 없어지며, 이를 지방정부의 신설 공공부조청 전문가위원회가 대신한다. 전문가위원회의 관할 대상자는 ① 취학 아동, ② 시설보호가 필요한 질환자 및 노령자 등, ③ 정신이상자, ④ 연금수급 노인이다.

시설 보호	종합 작업장을 폐지하고, 이를 대상자 분류화 시설로 대치한다.	대상자별로 시설을 분류한다.
거택 보호	민간원조위원회와의 협력 아래 거택보호를 시행하고, 거택보호를 제도적으로 통일한다.	전문가위원회가 협력하고, 공공부조청이 감독하는 거택보호를 시행한다.
아동	작업장에서 퇴소시키고, 1906년에 제정된 「학교급식법」의 대상으로 삼으며, 민간 원조자와 공공부조청의 도움을 받도록 한다.	교육위원회 책임으로 한다.
노인	신체조건, 전력, 행태 등을 감안하여 분류화된 시설에 입소시키고, 가능하다면 노인홈에 보호한다. 공공부조청의 거택보호로 지원할 수도 있다.	연금위원회 책임으로 한다.
의료 구호	민간 및 공공기관과 공조체제를 맺은 공공부조위원회의 도움을 받도록 한다.	보건위원회가 보건서비스를 제공한다. 공공부조청이 비용의 일부를 지원한다.
고용과 실업	직업소개소 직업훈련, 실업보험 등을 통해 보호한다.	노동성이 전국적인 노동시장을 조직하여 실업을 예방 혹은 최소화한다. 국가가 지원하는 노동조합 실업보험을 시행한다. 직업훈련 및 재훈련을 시행하고, 청년 노동자를 대상으로 파트타임 재교육을 시행한다.

출처: Bruce(1961: 151-152); 원석조(2013: 94), 재인용.

한편, 다수파보고서와 소수파보고서가 아주 실질적이고도 실무적인 처방을 담고 있었음에도 실제 정책에서는 별다른 영향력을 미치지 못했다. 그 이유는 당시 자유당 정부가 다양한 사회복지정책을 입안하여 실천에 옮기고 있었기 때문이다. 그 대표적인 것이 바로 1908년 노령연금이다. 그러나 웹 부부가 작성한 소수파보고서는 영국인의 마음속에 이제 전통적인 「신구빈법」은 폐지되어야 마땅하다는 생각을 심어 놓았다는 사실만큼은 분명했다(원석조, 2013: 91–94).[11]

11) 소수파보고서의 권고가 제도화되지 못하자 웹 부부는 그 이념을 관철시키기 위한 운동을 전개했지만, 가시적인 성과를 거두지 못하였다. 그리고 소수파보고서 이념은 제2차 세계대전 이후까지 그 실현을 기다려야만 했다.

3. 구빈제도의 쇠퇴와 소멸

「신구빈법」은 법률상으로는 엄격한 행정체계를 구축하였으나, 그 시행상의 원칙을 철저하게 시행할 수 없었고, 엄격한 원칙은 점차 완화될 수밖에 없었다. 이후 「신구빈법」은 다음과 같은 중요한 행정체계의 변화를 거치면서(Webb & Webb, 1927: 187–197), 점차 쇠퇴와 소멸의 길을 걸었다(감정기 외, 2010: 154–159; 박광준, 2013: 82–84).

1) 구빈행정의 개혁

당시 왕립구빈법위원회의 행정을 어떻게 볼 수 있을까? 구빈행정에 관해서만 판단하면, 1834년의 원칙 적용은 실패로 끝났다. 3인의 구빈법위원은 법의 적용과 시행에 점진적인 태도를 취하였고, 북부의 강렬한 반대에는 타협적이었다. 노동 가능 빈민의 구제를 가능한 한 억제하고, 작업장제도를 강제하려고 하였던 당초의 목표는 점차 후퇴해 가지 않을 수 없게 되었다. 1847년 「구빈청법(Poor Law Board ACT)」이 도입됐는데, 이 법에 따라 1834년 「신구빈법」에 따른 왕립구빈법위원회는 그 권위를 상실하였다.

「신구빈법」에 대한 비난과 공격은 19세기 후반에 들어서서 그 정도가 격해졌다. 드디어 1860~1861년에는 최고조(最高潮)에 달했다. 1860년 겨울은 혹한과 큰 눈으로 거의 모든 옥외 노동이 불가능하게 되었기에 많은 실업자가 발생하였다. 또 면화기근(cotton famine)[12]에 뒤이은 1866년의 공황으로 말미암아 많은 실업자가 발생하였다. 따라서 「신구빈법」에 따른 구제를 신청하는 자가 급증하였다. 그러나 구빈 당국은 여전히 원내구

12) 미국의 남북전쟁(1861~1865)으로 말미암은 목화의 공급부족이 영국의 랭커셔 면방업(綿紡業)에 미친 근대 면방업 역사상 유례 없었던 공황(恐慌)을 말한다. 1861년 7월 북부에 의하여 남부 해안봉쇄작전이 개시되자, 산업혁명 후 격증된 목화 소비를 미국 남부에 의존하고 있던 랭커셔 면공업지대는 1861년 가을부터 원면(原綿) 공급 부족에 휩싸여 그 손실액은 1,000만 파운드 이상이었다. 당시 랭커셔의 원면소비량 중 85%를 차지한 미국의 수입이 거의 두절되어, 목화 가격의 폭등은 물론 1862년에 들어서자 공장 폐쇄가 속출하여, 많은 면방업노동자들이 실직하여 심각한 사회문제가 야기되었으며, 가격의 폭등을 이용한 투기(投機)도 성행하였다. 이 목화 공황은 랭커셔의 면방업 자본가에게 원면 확보의 중요성을 처음으로 통감시켜, 그 후 원면정책에 큰 영향을 끼쳤다. 영국은 인도 · 이집트면(綿)을 긴급 수입하였으나, 필요량의 반 정도밖에 안 되어 이 공황은 남북전쟁 후에도 계속되었다.

호 제일주의를 고집하고 있었기 때문에 「신구빈법」에 대한 비난은 한층 격화하기에 이르렀다.

이러한 비난과 공격에 대응하여 1860년대 말에 이르러서는 약간의 개혁이 행해졌다. 이러한 일련의 행정개혁 최후의 완성품으로서 1871년에 구빈청은 폐지되고 자방자치, 공중위생, 구빈법행정의 세 부분을 흡수한 지방자치청(Local Government Board)이 설립되었다. 그리하여 구빈법행정과 공중위생서비스 및 기타 여러 활동이 지방자치청에 통합되었다. 물론 구빈 업무가 그중에서 가장 중요한 지위를 차지한 것은 당연하였다.

2) 아동 · 병자 · 노인에 대한 서비스 개선

1860년대 후반부터는 소위 원조의 가치가 있는 빈민, 즉 아동 · 병자 · 노인 등에 대해서는 작업장 내에서의 처우개선이 이루어지는 경향을 보였다. 아동에 대해서는 장래에 독립적인 인간을 양성하기 위하여 작업장 분위기에 물들지 않도록 하는 조치가 시행되었다. 하지만 아동을 성인과 함께 작업장에 수용하지 못하도록 한 조치는 1915년에야 취해졌다. 1844년 법에 따라 교구(敎區)연합이 공동으로 교구학교(parochial school)를 설립할 수 있었다. 이 학교는 주로 서민계급의 아이들에게 초등교육 수준의 읽기 · 쓰기 · 셈하기(3Rs)와 음악 등을 가르쳤다. 이것은 인구밀집지역에 위치했기 때문에 500~2,000명의 대규모였고, 그에 따른 여러 문제가 노출되었다.[13] 그래서 1870년에 소단위로 분산시킨 형태의 소사제도(cottage home)를 거쳐서, 1893년에는 더욱 인간적인 처우를 위한 분산가정(scattered homes)이 등장하였다.

병자에 대한 처우도 개선되었다. 「신구빈법」에 따른 병원에서 무료로 치료를 받았다는 사실만으로 빌미가 되어 선거권이 박탈되는 실태는 1885년의 「의료구호자 투표권 박탈금지법[Medical Relief(Disqualification Removal) Act]」이 성립되면서 개선되었다. 이 법은 의료 목적만으로 「신구빈법」에 의한 구제를 받은 자에 대해서는 투표권을 박탈하지 않도

13) 대규모 학교라는 뜻에서 바라크 스쿨(barrack school), 즉 병영학교로 불리게 된다. 이것이 지역사회와 격리되고 교육 역시 충분하지 않았기 때문에, 한 독일 비평가는 이 제도를 '온실용 식물'이라고 평했다(Bruce, 1968: 173).

록 한 조치로서, 후일 '「신구빈법」 철폐에 일침을 가한 최후의 일격'(Rodgers, 1969: 49)으로 일컬어지는 조치다. 작업장에 대한 감독관제도가 확립되면서 노인의 작업장 내 처우도 개선되었다. 그중 중요한 개선은 60세 이상의 노부부에게는 작업장 내에 독립된 침실이 제공되었다. 이것이 의무화된 것은 1885년의 일이다.

그리고 이 시기로부터 구빈행정이 더욱 인간주의적으로 개선되는 조치가 시작된다. 즉, 1891년에는 담배가 지급되고, 2년 후에 부인은 담배를 스스로 끊을 수 있는 차를 배급받았다. 그곳에서는 이미 '열등처우의 원칙'은 그 모습을 보이지 않게 되었고, 인간적인 면이 반영되고 있었다(Bruce, 1968: 126–127). 그리하여 드디어 「신구빈법」은 1834년의 그것과는 다른 원칙이 지배하게 되었다. 즉, 1834년에는 알려지지 않았던 새로운 원칙이 출연하였다. 이 새로운 원칙은 ① 치료적 처우의 원칙, ② 보편적 급여의 원칙, ③ 강제의 원칙이다(Webb & Webb, 1910: 264–271).

3) 작업장의 소멸

1913년 이후 공식문서에서 '작업장(workhouse)'이란 용어는 '구빈법시설(poor law institution)'이란 단어로 대체되었다. 한편, 제1차 세계대전에 이은 전반적 불황으로 1926년 광부 파업은 극에 달했다. 구빈체제가 심각한 위기에 직면하게 됨에 따라 일부 구빈연합은 사실상 파산되는 상황이 발생했다. 구빈행정에 대한 사회 구성원들의 평가나 반응은 지역 사정에 따라 서로 다르게 나타났다.

비록 공식적으로는 작업장이 더는 존재하지 않았다 하더라도, 1930년대까지 존속한 '구빈법시설'은 사실상 그 성격 측면에서는 종전의 '작업장'과 그렇게 큰 차이가 없었다. 그만큼 구빈제도의 변화는 매우 서서히 이루어지고 있었음을 알 수 있다. 결국, 1929년에 공식적으로 「신구빈법」이 해체되었지만, 실제로 완전히 그것을 청산하였다고 보지는 않는다. 단지 행정절차의 일부를 개혁하였을 뿐이고, 이름 몇 가지를 바꾸었을 뿐이었다. 구빈시설은 공공부조시설로 바뀌었고, 구빈위원회의 통제를 받았다. 그런 와중에도 피수용자들을 위한 물리적 환경은 다소 나아졌다. 피수용자 대다수는 여전히 노인 · 정신장애인 · 미혼모 · 부랑인 등이었다(감정기 외, 2010: 159; 김태성 · 성경룡, 1993: 80).

구빈사업은 차차 주(州)와 국가기관으로 이관되었고, 20세기에 와서는 사회보장제도가 발달하여 1946년「국민보험법」및 1948년「국민부조법」이 제정됨으로써,「구빈법」에 대신하는 새로운 복지제도가 완성되었다. 이로써 종전의 구빈 관련 법 전통을 한꺼번에 싹 제거하는 변화가 있었다. 물론 기대만큼 그 영향이 크지는 않았다.

Chapter

05

사회보험제도의 출현과 확산

Chapter 05

사회보험제도의 출현과 확산

1. 사회보험제도의 출현

사회보험이란 사회보장정책의 주요 수단으로 자유의사로 가입하는 것이 아니라 법에 의하여 강제성을 띠고 시행하는 보험제도를 총칭한다. 민간 비영리 주도 사회서비스 전달체계와 국가 주도 공공부조제도 확립은 19세기에 독일에서만 볼 수 있던 현상은 아니었다. 그런데 사회보험은 세계 최초로 독일 비스마르크 질병보험(초기에는 노동자보험이라 부름)에서 시작되었다. 1880년대 독일 사회정책의 중심은 사회보험이었다. 프로이센(Preussen)[1]을 중심으로 하여 독일어권에서 오스트리아를 배제한 '소독일주의' 원칙 아래 1871년 독일제국 통일을 이룩한 비스마르크는 1883년 질병보험(우리나라의 건강보험), 1884년 재해보험(우리나라의 산업재해보상보험), 1889년 노령 및 폐질보험(우리나라의 연금보험) 도입을 주도하였다. 이것들은 '비스마르크의 사회정책 3부작'이라 불렸으며, 만성불황에 따르는 사회주의세력 대두에 대한 탄압정책, 즉 '채찍'과는 대조적으로 노동자계급을 어루만지며 달래는 설득정책이었다. 독일제국이 주도한 제1차 세계대전(1914~1918) 패배는 국가 주도 실업보험(우리나라의 고용보험)과 공공부조제도 발전의 또 다른 계기가 되었다. 더 나아가 1990년대에는 고령화 문제에 대한 대응책의 하나로, 사회보험제도 전통을 이어가

1) 프로이센(Preussen)은 유럽 동북부와 중부에 있었던 지방 및 그 지방에 있었던 나라로, 프러시아라고도 한다. 프로이센이란 지명은 이 지역에서 중세 초부터 살기 시작한 발트어계(語系) 프로이센인에서 유래했다. 좁은 뜻으로는 발트해 남쪽 연안에서 비슬라강과 니멘강에 이르는 지방을 말한다. 넓은 뜻으로는 이 지방에서 세워지고 발전하여 독일제국의 중심을 이룬 프로이센 공국(公國) 및 왕국을 의미한다(http://www.doopedia.co.kr).

는 수발보험(우리나라의 노인장기요양보험)제도를 도입하여 세계 최초로 5대 사회보험제도를 갖춘 국가가 되었다.

1) 사회보험제도 등장의 의미

인간에게는 살아가는 동안에 실업 · 질병 · 노쇠 · 출산 · 상해 · 사망 등의 각종 사고에 따라 노동능력이 일시적 혹은 영구적으로 상실되고 임금이나 소득의 획득이 중단 · 상실되는 일이 일어난다. 사회보험은 이러한 사고가 발생한 경우에 생활보장을 목적으로 보험기술을 이용해서 급부를 행하고, 이것으로 위험을 분산하고 사고에 따르는 가계비를 사회적으로 상호 부담하는 국가의 강제적 사회보장제도를 일컫는다. 사회정책의 한 형태인 사회보험은 1878년의 「사회주의자진압법(社會主義者鎮壓法)」[2)]을 중심으로 하는 비스마르크 정책이 완전히 실패한 후에 취해진 일련의 사회보험계획에서 비롯된다. 국가마다 본격적인 복지국가를 표방하고 나선 시기는 조금씩 다르다. 그런데 복지국가의 모습을 갖추었는지를 판단할 수 있는 기준 가운데 하나는 사회보험의 도입 · 시행 여부라고 볼 수 있다.

과거에 시혜(施惠) · 낙인적(烙印的)이었던 국가는 산업화를 정점으로 국민이 인간다운 생활을 누릴 권리를 어떻게 실현하고 보장할 것인지를 고민하게 되었다(박태정, 2014: 93-94). 무엇보다 산업화와 자본주의 시장경제체제의 만남은 빈곤, 차별과 같은 뿌리 깊은 사회문제를 더욱 심화시켰고, 환경오염과 산업재해 등 전례 없던 문제도 일으켰다. 인간의 존엄성을 보장받지 못하는 노동환경에서 차별과 혹사를 겪던 다수의 노동

2) 「사회주의자진압법(Sozialistengesetz)」이란 독일에서의 사회주의운동의 급속한 발전을 보고 1878년 비스마르크가 시행한 사회주의적 경향의 모든 결사(結社) · 집회 · 출판을 금지한 법률을 말한다. 이 때문에 독일의 사회주의운동은 한때 타격을 받았으나, 이 법률은 결국 소기의 목적을 달성하지 못하였다. 오히려 사회민주당(SPD)은 그 세력을 확대하였다. 심한 탄압으로 단결심은 더욱 강화되었으며, 지도자들은 순교자적 정신으로 활동을 계속하였다. 기관지는 국외에서 인쇄하여 교묘하게 구독자에게 배포하였으며, 당대회는 모두 국외에서 개최되었다. 또한, 선거운동에서도 독일 사회민주주의자들은 그 세력을 증대하여 1990년 선거에서는 142만 표를 획득, 35명의 의원을 국회에 내보냈다. 그 때문에 같은 해 총리 비스마르크의 사임을 계기로 이 법률은 폐지되었다. 이 법률이 계속된 12년간을 통해 금지된 출판물은 1,200종, 추방된 자는 900명, 구금된 자는 1,500명에 달하였다고 한다.

자가 점차 그들의 권리에 대해 눈뜨게 됨에 따라 노동운동과 노동조합은 급속도로 퍼져 나갔다.[3] 이 과정에서 구시대의 유물이었던 구빈제도는 청산되었으며, 복지는 권리의 관점에서 재조명되었다. 이러한 시대 변화를 바탕으로 영국과 미국 및 독일을 비롯한 주요 국가는 그들이 당면하게 된 각종 비(非)복지적 사회문제의 대응책을 사회보험에서 찾기 시작했다고 볼 수 있다.

구빈제도가 사회문제의 원인을 개인에서 찾고 있었다면, 사회보험은 사회적 위험의 관점에서 국민생활보장을 목적으로 보험을 수단으로 한 국가의 정책적 개입이라고 할 수 있다. 그렇기 때문에 민간보험과 달리 국민의 인간다운 생활의 보장, 즉 사회권의 기본적 보장이라는 목적이 뚜렷하며, 국가의 개입이 단순한 시혜 혹은 원조가 아니라, 국민의 권리로 인정되는 뚜렷한 특징이 있다. 그러므로 어떤 국가에서 사회보험제도가 도입되었다는 것은 국민이 인간다운 생활을 누릴 권리에 대한 총체적 인식이 시작됐다는 것을 의미한다고 말할 수 있다(박태정, 2014: 94).

2) 비스마르크 사회보험의 입법

앞에서도 언급하였지만, 「구빈법」이 봉건적인 사회복지정책이라면 사회보험은 자본주의적인 사회복지정책이라고 말할 수 있다. 사회보험을 자본주의적인 사회복지정책이라고 말할 수 있는 근거는 무엇일까? 지금은 농민이나 도시자영업자를 사회보험에 포함시킴으로써 전 국민을 대상으로 하고 있다. 그러나 사회보험 시행 초기에는 임금노동자, 특히 육체노동자(프롤레타리아트)가 주된 대상이었으며, 자본재(資本財)[4]적 생산양

3) 이는 탈(脫)봉건체제 이후에 등장했던 '과실의 자기책임 원칙'에 터 잡은 시민법적 질서가 더욱 적극적인 자유와 평등에 의한 사회법 권리체제로 변화되는 과정에 해당한다. 또한, 인간다운 생활에 대한 국가 개입의 필요성이 나타나게 된 것으로도 설명할 수 있다.

4) 자본재(Capital goods)는 부를 생산하기 위해 사용되는 토지 이외의 재화이다. 생산재는 넓은 의미로는 토지를 포함하며 나아가 노동까지 포함하는 것이지만, 자본재는 인간에 의해 생산된 수단 혹은 중간 생산물로서 광의의 생산재에서 토지와 노동을 제외한 것이다. 자본재는 장기에 걸쳐 사용될 수 있느냐에 따라 유동자본재와 고정자본재로 구분된다. 유동자본재는 원료, 재료 등이며, 고정자본재는 기계, 장치, 기타의 공장설비 등이다. 그리고 투자재는 보통 자본재와 같은 뜻으로 사용되고 있다.

식에서 발생한 문제인 사회적 위험(social risks)[5]에 대한 대응책이고, 노동자와 자본가가 그 재정을 공동 부담한다는 점에서 그렇다. 그럼에도 19세기 말 당시 가장 선진적인 자본주의 국가인 영국에서 사회보험이 출현한 것이 아니라, 후발 공업국인 독일제국에서 세계 최초로 탄생하였다. 바로 1880년대에 잇따라 법제화된 비스마르크 사회보험 입법이다(원석조, 1996).

프로이센의 국왕 빌헬름(William)과 비스마르크 재상은 1866년의 오스트리아 전쟁과 1870년대 프랑스 전쟁에서 승리하여 독일을 통일하는 데 성공했다. 이런 정치적 대승리를 발판으로 봉건적인 대토지를 소유한 융커(Junker)[6]계급(그 정점인 빌헬름 황제와 이익의 대변자인 비스마르크)은 신흥 부르주아지(bourgeoisie, 유산계급)들의 거센 도전, 즉 권력 분점 요구를 억누르고 정치적 헤게모니(hegemony)[7]를 유지하는 데 성공하였다. 그러나 제국 내부에서는 노동자계급과 사회주의자들의 세력 확대와 정치적 진출이 두드러져 융커계급과 신흥 부르주아지 등 지배층이 위협을 느낄 정도였다. 따라서 비스마르크는 영토 통일에 이어 독일 민족의 내부적 통일, 즉 사회통합의 필요성을 통감하고, 이른바 '채찍과 당근' 정책에 착수하였다[8](임은희 외, 2012: 143-145).

---

5) 사회적 위험이란 개인의 인간다운 생존을 위협하는 현상이 대부분의 사회 구성원에게 보편적으로 발생할 가능성이 있는 경우를 지칭한다. 국가마다 약간의 차이는 있을 수 있으나, 대표적인 사회적 위험으로 인정되는 것은 보통 질병, 노령, 장애, 폐질, 실업, 자녀의 출생과 양육, 사망 등이다. 새롭게 사회적 위험으로 부각되는 것은 청년 실업, 자살, 결혼, 주택문제, 원전문제, 환경문제 등이다.

6) 융커는 Junger Herr(젊은 군주)에서 유래하여 본래 국왕 또는 영주의 아들을 가리켰는데, 뒤에는 동부독일에서 19세기 초까지 주로 농민의 부역으로 구츠헤어샤프트(gutsherrschaft, 영주직영지경영)를 하던 귀족을 가리키게 되었다. 또 19세기 중엽 이후에는 단지 귀족뿐만 아니라 일반적으로 동부독일에서 대농장경영을 행하는 자를 융커라 부르고, 그 농장경영을 융커경영이라 하게 되었다. 그런데 이 대농장경영자의 특징은 단지 농업자본으로서 대농장경영을 할 뿐 아니라 동시에 그 농장토지의 소유자이기도 했다. 또 융커경영을 위한 노동자는 인스틀로이헤라는 특수한 임금노동자이며, 그 경제생활은 농민과 농업임금노동자의 중간에 위치하고 그 임금노동은 부역과 순수한 임금노동과의 중간 형태를 나타내고 있었다. 이 융커계급의 주류를 이룬 것은 시타인 · 하르덴베르크의 개혁(1807~1821)을 중심으로 하는 19세기 전반의 개혁, 이른바 프로이센농민해방에 의해 구츠헤어샤프트 아래에서 농민의 부역에 의한 직영지경영을 하던 구츠헤어(gutsherr)가 전화(轉化)한 자들이었다. 그 밖에 18세기 말까지 농민의 부역에 의해, 부역폐지 후에는 자유임금노동자를 고용해서 왕령농장을 경영하고, 그 후 농장을 매수한 왕령소작인(dominenpächter)들 및 1820년대의 농업공황기에 서부독일 등지에서 동부독일로 유입하여 농장을 구입한 농업기업가들이 융커계급을 구성했다.

7) 사전적인 의미는 한 나라의 연맹제국에 대한 지배권, 맹주권, 패권(覇權)을 말한다. 오늘날 이 용어는 일반적으로 한 집단 · 국가 · 문화가 다른 집단 · 국가 · 문화를 지배하는 것을 가리킨다. 20세기가 시작된 이래, 특히 미국과 같은 초강대국의 활동과 관련하여 이 용어는 정치적 지배라는 함의(含意)를 지니게 되었다.

8) 여기서 '채찍'이란 사회주의자들에 대한 직접적인 탄압책인 「사회주의자 진압법」을 말하고, '당근'이란 노동자계급을 국가 내로 통합시키기 위한 일정한 양보책인 「사회보험법」을 의미한다.

사랑과 형제애 잃고 좌절한 야심가 빌헬름

빌헬름(1370~1406)은 아버지 레오폴트 3세와 삼촌 알브레히트 3세의 사망으로 왕가의 수장이 되었다. 레오폴트 계와 알브레히트 계로 분열된 왕가를 통합하려고 했지만 형 못지않게 권력에 대한 강한 욕망을 가졌던 동생들의 저항에 막혀 뜻을 이루지 못했다. 혼란과 분열 그리고 형제 다툼의 위기를 타개할 만큼 과감하고 단호한 성격의 소유자가 못 되었기 때문이다. 빌헬름은 아울러 국제 정세를 정확하게 판단해 통찰력 있게 대처할 수 있는 능력도 부족했다. 게다가 바라던 결혼까지 강대국의 외압으로 포기해야 하는 상황에 놓이게 되면서 사랑과 형제애를 모두 잃고는 서른다섯 살의 젊은 나이에 사망하고 말았다.

비스마르크가 먼저 관심을 가졌던 분야는 재해보험이었다. 따라서 그는 1880년 상무장관(商務長官)에게 「재해보험법」의 초안을 작성하고, 그 집행기관으로 제국보험공단을 설립토록 지시하였다. 여기서 그는 강제보험, 제국보험공단의 중앙집중식 통제, 사(私)보험회사의 배제, 국가 보조금의 지급이라는 분명한 방침을 세웠다. 비스마르크는 이 중에서 국가 보조금을 가장 중시하였다. 그리하여 그의 지시에 따라 만든 「재해보험법」의 초안(1881)에 따르면, 연소득 750마르크 미만의 노동자는 보험료가 면제되고, 연소득 750~1,500마르크의 노동자는 보험료의 1/3, 연소득 1,500마르크 이상의 노동자는 보험료의 1/2을 부담하였다.

그러나 그의 법안은 좌우 양쪽에서 격렬한 비난에 봉착하였다. 노동계의 좌파지도자들은 재해보험이 노동운동의 자유에 강철 족쇄를 채우려는 것이라고 비난했고, 사회주의자들은 노동자를 국가복지의 노예로 만들려는 병영사회주의(兵營社會主義社會)라고 재해보험을 맹공격하였다. 반면, 보수적인 자유주의자들은 비스마르크 사회보험이 국가의 권력 강화와 관료화를 초래할 것이라고 우려했으며, 국가 보조는 노동자들의 부담을 더는 만큼 자본가의 부담이 그만큼 늘어나는 것이라고 하여 이를 거부하고 나섰다. 결국, 이 법안은 부르주아지들이 장악한 의회를 통과하는 데 실패하고 말았다. 이로써 비스마르크는 국가의 중앙집중식 통제와 국가 보조를 포기할 수밖에 없었다.

원래 비스마르크는 노동자도 보험조직의 일정 관리 책임 권한을 공유하기를 원했다. 그는 국가가 직접 통제하고, 모든 생산적인 계급이 참여하는 조합주의 조직(corporative organization)을 만들길 원했다. 조합주의 조직은 점진적으로 의회를 대신하거나, 의회와 함께 입법권을 공유하는 대의기구로 발전시킬 수 있다고 믿었기 때문이다. 이렇게만 되면 국가는 손쉽게 모든 계급을 통제할 수 있었기 때문이다. 그런데 의회가 비스마르크의 이러한 의도를 모를 리가 없었다. 따라서 비스마르크가 의도한 「재해보험법」은 의회를 통과하지 못하였다. 그리하여 1884년에야 제국의회를 통과한 「재해보험법」은 노동자를 완전 배제한 채 자본가가 산재보험 조직을 장악토록 만들어져 있었다. 대신 자본가들은 제국보험공단의 운영비를 제외한 모든 비용을 부담해야만 했다. 그래도 자본가들이 가장 중시한 재해보험에 대한 통제권은 확보할 수 있었다.

한편, 비스마르크와 의회 간의 논쟁으로 「재해보험법」의 통과가 지연되자 이보다 늦게 입안된 질병보험이 1883년에 의회를 먼저 통과하였다. 이로써 재해보험을 제치고, 질병보험이 세계 최초의 사회보험이 되고 말았다.[9] 사실 비스마르크는 질병보험에 대해서는 큰 관심을 두지 않았다. 왜냐하면, 질병보험은 단기보험이라 국가와의 연대를 강화하는 데 효과가 별로 없다고 보았기 때문이다. 따라서 질병보험은 의회가 원하는 대로 별다른 마찰 없이 쉽게 통과하였던 것이다(임은희 외, 2012: 143-145; 홍숙자 외, 2015: 123-125).

다음은 연금이었다. 연금은 질병보험과 달리 장기보험이다. 따라서 비스마르크는 연금에 관심을 두지 않을 수 없었다. 비스마르크는 연금, 즉 노령 및 폐질보험에서 다시 한번 자신의 의도를 관철시키고자 하였다. 그는 적은 금액이더라도 국가 연금을 수령하는 국민이 많다면, 이들로부터 국가에 대한 충성심을 이끌어 낼 수 있다고 생각하였

9) 1911년 영국에서 사회서비스의 주요한 국가활동으로 시행했던 일련의 조치 중 하나로서 사회보험이 도입되었다. 그러나 영국의 보험계획은 1833년 독일에서의 시도에 의해 영향을 받았다는 주장도 있다.

다. 그러나 1889년 제국의회를 통과한 노령 및 폐질보험에서도 비스마르크는 자신의 의지를 완전히 관철시키지는 못했다. 즉, 직접적인 국가 보조에는 성공했지만, 조합주의적인 조직을 강화하는 데는 실패했다. 노령 및 폐질보험은 노동자와 사용자가 파견하는 같은 수의 인원으로 구성된 위원회의 통제를 받는 관리기구가 운영하도록 되어 있었으며, 재정은 노사 양측이 각 반반씩 부담하는 것으로 정해졌다(원석조, 1993; 임은희 외, 2012: 145, 재인용).

수상이 된 비스마르크의 철혈(鐵血) 연설

1861년 빌헬름 1세(재위 1861~1888)가 프로이센 왕위에 오르면서 적극적으로 독일 통일 사업에 착수하였다. 그는 다음해 비스마르크(1815~1898)를 수상으로 등용하고, 몰트케(1800~1891)를 참모총장으로 임명하였다. 빌헬름 1세가 군비확장 문제로 의회와 대립하고 있을 때, 비스마르크는 의회에 출석하여 군비 확장 없이는 독일의 통일이 불가능하다는 것을 잘 알아야 한다고 역설하였다. 이른바 '철혈(鐵血) 연설'이었다. "독일이 기대하고 있는 것은 프로이센의 자유주의가 아니라 그 실력입니다.…프로이센의 국경은 건전한 국가 생활을 하기에 합당하지 못합니다. 당면한 큰 문제는 언론이나 다수결(이것이 1848년 및 1849년의 과오였습니다)에 의해서가 아니라, 쇠(鐵)와 피(血)에 의해서만 그 문제는 해결되는 것입니다."

출처: http://terms.naver.com

2. 사회보험제도의 확산

1) 독일 사회보험제도의 확대

1880년대에 입법화된 3대 사회보험(질병보험, 재해보험, 노령 및 폐질보험)제도는 1911년에 「제국보험법(Reichsversicherungsordnung)」으로 단일화되었다. 이를 통하여 전반적으로 가입자 범위는 확대되고, 새로운 급여가 추가되는 등의 발전은 있었다. 그러나 가입자 범위, 행정체계, 재정 등에서 일원화되지는 못했다. 또 같은 해에 중산층을 겨냥한 「직원보험법(Angestelltenversicherung)」이 따로 제정됐는데, 사무직 및 기술직 노동자를 주된 대상으로 하였다는 점에서 특징이 있다. 그리하여 이 두 법(제도)은 오늘날까지 독일 사회보장의 기본 법규가 되고 있다.

제1차 세계대전 기간에 이들 제도가 한때 존폐 위기를 맞은 적도 있었고, 종전 후 1919년에 출범한 바이마르공화국(Die Republik von Weimar)[10]의 집권당이 된 사회민주당은 몇 가지 사회보장제도를 추가로 제정하였다. 전쟁 희생자 유족 보훈제도인 「제국부양법」(1920), 광업 종업원들에 대한 노령 · 질병 · 폐질보험인 「제국광업종업원법」(1923), 빈민구제제도를 전반적으로 조정한 「공공부조법」(1924), 직업보도를 일원화하고 종전의 실업급여를 실업보험으로 정착시키려 한 「직업보도 및 실업보험에 관한 법률」(1927) 등이 그것이다. 그런데 「직업보도 및 실업보험에 관한 법률」은 뒤이은 세계 대공황으로 엄청난 실업이 발생하면서 사실상 그 효력을 상실했다(감정기 외, 2010: 186).

독일에서 성립된 사회보험은 오히려 노동자의 자주적 운동을 억압하려는 의도를 가지고, 더욱이 이것으로 산업평화라는 정치적 목적도 달성하려고 했다. 당시 독일의 노

10) 참고로, 바이마르 「헌법」은 1919년 8월 11일 제정된 바이마르공화국(Die Republik von Weimar) 「헌법」으로, 국민의회가 바이마르에서 열렸다 하여 이렇게 부른다. 이 헌법은 종래의 비스마르크 「헌법」과는 달리, 민주주의 원리의 바탕 위에서 독일국민의 통일을 지도이념으로 하고, 다시 사회국가적 이념을 가미한 특색 있는 「헌법」이다. 19세기적인 자유민주주의를 기본으로 하면서 20세기적 사회국가의 이념을 취하여 근대 헌법상 처음으로 소유권의 의무성(사회성)과 재산권 행사의 공공복리 적합성을 규정하고, 인간다운 생존(생존권)을 보장하면서 경제조항(經濟條項)을 규정함으로써 20세기 현대 헌법의 전형(典型)이 되었다.

동자가 사회보험에 대해 격렬하게 반대한 것은 바로 이 때문이었다. 그러나 사회보험 시행에 따라 노동자가 어느 정도 이익을 본 것은 사실이다. 사회보험의 본질에 대해서는 여러 가지 견해가 있으나 대체로 그것은 노동운동이 일정한 발전을 본 독점자본주의 단계에 대응하는 총자본(總資本)의 노동력 보전책으로 파악된다. 그리고 사회보험은 소득의 재분배효과, 특히 이윤과 임금 간의 재분배효과를 가진다.

2) 영국 사회보험제도의 확대

국가 책임으로 구빈제도를 처음으로 시작했던 영국은 봉건적 구빈제도의 마지막 유산이었던 1834년의 「신구빈법」 폐지를 계기로 사회보험제도를 도입하게 되었다. 독일과 마찬가지로 노동자의 권리의식이 향상되고, 그들의 움직임이 정치세력으로 확산되면서 영국의 사회보험제도가 싹트게 되었다. 다만 독일보다 그 시작이 늦은 것을 알 수 있는데, 이는 노동자 세력 통제라는 목적을 두었던 독일과 달리 당시 집권당이었던 영국의 자유당에 대한 국민의 불신이 높았으므로 그와 같은 통제를 기대하는 것은 어려운 일이었다(박태정, 2014: 95-97).

오히려 점진적인 사회주의를 지향했던 페이비언(Fabian) 사회주의와 노동운동이 결합된 것을 알 수 있는데, 대공황 이후에 등장하게 된 실업과 빈곤 등의 문제와 관련, 국가개입에 대한 요구는 1880년대에 페이비언협회가 등장하게 되면서 더욱 탄력을 얻게 되었다(김덕호, 1994: 198). 또한, 시민의식에 눈뜬 많은 국민이 빈곤과 사회문제에 대한 책임의 주체가 국가라고 주장하게 되자 복지에 대한 관점이 서서히 개인 책임에서 국가개입으로 옮겨 갔고, 자유방임에 대한 비판 역시 거세어졌다.

이러한 배경하에서 집권의 기회를 잡게 된 자유당은 상당한 수준의 사회복지정책을 시행하였고, 이 시기에 바로 영국의 사회보험제도가 도입되었다. 당시 자유당은 노동자 계급의 지지를 얻게 되면서 1906년 총선에서 토리당을 누르고 집권에 성공하였는데, 그 후에 과거의 「구빈법」과는 질적으로 다른 사회복지정책을 추진한 것을 알 수 있다. 예컨대, 1907년에 고용주의 산재보상 책임을 명시한 「노동자보상법」을 제정하였고, 이듬해인 1908년에 「노령연금법」을 도입하였으며, 실업보험은 1911년 '국민보험 제2부'라 하여 탄생되었다(박태정, 2014: 95–97).

마침내 1911년에는 실업보험과 건강보험이 포함된 「국민보험법(National Insurance Act)」을 제정 · 시행하였다. 1911년 영국이 「국민보험법」으로서 사회보험을 취급하자 건강보험 이외에 실업보험이 실현을 보게 되었다. 이것은 토목 · 조선 · 기계 · 제철 · 차량제조 · 제재의 6개 부문에서 노동자의 실업기(失業其) 생활을 보장하는 것으로, 세계 최초의 국가적인 규모의 강제적 실업보험이었다. 그러나 제1차 세계대전 후의 세계 대공황에 수반하여 구조적 실업이 만연하자 실업보험은 그 기능을 잃게 되었다.[11] 제2차 세계대전(1939~1945) 말기에 공표된 베버리지(Beveridge)의 구상에 기초해서 1948년 사회보장제도가 실현되었다.[12] 이에 따라 사회보험은 노동자보험에서 국민보험으로 발전함과 동시에 사회보장제도의 지주가 되었다(박주현, 2018: 144).

3) 스웨덴 사회보험제도의 확대

오늘날 복지국가의 대명사로 알려진 스웨덴은 1800년대만 하더라도 유럽에서 그다지 주목받지 못했던 국가였다. 스웨덴은 상당히 오랜 기간 농업기반 국가였으며, 산업화 시작도 비교적 늦은 편이었다. 1980년대 초반까지만 해도 스웨덴이라면 부유한 복지국가, 평화로운 중립국가, 노벨상 시상국, 목가적(牧歌的)인 북구의 낙원, 북구 미인의 나라 혹은 성 개방사회 등으로 화사하게 알려졌다. 또한, 사회보장이 잘 되어서 사람들이 나태하고, 낭비가 심하며, 사회적 범죄가 많고, 자살률이 높은 나라라고도 알려져 있는 것 같다. 그러나 현실의 여러 가지 양상은 복잡하여 일률적으로 어떤 단순한 평가를 내리기는 어렵다(노무지 외, 2015: 254).

스웨덴에서는 사회정책을 한 사회의 모습을 그대로 반영하는 저울과 같다고 말한다

11) 미국이 1935년 「사회보장법(Social Security Act)」의 이름 아래 연방정부에 의한 노령연금보험과 함께 주영(州營) 실업보험을 실현한 것은 이때이다. 여기서는 다른 나라의 사회보험이 보험료를 노사가 함께 분담한 것과는 달리 그 전액을 고용주가 부담하는 제도를 만들었다.

12) 베버리지 보고서에 대한 상세한 내용은 이 책 제8장 제3절을 참고하기 바란다.

(노무지 외, 2015: 254-261). 그렇기 때문에 사회정책의 핵심을 이루고 있는 복지정책의 법규는 잘 정돈되어 있어야 하고, 또 구체적 시행이 수반되어야만 한다고 강조한다. 사회정책의 발전과정에서 수많은 관계법규를 제정하고 개폐하여 왔지만, 그 시행이 철저한 것은 이 제도를 크게 발전시켜 온 커다란 요인이 된다.

고도산업사회의 스웨덴에서 사회정책은 어떻게 이해되고 있을까? 넓은 의미로는 모든 국민의 필요를 충족시키기 위한 재원의 분배와 관련된 문제를 해결하는 것으로 해석되고 있으며, 좁은 의미로는 장래에 변화될 상태까지도 포함해서 각자의 경제적 · 정치적 혹은 사회적 생활조건을 최대한으로 평준화하는 데 그 목적이 있다고 「사회봉사법」에서 명시하고 있다. 좀 더 자세하게 그 정책의 발전과정을 살펴보기로 하자.

스웨덴에서는 전세기(前世紀)의 중 · 후반기에 산업혁명을 체험하기 전에는 사회정책은 대체로 구빈시책의 문제에 한정되어 있었다. 지배층 사람들은 사회에서 무산자들이나 구호 의존자들에 대한 어느 한도의 구호시책은 국민의 보편적인 의사와도 합치되고, 또 국가 통치의 입장에서 법과 질서 유지를 위해서도 필요한 것이라고 생각하였다. 또한, 당시에 근린상조의 기독교적인 자선의 원리가 사회시책의 밑받침이 되어 있었다. 그 후 점차로 비위생적인 상태를 없애기 위한 조치가 취해졌으며, 보건관리제도를 적용하게 되었다.

산업화 촉진에 따라 공공 분야에서 사회시책의 필요성이 증대하였고, 스웨덴 최초의 사회정책은 1880년경에 시작되었다고 할 수 있다. 이러한 정책 방향은 그 후에도 계속됐으나, 자유주의파와 노동운동의 대두로 그 이념에 변혁을 가져왔다. 노조대표자들은 불평등한 사회적 여건이 국민의 고난과 곤궁의 주된 원인이라고 생각했으며, 그것이 사람들의 잘못에서 온 것이 아니라고 믿고 있었다.

그러나 이러한 동향에 대처하는 입법화 단계까지는 약 100년이 걸렸다. 전세기(前世紀) 중엽 최초로 사회정책 시행시기에는 건강보험, 작업자 보호조치 및 상해보험 등 작업개선 분야에 주력하였다. 이러한 개선조치는 기업주의 노무비 절감의 수단이었을 뿐만 아니라 작업자들에게도 유익하였다. 실업자들에게 취업을 알선하는 것은 소규모로 시작했으나, 어떤 체계적인 주택정책 같은 것은 없었다. 아동복지와 금주(禁酒)에 대한 무료 치료 및 빈민구제에 상당한 개선이 있었으며, 그 후 1913년에 최초로 국민사회보험제도와 기본적인 연금제도가 채택되었다.

다음으로, 1930년대 초기를 스웨덴 사회정책의 제2기 발전 시기 시작이라고 볼 수 있다. 이 시기의 특징은 사회정책을 전반적으로 쇄신한 점이다. 1932년에 사민당이 집권하게 됨으로써 실천 이념인 단결 · 평등 및 우의의 주장이 신(新)사회정책의 기반이 되었다. 신사회정책의 주안은 피(被)원호자들에게 굴욕감을 주는 생계조사 후의 생활보호방식이 아니라, 모든 국민의 안전을 도모하는 사회구제망을 형성하는 데 그 목적이 있었다. 신(新)사회정책은 먼저 고용정책에 반영됐으며, 이것은 주택정책과 가족정책에의 연관 효과를 의도해서 그렇게 했다. 이 시기에 사회보험제도가 확충되고, 공중보건 시책이 개선되었으며, 보건관리제도에 많은 예산을 할당하였다.[13)]

제3기 사회정책 발전 시기는 「사회봉사법」이 새로 시행된 1982년 초에 시작된다. 「사회봉사법」은 민주주의, 단결, 안전 및 평등과 같은 사회정책 연관 분야의 기초가 되는 가치 기준이 생계조사형의 생활보호방식에도 적용된다고 부연하고 있다. 또한, 「사회봉사법」은 사회정책의 적극적 역할을 강조하는 방향으로 개선 · 확충된 것이며, 이 법에서 의도하는 사회봉사란 국민을 직접 필요시에 돕는 것을 말하며, 간접적으로는 사회구조에 영향을 주려는 데 목적이 있다. 또 국민생활의 형편에 관해서 취합된 사회봉사 자료 등은 사회 개선의 기본이 되는 것이라고 여긴다.[14)]

1946년 이래 에를란데르(Erlander)를 수상으로 하여 사회민주당은 농민연합당과 손을 뗀 후 필요한 경우 공산당(Vänsterpariet Kommunisterna)과 협력하여 1976년까지 정권을 유지하여 왔다. 그러나 1976년 9월 총선거에서 핵에너지 사용 확장을 반대하는 비사회계 야당들에게 패배하여 일시 정권을 잃었다가 1982년 선거에 재집권하여 오늘에 이르고

13) 그 후로 1950년대에는 아동복지와 금주(禁酒)에 대한 무료 치료 및 공공부조 등 개인관계의 사회복지를 규제하는 법규가 개정되었다. 이렇게 각종 제도는 현대화되었지만, 산업화시기 이전의 가치 기준이 사회시책의 근간으로서 작용하였던 것은 특이한 점이라 하겠다.

14) 「사회봉사법」이 공포 · 시행된 지 10년이 지나면서 부분적인 개정을 하였는데, 그중에는 마약류 중독자에 대한 강제 치료규정 등이 포함되었다. 국회 관계위원회에서 「사회봉사법」의 전반적인 재검토를 해왔는데, 1993년에 와서 마무리하였다.

있다. 1960년부터 시행된 국민추가연금안(ATP) 이후 퇴직 연령을 65세로 낮추고, 휴가 기간을 연 5주간으로 늘리며, 주택 보조비를 지급하고 전 대학생에게 무이자(無利子)로 대여 장학금을 지급하는 등 계속적인 개혁 조치를 취해 오고 있다. 그런데 사회민주주의자 에를란데르와 자유주의자 올린(Ohlin)은 정치 논쟁에서 번번이 대결할 정도로 국내 문제에서 견해차가 컸다.

▲ **에를란데르와 올린**

출처: http://terms.naver.com

스웨덴은 1960년대 말까지 이어졌던 성장을 바탕으로 조합주의(corporatism)[15]와 계급 간에 연계를 중요시했던 사민당의 정치 전략이 맞물리면서 고용 친화적이고 보편적인 사회복지제도를 정착시키게 되었다. 또한, 노동시장정책과 안전고용의 중요성을 강조하면서 자본주의 시장체제에서 드러날 수 있는 문제점을 개선하고 복지와 자본 간의 상생적(相生的) 발전을 도모했다는 점이 특징이다. 다만, 1990년대 이후에 실업률이 높아짐에 따라 기존의 노동정책에 대한 비판과 더불어 유연화가 나타나고 있으며, 복지의 상품화가 일어나고 있는 조짐이 드러나고 있다. 그럼에도 사회복지제도에 대한 국민의 신뢰도가 높다는 점은 스웨덴 복지 모델의 지속 가능성을 설명할 수 있는 중요한 요인

15) 이탈리아 파시즘의 조합국가이론으로부터 도출된 용어이다. 그것은 오늘날 다르게 사용되고 있으며, 선진 서구국가에서 주요한 이익집단들이 자본주의사회에서 국가 대행기관과의 밀접한 관계에서 자신의 요구를 협상하고 교환하는 정부의 한 체제를 묘사한다. 경제적으로, 조합주의체제는 자유방임과 같은 자유주의적 사상을 포기하고 노동의 집합적 조직을 받아들이는 한편, 자본주의제도, 특히 사적인 부의 생산 추구가 인정된다. 조합주의적 가설에 대한 통합적 가정은 자본주의사회에서의 집단주의의 일반적 성장 때문인데, 자본주의사회에서 개인(시민, 노동자, 고용자 등)의 이익은 점차로 결합과 연합 등을 통해 중재되는 것으로 보게 된다.

이다. 즉, 복지정책이 성장 동력이 되어 경제발전과 삶의 질 향상이라는 두 마리 토끼를 잡을 수 있을 것이라는 점에 대한 국민의 신뢰가 스웨덴 복지국가의 가장 큰 특징이다(박태정, 2014: 132-133).

〈표 5-1〉 스웨덴 사회복지 관련 주요 제도 도입 시기

연도	주요 제도
1901	「작업 중 사고에 대한 보상법」 제정
1912	「노동자 보호법」 제정
1913	「노령연금법」 제정
1918	「빈민 구호법」 제정
1924	「아동보호법」 제정
1928	「단체협약법」 제정
1934	실업보험제도 도입
1935	국민기본연금제도 도입
1937	임산부에게 지급하는 출산수당 도입
1947	16세 이하의 모든 아동에게 지급하는 아동수당 도입
1953	공적 건강보험제도 도입

출처: 박태정(2014: 131).

4) 미국 사회보험제도의 확대

20세기 초 미국에서는 정치권과 민간단체에서 사회보험 도입을 위한 논의가 있었다. 미국 정치권에서 가장 먼저 사회보험 공약이 제시된 것은 1912년 대통령 선거에서였다. 공화당 혁신파와 진보적인 사회개혁가들이 주축이 되어 창당된 진보당 후보였던 데오도어 루스벨트(Roosevelt)가 '신국가주의(New Nationalism)'를 제창하면서 선거공약의 하나로 노동자재해보상보험과 질병, 실업, 노령 등의 위험으로부터 가족을 보호하기 위한 사회보험을 내세웠다. 그러나 대통령 선거에서 규제보다는 자유를 선거구호로 내세웠던 민주당 윌슨(Wilson)에게 패배하면서 정치권에서의 사회보험제도 도입운동은 수포

로 돌아갔다.

1910년대 사회보험제도를 도입해야 한다고 가장 적극적으로 주장한 사람은 미국 사회보험제도의 아버지라고 불리는 루비노(Rubino)였다. 그는 질병으로 말미암은 경제적 손실이 국가에 미치는 영향, 노동자들이 적절한 의료비를 지불할 수 없는 현실, 유럽보다 뒤떨어진 미국의 사회행동 등과 관련하여 강제적 건강보험의 필요성을 역설하였다. 루비노는 자원봉사활동과 민간보험만으로는 충분하지 못하며, 국가의 우선적인 목적에 비추어 보아서도 적절하지 못하다고 주장하였다. 이것은 개인의 이익이나 복지문제가 아니라, 전 국가의 집단적 이익과 공공복지의 문제라고 주장하였다. 그는 비용이 많이 든다는 반론에 대해서는 건강보험은 국가의 건강과 행복, 효율성을 높여주는 일종의 투자라고 역설하였다.

「사회보장법(Social Security Act)」(1935)은 노령연금(Old Age Insurance: OAI)과 노령부조(Old Age Assistance: OAA), 실업보험(Unemployment Insurance or Compensation), 한부모가족의 요보호아동과 장애아동, 시각 장애인을 위한 공공부조(Public Assistance)를 포함하였다. 또한, 「사회보장법」은 연방정부가 주정부 및 지방 공중보건사업에 대한 연방재원을 제공하게 하였다. 노령연금은 근로자가 65세가 되어 퇴직하면 퇴직연금을 받게 하였으며, 급여액은 근로자의 소득 및 보험에의 기여 수준에 따라 책정되었다. 노령연금을 받지 못하는 사람들은 노령부조를 받았다.

루스벨트 대통령은 대공황이라는 위기를 극복해 내는 과정에서 국민의 빈곤과 실업을 개인의 결함이 아닌 사회구조적 결함으로 인식하였다. 이러한 인지는 연방정부의 적극적 개입을 이끌어 내어 제도적 관점으로 미국 사회복지정책과 공적 사회복지체계를 이루게 하였다. 즉, 대공황을 겪으며 사회복지에 대한 연방정부의 역할에 대해 새로운 정의를 내리는 계기를 가져왔으며, 사회복지정책의 대전환을 초래하였고, 공공복지의 지대한 발전을 가져왔다. 특히, 뉴딜정책의 결과 여러 가지 노동입법, 연방정부 주도의 경제보장제도의 수립, 그리고 1935년 루스벨트 대통령이 선포한 「사회보장법」이 제정되었다.

「사회보장법」을 세 가지 측면으로 나누어 사회복지적 접근으로 정리해 보면, 첫 번째로 연방정부가 재정보조뿐만 아니라 직접 운영하면서 실업, 은퇴, 사망 시 보험 급여를 제공하는 사회보험 부문(제도적 측면), 두 번째로 급여를 주기 위해서 자산조사를 하여 연방정부가 재정을 보조하고 주정부가 운영하는 공공부조 부분(보충적 측면), 세 번째로 보건, 입양, 장애인서비스와 같은 각종 서비스를 제공하는 공공보건 및 복지서비스 부문으로 그 접근을 범주화할 수 있다.

이러한 체계적인 복지체계와 함께 루스벨트 대통령의 뉴딜(New Deal)정책, 전문적 자문단조직의 3R, 즉 구제(Relief), 부흥(Recovery), 개혁(Reform)을 중심으로 한 정책(공공구호사업)을 시행하였다. 그 결과, 실업이 감소하고 적절한 소득보장으로 공황을 극복할 수 있었다(Tratter, 1999).

1950년대에 들어서는 국내정치가 안정되어 평화의 시기를 맞이하게 된다. 그러나 국제적으로는 냉전체제가 시작되고, 특히 독일 점령 문제를 둘러싼 소련과의 대립은 격화되기 시작했다. 1950년에는 「사회보장법」을 개정하여 노령부조, 맹인부조, 아동부조, 중증장애부조 등을 받는 피보호자에 대한 의료비 일부를 연방정부가 보조하도록 하였다. 그 후 1952년에 사회사업교육위원회가 설립되고, 사회사업교육과 기술이 더욱 전문화됐으며, 1955년에 전국사회복지사협회(NASW)가 결성되기에 이르렀다.

1964년 시민권법이 통과되면서 「식품권 프로그램법(Food Stamp Program Act)」이 제정되었다. 1965년 교육과 의료에 대한 연방정부의 각종 원조법이 제정 혹은 개정되었다. 「사회보장법」에 65세 이상 고령자에게 병원보험(Hospital Insurance)과 의료보험(Medical Insurance)을 제공하는 메디케어(Medicare)와 저소득층을 위한 의료보호 메디케이드(Medicaid) 규정을 포함시켰다. 사회적 병폐에 대한 인식과 환경 보존의 필요성도 대두되었다. 또한, 존슨 대통령은 빈곤문제에 관여했던 케네디의 특별위원회(The President's Committee on Juvenile Delinquency and Youth Crime)를 지속시켰으며, 1964년에는 「경제기회법(Economic Opportunity Act)」을 제안하였다. 이 법은 「빈곤추방법」·「청소년사업법」·「지역사회행동법」 등으로 통칭되었으며, 빈곤의 가장 큰 원인 중 하나인 무지·문맹을 없애는 수단으로서 연방정부에 의한 교육지원을 중시하는 사업의 기본이 되는 법이었다(정재훈 외, 2016: 228-250).

5) 일본 사회보험제도의 확대

1955년부터 시작된 경제의 고도성장은 농촌에서 제공된 저임금 노동력과 정부의 국가 독점자본주의 정책으로 국민소득의 증가, 농촌의 구조개선이 아시아로 진출한 것이다. 이와 같은 고도경제성장 정책의 급격한 진행은 인구 대이동을 촉진시켜 도시와 농촌에 심각한 생활문제를 초래하였다. 이것은 가족, 지역에 있어 상호부조 기능, 공동체 기능의 상실을 의미하였다. 후생성 당국도 이미 1960년대 초부터 이 점에 주목하여 사회복지정책의 새로운 필요성을 제기하였다. 즉, 지금까지의 구빈적 사회복지를 양적·질적으로 변화·발전시키는 기초과정이 되었다.

1950년대 말에 제정된 「국가건강보험법」, 「국가연금법」으로 이전에는 혜택을 받을 수 없었던 자영업자와 농업 종사자 등이 국가연금과 국가건강보험의 수혜자가 될 수 있었고, 1961년 초에 이르러서야 일본 전 국민에게 적용되는 건강보험제도와 연금제도가 발효되었다. 이러한 사회복지제도는 정부의 재정으로 지원되는데, 이는 급속한 경제성장이라는 사회 상황에 적합한 것으로 꾸준히 국민복지를 떠받치는 기본제도로 발전되었다. 일본의 사회보장제도는 1961년에 만들어진 국민보험·연금체제를 기축으로 하고 있으며, 현재는 의료서비스를 받기 쉬운 점이라든가, 의료의 내용, 그리고 연금의 급부액 등에서 다른 선진국에 떨어지지 않는 수준이다.

일본은 1960년대에 들어와서 복지국가를 둘러싼 논의와 정책 전체 혹은 정책 기조에 관련된 사회복지의 위치를 정립하려 했다. 예를 들면, 1960~1970년대 초기에 걸쳐 사회복지는 두 측면에서 법률과 제도가 만들어졌다. 즉, 정책 주체로부터는 적극적으로 수행해야 할 측면과 국민운동에 의한 양보정책의 측면이다. 이로써 소위 오늘날의 복지 6법이 완성됐다. 「생활보호법」(1946), 「아동복지법」(1947), 「신체장애자복지법」(1949), 「정신박약자복지법」(1960), 「노인복지법」(1963), 「모자복지법」(1964)이 그것이다. 이 밖에도 「신체장애자고용촉진법」(1961), 「사회복지직원퇴직수당공제법」(1961), 「아동부양수당법」(1961) 등이 제정되었다.

이처럼 1960년대 전반에 성립된 복지 6법은 그 성립과정에서 다음 두 가지 공통 요인이 있다. 하나는 고도경제성장에 의한 국민생활의 변화, 가족 · 지역의 상호부조 기능, 지역공동체 기능의 붕괴와 그것에 동반한 국민의 사회복지에 대한 기대에 의해 종래의 사회복지법으로는 대응할 수 없는 사태가 진행되었다. 다른 하나는 1950년 말의 개인보험, 개인연금체제의 확립이 사회복지 분야의 지연을 가져와 사회복지법체제 확립의 진행을 가속화시켰다. 이리하여 1960년대 후반에는 개인보험, 개인연금제를 운용하여 사회복지 분야에서도 대상 영역이 확대해 갔다.

민간 사회복지활동의 중심인 사회복지협의회도 이 시기에 일정한 전진을 보였다. 1950년대의 '세대갱생자금대부사업' 중심의 측면을 탈피하여 1962년 4월 사회복지협의회의 기본적인 중요한 사항을 책정, 주민 주체의 원칙을 내세웠다. 여기에서는 지금까지의 협의회 활동이 사회복지 관계자 중심에 편중하여 행정기관에 대한 의존도가 높았던 것을 반성하고, 협의회는 지역 실정에 맞는 주민이 주체가 되는 주민복지를 증진시키기 위한 자주적 조직이라는 것을 규정하였다.

1960년대 후반부터 1970년대 초기에 걸친 고도성장기의 사회복지문제는 피(被)보호층 문제, 노후문제, 장애아동 · 아동문제, 모자문제 등이 두드러졌다. 특히, 노후문제와 장애아동문제가 현저하게 나타났으나, 그 문제를 발생시키는 고도성장사회의 기본적 성격은 사회복지문제와의 관계에서 업적주의, 즉 생산제일주의 아래의 업적주의는 선별 · 차별 등 사회 전체에 불평등을 낳아 사회복지문제의 각 분야에 집중적으로 나타났다. 생산 중심의 관리 사회의 전개는 사회복지의 대상 주체에 가장 중요한 창조력과 사회적 자립성을 약화시켰다. 또한, 소비 중심의 생활 전개는 소비재의 유무가 가치의 기준이 되어 소비생활 중심의 중류화 현상이 나타났다. 그 결과, 사회문제에 대하여 무관심하게 되었고 사회연대의 형성이 저지당하고 말았다(노무지 외, 2015: 269-272; 박주현, 2018: 151-153).

Chapter

06

사회조사와 자유주의적 개혁

Chapter 06

사회조사와 자유주의적 개혁

1. 사회조사

사회사상(社會事象)에 관한 지식은 한정된 개인적 경험이나 일상적 관찰, 다른 사람의 경험이나 관찰의 견문(見聞), 발표된 자료나 참고가 되는 서적이나 문서를 열심히 읽는 것 등으로 얻어진다. 그러나 그것은 불완전한 것일 수밖에 없다. 그래서 의도적 · 직접적으로 정보를 수집하려는 좁은 의미(狹義)의 관찰활동, 즉 사회조사(社會調査, social survey)[1]를 시행하게 된다. 사회조사는 사회학에서 가장 빈번히 사용되는 연구기법으로 정부조사나 상업적 조사, 비영리적인 사회조사 등에서 폭넓게 사용된다(박주현, 2018: 157).[2]

영국에서 사회조사는 사회철학과 구빈사업 실천에 영향을 끼친 제3의 중요한 요소였다. 사회연구에 관한 최초의 사례연구는 채드윅이 구빈법위원회의 서기로 있을 때 행해졌는데, 주로 노동계층의 건강문제와 위생상황을 다룬 것이었다. 당시 보고서는 1842년에 출판되었는데, 그것이 바로 공중보건운동(public health movement)의 시발이었다.

1) 사회조사란 설문지에서 표준화된 질문을 사용하여 특정한 대상을 상대로 면접조사하는 모집단의 표본에 대한 조사를 말하며, 그것은 어떤 목적을 위해 설계된 조사계획에 따라 사회적 자료를 수집하는 것이다. 시쿠렐(Cicourel)과 필립스(D. L. Philips)와 같은 비평가들은 사회현상과 자료의 타당성에 대한 측정의 면에서 사회조사의 한계를 지적하였다. 그러나 알려진 많은 연구논문이 조사자료에 기초하고 있는데, 조사는 믿을만하고 효율적이며, 비용도 경제적인 유용가능한 사회연구방법이라고 하겠다. social research도 사회조사라고 번역되는데, research의 경우는 질적 방법도 포함한 더욱 심층적인 사회학의 조사연구방법이라고 볼 수 있다.

2) 사회조사의 역사에서는 센서스(census), 즉 정부가 행정적 목적을 위해 전국적으로 시행하는 전수조사(全數調査)가 가장 오래된 것이다. 기원전 중국이나 이집트 등의 고대국가에는 이미 징병이나 징세를 위한 호구조사(戶口調査)가 있었다. 근대국가의 지역적인 국세조사(國勢調査)는 먼저 스웨덴(1748)에서, 이어 미국(1790)과 영국(1802)에서 시행되었고, 조사사항도 점차 늘어나 농업센서스 · 상업센서스 · 사업소센서스 등이 분화됨과 함께 표본조사법도 도입되었다.

일반 국민의 관심과 박애적인 활동에 자극을 준 또 다른 문헌은 1893년 런던 《모닝 크로니클(The Morning Chronicle)》에 실린 메이휴(Mayhew)의 "런던의 노동과 런던의 빈곤(London Labour and the London Poor)"이었다. 이 기사는 여류 사회활동가 옥타비아 힐과 같은 사람들에게 깊은 인상을 주었고, 사회적 양심을 일깨우는 계기가 되었다.

그러나 가장 중요한 사회조사는 당시 부유한 실업가였던 부스(Booth)가 하였다.[3] 이 조사는 노동자들의 직업생활 · 노동조건 · 작업시간 · 임금 · 실업 등에 관한 것이었으며, 빈민들만 한정하지 않고, 노동자 가족도 포함하였다. 부스의 조사는 런던 인구의 약 31%가 빈곤선 혹은 그 이하에서 생활하고 있음을 밝혔다. 부스의 조사 결과는 예전의 빈곤이론, 즉 빈곤은 개인의 잘못이라는 주장을 논박한 것이었다. 이러한 조사 결과로 빈곤문제에 대한 파악 방식은 이전과는 크게 바뀌게 되었다. 그때까지 빈곤은 개인의 책임이라고 생각되고 구제는 개인의 자선에 맡기고 있었지만, 조사 결과 빈곤문제는 사회문제로 파악되고 구제에는 사회가 적극적으로 관여해야 한다는 의견이 많아졌다. 또한, 빈곤 관련 법에 따른 억제는 해결책이 되지 못한다는 것과 가난이라는 인간의 고통은 종종 불충분한 임금 · 환경 · 부적절한 주택 · 불결한 위생설비에서 일어나고 있음을 보여 준 것이었다.

이와 같은 사실은 부스의 조사와 라운트리(Rowntree)의 요크시(The City of York) 빈곤조사에서 그 타당도가 확인되었다. 1901년 출판된 라운트리의 『빈곤조사(Poverty a Study of Town Life)』에 따르면, 요크시(市) 전체 인구의 27.84%가 빈곤하게 살고 있음이 밝혀졌다. 부스 조사는 라운트리의 요크시 조사로 말미암아 그 타당성을 인정받게 되었다. 또한, 이러한 사회조사로 사회개혁을 위한 더욱 효과적인 대책이 필요하다는 것이 두드러졌다(김근홍 외, 2007: 49-58).

---

3) 영국의 부스(1840~1916)는 자유주의적 정치관과 종교관을 가진 리버풀(Liverpool)의 부유한 실업가의 아들로, 제조업자이자 통계학자요 지적인 사회개량주의자이다. 그의 궁극적인 목적은 수많은 보통 사람의 생활 개선이었다. 1886년 런던의 빈민굴을 중심으로 빈곤조사를 하여 빈곤에 관한 과학적 근거를 밝혔다. 그중에서도 노동자의 생활에서 수입과 지출의 관계나 생활 · 고용능력의 표준에 관한 통계적 방법과 사례연구의 조합(組合)은 빈곤조사나 사회조사의 선구적 연구로 인정된다. 또한, 노인문제에도 관심을 가져 노인연금의 지급을 주장, 1907년의 「양로연금법」 제정에 큰 역할을 하였다. 주요 저서에 『Life and Labour of the People in London』(17권, 1889~1891, 1892~1897, 1902~1903) 등이 있다.

1) 부스의 런던시(市) 조사

노동자들의 빈곤에 대하여 사회과학적인 관심을 가진 사람은 부스였다. 그는 사회민주연맹 사무총장 하인드먼(Hyndman)[4]을 중심으로 발표한 1885년의 사회조사 보고서가 상당히 과장된 것임을 밝히기를 원했다. 구체적으로 하인드먼의 "런던 인구의 약 25% 만이 빈곤 상태에 있다."는 말에 강한 의심을 품게 되었다. 따라서 부스는 하인드먼의 주장을 반박하기 위해 1886년 빈곤에 대해 직접 조사하였다. 그는 관련되는 정확한 자료의 필요성을 인식하고 사회문제에 대한 통계적 측면에 대한 연구 결과 《사람들의 삶과 노동(Life and Labour of the People)》(1889~1891)과 더 정교화된 《런던 사람들의 삶과 노동(Life and Labour of the People in London)》(1891~1903)을 출판하였다. 특히, 수입과 고용상태에 따라 설정된 계급과 빈곤선의 분석에서 많은 시민이 빈곤 상태에 있음을 밝히고 있다.

당시 영국의 문필가 프레스턴(Preston)의 《The Bitter Cry of Out Cast London》(1883)이라는 책이 출판되어 노동자 생활에 대한 사회적 관심이 집중되어 있었다. 부스도 프레스턴으로부터 많은 자극을 받았으며, 그 책에 나오는 노동자들의 생활상을 실제로 확인하고 싶었다. 그는 빈곤조사를 위하여 베아트리스 포터(Potter, 후에 Webb과 결혼), 힐(Hill), 밸푸어(Balfour), 콜렛(Cillet), 스미스 등과 같은 젊은 인재들을 고용하였다. 그들 대부분은 훈련받은 사회경제학자, 사회사업가, 혹은 빈곤문제에 영향력을 행사한 지성인들이었다. 이 조사활동의 본거지는 토인비 홀

4) 하인드먼(1842~1921)은 부유한 변호사의 집안에서 태어나, 케임브리지대학을 졸업한 후 신문기자가 되었다. 파리코뮌의 영향을 받아 영국 최초의 마르크스주의자가 되었다. 1881년 모리스와 함께 런던민주연맹을 결성하여 1880년대 노동운동의 이론적인 지주로서의 역할을 하면서, 생산수단과 생활자료의 사회화를 제창하였다. 1884년 과격한 혁명주의를 주장한 모리스와 결별하고, 민주연맹을 사회민주연맹으로 개편하였는데, 그는 이 조직을 통해 마르크스주의적인 사회주의의 이론적인 소개와 조직화를 지향하였다. 그러나 입장은 완전한 마르크스주의를 표방한 것은 아니었다. 또한, 독재적인 성격도 있어서 조직운영이 원활하지 못하여, 영국 사회주의운동에 커다란 영향을 끼치지는 못하였다. 제1차 세계대전 중에는 전쟁을 지지하여, 1916년 국민사회주의당을 결성하였다.

(Toynbee Hall)이었다.

또한, 부스는 각급 학교에서 활동하고 있는 '출석 감독관'에게 직접 현장조사를 시행하도록 지시하였다. 이들이 조사한 가정은 대부분 노동계층 인구를 대표하고 있다. 부스는 각종 보고서 및 관찰 기록물, 노조활동에 관한 연구 및 복지요원, 교사, 지주, 위생검열관, 목사, 경찰관 등의 면접을 통해 자료를 보강하였다. 부스는 노동자들의 수입, 작업시간과 조건, 주택, 생활환경, 자녀 수, 주거 형태, 질병의 형태와 횟수, 여가활동, 클럽 및 조합회원 등 노동자 생활에 영향을 주는 요소에 대해 깊은 관심을 가지고 있었다.

그는 특별히 소득과 생계비, 그리고 적정 생활기준과 고용에 관한 연구에 자신의 예리한 통찰력을 보여 주었다. 또한, 그는 빈곤과 노동계층의 생활상에 대해서, 특히 수입과 가계에 대해서 조사했으며, 또 다양한 직업집단과 생활 수준을 비교 · 연구하였다. 그는 경비 전액을 자비로 사회조사를 시행하였다. 이 보고서는 1889년과 1891년에 발간한 두 권의 제1판과 1892~1897년 발간한 9권의 제2판, 그리고 1902~1903년에 17권의 제3판 보고서를 발간하였다. 이 제3판 보고서는 크게 빈곤, 직업, 종교적 영향의 세 부분으로 이루어져 있다.

'빈곤' 시리즈에서 부스는 당시 400만 명의 런던 시민을 여덟 개의 사회계층으로 나누었다. 그의 조사에 따르면, 런던 시민의 30.7%(A~D까지 범주)가 '빈곤선 이하(below the line of poverty)'에서 생활하고 있다고 하였으며 '산업' 시리즈에서는 런던시 인구를 두 가지 기준으로 분류했다. 즉, 사회 하층의 경우 방 하나에 몇 명이 사용하고 있는가, 상층의 경우 집에서 고용하고 있는 사용인 수를 기준으로 하여 분류를 시도하였다. 또한, 도시 경제조직의 전체 내용을 각 직종에 종사하고 있는 사람들의 주거와 함께 직업의 위치를 도시 내부와 외부로 나누어 분석하였다. '종교적 영향' 시리즈에서는 빈곤한 사람들에 대한 조직화된 종교적 영향력을 발견하는 데 초점을 맞추었다. 마지막 결론은 빈곤과 인구밀집도, 출생과 사망률의 관계를 통계학적으로 분석하였다.

〈표 6-1〉 찰스 부스의 런던 시민 등급 구분 (단위: %)

<table>
<tr><th>범주</th><th colspan="2">분류명</th><th>비율</th></tr>
<tr><td>A</td><td colspan="2">부정기적 근로자, 부랑자, 준범죄자 등의 최하층민</td><td>0.9</td></tr>
<tr><td>B</td><td colspan="2">소득이 일정하지 않은 극빈층(very poor)</td><td>7.5</td></tr>
<tr><td>C</td><td>간헐적 소득자</td><td rowspan="2">빈곤층(the poor)</td><td rowspan="2">22.3</td></tr>
<tr><td>D</td><td>소액 정규 소득자</td></tr>
<tr><td>E</td><td colspan="2">정규직 표준 소득자: 빈곤선 초과 수준</td><td rowspan="2">51.5</td></tr>
<tr><td>F</td><td colspan="2">고위직 근로자: 안정되고 괜찮은 정규 소득</td></tr>
<tr><td>G</td><td colspan="2">중하층계급: 유복한(well-to-do) 중류계급</td><td rowspan="2">17.8</td></tr>
<tr><td>H</td><td colspan="2">중산층계급: 부유층(wealthy)</td></tr>
</table>

출처: Jones(1991: 61, 2000: 48).

부스의 조사와 노력을 통해 사람들은 빈곤이 개인의 문제가 아님을 깨달았으며, 빈곤에 대처할 수 있는 국가정책이 필요하다는 인식을 생성하였다. 부스의 연구 결과에 대해 베아트리스 웹(포터)은 "세계에서 가장 부유한 도시의 주민 400만 명을 대상으로 그들의 생활과 노동조건을 조사한 찰스 부스의 방대한 조사는 사회정책과 경제과학의 획기적인 사건으로 기록되고 있다."고 하였다(박주현, 2018: 160).

2) 라운트리의 요크시(市) 조사

19세기 말 영국의 사회경제적 상황은 실업과 빈곤이 팽배한 사회였다. 이러한 빈곤문제를 세상 사람들에게 과학적으로 알리는 데 공헌한 사람이 누구인가? 이 사람은 런던 시민의 생활과 노동에 관한 조사를 시행한 찰스 부스다. 부스에 이어 빈곤조사에 관심을 가진 사람은 코코아와 초콜릿 제조업을 경영하는 라운트리(Rowntree)[5]이다.

라운트리는 빈곤문제에 대해서만이 아니고, 노동문제를 비롯하여 사회복지정책 전

5) 라운트리(1871~1954)는 영국의 실업가로, 빈곤에 관한 사회조사로 유명하다. 빈곤선이라는 최저생활비를 정하고, 그 기준 이하의 가정을 빈곤가족으로 보고 빈곤의 원인, 노동자의 생활주기 등을 연구하였다.

반적인 면에 영향을 끼친 사람이다. 부스의 런던시(市) 보고서 《사람들의 삶과 노동》 제1권이 간행된 것은 1889년 라운트리가 18세가 되던 해였다. 부스의 실증주의 정신과 그것을 실현하는 그의 기법이 라운트리의 마음을 사로잡아, 그는 그 자신도 조사를 시행하고자 하는 열망을 가지게 되었다. 라운트리에게 이론적인 영향을 준 사람은 케임브리지 대학의 탁월한 경제학자 마셜(A. Marshall)이었는데, 그는 "경제학자는 이론적인 영향을 무시할 수 없다."는 점과 "극단적인 빈곤은 소멸되어야 한다."는 점을 강조하였다(김근홍 외, 2007: 51–54).

라운트리는 그의 나이 28세 때인 1899년 봄에 요크시의 빈곤조사를 시작하였다.[6] 그는 이 조사를 위해 2년 동안 준비기간을 가졌다. 노동자 세대를 조사대상으로 삼은 것은 부스와 같다. 그런데 부스가 상류층 세대, 즉 가사를 도와주는 하인이 있는 세대를 조사대상에 포함시켰지만, 라운트리는 이를 조사대상에서 제외하였다. 결국, 1만 1,560세대 4만 6,754명의 노동자 전체를 대상으로 전수조사를 하였다. 질문조사표에는 주택 상태, 세대주 연령, 집세, 세대 내 보조적인 수입, 소득자 수 등을 조사원이 직접 면접하여 기입하고, 그 위에 조사원 자신이 그들의 생활 상태, 환경 등에 대해서 소견을 쓰게 되어 있다. 조사원은 1~2주 간격으로 같은 세대를 반복 방문하여 그 조사사항의 정확성을 기하고, 필요에 따라서는 횟수를 되풀이하였다.[7]

요크시 빈곤조사에서 라운트리는 종교나 정치적인 입장은 배제하고, 어디까지나 빈곤의 객관적 사실 파악만을 염두에 두었다. 그는 인간의 육체적 활동과 능률을 유지하는 데 필요한 칼로리, 단백질, 지방 등을 알고 싶어서 영양전문가와 지방행정기관의 문을 두드리기도 하였다. 라운트리는 영양기준을 기초로 하여 제1차 빈곤과 제2차 빈곤의 2가지 빈곤선(線)을 설정, 빈곤의 원인 등을 해명하였고, 노동자가 그 생애를 통해

---

6) 그가 요크시를 조사지역으로 선정한 이유는 그곳이 그가 자란 고향이었다. 또 주민 수에서 사회조사를 시행하는 데 적당한 규모인 1만 5,000세대에 7만 5,000명이었고, 요크시는 특수한 산업이나 고임금 기업도 없는 평범한 지방 소도시인 동시에 역사적인 도시이며, 다른 도시와 비교할 때 여러 가지 사회문제를 많이 가지고 있었기 때문이다.

7) 한 가지 특색은 세대주의 임금을 조사사항에서 제외시킨 점이다. 그 이유는 주부들이 대부분 세대주의 임금을 잘 모르며, 또 알고 있다 하더라도 정확히 응답하지 않는 경우가 많기 때문이다. 또한, 라운트리 자신이 경영자였기 때문에 자기사업의 피고용자 임금을 정확히 알고 있었고, 기업인들과의 친분관계로 다른 기업에 고용된 노동자의 임금수준을 파악할 수 있었기 때문이다.

겪는 빈곤의 순환을 지적하였다. 제1차 빈곤이란 그들의 수입으로는 절대적인 육체적 능률의 유지에 부족한 세대(世帶)를 말하고, 제2차 빈곤이란 음주 · 도박 등에 소비하지 않는 한 충족할 수 있는, 즉 겨우 생활을 영위할 수 있는 세대이다. 라운트리는 제2차 빈곤에 대해서는 별로 언급을 하지 않았다. 그러나 그의 빈곤선 설정기준은 결코 높은 수준은 아니었다.

식료품비에 대해서는 1897년 지방행정기관이 수집한 구빈원 작업장 급식의 사례를 참조하여, 이것을 일반가정 식료품비의 소량 구입에 의한 값을 매기는 것으로 하기 위해 18세대의 노동자 가계실태를 참고하였다. 식료품비 이외에 대해서도 육체적 능률 유지에 절대적으로 필요한 품목만을 인정하는 엄격한 것이었다. 교통비 · 통신비 · 신문요금 · 음악회비 · 교회헌금 · 이웃과의 교제비 · 노조회비 · 질병치료 · 저축 등은 모두 인정하지 않았다. 또 자녀에게 주는 인형 · 구슬 · 과자 등과 아버지의 담뱃값이나 맥주 비용도 포함시키지 않았다. 어머니의 경우 여분이 있는 옷은 자녀에게 물려주고, 병이 나거나 사망하면 교구장만이 처리할 수 있는 그러한 기준이었다.

이렇게 얻은 자료 중 제1차 빈곤선 이하에 처한 요크시 주민 수는 9.9%(노동계층 인구의 15.5%)였다. 제2차 빈곤선까지 포함시키면 요크시 전체 인구의 27.4%였다. 라운트리는 빈곤원인에 대해서 사회와 경제의 구조적인 결함을 들고 있다. 그 당시 노동자 평균임금으로는 자녀 3인 가족의 생계를 유지시킬 수가 없으며, 더욱이 숙련공이 아닌 노동자 임금은 처음부터 빈곤선 이하에 처할 수밖에 없다고 설명하였다.

또한, 그는 노동자의 생애주기(life span)에 의한 빈곤순환을 지적하기도 했다. 즉, 노동자의 생애는 충족의 시대와 빈곤의 시대[8]로 교체되고 있다고 했다. 노동계층의 수입은 결코 장기간에 걸쳐 풍족한 저축은 보장되지 않는다. 개인의 근검절약이나 상호부조가 있다 하더라도 그것은 일시적인 것이거나, 빈곤순환을 격감시키는 데 불과한 것이지, 근본적인 문제해결과는 거리가 멀었다. 그리고 라운트리 보고서는 주택, 빈약한 위생시설, 과밀한 주거환경 등에 관한 자료를 상세히 보여 준다(김근홍 외, 2007: 51–54)[9]. 그는

8) 빈곤의 시대란 골격이 형성되는 유소년 시기, 중 · 고령 시기, 노령 시기를 지칭한다.

9) 부스도 라운트리의 보고서를 읽고 요크시와 런던시와의 빈곤수치가 비슷하다고 하였다. 또한, 그의 조사로 자기 의견

제1차 빈곤조사를 1901년 《빈곤, 도시생활 연구(Poverty, A Study of Town Life)》로, 제2차 빈곤조사를 1935년에 시행하여 1941년 《빈곤과 진보(Poverty and Progress)》로, 제3차 빈곤조사를 1950년에 시행하여 1951년 《빈곤과 복지국가(Poverty and the Welfare State)》로 출판하였다.

2. 국민적 상황과 국가적 대응

1) 보어전쟁과 국민적 상황

빈곤문제에 대한 부스의 런던 조사는 일반인들에게 큰 관심을 불러일으켰다. 하지만 정치인이나 의회에 크게 영향을 미칠만한 관심거리는 아니었다. 그러나 이와 같은 빈곤문제가 정치의 장(場)으로 들어오게 된 또 하나의 다른 계기는 1899년의 보어전쟁(Boer War)[10]이었다. 당시 세계 모든 나라는 영국의 승리를 확신하였다. 그러나 영국은 의외로 패배했으며, 영국 민족과 사회조직의 우수성은 여지없이 무너져 버렸다. 특히, 보어인 게릴라전에 대패한 영국 육군 병사의 체력이 중요한 문제로 지적되었다.

따라서 보어전쟁을 계기로 국민적 효율(national efficiency)이 제1의 정치문제가 되었다.

을 확인할 수 있게 되었다는 내용의 서한을 라운트리에게 보냈다. 웹 부부도 조사기간 중 라운트리를 내방하여 격려하였다.

10) 유럽인들끼리 싸운 전쟁이 있다면 믿어지는가? 이름도 야릇한 보어전쟁(Boer War)이 바로 그렇다. 남아프리카 전쟁, 또는 앵글로-보어전쟁이라고도 불리는 이 전쟁은 남아프리카에 거주하는 네덜란드계 백인인 보어인과 영국인들 사이에 벌어졌다(1899~1902년까지). 도대체 전쟁의 원인은 무엇이었을까? 바로 다이아몬드와 금광 때문이었다. 영국령 케이프 식민지와 보어인들의 오렌지 공화국 사이 지역에서 우연히 발견된 다이아몬드는 영국인들로 하여금 보어인과의 평화로운 공존을 파기시키기에 충분한 매력이 있었다. 그 무렵 남아프리카 지역에 주둔하고 있던 영국군은 50만 명에 육박했지만, 보어인 병력은 채 9만 명도 되지 않았으니 말이다. 결정적으로 두 민족 사이에 건널 수 없는 갈등의 불을 붙인 것은 트란스발 지역에서 발견된 금광이었다. 그렇지 않아도 금에 의존하는 통화정책을 펼치고 있던 영국으로서는 이 금광이 도저히 참을 수 없는 유혹이었다. 한편, 보어전쟁은 전쟁사에 커다란 발자취를 하나 남겼다. 보어인의 아프리카 정글을 이용한 게릴라전 때문에 큰 피해를 입은 영국군이 놀라운 아이디어를 하나 생각해 낸 것이다. 오늘날에 이르기까지 전(全)세계 병사 대부분이 입는 흙빛과 나무 빛깔을 혼합한 카키색 군복이 그것이다.

국민적 효율은 무엇보다도 체력과 체위의 문제이다. 라운트리의 조사에 따르면, 1897년부터 1900년까지 요크, 리드, 쉐필드 모병사무소에 3,677명의 지원자가 있었다. 그런데 그중 26.5%가 부적격자로 판정되었고, 29.0%가 조건부 입대였다. 이와 같은 사실은 인적 자원의 반 이상이 군무를 견뎌 낼 수 있는 신체적 조건을 갖추고 있지 못함을 의미한다. 병무청장의 '1900년 보고서'에 따르면, 입대부적격자가 1896년 42.2%, 1897년 38.0%, 1898년 35.0%, 1899년 32.9%, 1900년 28.0%로 나타났다. 이 수치는 대체로 라운트리의 빈곤보고서와 연관성이 있는 것으로 생각된다. 라운트리는 체위와 체력이 경제적인 측면에서 국제경쟁에 커다란 영향을 미친다고 주장했다. 모리스(Morris)장군도 산업이 노동계층의 체위를 저하시키고 있음을 지적하면서, 5인 중 2인 이상이 병역부적격자가 되는 것은 민족적인 위기라고 하였다.

1902년 1월 병무청장은 인적 자원 문제에 대하여 특별보고서를 의회에 제출하였다. 이어서 같은 해 11월 체위 저하 문제에 관한 관계부처 위원회가 설치되고, 1903년 7월 보고서를 제출하게 했다. 그 내용은 첫째, 환경위생에 관한 규칙의 제정 및 그 장려, 공장 혹은 주택에 관한 위생규칙의 제정, 둘째, 영아에 대한 영양과 육아교육의 강조, 청소년 흡연과 음주에 대한 제한, 셋째, 체력 단련의 조성, 넷째, 학교에서 신체검사 시행 강화, 다섯째, 학교 급식에 관한 것이었다.

▲ 보어전쟁 중 야전병원에 모인 부상병들

출처: http://terms.naver.com

1899년 4년간에 걸친 보어전쟁은 영국 국민의 여론을 분열시켰다. 자유당은 그래드스톤(Gladstone) 은퇴 후에도 계속 집권을 했지만, 자유당은 3파, 즉 자유제국주의파, 중도파, 친보어파로 분열되었다. 자유제국주의파는 보어전쟁을 "정당하고 불가피한 것"으로 보고 있으며, 중도파는 "이 전쟁은 외교를 무능한 것으로 만들고, 미래를 불투명하게 만들었다."고 했다. 또한, 친보어파는 "보어공화국의 자유와 독립에 대해 부당한 공격을 가한 것"이라고 비판했다. 보어전쟁은 자유당뿐만 아니라 페이비언협회도 분열시켰다. 1900년 11월 글래스고대학교(University of Glasgow) 명예총장 로즈베리(Rosebery)는 취임사에서 국민적 효율이라는 말을 하면서 다음과 같이 역설했다.

> "일국 일민족의 힘은 그 나라의 면적, 인구로 결정되는 것이 아니다. 특히, 식민지나 산업에서 유럽 각국이 서로 경쟁하고 있는 오늘날, 젊은이들이 시간을 무위로 보내는 것은 허용할 수 없다. 영국의 사회조직은 근대화를 필요로 하고 있다. 농촌에는 대체로 이와 같은 조건이 정비되어 있으나, 도시는 과밀하게 공기가 나쁘고, 환경이 정비되지 않았으며, 또한 각종 향락과 사치가 민족성을 해치고 있다. 생존의 최적자란 끊임없이 지식과 수단을 연마해 나가야 된다."

당시 자유당은 진보적인 사상을 대표하는 강력한 세력이었다. 그들은 지금 필요한 것은 공동체이며, 세계로 눈을 여는 것이라고 했다. 그러나 일반 대중들이 느끼는 것은 자유주의 · 보수주의 · 혁신주의자들의 생각이 아니라, 영국의 수치라는 감정이었다. 즉, 실패 · 결함 · 통치자의 능력부족 · 의회의 무기능 · 정치가의 비전결여 · 정부 각 부처 간의 비능률 · 경제적 이니셔티브를 미국에 양보한 상공인의 태만 · 인구 밀집지역에서 볼 수 있는 각종 사회문제 방치 등에 관한 착잡한 감정이었다. 또한, 국민의 1/5(약 800만 명) 이상이 주 1파운드 미만으로 살고 있고, 고역(苦役) 산업을 둘러싼 나쁜 생활환경과 불결한 도시 슬럼(slum)[11]에서 어떻게 국민적인 사기가 나올 수 있으며, 어떻게

11) 거대 도시 내에서 빈민이 밀집하고 주거 및 생활환경이 극히 불량한 지구를 말한다. 노후 불량주택의 과밀지역으로 채광 · 채열 등 주거 조건과 도로 · 배수 시설 · 상하수도 등 생활환경이 불량하고, 저학력의 하층계급 주민들이 집중하여 범죄 발생률이 매우 높은 지역이다.

훌륭한 국가를 유지할 수 있겠는가 하는 분위기였다(김근홍 외, 2007: 54-56).

2) 고역(苦役) 노동에 따른 국가적 대응

부스의 사회조사는 베아트리스 포터에게 커다란 영향을 주었다. 그녀는 런던 노동자와 고역산업(苦役産業, sweating industry)의 여성 노동자 조사를 통하여 빈곤 원인에 대한 큰 관심을 보였다.[12] 그녀는 산업이란 소비자에 의해, 또 소비자의 공동이익을 위해 통제되어야 한다고 생각하여 《영국의 협동조합운동(The Cooperative Movement in Great Britain)》(1891)을 집필했다. 또한, 그녀는 남편인 시드니 웹과 함께 공동으로 《노동조합사(The History of Trade Union)》(1894)와 《산업민주주의(Industrial Democracy)》(1987)를 저술하였다.

국민적 최저한(National minimum standard) 사상은 국민적 효율과 관련되어 있다. 표준조건 이하의 산업, 특히 고역산업은 국민경제에 기생해서 성장하려고 하기 때문에 저임금노동에 의존해 있다고 믿었다. 그녀는 이와 같은 기생산업(parasitic industry, 예: 철도업에 대한 차륜제조업 · 침목 공급 등)은 사회에서 축출되어야 하며, 이런 산업은 금지되어야 한다고 역설했다.

웹 부부는 국민적 최저한과 효율화는 산업계의 공동과제라고 생각하였다. 따라서 기업과 노동자는 어떤 공동규칙을 만들 필요가 있으며, 이 공동규칙이라는 말은 각 산업이 지켜야 할 최저기준을 의미한다. 이 최저기준을 확보한다는 것은 고역산업 분야에서 일하는 노동자를 보호하거나 아동노동을 금지하고, 여성노동을 제한하는 것 등과 함께 기업 측에서도 양질의 노동력을 확보하는 것이며, 그 위에 기업의 경쟁조건을 공평하게 유지하며, 건전한 자본주의 발전에 도움이 되게 하는 것이라고 생각했다.[13]

---

12) 베아트리스 포터(후일 베아트리스 웹)는 런던 동부지역 고역산업 실태조사를 통하여 저임금과 열악한 노동조건의 병폐를 잘 알게 되었으며, 이와 같은 병폐를 없애기 위하여 모든 노동자들에게 어떤 일정 한도의 최저 고용조건을 확보할 수 있게 기업이 통제되어야 한다고 생각하였다. 또 그녀는 이러한 통제는 노동조합의 단체교섭으로, 혹은 노동조합이나 사회적 지지집단에서 얻어진 입법에서만 행사될 수 있는 것이라고 믿었다.

13) 산업을 통하여 어떠한 공통의 최저기준을 설정한다는 것은 어떠한 표준에 미달되는 것만을 규제하는 것이 아니고, 어떤 면에서도 산업능력을 높일 수 있게 한다는 적극적인 측면도 있다. 따라서 공동규칙이란 고용조건의 규칙이며, 이것의 확보는 노사의 중심적인 과제가 되어야 한다. 특히, 노동조합으로서는 공동규칙의 확보가 노동조합의 기본목표가 된다.

웹 부부는 《산업민주주의(Industrial Democracy)》 제3부 '노조의 경제적 특성'에서 노동조합의 역할은 고용조건에서 산업 간 공동규칙을 지킬 수 있게 하는 것이며, 임금률 · 노동시간 · 안전위생 등의 규칙을 마련하여 노동자의 생활을 확보하는 것이라고 기술하고 있다. 자유경쟁과 개인거래에서는 시장기능이 고용조건을 결정한다. 이 시장기능은 노동자 · 고용주 · 도매상인 · 소매상인과 소비자를 하나의 연결된 거래의 체인 안에서 기능을 발휘하고 있지만, 이 체인에서는 언제나 '사는 측'이 '파는 측'에 압도적으로 우위에 서 있다. 또한, 싼값을 바라는 것은 '사는 사람'의 무의식적인 충동이다.

이와 같은 보이지 않는 기능이 거래의 한 단계에서 다른 단계로 옮겨 갈 때 그 힘은 증대되어 결국 그 누적된 무게가 노동자에게 가해진다는 것이다. 싼값을 찾는 누적된 충동의 원천은 혹은 파는 사람에 대한 지속적인 압력은 결국 노동자의 생활을 압박하게 된다. 따라서 노동자들은 노동조합을 만들어 그들이 생존할 수 있는 생활기준을 명확히 하여 표준임금 · 표준노동시간 혹은 보건 · 위생 등에 관한 규칙을 고용조건에 넣도록 해야 한다. 이렇게 하여 '싸게 파는' 압력에 저항하여 노동자들의 생활조건을 보호하려는 것이 웹 부부의 생각이었다.

공동규칙은 고용주가 경영의 합리화 · 장비의 개선 · 새로운 제조공정과 활용 · 능률적인 생산과 노동조건 개선에 관심을 가지게 된다. 또 생산성에 대한 관심을 더욱 고양시키는 균형을 이루게 한다. 그러나 이러한 공동규칙의 효과가 명확한 것이라 할지라도 실제 모든 산업부문에서 이것이 모두 적용되기란 불가능하다. 또 스스로의 힘으로는 결코 공동규칙의 방파제를 쌓을 수 없는 노동계층이 사회 안에는 있으며, 숙련되지 않은 노동력은 언제나 무한의 산업예비군이 되기 때문에 공동규칙의 제정은 법률로써 시행되어야만 한다.

웹 부부는 국민적 최저한 정책은 고역산업의 추방과 인도주의적 견해, 그리고 사회 자체를 위해서도 필요한 것이기에 국가적인 개입이 요청된다고 생각했다. 국민적 최저한 정책은 이후 노동당의 기본정책이 됐으며, 국민생활 안전을 위해 모든 국민에게 그 이하에 떨어지지 않는 생활보장의 의미로 광범위하게 사용되었다. 1901년 웹은 다음과 같이 강조하였다(김근홍 외, 2007: 56-58).

> "영국은 바야흐로 새로운 산업현장을 제정하지 않으면 안 될 단계에 도달했다. 그것은 단지 노동자만을 위한 것이 아니라, 우리 산업이 세계와의 경쟁에서 승리하기 위해서 절대로 필요한 것이다. 오늘날의 불공평하고 불완전한 「공장법(Factory Law)」[14]을 더욱 체계적이고 포괄적인 법으로 만들어 교육 · 위생 · 여가와 함께 임금의 최저한을 정하여 이것을 모든 고용주에게 적용하는 것이 산업경쟁의 출발점이다."

3. 영국의 자유주의적 개혁

노동자 계급의 참정권 요구 운동인 차티스트(Chartist) 운동, 「심사령(審査令)」[15] 폐지(1828), 「가톨릭교도해방령(Catholic Emancipation Act)」[16](1829) 등을 비롯하여 시민적 자유와 권리를 누리게 된 영국의 자유주의적 개혁(liberal reform)에 대하여 알아본다.[17] 19세기 후반과 20세기 초에 등장한 다양한 사회입법은 전근대적 구빈제도로부터 근대적 사회

14) 영국에서 공장 노동자들의 가혹한 노동 조건을 시정하기 위하여 시행된 법률의 총칭이다. 1802년의 「도제법(徒弟法, 아동노동자보호법)」을 시작으로 1833년에는 일반 「공장법」이 성립하였다. 9~13세 어린이의 9시간 노동, 14~18세의 12시간 노동, 18세 미만의 야간작업 금지, 공장 감독관 설치 등을 규정하였다. 1844년에는 여성 노동자의 보호 규정을 추가하였고, 1847년에는 여성과 연소자의 10시간 노동을 규정하였다.

15) 1673년에 영국 의회에서 제정된 「심사령(審査令)」은 국교도(國敎徒) 이외의 사람의 공직 취임을 금지한 법으로, 가톨릭교의 부활을 방지하기 위하여 제정되었는데, 1828년에 폐지되었다. 비국교도 중에서도 가톨릭교도는 종교개혁 때 영국국교회(성공회)를 확립한 엘리자베스 1세(1558~1603) 이래 많은 압박을 받아왔다. 몇 개의 법으로 의사나 법률가가 되는 일, 토지를 구입하는 일, 장기간의 차지계약(借地契約)을 맺는 일도 금지하였다.

16) 「가톨릭교도해방령(Catholic Emancipation Act)」은 영국에서 1829년 가톨릭교도에 대한 여러 가지 권리상 · 자격상의 제한적 규정을 철폐한 법령을 말한다.

17) 자유주의(Liberalismus)란 개인의 자유를 보장하고 존중하는 이데올로기를 말한다. 19세기 독일에서 자립적 개인의 형성을 사상적 기반으로 하여 입헌주의와 독일 통일을 지향하는 사상과 운동이다. 개인의 자유를 박탈하고 개인의 잠재적 가능성을 실현하기 위해 스스로 선택하고 결정하는 것을 방해하는 일체의 요소를 배격하는 정치적 · 철학적 신조를 말하는 것으로써 자유를 의미하는 라틴어인 liber에서 유래되었다.

보장제도로 전화해가는 과도기에 교량(橋梁) 역할을 하였다는 점에서 사회복지 역사상 의미가 있다는 것은 앞에서도 살펴보았다. 이러한 역할은 사회복지 발전 혹은 성격 변화가 기본적으로 혁명적(revolutionary)이라기보다는 개혁적(reformatory)으로 전달됨을 보여 주는 좋은 사례가 된다. 이 시기의 개혁입법 등장에 구체적 계기로 작용한 현상 몇 가지를 요약하면 다음과 같다(감정기 외, 2010: 164-166).

첫째, 자본주의 발전에 따라 사회의 지배적 계급관계의 축이 지주와 농업노동자의 관계로부터 산업자본가와 산업노동자의 관계로 전환되었다. 이 때문에 중심적 사회문제는 자본제적 모순을 반영한 새로운 사회문제로 대체되어 갔다. 예컨대, 노동력의 도시 이동, 노동력 공급의 상대적 과잉에 따른 저임금 노동과 실업 및 이에 따른 새로운 빈민층 형성, 열악한 노동환경과 이로 말미암은 재해의 증가, 급속히 팽창한 도시 주거환경과 위생문제, 주기적 공황 등이 이미 중요한 사회문제로 부각되고 있었던 것이다. 이 밖에 의학기술의 진보에 따른 사망률의 감소와 이에 따른 노령인구 증가도 새로운 사회문제로 드러나기 시작했다.

둘째, 앞에서 살펴본 각종 사회조사활동을 통해 빈곤의 실태와 원인에 대한 사회적 인식이 변화하였고, 이에 따라 빈곤문제에 대응하는 원칙에 대한 시각도 변화되었다. 말하자면, 산업화 초기단계의 축적을 뒷받침하였던 자조의 윤리와 자유방임적 대응은 사회적 지지를 잃게 되었을 뿐 아니라, 실효성도 떨어지게 되었다는 것이다. 변화된 상황에서 자본의 축적도 도울 새로운 대응원칙이 필요하게 된 것이고, 그렇게 해서 등장한 것이 제한적 국가개입을 수용하는 새로운 자유주의이다.

셋째, 시민권의 확장을 들 수 있다. 남성 노동자들에 대한 보통선거권의 부여로 노동자들의 정치적 권리가 확대되었다. 이러한 변화는 노동자들의 움직임이 정치적 부담요인으로 드러나기 시작하였음을 의미한다. 이와 함께 노동운동이 발달하고, 거기에 사회주의 사상 영향이 확산됨으로써, 노동운동이 정치적이면서 사회주의적 성격을 띠게 된 것도 중요한 변화였다.

넷째, 국민생활 최저선 개념이 대두된 점을 들 수 있다. 부스와 함께 빈곤 연구에 참여하였던 베아트리스 포터가 개인적으로 주장하기 시작하여, 1890년대 이후에 페이비언 사회주의(Fabian socialism)[18]의 공식 슬로건(slogan)으로 발전하였다. 이것은 임금을 포함한 생산, 여가, 위생, 교육 등 노동자 생활의 포괄적 영역에서 최소한의 수준은 보장되도록 정책적으로 뒷받침하여야 한다는 시각이다. 이러한 사상의 이면에는 기본권 개념 이외에 국가적 효율성 개념도 포함되어 있었다. 국민생활 최저선 확보를 통하여 국민의 건강을 유지함으로써, 국력이 쇠하여 힘이나 세력이 점점 약해지는(衰殘) 데서 오는 국민적 비효율문제를 극복할 수 있다는 것이다.

다섯째, 현실적으로 자유당이 집권당으로 등장한 점이다. 1906년 총선에서 356개 의석을 차지하게 되었던 것이다. 그러가 하면, 노동당 측도 29명의 당선자를 배출하면서 그 해에 '노동당'을 결성하여 실질적인 정치적 영향력을 행사할 수 있게 되었다.

이상과 같은 상황 변화를 배경으로 사회입법이 마련된 일을 통상 '자유주의적 개혁'이라 부른다. 이때 만들어진 주요 법률은 다음과 같다.[19] ① 노동자의 파업을 합법화한 「노동쟁의법」(1906), ② 지방행정 당국으로 하여금 초등학교 아동에게 급식할 수 있게 한 「교육법」(1906), ③ 아동이 신체검사와 치료를 받을 수 있게 하여 「구빈법」의 원리를 벗어난 최초의 건강 관련 제도로서, 후에 국민보건서비스(NHS)의 출발이 됐다고 볼 수 있는 「교육법」(1907), ④ 위험한 직종 노동자의 산업재해에 대해 고용주가 책임지도록 한 「노동자 보상법」(1907), ⑤ 아동의 생명보호와 학대 예방 및 청소년 비행에 관한 조치 등을 규정하여, 아동의 독자적 인간으로서의 권리를 인정한 「아동법」(1908), ⑥ 범죄자가 일정한 보호관찰 조치에 따라 지역사회에 거주하면서 도움받을 수 있도록 한 「보호관찰법(Probation of Offenders Act)」(1908), ⑦ 구직자들에게 직업 관련 정보를 제공할 전국적 네트워크 구성을 규정한 「직업소개법(Labour Exchanges Act)」(1908), ⑧ 저소득 노인에 대한 무갹출 원칙의 「노령연금법」(1908), ⑨ 탄광 노동자의 8시간 노동을 규정한 「탄광규제

18) 페이비어니즘(Fabianism)이라고도 하는데, 1884년 영국의 페이비언협회(Fabian Society)가 주장한 점진적 사회주의 사상으로 영국 노동당의 지도 이념을 말한다. 이는 사회개량의 수단으로서 혁명을 사용하지 않고 의회주의를 통하여 점진적으로 모든 정책을 실현함으로써 자본주의의 결함을 극복하자는 것이다.

19) 사회보험에 관해서는 앞에서 이미 자세하게 살펴보았으므로 여기서는 생략한다. 사회보험에 대해 다시 알기를 원하면, 이 책 제5장을 참고하기 바란다.

법」(1908), 그리고 ⑩ 노동조건이 열악한 산업을 지정하여 임금위원회를 설치하고, 그것이 정한 최저임금이 법적 구속력을 가지게 한 「최저임금법」(1909) 등이다(감정기 외, 2010: 166; 박주현, 2018: 171).

Chapter

07

자선조직협회와 전문사회사업

Chapter 07

자선조직협회와 전문사회사업

1. 자선조직협회의 출현

1) 자선조직화운동과 인도주의

인도주의(人道主義, Humanism)란 모든 인간은 인간이라는 점에서 동등한 자격을 갖추고 있다는 생각에서, 인류의 공존을 꾀하고 복지를 실현시키려는 박애적(博愛的)인 사상을 말한다.[1] 인도주의 주창자는 영국의 공상적 사회주의자이자 산업혁명의 최초 실천적 비판가이며, 협동조합운동의 창시자인 오웬(Owen)이다. 19세기 전반에 걸쳐 전개된 인도주의 사상은 자선조직화운동에 영향을 미쳤으며, 민주주의 발전에도 이바지하였다.

오웬은 환경이 인간을 규정한다는 입장에서 산업혁명 아래 자본주의의 '부자연스러운' 상태를 비판하고, 공산주의적 공동체의 실상을 보임으로써 사회를 변혁하려고 하였다. 그녀는 환경의 개선과 이상사회 건설을 목적으로, 세계의 무산자 복지와 안녕을 도모하기 위하여 구매조합을 조직하고, 새로운 이상촌을 창설하여 노동자의 자각과 사회계몽에 전력하였다. 한편, 프랑스에서는 공상적 사회주의자이자 생시몬(Saint-Simon)[2]

---

1) 인도주의(Humanism)는 현세에서의 복지와 행복을 존중하는 반내세주의적(反來世主義的) 특징을 가진 경향도 있고, 르네상스 운동에서와 같이 고전(古典)의 정신과 사상을 부활시켜 인간의 개성과 가치를 강조하면서 종교적 제약에 반기를 든 것도 있다. 그 이외에 모든 형태의 초현실적 · 초자연적 세계에 대한 신념을 부정하는 20세기의 철학적 · 종교적 노선의 형태도 있다. 즉, 그것은 현세의 모든 인류가 향유(享有)할 가치를 궁극적인 윤리적 목표로 삼고, 인간의 문제를 오직 이성과 과학과 민주주의적 방법에 의해서 해결하려는 경향으로, '자연주의적 인도주의'라고 일컬어지고 있다.

2) 생시몬은 청년 시절에 18세기 계몽주의자 달랑베르의 교육을 받았으며 미국 독립전쟁(1775~1776)에 참가하고 또 프랑스 혁명에서는 자코뱅파에 가까운 견해에 있었다. 그는 프랑스의 유물론에 찬성하고 이신론(理神論)이나 관념론(특히,

이 인류우애의 관념에 기초를 둔 문화의 창조, 사회적 종교의 수립을 창설하여 인간과 인간은 서로 협동하여 자연을 개척해야 한다고 주창하였다.[3)]

▲ 로버트 오웬(1771~1858)

▲ 생시몽(1760~1825)

그 당시 영국교회의 목사 모리스와 킹슬리(Kingsley)는 젊은 법률가 러들로(Ludlow)와 함께 당면한 사회문제에 대해 흥미를 가지고 연구하며 숙의하였다. 그들은 노동자의 편에서 지배적인 방임주의를 배격함으로써 당시의 폭동을 제압할 수 있었다. 그리고 그들은 지혜를 모아 1847년에 제봉사의 공동조합을 조직하였고, 1850년에는 노동자 복리증진협회를 설립하여 기독교 교리를 산업에 실천적으로 응용하였다. 바로 이것이 협동조합운동의 발단이 되었다.

독일의 고전 철학)에는 반대하면서 자연의 연구를 중시하였다. 그리고 사회의 발전에도 일정한 법칙이 지배한다고 주장하였지만, 역사의 추진력이 과학지식과 도덕과 종교에 있다고 하는 역사에 대한 관념론적 견해에서 벗어나지는 못했다.

3) 오웬과 생시몽의 영향을 받은 인도주의는 사회 개조를 통하여 사람들에게 생업을 갖게 하고 이들이 평등한 이익을 얻게 함으로써 사회복지에 이바지하게 하였다. 당시는 영국, 아일랜드 등 유럽 전 지역에 흉년이 들고, 과도한 세금 등으로 말미암아 노동자들에게는 아주 어려운 상황이었다. 이런 이유로 각 도시에서는 반란이 일어나고, 군중집회가 열리는 등 사회 전반이 혼란한 상태가 되었다.

존 프레더릭 모리스(John Frederick Denison Maurice, 1805~1872)

영국 국교회의 성직자이자 신학자이다. 유니테리언 교회의 목사 아들로 태어났는데, 콜리지의 영향을 받아서 국교회로 개종하고, 1840년 런던의 킹스 칼리지의 영문학, 이어서 신학교수에 취임하였다. 러들로, 킹슬리 등과 함께 그리스도교 사회주의를 제창하고, 1854년 런던에 노동자대학을 개교했다. 자유주의적 광교회파를 대표해서 고교회파(High Church)를 비판하고, 한편 영원한 형벌을 부정했기 때문에 저교회(Low Church)의 보수파로부터 비난받고, 직에서 쫓겨났다. 대표작으로 《그리스도의 왕국》(1838)이 있다.

그들은 동료 사상가들과 협력하여 노동자와 더불어 기독교적 생활의 사회적 영역을 발전시켰으며, 정치 · 경제 · 사회 모든 영역에 걸친 사회문제 연구에 노력하였다. 특히, 빈부 관계는 기독교 철학의 기초 위에 세워져야 한다는 인식으로 기독교 사회주의를 제창하였다. 이 기독교 사회주의는 비사회적 기독교인과 비기독교적 사회주의와의 투쟁을 통해 개인주의와 방임주의를 배격하고 노동자를 동정하여 노동자의 인간성 존중에 매진하였다. 그러나 이러한 사상이 19세기 후반에는 상당한 차이를 보여서 결과적으로 민주주의 · 자유경쟁 · 개인주의를 실현시켰다(류상열, 2002: 117-128).

2) 자선조직협회의 생성과정과 원칙

(1) 자선조직협회의 생성과정

자선조직협회(The Charity Organization Society: COS)를 누가 만들었는지에 대해서는 여러 가지 설이 많다. 그러나 그 설립배경에 대해서는 대체로 뜻을 같이 한다. 그 당시 각종 자선활동이 통일되지 않아 활동기관 간에 대립 형태를 보이기도 하였다. 그 결과, 보호할 필요가 없는 사람까지 보호를 받거나 보호대상자가 수급(受給) 조건이 되어 있는데도 보호를 받지 못하는 상태가 발생하였다. 이로 말미암아 빈부 격차가 생기고, 훈련받지 않은 담당자들에 의해 수행된 자선 때문에 자선에 대한 이미지가 손상되었다. 또한, 자선사업에 참가하는 것이 상류층으로 올라가는 지름길로 생각하기도 하였다. 따라서 자선은 주는 자의 동정심을 만족시킬 뿐, 받는 자의 참다운 욕구 · 고난과는 관계없이 베풀어지는 위험한 상태까지도 나타났다.

1868년 유니테리언(Unitarian)[4] 목사 솔리(Solly)가 통일된 자선활동의 필요성을 역설하였는데, 이것을 계기로 자선조직협회가 발족되었다고 전해진다. 이 협회는 중앙위원회 아래 지역위원회를 두어 조직적 구제와 서비스를 시행하였다. 자선조직협회는 1869년 4월에 정식으로 발족되었는데, 당초 명칭은 '런던자선구제조직걸식박멸협회'였으나, 다음해인 1870년에 '런던자선조직협회(The London Charity Organization Society)'로 개칭하였다.

유니테리언과 소시너스주의(Socinianism)

유니테리어니즘(Unitarianism)을 넓게 해석할 경우 그 기원은 고대로 거슬러 올라가지만, 이 명칭 자체는 근세에 붙여졌다. 종교개혁 좌파의 하나인 인문주의적 그리스도교에 속하는 이탈리아 태생의 인문주의 스페인 신학자 미구엘 세르베투스(Miguel Servetus, 1511~1553)와 파우스투스 소시너스(Faustus Socinus, 1539~1604)에서 연유되는데, 소시너스주의(Socinianism)가 그 대표적인 유파이다.

이 사상은 교회사 초기 아리우스(Arius)에게서 이미 나타났는데, 종교개혁 당시 미구엘 세르베투스가 《삼위 오류》(1531년)에서 유일신론을 주장하다 제네바에서 칼뱅(Jean Calvin, 1509~1564)에게 화형당했다. 또 이탈리아 태생의 인문주의 신학자 파우스투스 소시너스 역시 《요한복음》(1562)과 《구주 예수 그리스도》(1578)에서 예수의 신성을 부인하고 삼위일체를 거부했다. 그는 트랜실바니아를 거쳐 폴란드에서 유일신론을 전하다 죽었다. 그러나 폴란드에서 소시너스파를 이룰 정도로 상당한 세력을 형성하였다.

그 후 유일신론은 유럽 대륙에서 영국으로 전파되어 비국교도들 사이에 상당한 영향력을 끼

4) 유니테리언(Unitarian)이란 그리스도교의 정통 교의(敎義)인 삼위일체론(三位一體論)의 교리에 반하여, 그리스도의 신성(神性)을 부정하고 하느님의 신성만을 인정하는 교파를 뜻한다. 유니테리언은 오직 하나님 한 분만 신이라고 하여 유일신론(Unitheolism, Unitarianism)을 주장하기 때문에 이런 이름이 붙여졌다.

쳤다. 영국 최초의 유일신론자는 옥스퍼드 출신의 비들(Biddle, 1615~1662)이다. 그 외에도 프리스틀리(Priestly, 1733~1804)와 하즐릿(Hazlitt, 1737~1820)은 유일신론을 미국 교회에 전파하였다. 그리하여 1785년 미국 뉴잉글랜드에서 제일 오래된 감독교회인 킹스채플(King's Chapel)이 맨 먼저 유일교회가 되면서 많은 회중교회가 유일교회로 넘어갔다.

자선조직협회의 발전을 촉진시킨 것은 「구빈법」 당국의 태도였다. 「구빈법」 당국에서는 자선조직협회의 설립취지를 살려 빈민구제를 합리적으로 이행할 것을 권고하였다. 이러한 일을 통해 「구빈법」 당국과 자선조직협회는 밀접한 관계를 유지하게 되었다(김동국, 1986: 190-191).

(2) 자선조직협회의 활동 원칙

자선조직협회 활동은 다음과 같은 원칙으로 수행되었다.

첫째, 협력과 조직화를 원칙으로 하였다. 중앙본부와 지구위원회의 조직을 활용하여 단체나 개인의 자선활동 수준 향상과 케이스워크(case work)의 질적 향상을 도모하였다. 각종 단체가 협력함으로써 낭비를 방지하고, 질을 향상하는 것을 목표로 하였다. 그리고 동시에 주는 자와 받는 자 사이에도 협력관계가 유지되도록 하였다.

둘째, 자선조직협회는 원조의 대상을 '가치 있는 자'에 한정했다. 사회사업의 목적은 그것이 치료적 효과를 가지고 있지 않으면 달성되지 않기 때문이다. 개인은 자신의 생활에 대한 책임을 져야 하기 때문에 독립심을 해치거나 자존심을 상하게 하는 원조를 해서는 안 된다.

셋째, 클라이언트의 한정적 선택의 원칙이다. 자선조직협회에서는 원조 대상을 자조능력이 있는 자로 하였기 때문에 그 범위는 당연히 한정되었다. 자선조직협회는 이 원칙에 따라 설립 이후 10년 동안 매년 신청자의 50% 이상을 원조하지 않았다. 만일 신청자가 원조를 거부당하면 다른 기관에 의뢰하기도 하였다.

넷째, 원조의 금액과 시기는 적정해야 한다는 원칙이다. 이 원칙에 따라 모든 클라이언트는 선별되고, 또 자조의사가 없다고 인정된 자의 신청은 거부되거나 「구빈법」으로 의뢰되었다.

3) 나라별 자선조직화운동의 주요 활동

자선조직화운동(The Charity organization movement)은 19세기 말 영국의 여러 도시에서 만성적 구제불능 상태에 있었던 노동자 계급의 궁핍화와 피구휼층으로 전락하는 것이 증가되는 것을 배경으로 형성되어 근대 사회사업의 성립에 영향을 미쳤다. 독일 · 영국 · 미국에서 전개된 자선조직화운동의 주요 활동을 살펴보면 다음과 같다(박주현, 2018: 179-182).

(1) 독일의 자선조직화운동

독일의 자선조직화운동 시작은 아마도 1788년 함부르크(Hamburg) 시(市)에서 구제사업 조직을 연구한 것으로 소급해서 생각할 수 있을 것이다. 그 연구 결과를 토대로 하여 1852년 엘베르펠트(Elberfeld) 시(市)에서 자선조직화운동이 시작되었다.

이 운동은 우선 시(市)를 몇 개의 구역으로 분할하여 그 구역마다 네 명의 감독을 두었고, 각 구역 감독은 빈민구제위원회(생활보호위원회)에 소속되어 일정한 시기에 그 구역 내의 빈곤자를 방문하여 생활실태를 조사 · 개량(改良)하는 일에 진력하였다. 또한, 몇 개의 구역을 지구로 구성하여 지구에 감독관을 두었다. 이 감독관의 임무는 자기 지구에 속한 각종 사업을 감독하고, 빈민구제위원회(생활보호위원회)를 소집하여 사업에 필요한 예산확보와 부조의 정도, 종류 및 기관 등을 논의하게 하였다. 그리고 모든 지구를 통합 관리하는 중앙감독국이 있어 여기에는 시(市)직원 및 시의회 의원이 실무자로 참여하였다. 중앙감독국의 임무는 전시 구제사업의 계획을 세우고, 규정을 만들어 조직적인 사업을 하도록 지도하고 감독하는 것이었다. 또한, 빈곤의 원인을 연구하는 일도 하였다.

중앙감독국의 위원장을 제외한 모든 위원은 무보수 자원봉사요원으로 구성되었다.

그들에게는 빈곤자의 가족구제에 대한 결정권이 부여되었다. 이 제도의 중요한 장점은 피부조자 혹은 그 가족과 그 지역의 빈민구제위원(생활보호위원)과 대단히 밀접한 관계를 가지고 있어 업무처리와 서비스 제공에 도움이 되었다. 그러나 약점은 그들의 관계가 밀접하여 무능한 빈민구제위원(생활보호위원)이라도 항상 피부조자가 소속되어 있어 충분한 서비스를 받지 못하는 사례와 한 빈민구제위원(생활보호위원) 밑에 50~60명의 피부조자가 소속되어 있어 과도한 부담을 주는 사례이다. 이런 폐해를 감안하여 함부르크 엘베르펠트제도가 19세기 마지막 10년경에 재편성되어 구역제도는 지구제도로 변경되었다.

이 새로운 제도에서는 조직 개편에 따라 확대된 지구 내의 빈민구제위원(생활보호위원)은 그 지구 내의 가정을 조사하며, 감독할 임무를 부여받았다. 그리고 모든 구제신청자는 지구감독관에게 출두하게 하여 감독관으로 하여금 담당 빈민구제위원(생활보호위원)을 정하도록 하였다. 이 방법을 채택한 이유는 특정 빈민구제위원(생활보호위원)에게 요구호자가 몰리는 현상을 예방하기 위함과 충분한 이유가 있을 때는 빈민구제위원(생활보호위원)을 교체할 수 있도록 하기 위해서였다. 이 제도를 통해 구제개별화의 이념이 상당히 발달하였으며, 관리상의 개별화는 조사 및 사무 처리에 적용됐다. 특히, 조사에 주력했다는 게 특징이다(류상열, 2002: 120-121).

(2) 영국의 자선조직화운동

앞에서도 언급됐지만, 영국에서는 1869년에 '런던자선구제조직걸식박멸협회'가 설립되었고, 다음해인 1870년에 '자선조직협회'로 명칭이 변경되었다. 자선조직협회의 창설 동기는 독일에서와 마찬가지로 빈곤자에 대한 무분별한 구제를 막고 공정하게 서비스하기 위해서였다.

그 당시 「구빈법」이 어떤 지방에서는 엄격히 적용되고 어떤 지방에서는 느슨하게 적용되어 필요한 구제를 공정하게 시행하지 못했으며, 구빈선서가 있었음에도 불구하고 그것 때문에 오히려 많은 걸인이 생기게 되었다. 한편, 걸인이 많은 것은 자비심이 많은 사람이나 단체가 많았기 때문으로 볼 수 있다. 그런데 이로 말미암아 생겨난 폐단은 다양한 개인과 각종 단체가 서로 협의 없이 개별적으로 구제하기 때문에 어떤 사람은 대단히 많은 구제를 받고, 어떤 사람은 조금밖에 못 받는 결과가 왔다. 바로 이런 문제를 없애기 위해 자선조직협회를 창설하고 활동을 전개했다고 볼 수 있다.

앞서 언급한 바와 같이, 이 제도의 필요성을 강조한 사람은 솔리 목사이다. 그는 1868년 예술협회에서 "런던의 실업 빈곤자 및 난폭자, 범죄자를 어떻게 할 것인가"라는 제목의 논문을 발표하였다. 이 논문 발표에 대한 결과로 '빈민범죄방지협회'가 창설되고, 여기에서 런던 빈곤문제에 대한 계획을 개략적으로 설명하였다. 1868년 하우크스레(Hawksley) 박사는 모든 자선단체를 지구 사무소를 통해 총괄하게 하고, 각 단체는 항상 상호 연락하며, 중앙사무소의 지도를 받도록 하는 안을 제안하였다.

자선조직협회의 근본이념은, 구제하는 일보다는 당시의 자선단체 간 관계를 밀접하게 하는 데 있었다. 특히, 주요 사업으로는 영국 역시 구제의 공정성에 문제가 있었기 때문에 그 문제를 해결하는 것이고, 각 자선단체의 구제가 합리적으로 시행되어 구제의 중복을 방지하는 것이었다. 중앙사무소의 운영비는 자선단체에서 연(年) 수입의 1%씩 갹출(醵出)하여 사용하였으며, 런던의 모든 자선단체는 대표자를 파송하도록 하였다. 그리고 협회의 직원들은 대부분 무보수로 일하였다. 그러나 점차 사업 양이 증가하였으므로 유급직원을 두게 되었다.

(3) 미국의 자선조직화운동

미국은 독일 · 영국의 자선조직화운동에 자극을 받아 1874년 에임스(Ames) 목사가 런던자선조직협회를 모방한 미국자선조직협회를 필라델피아(Philadelphia) 교외 저먼 타운(German Town)에 설립하였다(류상열, 2002: 123). 미국의 자선조직협회 설립은 독일 · 영국과는 달리 두 가지 측면에서 다른 점이 있다. 첫째는 1873년 경제공황으로 많은 실업자 발생과, 둘째는 런던자선조직협회에서 활동하던 미국인 목사들이 미국에 돌아왔다. 이러한 상황에서 조직된 협회는 구제신청자의 조사를 위하여 가정방문원을 위촉하였다.

무료급식소(soup kitchen), 연료조합, 교회 및 시립 원외구제시설을 이용하여 빈곤 정도에 따라 시의 구제자금을 활용하여 구제활동을 펼쳤다.

미국도 다른 나라와 마찬가지로 많은 자선 관련 단체가 있었고, 대표적인 조직으로는 '빈민상태개선협회'를 들 수 있다. 이러한 단체들은 기부를 받고 다시 나누어 주는 일을 하였다. 그러나 이러한 단체가 단순한 물질적 구호에 그쳤기 때문에 혹자는 "구제의 바다에 잠기고 있다."고 할 정도였다. 1840년에 이미 뉴욕 시에만 30여 개 이상의 구제단체가 있었다. 빈민상태개선협회 위원회가 그 당시의 구제결과를 보고하였는데, 그 내용은 다음과 같다(류상열, 2002: 123).

- 구제를 할 때 요구호자의 사정을 감안하지 않고 구제할 때에는 문제가 생겼다.
- 자선단체가 상호 연락 없이 단독으로 서비스한 결과 교활한 걸인은 동시에 많은 자선단체로부터 구제를 받으나, 그렇지 않은 사람은 더 가난하더라도 구제를 받지 못하는 결과를 가져왔다.
- 구제를 하는 자와 받는 자 사이에 아무런 공식적이고 전문적인 서비스가 없기 때문에 구제를 받는 자가 도덕적 · 경제적 진보가 없다.
- 빈곤의 원인을 제거하지 못하는 자선은 결과적으로 참된 복지를 실현할 수 없다.

1875년 가을에 '빈곤자방문협회'가 보스턴 시에 조직되었다. 이 협회는 독일의 엘베르펠트제도를 수정하여 만들었다. 그 당시 이 협회를 두고 미국에서 런던식의 완전한 자선조직협회를 만들었다고 평가하는 사회사업가도 있었다. 이 협회를 이끌고 가는 데 가장 열성적인 사람은 거틴(Gurteen) 목사였다. 거틴 목사는 구제 신청이 있을 때 즉시 조사할 수 있도록 교구사업단체를 조직하고, 자선방법에 관하여 강연을 하며, 각 자선단체 간의 중앙연락기구 설치를 제안하였다.

이러한 일련의 활동 결과, 1877년 버팔로(Buffalo) 자선조직협회가 조직되어 모든 구제단체를 동등하게 처우하고, 긴급한 때 이외에는 본회 자금을 사용하지 않는다는 원칙을 지키게 하였다. 1893년경에는 미국 전역에 이와 같은 조직이 55개소가 있었다. 이와 같은 조직을 발달시키기 위해서, 1907년 설립된 러셀세이지재단(Russell Sage Foundation)[5]은 자선조직부를 설치하고, 리치몬드(Richmond)를 책임자로 임명하였다.

4) 자선조직화운동의 일반적 평가

앞의 독일 · 영국 · 미국의 경우에서 이미 살펴본 바와 같이, 초기 자선조직화운동이 적절하지 못한 자선단체들의 조직과 서비스에 대하여 개선 의지를 가지고 시작했다는 것을 알 수 있었다. 즉, 임의성을 가진 여러 가지 자선활동의 연락 조성을 자주적으로 행하여 무차별 구제의 중복성을 방지하고 자선과 구빈제도 간의 기능적 분담을 명백히 하여 걸식을 방지하는 것을 목적으로 추진되었다. 이와 같은 목적을 달성하기 위하여 자선조직화운동에서 사용한 방법론은 다음과 같다(류상열, 2002: 124-125).

첫째, 자선조직협회는 구호자(救護者)와 피구호자(被救護者) 사이에 개입하여 주는 자와 받는 자의 관계를 성립시키고, 모든 구제활동이 공식화될 수 있도록 하였다. 특히, 피구호자가 왜 물질이 필요한가? 어떻게 구제해야 할 것인가? 얼마나 주어야 할 것인가? 등을 개개인별로 조사하여 적정선의 서비스를 제공하는 것이 주요 임무였다.

둘째, 자선조직협회의 기능은 모든 기관과의 상호 관계를 조정하는 것이다. 그 당시 필라델피아 보고서에 따르면, 사적 기관들이 각자 주도권을 잡고 자기 기관을 통해 사업하기를 권했으며, 자기 기관이 시에서 중심이 되기를 원했기 때문에 모든 기관과의 상호 관계가 잘 되어 있지 못하였다. 이런 상황에서 자선조직협회는 민주적으로 조직되었고, 이 조직은 사회적 모든 기관회의를 통하여 방침을 제시하였다. 또한, 국외자적 독재자가 아니라, 단체의 일원으로 참여하여 상호 관계를 원활히 하였다.

셋째, 자선조직협회는 연락회 혹은 중앙등록국의 창설을 가져왔다. 역시 각기 기관 독자적인 활동에서는 할 수 없는 상황에서 중앙등록국이 생겨 모든 요구호자의 등록을 일괄적으로 하고, 이런 일을 통해 모든 기관이 행정이나 서비스에 있어서 할 수 있는

5) 미국의 사회상태, 생활상태의 개선을 위해 설립된 재단으로, 사회사업 발달에 많은 공헌을 했다. 리치몬드도 만년에 이 재단에서 활약했다.

것 등이 매우 중요하다고 생각한다.

넷째, 자선조직협회는 우애적 방문사업을 추진하였다. 사실상 이 사업이 협회의 주요 사업이라고 할 수 있다. 1893년의 보고에 따르면, 우애적 방문사업은 이 운동의 지름길(捷徑)이라고 하였다. 우애적 방문자는 남녀 다 같이 의지가 굳고, 성실하여 빈곤자의 가정을 방문하는 등 요구호자와 가족들을 위하여 헌신하는 자이다. 특히, 이들은 요구호자의 경제적 · 도덕적 향상을 조성하는 책임이 부여되었다.

다섯째, 자선조직협회는 지구회의를 시행하였다. 이 회의는 사회사업가를 비롯하여 다른 직종 사람들도 참여시키는 광범위한 모임이다. 이 회의가 주로 논의하는 것은, ① 요구호자의 욕구를 충분히 검토하는 일, ② 독지가 및 새로운 사업가(우애방문원, 직원 등)를 훈련하는 일, ③ 호의적 기부자의 명예를 지키는 일, ④ 단체 계획 입안의 기초가 되는 개개의 문제를 다루는 일 등이다.

5) 자선조직화운동이 현대 사회복지에 미친 영향

나라별 여건에 따라 자선조직협회의 시작 시점과 조직, 업무 내용이 약간씩 다름을 우리는 앞에서 살펴보았다. 그럼에도 불구하고 혼란스럽고 전문화되지 못한 자선사업을 조직화함으로써 서비스 통제가 이루어지고, 구호자와 피구호자의 관계가 긍정적으로 형성되는 등 사회사업적 측면에서 많은 발전을 가져왔음을 우리 모두는 인정할 수 있을 것이다. 특히, 서비스체계에서 개인을 중요시하는 케이스워크(case work)[6]의 모체가 됨으로써 현대 복지사회를 전문화시키는 데 크게 이바지했다는 사실은 획기적인 사건이라 하겠다.

자선조직협회는 독일(1852)과 영국(1869)에서 시작되어 미국(1874)에서 꽃을 활짝 피웠

6) 케이스워크(Case work)란 개별처우(個別處遇) · 개별사회사업(個別社會事業) 등으로 번역되는 사회적 케이스워크(social case work)의 약칭이다. 케이스워커(caseworker)라고 불리는 전문가가 개인적 · 사회적 부적응(不適應) 증상을 가진 개인 및 문제에 대하여, 주로 면접을 통하여 내면의 자아(自我)가 강화되도록 지도하거나, 외부로부터 각종 사회자원을 활용하게 함으로써 피구호자가 통찰력을 가지고, 스스로 문제해결의 의욕과 힘을 되찾아 만족할 만한 사회적 관계와 수준을 회복할 수 있도록 전문적으로 원조하는 과정이다.

다. 자선조직협회의 활동 중에서 가장 큰 공헌을 한 것은 사회사업실천에서 사례방법(case method)[7]을 적용하였다는 사실이다. 그 과정에서 많은 변화를 가져오게 되었다. 특히, 사회복지실천 영역에서 사례방법을 적용한 케이스워크를 발전시켰다. 그 당시는 산업화와 도시화가 진행되면서 많은 인구가 도시로 유입되었고, 그에 따라 도시 빈민들이 발생하였다. 이러한 도시 빈민들의 문제를 해결하기 위한 목적으로 소위 사회복지기관이 출현하였다. 이들 기관은 대부분 성직자들이나 부유한 선행자들이 운영하는 개인 자선단체였다. 이들은 서비스 제공을 위해 정규적인 교육이나 훈련을 받지 않았고, 클라이언트에 대한 이해도 부족했다. 따라서 클라이언트가 가진 문제를 해결하는데 어려움이 많았다. 그래서 이러한 민간단체가 시행한 서비스는 대부분 음식, 주거시설 등과 같은 물질적인 원조였다(류상열, 2002: 117-128).

자선사업단체 활동은 자선조직협회를 형성하게 하는 계기가 되었으며, 케이스워크 역사에 있어서 매우 중요한 의의를 가졌다. 케이스워크가 단순히 사람을 돕는 선행이나 친절을 의미한다면 그 역사는 인류가 존재한 때부터라고 말할 수 있다. 그러나 사람을 돕는 행위가 과학이나 기술로 뒷받침되고 체계화되며, 또한 그 원리나 방법이 전수되고 학습되며, 응용 · 실천된다는 점에서는 자선조직협회에서 나타난 사례방법이 그 시초라 하겠다(전재일 · 김상규, 1997: 37).

자선조직협회 직원들은 주로 자원봉사자들이었으며, 대표적인 조직은 우애방문단(friendly visitors)[8]이다. 우애방문단은 주로 중산층 부인들로 구성된 자원봉사방문단으로서 빈곤가족을 비롯한 클라이언트의 가정을 방문하여 가정생활, 아동에 대한 교육, 가계경제 등에 대해 조언 · 지도하였다. 우애방문단 활동은 오늘날 사회복지사 활동과는

---

7) 학습자에게 실제 상황을 제시해주어 토의 · 분석 · 제안을 하도록 하는 교수 테크닉이다. 이는 발견학습이론에 기초한다. 실제 상황과 유사한 정보를 제공하고, 학생들은 이러한 정보하에서 해결책을 찾아가게 된다. 그룹의 경우 토의를 하여 해결책을 찾고, 그러한 결과를 이전의 유사 결과와 비교할 수 있다.

8) 우애방문단(Friendly visitors)이란 자선조직협회(The Charity Organization Society: COS)의 자원봉사자 또는 뒤에 결국 사회사업가(social worker)가 된 자선조직협회의 고용인을 의미한다. 그들의 일차적인 일거리는 욕구가 있는 가정을 조사하고, 문제의 원인을 판정하며, 문제해결책을 안내하고, 그리고 최후의 수단으로 '가치 있는' 클라이언트에게 물적 도움을 제공하는 것이다. 우애방문은 개별사회사업으로 대체되고, 점점 더 전문화되었는데, 더욱 철저히 훈련받을수록 문제의 원인을 더 잘 이해할 것이라고 생각되었다.

차이가 있었다. 예컨대, 우애방문단은 무급자원봉사자라는 점과 클라이언트를 보는 관점이 다르다. 구제를 받을 만한 가치가 있는 빈곤자에게 도움을 제공할 뿐, 오늘날의 사회복지 대상인 알코올 중독자, 창녀, 거지 등에게는 도움을 주지 않고 도덕적 의무를 강조했다. 그러나 적절한 지원을 제공하기 전에 조사, 등록, 협력, 조정 등의 절차를 거치는 것은 비슷하다고 할 수 있다.

자선조직협회는 1910년경에 가정복지협회로 이름을 바꾸어 가족 케이스워크 중심 기관으로 발전되어 갔다. 특히, 케이스워크 체계화에 가장 많은 공헌을 한 사람은 리치몬드[9]이다. 그녀는 미국에서 자선조직협회 운동의 우수한 실천가 · 지도자 · 이론가로서 활동하였고, 케이스워크를 최초로 체계화한 케이스워크의 어머니라고 불렸다. 그녀는 볼티모어와 필라델피아 자선조직협회 상임서기로 있으면서, 케이스워크 전개에 필요한 사회과학에 관한 많은 지식과 방법 및 기술 등을 익히게 되었고, 그 후 그녀는 뉴욕 사회사업학교 교육에도 관계하였다(전재일 · 김상규, 1997: 48-49).

리치몬드는 자선조직협회에서의 장기간 경험과 지식을 체계화하여 1917년 저서 《사회진단(Social Diagnosis)》을 출판하였다. 그 후 1922년에는 저서 《소셜케이스워크란 무엇인가?(What is Social Case Work?)》를 통해 케이스워크 개념을 이론적으로 체계화하였다. 그녀의 케이스워크 이론의 특징은 민주주의 이념을 기초로 하여 케이스워크와 사회개량을 상호 연관시킨 점, 케이스워크를 과학적 · 전문적 수준으로 높이기 위하여, 특히 의학을 모형으로 하여 진단 치료의 과정으로서 체계화하고 있는 점, 그리고 진단 치료에서 사회 환경요인을 중요시하였다는 점이다.

9) 리치몬드는 미국 일리노이(Illinois) 주(州)에서 출생하였지만, 일찍 부모를 사별하여 불우하게 유소년 · 청년기를 보내고 28세부터 자선조직협회운동에 종사하였다. 볼티모어 자선조직협회(1889~1900), 필라델피아 자선조직협회(1900~1909), 러셀세이지재단의 자선조직부(1909~1928)에 근무하고, 자선조직협회운동 발전에 공헌하였다.

2. 인보관운동의 전개

1) 인보관운동의 의의와 기원

빈민지역에서 함께 생활하며 지역사회 환경과 생활 개선을 목표로 하는 인보관(Settlement House)은 인보사업(鄰保事業)[10]과 빈민 구제를 목적으로 세워진 단체나 기관을 말한다. 이러한 인보관이 사회개혁운동으로서 퍼져나가게 된 것을 인보관운동이라 한다.

인보관운동이란 빈민문제가 심각한 지역사회에 지식인이 그 지역에 정착하여 살면서, 지역사회의 문제를 해결하고자 하는 '빈민 속으로' 운동이다. 여기서 지역사회의 문제란 지역사회 빈곤이나 비위생문제뿐만 아니라, 지역주민이 그것을 문제 상황으로 인식하지 못하고 있는 문제, 문제해결에 주민 자신의 주체성이나 조직화가 완전히 빠져버린 문제 등을 말한다.

인보관운동은 민간사회복지활동이기는 하지만 자선조직협회(COS) 활동과는 또 다른, 사상적으로 한 단계 더 높이 발전해 나아간 운동이었다. 자선조직협회는 원내구호인 작업장 입소라는 방식을 제외한 모든 국가 개입에 반대하였다. 그러나 인보관운동은 빈곤의 원인이나 국가의 역할에 관한 인식에서 자선조직협회와는 근본적으로 다른 견해를 가졌다.

인보관운동의 견해를 소개하면 다음과 같다. 빈곤은 개인의 성격이나 생활 관습으로 발생하는 것이 아니라 사회적 문제다. 따라서 사회개혁으로만 그 해결이 가능하다. 빈곤 해결을 위해서는 국가의 적극적인 개입이 강화되어야 한다. 그러나 국가 개입으로 사회개혁이 이루어지기까지는 많은 시간이 걸린다. 그러므로 그 시간을 메우기 위해서도, 부자와 빈자 간의 사회적 거리를 좁히기 위해서도, 지식인이 빈곤지역에 정착해서 빈민들과 더불어 살면서 그 지역의 생활환경을 개선하는 것이 필요하다는 것이다.

---

10) 인보사업(鄰保事業)이란 복지시설이 낙후된 지역에 공공단체(公共團體) 등이 보건(保健), 위생(衛生), 의료(醫療), 교육(教育) 따위의 다양한 활동을 통하여 주민의 복지 향상을 돕는 사회사업(社會事業)을 말한다.

19세기 중엽은 '자조'가 중산계층의 대표적 가치였기 때문에 빈곤의 원인은 빈민들 자신의 도덕적 결함에 기인하는 것으로 여겼다. 하지만 한편으로는 일부 중산계층의 사람은 자신이 누리는 안락함이 빈곤층의 희생을 전제로 한 것이 아닌가 하는 죄의식(consciousness of sin)을 가졌다. 이러한 죄의식을 가진 중산계층 사람은 빈민 구제에 직접 뛰어들거나, 사회개혁의 근본 취지를 전파하는 일을 하게 되었다. 인보관운동은 자선조직협회와는 달리 문제의 원인을 자본주의사회 그 자체의 모순에서 찾으려는 경향이 강했다. 그래서 초기에는 자선조직협회에서 활동했으나, 점차 자선조직협회의 한계를 인식하고 그것과 결별하기도 했다. 예컨대, 바네트(Barnett), 토인비(Toynbee), 웹 등이 그러했다.

인보관운동은 1854년 데니슨(Denison) 목사가 주축이 되어 캠브리지대학교와 옥스퍼드대학교 학생들과 슬럼(slum)가(街)의 노동자들을 결합함으로써 빈곤문제를 해결하려는 일종의 사회이상주의운동으로 시작되었다. 이 운동은 바네트 목사가 계승하여 더욱 발전시켰다. 그는 빈민가의 생활체험을 통해 빈곤은 경제적인 문제라기보다는 정신적인 문제라고 보았다. 따라서 교육을 통해 빈민이 자신을 스스로 변화시켜야만 궁극적으로 빈곤에서 벗어날 수 있다고 생각했다. 그리하여 대학생들이 빈민가에 거주하면서 빈민에게 문화와 교양을 깨우쳐 줌으로써 빈민의 인간적 성장을 돕도록 권장했다. 이에 공감한 대학생들이 인보관운동 활동을 전개했다.

▲ 헐 하우스에서 애덤스와 아이들

출처: http://terms.naver.com

그들 중 하나가 옥스퍼드대학교 학생인 토인비였다. 그는 바네트 목사와 인연을 맺은 이후 런던 동부지역의 구빈사업에 적극적으로 가담하였다. 1883년 그가 사망하자 그의 열성적인 활동을 기려 '토인비 홀'이라는 인보관을 설립하였다. 이것이 세계 최초의 지역사회복지관(community welfare center)이다. 인보관은 사회개량운동의 센터로서 그 역할을 했고, 그것은 미국에도 영향을 끼쳤다. 토인비 홀에 고무된 애덤스(Addams)는 1889년 미국 시카고에 북미 최초의 사회복지관 '헐 하우스(Hull House)'를 세워 이민자의 생활 향상에 노력했다(이강희 외, 2011: 101-103).

토인비 홀과 헐 하우스

토인비 홀은 세틀먼트의 발상지인 동시에 운동의 상징으로 역사적으로 유명하다. 1884년 런던의 빈민·노동자 가(街)에 사뮤엘, 바네트 부부의 지도에 따라 대학인의 손으로 세워진 세계 최초의 인보관 이름이다. 세틀먼트 운동에 투신하여 젊어서 사망한 아놀드 토인비를 기념해서 토인비 홀로 명명되었다. 오늘날에도 활동의 터전으로 존재하고 있다.

헐 하우스는 1889년 애덤스에 의해 시카고에 설립된 미국의 대표적인 인보관을 말한다. 토인비 홀의 영향을 받은 애덤스가 이민자의 생활향상을 위하여 엘렌 스타(Ellen Starr)와 협력하여 부흥시켰다. 노동조합운동, 평화운동, 아동복지운동과 결부되어 활동한 것에 사회적 의의가 있고, 사회사업뿐만 아니라 사회개량의 근대화에 커다란 터전이 되고 있다.

2) 인보관운동이 현대 사회복지에 미친 영향

(1) 그룹워크의 발전에 미친 영향

영국이나 미국에서 그룹워크(group work)를 직접 시행한 기관은 YMCA(Young Men's Christian Association)와 YWCA(Young Women's Christian Association)라고 할 수 있으나, 본격적인 그룹워크가 시작된 것은 영국의 토인비 홀이나 미국의 헐 하우스가 개관되어 인보관운동이 전개되면서부터라고 할 수 있다(류상열, 2002: 137–140).

그 당시 인보관 워커(worker)들은 주로 목사의 딸들이었다. 이들은 중산계급 이상의 출신자들이지만, 슬럼가에 들어가 가난한 사람들과 함께 생활하면서 주민들의 생활환경을 개선하려고 노력하였다. 이들은 노동자들에게 직업을 알선하고, 글을 가르치고, 위생에 대해 교육하고, 그들이 살아가는 데 필요한 기술을 가르치게 되었다. 이러한 과정에서 도입된 기술이 바로 오늘날의 그룹워크(group work)[11]라고 할 수 있다. 이 그룹워크이론과 기술은 인보관운동 활동과 밀접한 관계를 가지고 활용되기 시작하여 많은 발전을 가져왔다.

앞서 언급한 바와 같이, 인보관운동은 빈곤문제가 경제적 문제해결만으로 해결되지 않는다는 인식을 가지고 주민의 정신적 · 지적 · 문화적 개선에 노력하였다. 특히, 인보관에서는 클라이언트 문제를 해결하기 위해 다양한 프로그램을 시행하였는데, 유치원 및 취학 전 아동을 위한 모임, 오락과 문화생활을 위한 집단, 사회행동집단 등 다양한 집단을 활용한 프로그램이 있었다.

19세기와 20세기에 걸쳐 미국에서는 전국 자선교정대회가 생겼으며, 나중에 이 대회가 전국사회사업대회로 개칭되는 등 집단이 많이 생겨났다. 따라서 사회복지사들의 조직을 비롯한 미국심리회의(1884), 미국의학협회(1847), 미국노총(1881) 등이 우후죽순처럼 생겨나 단체활동이 활발하였다. 20세기에 들어와서는 전문직에 종사하는 사회복지사가 늘어남에 따라 그들의 전공 영역에 따른 조직을 발족시켰는데, 맹인을 위한 미국사회복지사협회(1905), 미국학교의사협의회(1927), 미국교회사회복지사협의회(1934) 등이다.

그룹워크 교과목이 설정된 것은 1923년 웨스턴리저브대학교(Western Reserve University)가 처음이며, 그 후 1927년까지 그룹워크 교과과정을 확대하고, 많은 기관에서 집단서

---

11) 사회사업 기술의 하나인 케이스워크(case work)와 함께 사회사업의 본질적 접근방법으로서 19세기 인도주의적 사회개량운동이나 인보사업(隣保事業) 등 사회사업의 발달과 더불어 성장하였으며, 지역사회의 문제해결에서 대상 집단을 기술적으로 해결 · 처리하는 데서 그 근원적 기술의 발달을 찾을 수 있다. 심신장애인, 비행, 범죄자, 노인 기타 재활을 필요로 하는 자들에 대해 그룹워크방법이 사용되어 왔다. 프로그램도 레크리에이션을 부각시켜 인간관계 훈련, 작업, 자원봉사 등의 사회참가활동, 사회적 행동 등 다양한 범주를 보이고 있다. 의료 · 보건 · 교육 · 산업 등의 분야에서 그룹워크는 다직종 간의 팀워크 체제 내에서 진전시키지 않으면 안 되기 때문에 그룹워크 개념의 보급과 원조기술의 근로여성복지 발달이 더욱 큰 과제로 되고 있다.

비스를 제공하였다. 이 시기에 많은 연구가 있었는데, 지역사회집단, 정치적 행동을 위해 지역사회집단을 활용하는 방법, 소규모 문제해결 토의집단에서의 개인적 의사소통과 상호작용, 집단의 사회적 과정 등에 관한 연구이다.

1937년 사회사업대학원 열 곳에 그룹워크 교과목이 개설되었다. 이에 따라 그룹워크는 사회사업대학원에서 인기가 있었다. 특히, 웨스턴리저브대학교에서는 그룹워크와 실습을 필수과목으로 설정하여 그룹워크의 비중을 높였다. 그럼에도 '도대체 그룹워크가 무엇인가?'라는 의문이 꼬리를 물었고, 그에 대한 해답을 찾기 위해 많은 연구가 추진되었다.

이러한 과정을 거쳐 그룹워크가 획기적 변화를 맞게 된 것은 1946년 6월 버펄로(Buffalo)에서 열린 '연차회의'이다. 이를 계기로 미국그룹워커협회(American Association Group Workers)가 구성되었고, 그룹워커 기능에 대한 성명서, 그룹워크 활동영역의 확대 등이 이루어졌다. 이 연차회의 이전에는 그룹워커협회의 주된 목적이 방법으로서 그룹워크를 연구하고 발전시키는 것이었다. 그런데 1946년의 연차회의 이후에는 사회기관에 적용 가능한 그룹워크 이론을 전개하고, 이론에 따라 사회기관에 직접 적용하는 기술을 개발하는 데 노력하게 되었다(남세진 · 조흥식, 2001: 47–56).

(2) 지역사회사업의 발전에 미친 영향

인보관운동이 활발히 전개되던 19세기 말이나 20세기 초에는 공업화 · 도시화에 따른 인구집중과 노동문제나 지역사회문제가 점점 깊어졌다. 따라서 종전에 개별적인 수준에서의 처우로서는 해결하기 힘든 욕구가 출현하기 시작하였다. 이때 인보관운동의 중요한 기능을 해야 할 기관은 교회였다. 그러나 교회가 초기에는 상당히 소극적이고, 과거의 타성에 젖어 자선을 통한 개별적 원조방식에서 탈피하지 못하고, 새로운 상황에 대해 거부하는 분위기였다.

이러한 상황에서 좀 늦기는 했지만, 19세기 후반에 기독교 학생들의 인보관운동이 영국에서 시작되어 활발히 전개됨으로써 기독교가 인보관운동에 참여하는 중요한 계기를 만들게 되었다. 이 운동에는 명문대학인 케임브리지 및 옥스퍼드대학교의 교수와 학생이 참가하여 지역사회문제를 직접 확인하고 체험활동을 전개하였던 것이다.

1890년대에 들어와서는 도시지역문제에 교회의 개입이 강력히 요구되어 교회시설을 개방하고, 거기에 필요한 재정을 지원하여 도시 생활자의 생활 개선을 위한 교회사회사업을 확대하게 되었다. 주말의 교회시설을 이용해 각종 교양 프로그램을 시행함은 물론, 나아가서 지역사회 주민의 욕구 충족을 위한 프로그램을 개발하였다.

20세기 초 미국에서는 교회와 지역사회의 관계를 강화하기 위한 전략이 나타났다. 첫째는 교회시설 개방에만 머물지 않고 교회 자체를 지역사회교회(community church)로 만들었다. 이는 교회 자체를 지역사회 자원의 하나로 인식하여 지역사회와 교회의 관계를 중시하는 것이었다. 둘째는 공적 분야가 인보관운동에 진출한 것이었다. 즉, 공립학교 및 초등학교 건물을 이용하여 지역사회센터로서 기능하는 프로그램을 시행하였다. 이러한 활동은 지역사회조직이론과 기술을 강화하는 계기가 되었다(서울신학대학교 기독교사회복지연구소, 1991: 33-35).

3. 전문사회사업의 발달

일반적으로 '전문'이라는 단어는 행정, 법, 의학과 같은 것을 포함하는 용어이다. 여러 해를 거쳐서, 특히 19세기 후반에는 전문가라는 직업군으로 교사, 기술자, 지리학자, 화학자, 경제학자 등을 이야기하였다. 이러한 직업군은 체계적인 지식을 갖추어야 하고, 고등교육과 훈련을 통해 기술을 획득할 수 있어야 하는 것을 특징으로 하였다. 20세기 초에는 자선사업가 또한 전문적인 지위를 얻고자 하는 욕구 속에서 사회사업의 전문성이 출현하였다. 이러한 욕구의 출현은 전문성을 교육할 수 있고, 훈련할 수 있는 학교를 세우고 전문적인 조직을 구성하는 데 힘쓰게 하였다(정재훈 외, 2016: 223-226).

사회사업 전문화의 시작은 미국 최초의 사회사업교육기관으로 1898년 뉴욕 자선조직협회에 개설된 여름자선학교(Summer School of Philanthropy)의 6주간 응용박애사업(applied philanthropy) 과정이었다. 이 교육은 리치몬드의 주도 아래 이루어졌다. 리치몬드는 응용박애사업 훈련과정이 대도시에 위치해야 한다고 피력하였고, 가능한 한 고등교육기관에 속해 있으면 좋겠다고 하였다. 교수의 지시사항은 중요했으며, 교육과정(教育課程, curriculum)에서는 '실용적인 사업'을 강조하였다. 특히, 현장(field)에서의 경험을 가장 강조하였다. 이 학교는 지역사회의 공적 · 사적 자선에 깊은 연계를 가져야 한다고 강조했다.

이 과정은 1901년 뉴욕박애학교(New York School of Philanthropy)로 발전하였다. 뉴욕박애학교는 사회사업에 대한 경험이 없는 일반 학생들에게도 개방되면서 교육기간도 1년에서 추후 2년 과정으로 확대되었고, 1919년 뉴욕사회사업학교로 명칭을 바꾸었다. 이후 1940년 컬럼비아대학교(Columbia University)에 합병되어 컬럼비아대학교 사회사업대학원으로 발전하였다(Leily, 1978).

개인의 욕구조사를 강조하며 평생토록 케이스워크와 인간 환경을 강조하였던 리치몬드는 1899년 사회사업 철학을 바탕으로 집필한 《우애방문(Friendly Visiting Among the Poor)》을 기본교재로 삼아 전문적인 훈련을 할 수 있는 학교를 세우고 운영하는 데 영향을 끼쳤다. 또한, 사회조사를 중시하여 실천에서 케이스워크와 사회행동의 병행을 강조하였는데, 이는 1917년 사회사업 교육 핵심 교재인 《사회진단(Social Diagnosis)》에 잘 나타나 있다.

시카고 헐 하우스의 라스롭(Lathrop)과 시카고 인보관의 테일러(Taylor)의 주도 아래 1901년 시카고 인보관과 시카고대학교 사회학과가 공동으로 헐 하우스 활동가들이 교수로 참여한 특별과정을 개설하였다. 이 과정은 1903~1904년에 시카고대학교 사회과학부(Institute of Social Sciences)로 편입되었다가 1907년 시카고 시민박애학교(Chicago School of Civics and Philanthropy)로 독립하였다. 이후 1920년에 시카고대학교 사회사업학교(University of Chicago School of Social Work)로 변경되었고, 현재 시카고대학교 사회복지행정대학원(School of Social Service Administration)으로 발전하였다.

한편, 라스롭, 그레이스 애버트(G. Abbott), 이디스 애버트(E. Abbott) 등 인보관운동 출신 학자들은 사회사업보다 사회복지정책과 공공복지를 더 중시하였다. 이러한 사실은 개인의 치료와 사적 자선의 중요성보다는 사회개혁과 공공복지를 중시한 이디스 애버트가 1931년에 저술한 《사회복지와 전문교육(Social Welfare and Professional Education)》에 잘 나타나 있다.

또한, 전문성을 증진하기 위해 교육과 더불어 사회사업 전문조직을 구성하기 시작하였는데, 가장 먼저 1919년 교육과정을 협의하기 위해 전문사회사업학교협회(The Association of Training Schools of Professional Social Work)가 세워졌다. 이 협회의 명칭은 1952년 사회사업교육협의회(The Council on Social Work Education: CSWE)로 바뀌었다. 1921년에는 사회사업 실무자들의 협회인 미국사회사업가협회(The American Association of Social Workers: AASW)가 세워졌고, 1955년에는 미국사회복지사협회(The National Association of Social Workers: NASW)로 명칭이 바뀌어 현재까지 유지되고 있다.

더 나아가 사회사업가들은 전문화를 추진해 나가기 위해 사회사업실천의 규모와 성격에서 변화를 모색해나갔다. 특히, 사회사업의 전문화를 위해 정신의학(psychiatry)[12]과 긴밀한 협력관계를 수립하게 되는데, 그 발단은 교육학자인 플렉스너(Flexner)였다. 그는 1915년 전국자선교정협의회 총회에서 "사회사업이 전문직인가?"라는 문제를 제기했고, 이를 계기로 사회사업의 전문성을 놓고 논쟁이 치열하게 전개되었다. 또 제1차 세계대전으로 적십자는 참전병사와 가족이 겪는 문제해결을 위해 사회사업가와 협력하게 되었는데, 전쟁으로 경제적인 문제보다는 개인의 정신적 · 정서적 문제를 겪는 참전 군인에게는 빈민구호보다 심리학이나 정신분석학과 같은 새로운 지식과 기술이 필요하다는 것을 인지하게 되었다.

이러한 흐름 속에서 1922년 리치몬드가 출간한 《사회진단》과 프로이트의 정신분석을 수용한 《소셜케이스워크가 무엇인가?》를 대표적인 교재로 삼은 정신보건사회사업

12) 정신의학이란 정신질환의 원인에 대하여 관심을 갖는 전문적인 의학 분야를 말한다. 19세기 중반경부터 영국과 미국에서 사용되기 시작한 정신의학은 수용소의 의사, 신경학자, 심리학자, 정신과 의사 등으로 알려진 경쟁적인 전문가들을 포함한다. 이 분야의 전문화현상은 새로운 것은 아니지만 19세기에 중요한 법적 권리와 힘을 획득하고 전문인협회와 잡지를 만듦으로써 전문가집단으로서 발전하게 되었다.

은 사회사업실천의 가장 중요한 기술로 자리 잡게 되었다. 이후 사회사업가들의 정신보건사회사업에 대한 열성과 의지로 1918년 보스턴 정신병원과 그 병원 사회사업가들에 의해 개인적·심리적 토대 위에서 정신질환자를 다룰 수 있는 능력을 가진 정신보건사회사업가를 양성하기 위한 스미스대학교(Smith College)에 정신보건사회사업대학원이 설립되었다. 정신보건사회사업가들은 훈련과 경험 및 전문적 지식을 갖춘 케이스워크들의 가장 중심이었다고 볼 수 있다(정재훈 외, 2016: 223-226; Levine, 1988).

Chapter

08

국가책임주의와 복지국가의 형성

Chapter 08

국가책임주의와 복지국가의 형성

1. 국가책임주의의 대두

국가책임(國家責任)이란 국제법상으로는 국가가 국제법상의 의무를 위반한 것에 대한, 또한 국내법상으로는 국가가 국민에 대하여 일정 범위 내에서 책임을 지는 일을 뜻한다. 노동자의 정치세력화, 과학적인 사회조사 등과 같은 움직임은 사회복지에 대한 국가 개입의 필요성을 일깨웠을 뿐만 아니라, 사회보장제도 확산에도 큰 영향을 미쳤다. 또한, 사회보장제도는 인간다운 삶과 이를 추구할 권리, 즉 사회권(社會權)[1]과 맞물리면서 국민은 사회안전망[2]으로서 사회복지제도가 가진 기능의 중요성을 인식하게 되었다. 그뿐만 아니라 제2차 세계대전(1939~1945)과 대공황(大恐慌, the great depression)은 의도치 않게 사회복지제도의 필요성을 증명해 준 역사적인 사건이기도 하다.

사회보험제도는 산업혁명이 일으킨 문제의 대응수단으로 도입되었다. 복지국가의

---

1) 사회권(Social rights)이란 국민이 인간다운 생활을 영위하는 데 필요한 조건의 형성을 국가에 요구할 수 있는 권리를 말한다. 즉, 국가로부터 인간다운 생활을 보장받을 수 있는 국민의 기본적 권리이다. 개인의 인간다운 생활을 보장할 책임은 국가 및 사회에 있다는 사상에서 발생한 권리이며, 생활권이라고도 하고, 대체적으로 생존권적 기본권과 같은 개념이라고 할 수 있다. 역사적으로 보면 인권은 지배로부터의 해방을 통한 권리 확대의 과정에서 시작됐다. 따라서 출발점에서의 관심사는 자유와 권리였다. 그 자유와 권리는 단순하게는 권력이 행하는 간섭 또는 억압의 배제를 의미했다. 가급적 권력이 신체의 자유를 제한하지 않을 것을 원했다. 권리란 것도 마찬가지여서, 확보된 권리를 권력이 침범하지 않으면 되었다. 그러나 인간은 그런 자유와 권리만으로는 만족스럽게 살 수 없다. 먹고 사는 데 필요한 최소한의 조건이 충족되어야 한다. 국가가 소극적으로 개인의 자유와 권리를 간섭하고 침해하지 않는 것만으로는 국민의 생활을 보장할 수 없다. 인간다운 생활이 가능하도록 적극적으로 도와주어야 할 의무가 요청되기 시작했다. 그래서 나온 인권 개념의 하나가 사회권이다.

2) 사회안전망(Social safety nets)은 넓은 의미로 모든 국민을 실업, 빈곤, 재해, 노령, 질병 등의 사회적 위험으로부터 보호하기 위한 제도적 장치로서, 사회보험과 공공부조 등 기존 사회보장제도에 공공근로사업, 취업훈련 등을 포괄한다.

시작을 강제적 사회보험제도가 등장한 때로 보는 것이 무난하다. 이와 관련한 논의가 많은데, 피어슨(Pierson)은 복지국가의 기원을 사회보험의 최초 도입, 시민권(市民權)[3]의 신장과 공공복지에 의한 빈곤 퇴치, GNP(Gross National Product, 국민총생산)의 3% 이상 사회적 지출 등을 복합적으로 고려할 것을 제안하면서, 복지국가 탄생을 1880~1914년으로 설정하고 있다. 한편, 국민국가(nation-state)와 복지국가의 기원을 똑같은 시각으로 보는 견해도 있다. 이러한 견해에 따르면, 중세가 끝나고 절대왕정이 대두한 시기, 곧 구빈제도 시대가 복지국가의 기원이 된다(Midwinter, 1994: 26).

서구 여러 나라에서 이러한 사회보험제도가 도입되기 시작한 것은 대개 19세기 종반부터 20세기 초반까지의 시기이다. 이 시기는 산업화가 목적한 방향대로 진행되어 감에 따라 자본의 독점화가 이루어지는 가운데 자본주의 구조적 특성에서 비롯되는 문제가 사회문제로 드러나던 때다. 이러한 다양한 문제 중에서 노령, 질병, 재해, 실업 등과 같은 임금생활자의 최저생활을 위협하는 다양한 사회적 위험에 국가 개입이 본격화되는 첫 출발점이 바로 강제적 사회보험제도의 도입이다(감정기 외, 2010: 167-169).

물론 국가가 빈곤문제에 관심을 가지고 국민의 삶에 개입한 역사는 길며, 빈곤구제에 대한 공식적 책임을 수용하면서 개입하기 시작한 것은 구빈제도를 통해서였다. 그러나 구빈제도나 이후 자유주의 국가의 공공정책은 국민의 권리에 대해 말이나 글로써 의사나 태도를 똑똑하고 뚜렷하게 나타내지 않거나, 이를 부인하고 있다는 점에서 근대적 사회보험제도와 차이점을 보인다. 그런 점에서 볼 때, 우리는 이러한 사회보험제도 등장 이후의 시기를 복지국가로의 여명기(黎明期), 즉 시작되는 시기로 규정하고자 한다.

이러한 사회보험제도를 등장하게 한 구체적 배경과 시기는 나라마다 다양하다. 그러나 일반적으로 ① 산업화 이후의 자본주의 발전과 병행한 각종 사회문제의 심화, ② 그러한 문제의 해결에 대한 가족 및 시장기능의 한계 및 그것에 대한 인식, ③ 노동

---

3) 일반적으로 개인과 국가와의 관계에서 권리 · 의무에 관한 개념이며, 헌법에 의해 보장된 국민의 여러 권리를 의미한다. 17세기, 18세기의 서양국가에서 근대 시민혁명을 매개로 인간의 자연권 또는 인권의 보장이 헌법이나 권리장전, 인권선언에서 선양되었다. 시민권(Civil rights)이란 그러한 인간의 기본적 권리를 실정법상 구체적으로 보장한 것, 국민의 개별적 여러 권리의 총칭이다.

운동의 정치세력화를 통한 정치적 압력, ④ 근대국가의 성장과 개입적 기능의 확대 등을 든다. 이러한 조건 아래 국가가 당면한 각종 사회문제해결을 위한 유용한 국가 개입방법으로서 사회보험제도를 선택하게 된 것으로 파악한다(감정기 외, 2010: 167-169; 박주현, 2018: 199-200).

2. 미국의 경제 대공황과 사회보장법의 제정

1) 미국의 경제 대공황과 사회사업가의 역할

제1차 세계대전(1914~1918) 후 미국은 유럽 여러 나라에 돈을 빌려 주었고, 해마다 엄청난 무역 흑자를 올려 세계 최고의 경제력을 자랑하게 되었다.[4] 사람들은 너나없이 증권 시장에 드나들었고, 여자들은 유행에 맞춰 옷과 신을 바꾸었다. 거리는 매혹적인 재즈 음악으로 흥청거렸으며, 할리우드 영화는 당시 세계 영화시장의 80%를 장악하고 있었다. 기계는 쉬지 않고 움직였고, 공장에는 생산품이 쌓여만 갔다. 그러나 이런 호황에도 불구하고 노동자들의 임금은 크게 오르지 않았다. 따라서 소비는 점차 생산을 따라갈 수 없게 되었다. 재고가 쌓이자 기업은 생산량을 줄였고, 일자리를 잃는 사람들이 늘어났다.

▲ 주가 폭락, 모든 게 끝인가!

그러던 1929년 10월 24일 목요일 아침, 세계 금융 · 증권 거래 중심지인 월 스트리트(Wall Street) 뉴욕증권거래소(New York Stock Exchange)가 대혼란에 빠졌다. 주가(株價, Stock price)가 최악의 수준으로 폭

4) 일정기간 한 나라의 총수입과 총수출 간의 차이를 무역수지(balance of trade)라고 한다. 총수출이 총수입보다 많으면 무역수지 흑자, 총수입이 총수출보다 많으면 무역수지 적자라고 한다. 상품의 수출입이 세관에 의해 정확히 파악되므로 무역수지를 보이는 무역, 즉 유형무역이라고도 한다.

락한 것이다. 증권거래소는 "팔자!"를 외치는 사람들로 삽시간에 난장판이 되었다. '검은 목요일(Black Thursday)'[5]로 불리게 된 이날의 주가 폭락은 제1차 세계대전의 그늘을 걷고 장밋빛 미래를 노래하던 세계를 순식간에 혼돈으로 몰아넣었다.

그것은 시작에 불과했다. 11월이 되자 주가는 더 떨어졌고, 사람들이 산 주식은 휴지 조각이 되어 버렸다. 결국, 수많은 기업이 문을 닫았다. 기업이 무너지자 실업이 늘고 소비가 줄어드는 악순환이 계속되었다. 문제는 더 있었다. 망한 회사에 돈을 빌려 준 은행들은 그 돈을 돌려받을 수 없게 되었다. 돈을 받지 못한 은행 역시 문을 닫을 수밖에 없었다. 그 소식이 알려지자 은행에 돈을 맡겨 둔 사람들은 단 한 푼이라도 찾기 위해 은행으로 달려갔다. "빨리 돈을 찾아야겠어. 무슨 일이 생길지 몰라!" 하지만 은행 문은 굳게 닫혀 있었다. 이때 문을 닫은 은행이 무려 5,000개나 되었다(박주현, 2018: 200-201).

▲ **뉴욕 증권거래소에 몰려 든 사람들(위)과 실직자(아래)**

출처: http://www.humanistbooks.com

미국 전역은 일대 혼란에 빠져 그 당시 미국에서의 실업자 수는 1929년 봄에 186만 명이던 것이 1930년 1월에는 400만 명으로 늘어났고, 같은 해 봄에는 460만 명으로,

5) 검은 목요일(Black Thursday)은 1929년 10월 말에 뉴욕증권시장에서 일어난 일련의 주가 대폭락 사건으로, 10월 24일 목요일과 10월 29일(검은 화요일)의 대폭락을 가리킨다.

같은 해 9월에는 500만 명으로 증가하더니, 급기야 같은 해 12월에는 1,500만 명이 되었다. 이와 같은 결과로 국민의 40%가 구제 대상이 되었으며, 어느 지방에서는 90%가 구제 대상이 되기도 했다. 구제 대상의 증가에 따라 민간기관의 예산은 고갈이 나서 더는 민간기관이 클라이언트의 욕구를 충족시킬 수 없다는 판단이 섰다. 그러나 공적 혹은 공공기관의 역할은 기대 수준에 크게 밑돌았다.

이런 와중에서 많은 사회사업가는 궁핍이 개개인의 통제를 넘어선 사회적 요인으로 초래되고 있음을 인지하고, 사회사업가들 사이에서 자성의 목소리가 높았으며, 사회개혁을 위한 위원회가 다시 활성화되어야 한다고 주장하기 시작했다. 미국의 사회사업가 대다수는 수많은 미국인의 빈곤을 해결하기 위해 공적 개입을 요청하고, 심지어는 연방정부의 지원을 요청하였다. 그리고 후버(Hoover) 대통령에게 자선으로서가 아니고, 국민의 권리로서의 구호를 요청하는 공개서한을 보냈다. 이 결과, 몇 개월 후 사회사업가들이 미국의회 청문회에 출석하여 국민들이 고통받는 실상을 낱낱이 증언하였다. 이러한 문제는 어느 특정인이나 특정 지역의 문제가 아니라, 전국적이며 전 국민적 문제라는 결론을 얻게 되었다(류상열, 2002: 169-170).

미국과 세계 여러 지역이 경제적으로 매우 긴밀하게 연결되어 있었기 때문에, 이러한 경제 위기는 태평양과 대서양을 넘어 단숨에 모든 자본주의 국가로 급속히 확산되었다. 세계 경제 대공황이 일어난 것이다. 이처럼 증권시장에서 발생한 공황은 순식간에 금융업과 농업 및 공업에 파급되었다. 농산물가격이 폭락하였으며 공장과 기업이 연쇄적으로 도산하고 실업자가 급증하였다. 1929~1932년 사이에 세계무역은 60% 이상이 감소하였고, 세계 물가는 1/3로 급락하였으며, 그 당시 세계 실업자 수는 5,000만 명으로 추정될 정도로 경제상황은 극악해졌다. 이러한 세계 대공황은 모처럼의 평화와 안전 기조(基調)를 흔들었으며, 경제정책에 큰 변화를 초래하는 동시에, 민주주의 국가에 좌절을 가져왔다.[6)]

6) 예컨대, 독일에서 보통선거로 선출된 바이마르공화국(Die Republik von Weimar)에 치명타를 가하면서 전체주의가 등장하는 계기를 만들었다. 여기서 바이마르공화국이란 제1차 세계대전 후인 1918년에 일어난 독일혁명으로 1919년에 성립하여 1933년 히틀러의 나치스 정권 수립으로 소멸된 독일 공화국의 통칭을 말한다.

▲ 알 카포네가 운영하는 무료 급식소 앞에 줄을 선 시카고 실업자들

출처: http://terms.naver.com

2) 사회보장법의 제정

1934년 6월 8일 루스벨트 대통령은 경제보장위원회(Committee on Economic Security)를 소집하고, 그 위원회에 사회보장 프로그램 개발에 대한 책임을 부여하였다. 이 위원회는 4명의 각료와 홉킨스(Hopkins)로 구성되었으며, 위원장에는 노동부장관 퍼킨스(Prekins)[7]가 맡았고, 경제학자 위트(Witte)[8]가 초빙되었다.

1935년 1월 17일 경제보장위원회는 연구 작업을 끝마쳤고, 청문회에서의 많은 증언을 거쳐 '사회보장 프로그램을 위한 권고'를 작성하였다. 루스벨트 대통령은 이 권고를 의회에 이송하였다. 이 프로그램의 발의자는 뉴욕 주(州) 상원의원인 와그너(Wagner)와 메릴랜드 주(州) 루이스(Lewis) 의원이었다. 이 법안은 하원에서 371 대 33으로, 상원에서 77 대 6으로 통과하였고, 1935년 8월 14일 법으로 제정되었다(함세남 외, 2006: 208).

7) 퍼킨스는 미국 뉴딜 시기에 활약한 사회사업의 공적인 책임자였다. 1931년 '뉴욕 결핵예방 공중위생협회'의 사회사업가였을 때 당시 뉴욕 주지사였던 프랭클린 루스벨트의 눈에 띄어 임시긴급구국가(TERA)의 사무국장으로 발탁되었다. 루스벨트 대통령 취임과 함께 그의 오른팔로 연방긴급구국가(FERA)의 국장이 되었으며, 1934년에는 '경제보장위원회'의 위원으로 '사회보장법'의 기초에 관여하였다.

8) 위트는 위스콘신대학교의 경제학자로서, 경제 분야뿐만 아니라 정치적 감각도 뛰어났으며, 정열적으로 일하는 사람으로서 이 위원회에 적임자라는 평을 받았다.

1933년 프랭클린 루스벨트 대통령의 취임 연설문

"물가는 믿을 수 없을 정도로 떨어졌습니다. 세금은 올랐습니다. 물건의 가격에 대한 우리들의 지불능력은 떨어지고 관청마다 심각한 세입감소에 직면하고 있습니다. 생산을 도맡은 기업은 말라 죽은 잎사귀처럼 여기저기에 흩어지고 있습니다. 몇 만의 가정에서 여러 해에 걸쳐 건축한 돈이 없어졌습니다. 〈중략〉 나는 이 위기에 대처하기 위한 하나의 지속적 수단을 의회에 요구합니다. 그것은 이 긴급 사태와 싸워나가기 위한 광범위한 집행력입니다. 〈중략〉 끝으로, 사람들을 다시 취업시키려면 구(舊)질서의 여러 가지 폐단이 다시는 반복되지 않도록 보호장치를 마련해야 합니다. 모든 은행, 신용기관, 투자에 대해서 엄격한 감독을 시행해야 합니다."

1935년 「사회보장법」은 연방정부에서 노령수당제도를 창설해서 운영하며, 각 주(州)에서는 노인, 맹인, 피부양아동 및 불구아동, 모자복지, 공중보건과 주(州)의 「실업보상법」 관리에 관해서 적절한 조치를 강구하도록 하여, 국민 복지를 꾀하려는 법률이다. 이 법은 강제적 사회보험과 공공부조로 구성되어 있다.

「사회보장법」의 구체적인 내용은 다음과 같다(장훈, 1984: 229-230).

- 노령자에 대한 소득보장의 확보(연방정부가 관리하는 강제노령연금사업, 연방정부의 임의노령연금사업, 수요심사를 바탕으로 하는 각 주의 노령부조사업을 설치하는 여러 주에 대한 연방정부의 국고보조금제도)
- 각 주(州)에서 경영하는 실업보상제도에 대한 국고보조금의 지출제도
- 각 주(州)에서 경영하는 미망인 및 아동에 대한 사회구제와 아동복리사업에 대한 국고보조금제도
- 공중위생사업의 확장

3) 뉴딜정책이 사회사업전문직에 미친 영향

루스벨트 대통령이 시행한 뉴딜정책에 대해서 사회사업가 대부분이 사회 전체뿐만 아니라, 사회사업전문직에 긍정적 효과를 가져왔다고 보았다. 공공사업 분야가 확장되면서 공공사업기관에 종사하는 사회사업가가 늘어나게 되었다. 특히, 여성의 취업이 늘어나게 되었다. 경제 대공황 기간에 사회사업가, 특히 경력자 사회사업가 수요가 계속해서 늘어나, 1930년에 4만 명이었던 사회사업가가 그 후 10년 사이에 약 2배로 늘어났다(류상열, 2002: 171–172).

이러한 결과, 사회사업교육기관의 팽창을 가져오게 되었다. 또한, 경제 대공황은 지금까지 대도시 중심으로 전개되던 사회사업이 농촌문제에도 관심을 가지게 하는 계기를 만들게 되었다. 즉, 농촌문제에 관여하였던 사회사업가들은 농촌의 궁핍, 주택 및 토지의 차압(差押, 압류) 등 농촌의 심각한 문제에 대해 깊이 인식하게 되었다. 이러한 상황은 사회사업이 미국인들의 삶 속에서 중요한 위치를 차지하게 하였고, 사회사업가들이 중요한 보직(補職)에 임명되었으며, 그들의 의견이 정책 결정에 충분히 반영되었다.

그 결과, 사회사업의 전문성은 연방정부뿐만 아니라, 미국 전역에서 인정받게 됐으며, 지금까지 주로 개별사회사업에 의존하던 사회사업의 영역이 확대되었다. 예컨대, 사회보험, 공원 및 레크리에이션 프로그램, 농촌 재정착 프로젝트, 슬럼가(slum街, 빈민가) 정화 및 이전계획 등의 사업을 수행하게 되었다. 그러나 지금까지 공적 사회복지기관에서 근무하는 사회사업가는 집단사회사업, 지역사회조직사업, 사회계획 등의 방법론을, 사적 사회복지기관에서 근무하는 사회사업가는 개인 및 가족의 문제에 관심을 가지고 주로 개별사회사업의 방법론을 사용하여 서비스하고 있었는데, 이러한 부분에 대한 공사 간의 교류와 상호 보완은 중요한 이슈가 되었다.

▲ 뉴딜정책으로 건설된 테네시 강 댐
(미국 남동부의 테네시 강에 여러 댐을 세우면서 대공황을 겪는 실직자들이 직업을 얻었음)

3. 베버리지 보고서와 복지국가의 수립

1) 베버리지 보고서

(1) 베버리지 위원회 설치 배경

영국은 제1차 세계대전의 아픔이 채 가시기도 전인 1939년에 제2차 세계대전에 휘말리게 된다. 이러한 상황에서 영국 정치가들은 제2차 세계대전을 맞게 되는 시점에서 매우 당황하게 된다. 왜냐하면, 국민은 제1차 세계대전 후에 복지에 거는 기대가 컸는데, 정치가들은 그 기대에 크게 미치지 못했기 때문이었다.

또한, 당시 사회복지제도를 개선해야 할 수밖에 없는 단적인 예는, 소득보장 관계 행정이 이리저리 흩어져서 질서나 체계가 서지 않은 양상이었다. 대상에 따라서 7개 부처가 나누어서 소득보장을 시행하고, 재정 조달방식도 통일되지 않았다. 따라서 서비스 중복과 혼란이 일어났으며, 아동과 노인들 중 고령층은 서비스 대상에서 빠지기도 하였다. 그리하여 사회복지제도가 품고 있는 불합리성에 대한 사회개혁의 목소리가 한층 높아졌다. 특히, 페이비언 사회주의나 정치경제계획 및 가족수당운동과 같은 단체로부터 개혁이 강하게 제기되었다(류상열, 2002: 189-190).

그래서 정부 차원에서도 다양한 제안에 대한 검토가 진행되었으며, 1941년 1월 국무회의에서는 그린우드(Greenwood) 무임소 장관에게 종전 후의 사회부흥을 위한 계획 업무를 담당하도록 하였다. 그린우드 장관을 책임자로 하는 전후재건문제위원회(The Reconstruction Problems Committee)는 전후 3년간 실효성을 발휘할 수 있는 실제적인 재건계획을 준비하는 것이었다. 그중 국내 문제에 관해서는 현 상황에서의 문제, 평화로 이전되었을 때 일어날 수 있는 문제, 이와 병행하여 장기적인 문제를, 특히 ① 경제문제로 재정, 조세, 금융, 투자, 외국무역, 통상정책, 산업, 고용정책, 개발, 노동정책, ② 정치문제로 방위, 중앙과 지방의 행정기구, 사법기구, ③ 사회문제로 사회서비스 개혁과 통합, 교육기회의 균등 및 개혁, 도시와 농촌계획을 검토하는 것을 과제로 정했다.

그러나 베버리지[9] 위원회 발족에 결정적인 계기가 되었던 것은 노동조합총연맹의 요구가 있었기 때문이다. 이 요구에 따라 1941년 5월 22일 의회에서, 당시 보건부 장관이던 브라운(Brown)은 사회보험에 관한 전면 검토를 확인하도록 하였다. 그 책임자로는 그린우드 무임소 장관이 지목되었다. 이에 따라 같은 해 6월 10일 그린우드는 사회보험 및 관련 서비스에 관한 정부 부처 간 조사위원회를 구성하기에 이르렀다. 이 위원회는 위원장 1명과 위원 11명 및 비서 1명으로 구성하였다. 11명의 위원 중 10명은 관련 행정 부처의 중간 서열 관료이고, 위원장에는 베버리지가 임명되었다(김상균, 1987: 162-163).[10]

베버리지 위원회는 1941년 7월 8일부터 활동을 시작하였다. 이 위원회는 문자 그대

---

9) 베버리지는 영국의 경제학자로 옥스퍼드대학교에서 공부하였으며, 모교의 법학 강사로 있었다(1902~1909). 1919년 런던경제대학 학장 · 1926~1928년 런던대학교 부총장이 되고 왕립경제학회의 회장을 역임했다. 〈모닝 포스트〉지의 논설위원도 지낸 그는 실업보험문제의 권위자로서 직업소개소 창설에 참가하였다. 제1차 세계대전 중에는 군수성과 식량성에 근무하고 제2차 세계대전 중에는 처칠 수상 밑에서 노동차관이 되었으며, 사회보험 및 연합국전시근로위원회 의장에 임명되어 유명한 '베버리지 보고'를 제출하여 철저한 사회보장제도를 세웠다. 1944년에 노동당 소속 하원의원이 되었다. 제2차 세계대전이 일어난 뒤 노동당 내각으로부터 남작의 작위를 받았다.

10) 제2차 세계대전이 한창이던 1941년 6월, 사회보장제도 전반의 구조와 효율성을 점검하기 위해서 당시 영국 윈스턴 처칠 총리는 베버리지 위원회를 창설했다. 이후 베버리지 보고서는 영국 복지제도 확립의 기틀이 되었다.

로 베버리지 위원회라고 부를 만큼 그에게 모든 권한을 맡겼다. 위원회 조직과 인선, 운영방침, 검토 과제의 범위, 권고 내용 등 모든 면에 걸쳐 그에게 상당한 자율성을 부여하였다. 무임소 장관 그린우드가 베버리지에게 보낸 서간문에서도 보고서의 서명자는 베버리지 한 사람뿐이라는 점과 보고서 초안도 베버리지가 손수 만들었다는 것에서도 그러한 면을 짐작할 수 있다. 이것은 실제로 한 사람에 의해서 집행되는 강력한 조사연구기구였다.

배버리지는 전후 영국 재건을 가로막는 5대 거인이 있다고 했다. 현대사회에서 진보를 가로막고 있는 사회문제의 5대 악으로서 결핍(want, 궁핍, 빈곤)·질병(disease)·불결(squalor)·무지(ignorance)·나태(idleness, 태만)를 들고, 이 가운데 사회보장의 궁극적인 목표는 궁핍을 없애는 것이라고 하였다. 그는 궁핍의 원인으로서 실업·질병·노령·사망 등에 의한 소득의 중단을 들었다. 이에 대처하기 위해서 기본적 수요 충족을 위한 사회보장보험이 마련되어야 하고, 특별히 긴급한 수요 충족을 위해서 국민 부조(扶助)를 제안하고, 그 이외 개별적인 수요는 자발적 저축에 기대해야 한다고 주장하였다. 또 사회보장으로 궁핍을 없애는 기능을 높이기 위한 전제조건으로서 완전고용 유지, 포괄적인 보건의료보장제도의 확립, 균일급부로는 대처할 수 없는 특정한 세대(世帶)의 수요에 따른 아동수당을 확립해야 한다고 역설하였다(박주현, 2018: 205-207).

베버리지 보고서(Beveridge Report)와 '요람(搖籃)에서 무덤까지'

정식 명칭은 '사회보험 및 관련 서비스(Social Insurance and Allied Services, Reported by William Beveridge)'이다. 이 위원회의 임무는 당시 사회보장제도로서 합리성이 결여되어 있던 그 무렵 영국의 여러 제도의 구조나 그 효율성을 재점검하고 필요한 개선책을 권고하는 데 있었다.

이 보고서에서는 문제해결을 위한 기본원칙을 다음과 같이 제안했다. 첫째, 모든 개혁안은 과거의 경험을 충분히 살리고 국부적 이해관계에 매달리지 않아야 한다. 둘째, 사회보장보험의 구성은 사회개혁에 대한 종합정책의 일환으로 취급되어야 한다. 충분하게 발전된 사회보험은 소득

보장에 도움이 되며 빈곤을 줄일 수 있다. 셋째, 사회보장보험은 국가와 개인 간의 협력에 의해서 달성되어야 한다.

이 보고서가 발표된 뒤 많은 「사회보장법」이 제도화되었다. 1944년 「장애자고용법」이 제정되고, 사회보장청이 설치되어 오랜 역사를 가진 영국의 「구빈법(救貧法)」이 폐지되고, '요람에서 무덤까지'라는 경제적인 소득보장책인 사회보장체계가 확립되었으며, 「심신장애인고용법」이 제정되었다. 1945년에는 「가족수당법」이 제정되고, 1946년에는 「국민보험법」, 「국가보건서비스법」, 「국가부조법」이 제정되었다. 또 1948년에는 「아동법」, 「국가부조법 규정」(노인 · 장애인 복지서비스 포함), 「고용 · 직업훈련법」이 제정되었다.

이 보고서는 최저생활수준 보장을 권리로 규정하고 생존권을 처음으로 사회보장에 받아들여, 「구빈법」 사상을 근본적으로 전환시켰다. 또 임금노동자에 한정된 적용자의 범위를 모든 국민에게까지 확대한 것도 획기적이었다. 이로써 제2차 세계대전 후의 영국 사회보장제도 확립의 기초가 되었고, 세계 자본주의 국가의 사회보장제도 확립에 큰 영향을 주었다.

(2) 베버리지 보고서의 기본 이념

베버리지 보고서는 사회보험 계획의 기본 구상이지만, 그것은 어디까지나 사회정책의 일환으로 사회보장을 통해 실현하려는 정책 제언이다. 베버리지 계획은 3대 원리와 6원칙을 가지고 있다. 3대 원리는 첫째, 포괄성의 원리로 사회보험 대상의 위험을 포괄하고, 사회보험 조직형태를 일원화하는 것과 함께 이것을 모든 국민에게 적용하는 보편주의(普遍主義)를 채택하는 것을 말한다. 둘째, 평등성의 원리로 모든 국민에게 동일 갹출과 동일 급여를 적용하는 플랫(Flat)주의다. 셋째, 국민적 최저한으로서 다른 자산이 없어도 최저생활이 가능할 수 있는 최저생활보장의 급여수준을 설정하는 것이다(김근홍 외, 2007: 74-77).

이와 같은 원리 가운데 가장 혁신적인 것은 보편주의 원리다. 다른 나라와 마찬가지로 영국도 당시 사회보험 미적용자가 있을 뿐만 아니라, 제도 분화로 제도 간에 격차 문제를 안고 있었다. 이에 대해 베버리지는 사회보험을 모든 국민에게 확대 적용하는 것과 함께 의료보험 인가 조합의 폐지, 농업 · 금융 · 보험법 등의 실업보험 특별제도와 실업보험 일반제도와의 통합, 공무원 · 철도 등 특수직 연금제도의 폐지를 통한 사회보험의 일원화를 꾀한 것이었다.

보편주의 원리는 산업사회의 발전과 1930년대부터 제2차 세계대전에 걸쳐 팽배해진 모든 국민의 빈곤화를 배경으로 한 사회보장 욕구에 따른 위험도에 대해 사회보험의 재정 기반을 안정시키려는 것이다. 기존의 사회보험제도를 폐지하고 통합하는 개편작업이 평시에서는 매우 시도하기 힘들지만, 전쟁이 벌어진 때 혹은 전쟁 직후 물자가 없는 것을 참고 견딜 때에는 가능하였다.

베버리지는 이 시기를 생존 욕구를 충족하기 위해서만이 아니라, 빈곤으로 떨어지려는 압력에 대한 저항과 이에 대한 가치에 입각한 사회적 연대의식을 강조한 시기라고 보았다. 전쟁은 영국인들로 하여금 사회적 위기에 대처하는 사회적 연대의식 고양을 촉진시켰다고 볼 수 있다. 바로 이와 같은 사회적 연대의식이 보편주의와 연계된 것이라고 생각할 수 있다. 베버리지는 사회보험을 빈곤을 없애는 주요 수단으로 생각했다. 따라서 그는 사회보험이 최저생활보장과 결부되어야 하지만, 그것을 넘어서지 말라는 법은 없다고 생각하였다. 그러나 최저생활을 넘어서는 보장은 개인 책임이며, 국가는 이에 대해 간섭하지 않아야 한다.

베버리지는 소득능력의 중단 혹은 상실에 대한 사회보험과 출산 · 혼인 · 사망으로 발생하는 특별한 지출에 대한 급여의 종합적 보장계획을 위해 다음의 6원칙을 열거했다. 이 6원칙은 앞에서 살펴본 3대 원리를 더욱 구체적으로 정리한 것이다. 첫째, 최저생활 급여의 균일, 둘째, 소득에 관계없는 균일 갹출, 셋째, 관리 책임의 통일화, 넷째, 급여가 최저생활비로서 타당성이 있게 할 것, 다섯째, 계획은 포괄적이 되게 할 것, 즉 빈곤의 원인이 되는 일체의 사고를 포괄한 급여, 여섯째, 대상 분류로는 피고용자, 고용주, 상업인 혹은 자영자를 포함한 유직업인, 근로연령층에 속한 모든 기혼 부인, 기타 무직 근로자, 노동연령에 미달한 자, 노동연령이 지난 퇴직자로 구분하였다(김근홍 외, 2007: 74-77).

〈표 8-1〉 베버리지의 사회보장 계획

주축제도(main methods)	보조제도(subsidiary methods)
• 강제적 사회보험(Compulsory Social Insurances) • 기본 원칙 – 균일 생계비 지원(flat rate of subsistence benefit) – 균일 갹출(flat rate of contribution) – 행정책임의 통일(unification of administrative responsibility) – 급여의 적절성(adequacy of benefit) – 포괄성(comprehensiveness) – 피보험자의 분류(classification)	• 국가부조(National Assistance) • 임의보험(Voluntary Insurances)
• 3개의 전제 – 아동수당(Children's Allowances) – 포괄적 의료 및 재활서비스(Comprehensive Health and Rehabilitation Service) – 완전 고용(Maintenance of Employment)	

출처: Beveridge Report(1942); 박광준(2013: 185, 재인용).

(3) 베버리지 계획과 국민과 정부 및 사회의 반응

① 베버리지 계획과 국민 대중

베버리지 보고서는 간행되기 이전부터 많은 사람이 그 내용에 대해 궁금하게 생각했다. 실제로 보고서는 1942년 12월 1일 간행되었는데, 그 폭발적인 인기는 대단하였다. 발매 당일 런던 정부간행물센터에는 1.6km가량의 행렬이 줄을 이었고, 판매 3시간 만에 7만 부가 팔렸다. 발매일로부터 1년간 62만 5,000부(완전판 25만 6,000부, 요약판 36만 9,000부)가 팔렸다(김근홍 외, 2007: 77–83). 1942년 겨울이라면 영국이 독일에게 심각하게 전쟁에서 밀리고 있었을 때였다. 런던 시내에 독일군의 포격이 쏟아진 날도 적지 않았다. 그렇게 위험한 시기에 도대체 사람들은 왜 이 보고서를 그렇게 애타게 사려고 했을까!

BBC(영국 공영방송사)[11]는 보고서 내용을 상세하게 보도했는데, 이 내용은 전파에 실려

---

11) 1922년 세계 최초의 공영방송인 BBC는 영국을 포함한 전 세계 사람들에게 고급 방송서비스를 전달하는 것을 목표로 삼고 있다. 전통적으로 BBC는 뉴스와 다큐멘터리 프로그램에서 양적, 질적으로 그 수준을 인정받아 왔다. 또한, 각종 수상 경력을 갖춘 다큐멘터리와 시사 부문에 강한 프로그램 제작능력도 BBC만의 강점이다. 90여 년의 역사를 통해서 BBC는 정치적 · 사회적 상황의 변화에도 흔들리지 않고 공영방송의 정체성을 확립하기 위한 부단한 노력을 경주해 왔다.

23개 외국어로 세계 각지로 전달되었다. 미국에서는 채 반년도 지나지 않아 5만 부가 팔렸으며, 유럽 나치(Nazis) 점령지역 여러 나라에서도 요약판이 저항운동의 지하조직을 통해서 전달되었다. 이러한 대중의 반증(反證) 반응은 영국이 복지국가를 형성해 나가는 과정에서 하나의 현실적인 압력으로 작용하였다.

▲ BBC 초대국장 존 리스 (1889~1971)

베버리지 보고서는 가는 곳마다 최대의 화제가 됐으며, 심지어 전쟁의 실제 상황에 관한 뉴스를 뒤로 미루는 경향까지 있었다. 보고서는 대다수 사람으로부터 열렬한 환영을 받았으며, 특별히 임금고용자들이 이를 기쁘게 생각하였다. 하지만 이에 반해 반대론자들은 과중한 과세, 제품가격 상승, 수출경쟁력 약화와 인플레이션을 걱정하는 기업가집단이었다. 그 이외에 전후 재건을 말하는 것은 시기상조라는 사람과 "베버리지 계획은 대중적 완화제일 뿐이며, 진정으로 필요한 것은 산업의 사회화"라고 주장하는 과격파였다. 또 소비에트(Soviet)[12] 냄새가 너무 많이 난다는 사람들과 토지 국유화를 염려하는 스코틀랜드 농민 등이었다. 유보 의견은 반대 의견에 가까운 것으로서 "고액의 급여는 나태와 낭비를 조장하는 것이며, 고용과 산업을 계획하기 이전에 사회보장을 계획한다는 것은 순서가 바뀐 것"이라는 반응을 나타냈다(김근홍 외, 2007: 77-83).

다시 말하지만, 대다수 보통의 국민은 베버리지 계획에 대해 압도적으로 찬성을 표했다. 그러나 베버리지 계획이 실현되기에는 결코 낙관적인 것만은 아니었다. 그것은 이미 사회에 기득권을 가진 자, 특히 보험회사나 영국 의사회, 대기업의 방해와 사회보장 계획에 대한 정부의 불투명한 의지, 정당정치의 비효율성과 소요경비가 많이 있어야 하는 것 등은 베버리지 계획에 많은 의문으로 나타났다.

---

12) 소비에트(Soviet)란 러시아 말로 평의회 또는 대표자 회의를 뜻하는 단어이다. 그러나 이후 러시아 혁명 때 노동자·병사 등의 대의원인 소비에트 기관이 창설되면서 부르주아 민주주의의 의회에 대비되는 개념이자, 민중에 의해 자발적으로 조직되고 운영되는 프롤레타리아 독재정권의 권력기관이란 의미로 전용되었다.

② 베버리지 계획과 자본가계층

영국고용주연맹(British Employers' Confederation: BEC)[13)]이 베버리지 위원회에 제출한 의견서를 보면, 시종일관 반대 의사를 표명하고 있다. 또한, 의견서 결론 부분에서는 베버리지 위원회의 활동 정지와 해산을 의미하는 별도의 위원회 설치를 제안하고 있다(김근홍 외, 2007: 78–79).

영국고용주연맹의 의견서를 요약해 보면, 산적한 전쟁 과제와 전후 상황의 불투명성을 이유로 사회보장 계획에 관한 상세한 회답은 불가능하다는 것을 전제로 하고 있다. 특히, 사회보장 계획에 있어서 소요경비와 재정에 대한 배려를 해야 한다고 강조했다. 또한, 의견서는 국제 비교로서 국민 1인당 사회보장 관계 경비에 있어서 영국의 수준과 사회보장 경비의 급팽창(1913~1938년 사이에 비용이 9,300만 파운드에서 5만 4,400만 파운드로 증가), 제1차 세계대전부터 제2차 세계대전까지의 사회보장 실적을 들어 사회보장에 대한 개혁이 굳이 필요하지 않다고 주장했다.

그러나 영국고용주연맹은 강제 갹출 방식과 동일 갹출 원칙에 대해서는 찬성했다. 그렇지만 삼자부담 방식에 있어서 고용주 부담은 생산에 대한 과세를 의미하며, 이는 비경제적 효과를 일으킨다고 고용주 부담액에 대해 불만을 표시하였다. 그 이외에 보험급여액을 임금과 비교해서 격차를 두고, 절약정신과 자립심 및 개인의 책임감이야말로 '민주적 사회서비스의 가장 중요하고 본질적인 부분'이라고 표명하였다. 또 베버리지 위원회는 국민의 관심을 전쟁에서 다른 곳으로 옮기려 한다고도 비난하였다. 그래서 영국고용주연맹은 베버리지 위원회의 축소 개편을 제안하였다. 왜냐하면, 현재 영국이 당면한 과제는 사회서비스가 아니라, 가급적 전쟁을 빨리 승리로 이끌어 자유를 보장하는 것이라고 주장하였다.

영국고용주연맹 회장 왓슨(Watson)은 "전후 문제를 구상하는 것은 마차를 말 앞에 세

---

13) 영국고용주연맹(British Employers' Confederation: BEC)은 1965년 영국산업연맹(Confederation of British Industries), 전영국제조업자협회(National Association of British Manufacturers)와 통합하여 영국산업연맹(CBI)으로 새롭게 조직된다. 약 25만 기업이 가입해 있는 영국 재계의 대표적인 단체 가운데 하나이다. 미국의 비즈니스라운드테이블(Business Round Table), 한국의 전국경제인연합회(전경련)와 비슷한 역할을 한다. 두 단체가 대기업 위주의 조직이라면 영국산업연맹은 대기업과 중소기업을 망라한다는 점이 차이점이다.

우는 것과 같다."고 했으며, 영국고용주연맹 대표들도 "전후에 대해서 말하는 것은 아직 시기상조일 뿐만 아니라, 국민에게 그릇된 환상을 가지게 한다."라고 했다. 특별히 영국 조선업계 고용주연맹 부회장인 보이드(Boyd)는 베버리지 위원회의 활동을 가장 맹렬하게 비난했다.

③ 베버리지 계획과 노동자계층

영국 노동자계층의 의견을 대변하는 것은 노동조합(The Trades Union Congress: TUC)이다. 베버리지 계획에 대한 영국 노동자의 태도는 노동조합이 사회보험위원회에 제출한 각서나 '문서회신 및 사회보험위원회 증언록'에 명시되어 있다. 이들은 산업재해를 사회보험 계획에 통합시키는 제안만을 빼고는 베버리지 계획에 전적으로 찬성 의견을 표명했을 뿐만 아니라, 이를 조속히 실행해 줄 것을 촉구하였다.

④ 베버리지 계획과 노동당

베버리지 계획에 대한 노동당의 자세는 애틀리(Attlee) 당수와 달톤(Dalton)을 통해 환영하는 의사를 표명하였다. 이미 시사한 바와 같이 노동당은 전후 재건문제에 열의를 가지고 있었으며, 사회보장에 대한 구상을 재건문제의 핵심 이슈(issue)로 생각했다. 노동당 중앙집행위원회는 1942년 당 대회를 대비해서 다음과 같은 4대 정책을 만들었다. 첫째는 완전 고용의 확보, 둘째는 영국의 재건, 셋째는 적절한 건강 · 영양 · 노령시의 보호를 모든 국민에게 보장하는 사회서비스의 조직, 넷째는 교육의 기회 균등이었다.

1942년 5월 제41회 당 대회 3일째 되는 날은 사회보장문제를 토의하는 시간으로 일정을 할애했다. 그리피스(Griffiths)가 제출한 결의안을 보면, 베버리지 위원회 설치를 환영하고, 다음과 같은 4개 항목의 요구사항을 만들었다. 첫째는 종합적인 단일 사회보장계획, 둘째는 불의의 사고에 대한 적절한 현금보상, 셋째는 가족수당을 모든 아동에게 적용시키되, 재원은 국고에서 지급, 넷째는 국민건강서비스이다.

그리피스는 "전후 재건에 있어 사회보장은 불가결의 요소"라고 주장하면서, 당시 정부와 재계로부터 베버리지 위원회에 대한 압력을 견제하면서 베버리지 위원회 활동을 옹호하였다. 그는 "이 조사는 완수되어야 한다. 이것은 정쟁의 종결까시 기다릴 필요가 없는 임무이며, 지금 완수하는 것도 가능하다."라고 했다. 그리피스의 결의안은 라스키(Laski)가 제청하였으며, 토의를 하고 나서 한 표를 제외하고 모두 찬성하여 가결하였다.

다음 해인 1943년 6월 제42회 당 대회 2일째 날은 베버리지 보고서를 토의하는 것으로 정했다. 배로우스(Barrows)가 제출한 결의안은 당 대회 이름으로 베버리지 계획을 환영할 것과 베버리지 보고서를 노동당의 사회정책으로 채택하는 것으로 되어 있다. 특히, "완전 고용, 국민의료서비스, 아동수당은 전후 즉시 시행할 것, 베버리지 계획의 시행을 위한 입법조치가 신속하게 이루어질 것을 정부에 촉구한다."라고 되어 있다. 당 대회에서 베버리지에 대한 열광은 대단하였다. 노동당은 1945년 선거강령으로 "미래를 맞이하자(Let us face the future)."라는 캐치프레이즈(catchphrase)와 함께 "베버리지 계획을 빼고는 미래를 맞이할 수 없다."라고 했다(김근홍 외, 2007: 77–83).

⑤ 베버리지 계획과 정부 수뇌부

처칠(Churchill)[14] 내각은 보수와 사회민주 양파의 연립내각이었다. 당시 수상을 중심으로 한 최고 수뇌부 보수파의 동향을 보면, 베버리지에 대해 상당한 거부 반응을 가지고 있었다. 또한, 각료 중에 가장 막강한 힘을 발휘했던 재무부(Exchequer) 장관도 베버리지 위원회 발족 당시부터 위원회 논의 내용을 감추고, 보고서 발표도 전쟁 종결 때까지 연장하려고 했다. 앞에서 말한 영국고용주연맹의 베버리지 위원회 축소 개편안도 실은 재무부의 압력으로 이루어졌던 것이다.

14) 시대가 영웅을 낳는다고도 하지만, 시대가 낳은 영웅이 시대의 진로에 큰 영향을 미치기도 한다. 제2차 세계대전을 승리로 이끈 지도자 처칠이 바로 그러했다. 사납고 고집스런 불도그(bulldog)에 비유되기도 하는 그의 불굴의 용기와 리더십이 아니었다면, 그가 영국민들을 하나로 결집시키지 못했다면, 오늘날 우리는 지금과 훨씬 다른 세상을 살고 있을지도 모를 일이다. 전시(戰時)에 빛을 발한 리더십: "장비를 주면, 우리가 끝장내겠습니다."

▲ 제2차 세계대전 중인 1941년 2월 9일 방송을 통해 미국의 지원을 호소하는 윈스턴 처칠(1874~1965)

1942년 7월 베버리지 보고서의 초안이 나오자 재무부는 공포에 휩쓸렸으며, 베버리지 보고서가 같은 해 9월에 완성되자 보수파 각료들은 '너무 혁명적'이라는 반응을 보였다. 또한, "베버리지 사회보장 계획을 채택할 경우 미국의 부정적인 반응을 불러일으킬 것이다."라고 했다. 여기서 미국의 반응이란 미국인들이 영국의 사회보장을 보고 "자기네보다 훨씬 높은 수준의 사회서비스 경비를 미국의 달러로 충당하려 한다."는 것이다. 이는 말할 필요도 없이 대서양헌장에 의한 「무기대여법」과 기타 미국 원조를 지칭하는 말이다. 영국정부는 전쟁이 끝나더라도 「무기대여법」에 의한 원조를 계속 교섭하려고 시도했다.

한편, 처칠 자신의 견해는 BBC(영국 공영방송사)를 통해 2회에 걸쳐 행한 연설에서 명료하게 나타났다. 그는 전후 정치 · 경제 정세의 곤란과 과제의 산적을 지적했는데, 이것은 전쟁지도에 대한 자기변명이기도 하다. "내가 오늘날까지 장래에 대해서 약속을 삼가온 것은 어디까지나 유토피아(utopia)의 그릇된 희망이나 환상으로 국민을 기만하고 싶지 않기 때문이다."라고 했다. 또한, 그는 베버리지 보고서 논쟁이 있기 전인 2월 15일 각료들에게 다음과 같은 지시 내용을 배포했다. 첫째, 보험제도에 의한 사회보장은 전후 국가 재건의 본질이 된다. 둘째, 베버리지 보고서 내용 중에는 실행 불가능한 것이 있다. 셋째, 입법에 대비해서 지금부터 종전 때까지 보고서를 다듬고 개조하여 준비하는 기관을 설치한다. 필요한 경우 위원회를 설치한다. 넷째, 현재 입법화를 개시한다거나 필요 경비를 약속한다는 것은 불가능하나, 채택 일시는 정부에 일임한다. 다섯째, 현 의회는 선출 후 8년째이므로 이들은 전쟁 목적을 위해서만 정당화되어 있다. 따라서 장래문제는 장래의 의회와 정부에 맡기는 것이 타당하다(김근홍 외, 2007: 77-83).

2) 복지국가의 수립

(1) 복지국가의 개념

복지국가(Welfare state)란 국민의 생존권을 보장하고 복지의 증진과 확보 및 행복의 추구를 국가의 중요한 임무로 하는 국가를 말한다. 더 구체적으로 표현하면, 복지국가란 국민의 인간다운 생활을 위해 국가가 적극적으로 복지 혜택을 부여하고, 국민의 최소한의 생활을 위해 국가가 물질적 급부를 제공하는 국가를 말한다. 복지국가라는 표현은 1930년대 유럽에서 유래된 개념으로 국가가 모든 국민을 위하여 적극적인 사회보장과 완전 고용의 실현을 추구하는 것을 말한다. 이는 야경국가(夜警國家)[15]가 자본주의 경제구조의 모순으로 실패하자 이를 극복하기 위해 나온 국가의 형태다.[16]

그러나 구체적인 의미로 복지국가라는 용어가 세계적으로 널리 사용된 것은 영국 베버리지의 《사회보험 및 관련 서비스》라는 보고서가 1942년에 발표되면서 국민생활 최저한의 보편적인 보장을 의도하는 사회보장 계획이 국제적으로 주목받은 이후부터이다. 그 후 1945년 제2차 세계대전 후 노동당 정부가 집권하여 모든 정책의 기초가

15) 야경국가(夜警國家)란 국가의 임무를 대외적인 국방과 대내적인 치안유지의 확보 및 최소한도의 공공사업에 국한하고, 경제활동 등 나머지는 개인의 자유에 맡기는 것이 바람직하다는 근대의 자유주의적 국가관을 말한다. 즉, 국가 그 자체를 강탈과 도범(盜犯)방지를 주(主)임무로 하는 야경(夜警)에 불과한 것으로 보는, 극단적인 개인주의 및 자유방임주의에 입각한 국가관을 말한다.

16) 새로운 국가 이념의 필요성이 대두되고, 기존 야경국가의 한계점에 대한 비판과 성찰이 있었다. 그래서 새로운 대안으로 국가의 기능을 확대하여 당시의 문제점을 해결해야 한다는 주장이 강하게 대두되었고, 국가는 모든 국민의 평등한 자유를 보장하고, 삶의 질을 향상시키는 것이 국가의 가장 중요한 책임과 의무로 생각되기 시작하였다. 이것이 바로 복지국가 출현의 서막이었다. 우리나라의 현행 「헌법」은 자유 시장경제 질서를 기본적 원칙으로 하면서 복지국가의 원리를 수용하고 있다.

되어 광범위한 사회보장과 완전 고용을 실현하는 것을 국가 책임으로 하면서 복지국가란 용어가 구체적인 의미를 가지게 되었다.

복지국가의 실현수단은 적정한 소득분배에 따른 경제의 민주화, 사회적 생산의 재분배 및 사회정의의 구현을 위한 평등원리, 이익의 형평과 조화의 원리, 경제 질서의 규제와 조정, 사회보장제도의 확충, 급부행정을 통한 공공복리의 증진 및 노사문제의 적극적인 해결을 통한 최저한의 생활보장과 인간다운 생활보장 등이다. 특히, 자본주의 국가에서는 완전 고용 · 최저임금 보장 · 사회보장제도 등이 가장 중요한 시책이다. 현재는 북유럽이 잘 발달되어 있다. 역사적으로는 "짐은 제1의 공복이다"라 불렸던 절대주의 혹은 전제주의 계몽국가에서부터 시작되었다. 또한, 20세기의 국가사회주의적 사상을 배경으로 하는 직능국가(職能國家)도 복지국가로 볼 수 있다.

이와 같은 복지국가는 영국에서뿐만 아니라 스웨덴을 비롯한 유럽 여러 나라에서 나타났다. 미약하지만, 시장경제의 요람인 미국에서도 복지국가를 지향하게 되었다. 프랑스는 혁명으로부터 평등 · 자유 · 박애의 개념, 비스마르크와 베버리지는 사회보험과 사회보장의 개념, 페이비언 사회주의는 국가의 기본적 서비스에 대한 국유의 원리, 토니는 사회적 평등의 원리, 케인스는 경기순환을 통제하여 실업을 막는 경제이론 제공 등 이 이외에도 많은 철학자 · 사상가 · 종교지도자 · 사회개혁가 등이 복지국가 건설을 주장하였다. 영국과는 달리 독일 · 프랑스 등에서 이와 같은 역사적 흐름을 따라 서서히 복지국가가 형성 · 전개되었다.

그런데 복지국가는 1970년대 이후 다양한 비판을 받아 왔다. 단지 공적 서비스의 확충에 의해 국민 복지를 향상시키고자 하는 종래의 복지국가관은 재정 핍박뿐만 아니라 서비스의 획일화, 관료제화라는 문제를 낳는다고 생각되어 공사의 다양한 복지기능을 활용하는 다원적 복지 시스템이라는 사고가 대신하고 있다. 그러나 이러한 개선이 단순한 복지국가의 해체를 의미하는 것은 아니다. 공과 사의 복지기능을 조정하는 방법은 각국의 역사적 유산, 즉 어떠한 복지국가를 발전시켜 왔는가에 따라 크게 다르기 때문이다.

(2) 복지국가의 형성 요건

▲ 토마스 아퀴나스
(1224/1225~1274)

많은 학자가 복지국가 형성에 관해 다양한 의견을 제시하였다. 그 맥락을 역사적으로 살펴보면, 문명 이전의 선사시대에도 복지사상이 있었다. 가난한 자를 돕는 행위가 원시인사회에서도 있었다. 또한, 에스키모(Eskimo)[17]들도 그들이 사냥한 획득물을 가난한 이웃에게 나누어 주는 관습도 있었다. 빈민을 구제하기 위한 빈민정책은 중세의 로마 가톨릭교회에도 있었고, 공공의 복지를 법률의 근본 목적으로 하여 전체 사회에서 개인의 이익에 대하여 공익이 우선한다는 아퀴나스(Aquinas)의 사상에도 잘 나타나고 있다.

복지국가의 사상적 바탕은 자본주의나 사회주의 이념과 비교할 때 명확하지 않고 철학적 이념도 부족하다. 그렇지만 복지국가의 정의에 대한 최소한의 합의점이 묵시적인 수준에서 마련되어 있다는 점을 보여 주고 있다. 이러한 합의점은 이데올로기적인 차원보다는 복지국가의 실천요강에서 표출된 것임을 다음에서 살펴볼 수 있다(임은희 외, 2012: 231-232; 홍숙자 외, 2015: 211-212).

첫째, 복지국가를 잘 반영하고 있는 경제체계로서 자본주의 경제를 바탕으로 한 수정자본주의 혹은 혼합경제체계의 운용이다. 야경국가라고도 한다.

둘째, 국가 안보 혹은 평화의 보장이다. 템플(Temple)[18]이 처음으로 사용한 복지국가 용어의 배경에는 무력국가가 있다.

---

17) 북극, 캐나다, 그린란드, 시베리아의 북극지방에서 어로 · 수렵을 하며 사는 인종을 말한다. 캐나다의 크리 인디언이 '날고기를 먹는 사람들'이라는 뜻으로 붙인 명칭으로 알려져 있으나 이 같은 어원설에 대해서는 논란이 있다. 에스키모들은 자신들을 지칭할 때 '사람'이라는 뜻의 이누이트(Innuit)를 사용한다. 캐나다와 그린란드 등지에서는 이누이트로 지칭되지만 이누피아트(Inupiat, 북알래스카), 유피크(Yupik, 서남알래스카) 등도 이들을 지칭하는 용어로 사용된다. 에스키모들은 몽골계 종족으로 중키에 단단한 체구, 비교적 큰 머리와 넓고 평평한 얼굴이라는 신체적 특징을 지니고 있다.

18) 윌리엄 템플(William Temple)은 영국의 종교 철학가이다. 그의 저서 《자연, 인간 및 신》에서 최고 가치이자 궁극적 실재인 신을 제시하였다. 플라톤의 영향을 받은 그의 사상은 만년에 스콜라주의로 기울어졌다.

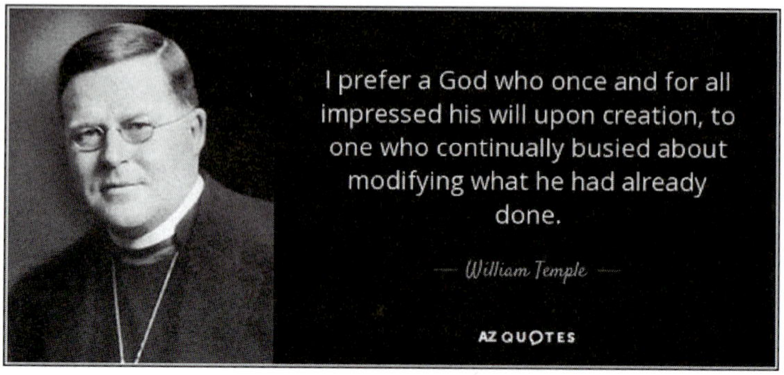

▲ **윌리엄 템플(1881~1944)**

셋째, 정치제도로서의 민주주의를 들 수 있다. 국민의 물질적 생활조건을 보장하지만, 개인의 기본권적 자유권을 인정하지 않는 전체주의(totalitarianism) 국가는 복지국가라고 할 수 없다. 이에 대해 베버리지는 언론출판, 연구와 학문, 신앙, 정치적이거나 비정치적 목적의 집회, 결사, 직업선택, 소득처분의 자유 등을 필수적 자유로 규정하고, 이들 자유에 대해서는 어느 누구도 침해하는 것을 용납하지 않는다고 주장하였다.

넷째, 국민 개개인의 복지에 대한 국가의 막중한 책임의 수행이다. 국가가 복지정책을 이행하기 위해서는 수정자본주의, 평화, 민주주의와 같은 기본 요소가 충족됐다고 해서 자동적으로 복지국가가 되는 것은 아니다. 예컨대, 미국과 일본을 복지후진국이라고 말한 윌렌스키가 있는 반면에, 퍼니스(Furniss)와 틸턴(Tilton)은 미국을 처음부터 복지국가라고 부르기를 거부하였다.

윌렌스키는 사회보장비가 국민총생산(Gross National Product: GNP)[19]에서 차지하는 비율을 복지국가의 기준으로 설정하고, 1966년 당시 사회보장비가 15% 이상인 국가는 복지선진국(welfare state leaders), 10~14%는 복지중진국(welfare state middle rankers), 5~9%는 복지

19) GNP(국민총생산)는 일정한 기간 한 나라의 국민이 국내외에서 새롭게 생산한 재화와 용역의 부가가치 또는 최종재의 값을 화폐 단위로 합산한 것이다. 이와 비교하여 GDP(국내총생산)는 일정한 기간 한 나라 안에서 생산되어 최종적으로 사용되는 모든 생산물(재화와 용역)의 가치를 합하여 화폐 단위로 나타낸 것이다. GNP가 사람, 즉 국민을 기준으로 한 통계라면, GDP는 나라, 즉 영토와 국경을 기준으로 경제활동을 파악한 것이다. 이에 따라 외국인이나 외국 기업이 한국에서 생산한 것은 GDP에 포함되지만 GNP에는 포함되지 않는다. 반대로 한국인(기업)이 외국에서 생산활동을 하면 한국의 GNP에는 포함되지만 GDP에는 포함되지 않는다. 최근 GNP보다 GDP를 중심 지표로 이용하는 나라들이 늘어나고 있다.

후진국(welfare state laggards)이라고 정의했다. 그의 정의에 따르면, 그 당시 22개 부유한 국가를 대상으로 사회보장비를 분석해 보면 오스트리아가 21.0%, 영국은 14.4%로서 복지중진국의 상위로 나타났다. 반면, 미국이 7.9%, 일본은 6.2%에 불과하여 의외의 결과를 보였다(Wilenski, 1975). 따라서 경제력이 큰 국가라도 국민총생산 중에 정부가 지출할 수 있는 사회복지 예산이 상당 수준 이상으로 책정되지 않았다면 그 국가는 복지국가라 할 수 없다.

결국, 모든 국민에게 그 생활의 기본적 수요를 충족시킴으로써 건강하고 문화적인 최저생활을 할 수 있도록 정부가 책임지며, 그것이 국민의 권리로서 인정되는 국가라야 복지국가다. 베버리지가 제시한 복지국가에서는 5대 사회악, 즉 결핍(궁핍, 빈곤) · 질병 · 불결 · 무지 · 나태(태만)를 포괄적으로 해결할 수 있는 구체적 계획을 마련하고, 그것을 실천에 옮겨야 한다. 사회문제로부터 피해를 입는 국민 개개인의 복지를 향상시키는 일에 관심을 표명하고, 이에 준하는 책임을 국가가 직접 질 때 비로소 복지국가가 될 수 있다. 복지국가의 실현을 위해서는 사회권의 보장, 재산권의 사회적 기능 강조, 기회균등의 보장, 사회보장, 자유경제질서에 대한 규제와 조정 등이 요청된다(박주현, 2018: 214-218).

Chapter

09

복지국가의 팽창과 확산 및 발전

Chapter 09

복지국가의 팽창과 확산 및 발전

1. 복지국가 팽창의 사회 · 경제적 배경

1940년대를 기점으로 복지국가가 성립되어 인류의 희망인 평등 실현과 '요람에서 무덤까지(from the cradle to the grave)'[1]의 사회적 보호 속에서 보람 있는 삶을 살 수 있다는 자신감이 서구 사회를 지배하게 되었다. 이러한 배경에는 공유된 시민권 이념을 기반으로 훨씬 더 포괄적이고 보편적인 복지국가를 만들려고 했던 급속한 초기의 개혁, 확대된 제도 내에서 급여와 적용범위를 확대하려는 노력, 혼합경제(mixed economy)[2]와 확대된 사회복지제도에 호의적이고 폭넓은 정치적 합의, 경제성장과 완전고용의 실현이 있었다(Pierson, 1991: 125-126). 또한, 평화의 정착과 민주주의 발전도 중요한 배경으로 작용했다고 할 수 있다(감정기 외, 2010: 241-255).

---

1) 1942년 영국의 베버리지 보고서에서 제창한 사회보장 본연의 자세를 단적으로 나타내는 표현이다. 즉, 출생에서 사망까지의 전 생애 중에 예측 가능한 사고는 국가가 최저한도의 사회보장책임을 진다는 것을 표시한 것이다. 그 뒤 사회복지의 자세를 나타내는 용어로 각국에서 사용하고 있으며, 스웨덴에서는 이 말을 다시 수정해 '태내에서 천국까지(from womb to heaven)'라고 표현하고 있다. 베버리지 보고서에 대해서는 이 책 제8장에서 상세하게 다루고 있다.

2) 혼합경제(Mixed economy)란 자본주의 경제체제하에서 완전고용의 달성, 불황의 극복 등을 도모하기 위해 정부가 경제활동 분야에 개입하는 경제 조직으로, 이중경제(dual economy)라고도 한다. 1930년대의 대공황 때에 자유방임적인 자본주의의 폐해가 극에 달하자, 이런 폐단은 정부가 적극적으로 개입하여 시정해야 한다는 케인스의 주장에 따라 미국의 뉴딜정책이 행해졌다. 경제학에서는 이념형으로서 자본주의와 사회주의의 경제체제를 대비시키면서 19세기 중엽의 영국과 혁명 후의 소련이 그 이념형에 비교적 가까운 것으로 여겨 왔다. 그러나 제2차 세계대전 후 선진 자본주의 국가에서는 일부 산업이 국유화되고 국가의 경제에 대한 개입에 따라 계획적 요소를 강화해 왔다. 그 결과 계획경제와 자유경제의 요소를 혼합한 경제체제가 대두되었다. 혼합경제체제라 불리는 것은 이와 같은 이유에서 비롯된 것인데, 시장경제를 어디까지나 기본으로 하고 이를 공적 개입으로 보완하고 있다는 점에서 사회주의 계획경제와 다르다.

1) 자본주의 대호황

베버리지는 자신이 계획한 사회보장 프로그램의 전제 조건으로 완전고용을 제시하였다. 이는 전후 경제성장과 함께 복지국가 확대의 중요한 기초로 작용하였다. 서구 선진 자본주의 국가들은 경제성장과 완전고용을 유지하면서 전쟁 중에 약속한 희망과 진보의 새로운 질서를 실현할 물질적 기반을 갖추고, 이를 현실로 옮길 수 있었다.

(1) 경제성장

복지국가의 황금기로 불리는 이 시기는 지속적인 경제성장이 이루어진 시기와 일치하고, 그것이 복지국가 팽창을 가능하게 한 중요한 요인 중 하나였다. 경제협력개발기구(OECD) 국가의 1950년대 경제성장률은 연평균 4.4%였고, 1960년대에는 5.0%였다. 〈표 9-1〉에서와 같이 서방 7개국의 1963~1972년 경제 관련 지표를 보면 높은 경제성장률을 기록하고 있지만, 실업률은 낮은 수준을 유지하고 있어 사회복지비 지출에 좋은 조건을 갖추고 있다. 국내총생산(Gross Domestic Product: GDP) 대비 복지비 지출도 증가하여 국가 대부분이 20% 수준이거나 그 이상을 보여 주고 있다.

〈표 9-1〉 구미 각국의 경제성장, 복지 관련 자료 (단위: 연평균, %)

국가	경제성장률		인플레이션		실업률		GDP 대비 복지비	
	1963~1972	1973~1982	1963~1972	1973~1982	1963~1972	1973~1982	1960	1975
스웨덴	3.9	1.8	5.4	10.0	1.9	2.2	12.3	34.8
서독	4.4	2.4	3.2	5.2	1.1	3.8	17.1	27.8
프랑스	5.5	2.8	4.7	11.1	1.9	5.1	14.4	26.3
오스트리아	5.1	2.9	3.9	6.4	2.6	1.9	10.1	20.1
영국	2.9	1.3	5.9	14.2	2.0	5.4	12.4	19.6
미국	3.9	2.6	3.7	8.8	4.7	6.0	9.9	18.8
일본	9.9	4.6	6.0	8.8	1.2	2.0	7.6	13.7

출처: 김태성 · 성경륭(1993: 114).

사회복지비 지출이 증가한 원인은 몇 가지로 분류해 볼 수 있다. 첫째는 사회보험을 포함한 사회복지비용의 자연증가이다. 두 번째는 사회복지제도의 적용범위 확대이다. 적용범위 확대는 국민의 일부에게만 적용되던 것을 모든 국민에게까지 확대한다는 의미와 더불어, 사회보험이 대처하는 사고의 범위를 확대하여 모든 사고에 적용한다는 의미가 있는데, 양자 모두 여기에 해당한다. 세 번째는 새로운 사회복지제도의 도입이다. 마지막으로, 인구구조의 변화로서 인구고령화 영향이다(박광준, 2013: 190–191).

(2) 완전고용과 인플레이션의 안정

1950~1970년대 초반까지 20여 년은 베버리지가 사회보장 프로그램의 전제로 제시한 완전고용을 달성한 시기였다. 유례가 없는 전후(戰後) 자본주의 호황과 함께 실업률이 자연실업률 수준으로 떨어지는 등 고용에 있어서 장기간 안정적 상태를 유지하였다.

〈표 9-2〉에서와 같이 1960년대(1959~1967) 주요 서구 선진국의 평균 실업률은 총노동력 대비 약 2.8%를 유지하였고, 1975년에는 실업률이 4.7%로 약간 상승했다. 이러한 수치는 경제 대공황 이후, 즉 두 차례의 세계대전 사이인 1933년의 경험과 복지국가 위기 시대인 1983년의 경험을 비교하면 상당히 양호한 고용 상태, 즉 완전고용 상태에 가까운 수준이었다. 다만, 비교 국가 중에서 미국과 이탈리아만이 예외적으로 높은 실업률로 나타났다. 이처럼 낮은 실업률은 첫째는 사회복지정책의 확대를 위한 납세자 풀(pool)을 확대한다는 점, 둘째는 취업자들이 스스로 소득을 획득함으로써 국가 보호를 받을 필요성을 감소시켰다는 점, 셋째는 사회보험의 적용대상을 확대할 수 있다는 점에서 베버리지의 사회보장 프로그램 원리에 꼭 들어맞았다.

〈표 9-2〉 6개 주요 경제협력개발기구(OECD) 국가의 실업률 (단위: 연평균, %)

국가	연도별 실업률(총노동력 중 차지하는 비율)			
	1933	1959~1967	1975	1983
프랑스	—	0.7	4.1	8.0
서독	14.7	1.2	3.6	8.0
이탈리아	5.9	6.2	5.8	9.7
영국	13.9	1.8	4.7	13.1
미국	20.5	5.3	8.3	9.5
일본	—	1.4	1.9	2.6
평균	13.0	2.8	4.7	8.5

출처: C. Pierson(1991: 132).

한편, 인플레이션도 이후 제2차 세계대전 전과 복지국가 위기 이후보다 매우 낮은 상태를 유지했다. 구미 주요 국가의 인플레이션을 정리한 〈표 9-3〉에서와 같이 1963~1972년까지는 평균 4.7%의 인플레이션을 보였지만, 1973~1982년까지는 평균 9.2%의 인플레이션으로 나타났다. 1963~1972년 시기의 낮은 인플레이션은 완전 고용 상태에서 실질임금을 보장하고, 복지급여의 실질적 구매가치를 높게 유지할 수 있게 해주었다. 이는 높은 실업과 높은 인플레이션보다 같은 액수의 사회복지 재정으로 좀 더 안정된 국민생활을 보장할 수 있다는 점에서 매우 중요한 의미를 가진다.

〈표 9-3〉 구미 각국의 인플레이션 (단위: 연평균, %)

국가	기간별 평균 인플레이션	
	1963~1972	1973~1982
스웨덴	5.4	10.0
서독	3.2	5.2
프랑스	4.7	11.1
오스트리아	3.9	6.4
영국	5.9	14.2

미국	3.7	8.8
일본	6.0	8.8
평균	4.7	9.2

출처: 김태성 · 성경륭(1993: 114).

2) 합의의 정치구조와 버츠켈리즘

전후(戰後)의 합의(consensus)는 여러 가지 차원이 있을 수 있으나, 중요한 합의는 계급 간 합의와 정당 간 합의로 나타났다. 계급적 차원의 합의는 노동자들의 전통적 염원인 경제의 사회화 및 계급투쟁의 이념과 실행의 포기를 수반하였다. 자본 측에 있어서는 복지국가를 위한 완전 고용과 전략적 공익사업의 국유화 및 지원의 이행을 수락한다는 것을 의미했다(감정기 외, 2010: 247-251).

노동과 자본 양자는 지속적 경제성장이라는 목적을 공유했으며, 이러한 절충적 합의는 정부로부터 관리되는 것이다. 정부는 노동조합과 고용주 사이의 관계를 조정하고, 경제성장을 위한 유리한 조건을 만들어 냄으로써 복지국가를 관리했다(Pierson, 1991: 128-132). 이런 의미에서 보면 이 시기의 복지국가는 국가가 관리하는 '관리되는 자본주의'라고 할 수 있다(Armstrong et. al., 1991, 김수행 역, 1993). 정당 차원에서의 합의는 정치적 '게임의 법칙' 지배를 인정하고, 좌파와 우파 양극단의 주장과 논리를 피하며, 이를 주변화하였다(Pierson, 1991: 129).

결국, '소유-생산-경영-분배-소비'의 자본주의 경제과정에서 국가나 노동계급은 소유 · 생산 · 경영에 관한 자본계급의 특권적 지위를 인정하고, 노동계급은 자본계급과 합의 및 국가의 보장하에 경영 참가와 단체협약방식으로 경영과 분배과정에 부분적으로 참여하게 되었다. 그러나 이 경우도 소유와 생산을 사회화하려는 급진적 시도는 하지 않았다. 또한, 국가 · 노동 · 자본 간의 삼자 협력 결과 이루어지는 경제성장은 자본계급에 이익을 주는 것은 물론, 노동계급에 대하여 완전 고용과 향상된 복지 혜택을 보장하고, 국가에는 재정수입의 증가를 보장하여 모두를 유리하게 하였다(김태성 · 성경륭,

1993: 113). 이러한 측면에서 보면, 복지국가 지출은 노동계급과 일반 국민을 체제에 순응시키는 기능을 했다고 해석할 수 있다(Midwinter, 1994: 114).

이러한 합의 정치 형태는 복지국가의 황금기 동안 그 정도의 차이에도 불구하고 이른바 조합주의(corporatism)[3] 정치 시스템, 특히 사회조합주의(social corporatism)가 지배적이었음을 의미한다. 조합주의는 국가와 사회의 연결구조이면서 다원주의(pluralism)[4]와 구분되는 이익대표체라고 할 수 있다(진재문, 1994: 14). 이와 같은 합의 정치구도에서 주요 주체, 즉 국가, 자본, 노동은 이러한 조합주의를 구성하게 되며, 이 틀 내에서 경제정책과 사회정책 등의 다양한 정책과 제도를 생산하였다. 이런 의미에서 삼자 합의 구도의 조합주의 체계는 분명 복지국가 팽창의 중요한 기반 중 하나였다.

결국, 이러한 합의 정치구도 속에서 마셜(A. Marshall)의 주장처럼 제공되어야 하는 서비스에 대한 의견 차이는 거의 없어졌으며, 서비스 공급의 주체가 누구이든지 간에 전체적 책임은 국가의 것이 되어야 한다는 데에 일반적 동의가 존재했다(Pierson, 1991: 128-130). 또한, 완전고용의 유지, 모든 시민에 대한 일련의 서비스 제공, 빈곤의 방지와 경감에 대한 국가의 공약은 전후 사회에서 필수적이어서 거의 역행할 수 없었다(Mishra,

3) 조합주의(組合主義)라는 말은 이탈리아 파시즘의 조합국가이론으로부터 도출된 용어이다. 그것은 오늘날 다르게 사용되고 있으며, 선진 서구국가에서 주요한 이익집단이 자본주의사회에서 국가 대행기관과의 밀접한 관계에서 자신의 요구를 협상하고 교환하는 정부의 한 체제를 묘사한다. 경제적으로, 조합주의체제는 자유방임과 같은 자유주의적 사상을 포기하고 노동의 집합적 조직을 받아들이는 한편, 자본주의제도, 특히 사적인 부의 생산의 추구가 인정된다. 조합주의적 가설에 대한 통합적 가정은 자본주의사회에서의 집단주의의 일반적 성장 때문인데, 자본주의사회에서 개인(시민, 노동자, 고용자 등)의 이익은 점차로 결합과 연합 등을 통해 중재되는 것으로 보게 된다. 여러 가지 이론이 있지만, 국가, 고용자, 노동자 간의 3자 상호관계의 성장에 초점을 맞추는 해석은, 보통 경제적 '성공'(주로 성장), 국민적 통합, 계획, 산업적 규율을 강조하는 문제와 관련된다. 조합주의의 성장과 관련하여 두 차례 세계대전 사이의 시기와 전후의 역사를 산업관계에 의지하여 설명하는 많은 연구가 대중성을 얻고 있다.

4) 다원주의(多元主義)란 개인이나 집단이 저마다 가진 가치관 · 이념, 또는 추구하는 목표 등이 서로 다를 수 있다는 것을 인정하는 견해, 또는 그것을 전제로 하여 사회현상을 파악하고 설명하는 견해를 말한다. 다원주의라는 개념을 한마디로 정의하기 어렵다. 철학적으로는 '둘 이상의 근본적인 실재(實在) 또는 원리를 세워 그로부터 세계를 설명하려는 입장'이라 정의할 수 있고, 정치학적으로는 '국민은 누구나 국가 존립을 위태롭게 하지 않는 한 사상 · 언론 · 집회 · 결사 등의 자유를 허용하는 체제'를 다원주의라 말할 수 있다. 또 사회학적으로는 개인 또는 집단이 가진 가치관 · 이념, 추구하는 목표 등이 서로 다를 수 있다는 전제하에 사회현상을 설명하려는 견해라 할 수 있다. 다원주의자의 주장은 각양각색이지만, 국가지상주의적인 전통적 이론에 반대한다는 점에서는 일치한다. 그들은 전통적 이론이, 국가보다 작으나 더 전문화된 여러 결사체의 권리 · 이익 · 성취를 무시하거나 적절하지 못한 것으로 간주하고 있다고 하였다. 다원주의자들의 명제에 따르면, 어떤 단일한 제도 또는 제도적 집합체도 지배적인 것은 없다. 사회는 오히려 여러 상충되는 목표를 가진 수많은 이익집단으로 구성되거나 특별한 문제를 중심으로 일시적으로 연합하는 변화무쌍한 연합체로 구성되어 있다.

1984: 1). 복지국가에 대한 반대조차도 단지 그것의 확장에 대해서만 논해야 할 정도의 분위기가 정착되었다(Pierson, 1991: 130).

또한, 합의 정치구도는 서구 복지국가에서 정치적 버츠켈리즘(Butskellism)을 형성하였다.5) 사회복지정책의 경우 영국 보수당과 노동당 중에서 어느 정당이 집권해도 제도의 근본적 변화 없이 복지제도 프로그램과 내용은 꾸준히 확대되어 갔다. 〈표 9-4〉에서와 같이 영국의 예를 보자. 집권당의 변화에도 불구하고 급여 인상과 수당 증액 등이 있었다. 이러한 현상은 전후 대합의 영향도 있었겠지만, 선거를 통한 대의민주주의가 정착된 국가에서 득표를 위해 사회복지 확장을 수단으로 경쟁한 것도 중요한 이유라고 할 수 있다.

〈표 9-4〉 전후 영국의 사회보장 팽창과정

집권당	수상(首相)	사회보장 팽창 내용
노동당 (1945~1951)	애틀리(C. Attlee)	• 「국민보험법」 • 「가족수당법」 • 「국민보건서비스법」 • 「국민부조법」
보수당 (1951~1964)	• 처칠(S. W. Churchill: 1951–1955) • 이든(A. Eden: 1955–1957) • 맥밀란(H. Macmillan: 1957–1963) • 홈(A. D. Home: 1963–1964)	• 사회보장급여 인상 • 가족수당 증액 • 「국민보험법」 개정 • 소득비례연금 도입
노동당 (1964~1970)	윌슨(H. Willson)	• 단기급여 소득 보족(補足) • 사회보장성(DHSS) 설립 • 국민부조를 보족급여제로 전환 • 가족수당 증액

5) 1950년 영국은 노동당이 보수당으로 정권이 교체되면서도 보수당이 노동당의 정책을 이어갔다. 집권 보수당은 노동당 정부의 개혁정신을 지지했고, 기본적 구조를 유지했다. 복지국가에 있어서 양당의 합의정신은 '버츠켈리즘'이란 단어를 낳았다. 버츠켈리즘은 당시 보수당의 재무부장관이었던 버틀러(R. A. Butler)와 노동당의 재무부장관이었던 게이츠컬(H. Gaitskell)의 이름을 합성해 만든 용어다. 대립하고 있는 정당이 같은 정책을 들고 나오는 상황을 일컫는다. 많은 사람이 영국의 복지국가 발전을 이해하면서 전후 복지국가의 발전이 노동당 정부의 산물로만 기억한다. 그러나 좀 더 들여다보면 보수주의자(보수당)의 협조 없이는 이것은 불가능하였다. 영국의 경우 국가교육계획은 1944년에 연합정부하에서 보수주의자(보수당원)들에 의해 도입되었던 것이고, 이것을 노동당정부가 발전시켰다. 그리고 1950년대의 보수당정부는 개혁의 정신을 지지했고 이전의 노동당정부하의 개혁의 기본적 구조를 유지했다.

보수당 (1970~1974)	히이스(E. Heath)	• 가족수당 보족(FIS) 제정 • 연금생활자에 크리스마스 보너스 신청
노동당 (1974~1979)	• 윌슨(H. Willson: 1974-1975) • 캘러한(J. Callaghan: 1975-1979)	• 연금 개선(「신연금법」) • 아동급여 시행

출처: 신중섭(1994: 45).

특히, 복지국가의 확대과정에서 서비스의 주된 수혜자인 동시에 공급자로 복지국가 시스템에 깊숙하게 편입된 중산층과 노조의 결합은 선거과정에 우파의 입지를 좁히는 기제로 작용했다(Therborn, 1987). 즉, 중산층의 복지 편입(middle-class involvement)은 1970년대 중반 이후 신우파(new right)[6]로부터 복지국가의 주된 위기 원인으로 지목되기도 하지만, 그 이전에는 우파를 복지에 종속시키는 역할을 수행했다고 할 수 있다.

3) 노동자계급의 영향력과 국제기구의 역할 및 시민권운동

19세기 후반 이후 계속해서 확대되어온 노동계급의 조직화는 복지국가 황금기에 이르러 더욱 강력한 정치적 영향력을 발휘하였다. 전통적으로 사회민주주의 정당은 노동계급의 지지를 기반으로 하고 있었다. 노동계급의 '계급투표 성향(class voting)'은 이 시기의 주요 집권세력인 좌파정당과 노동계급이 어느 정도로 정치적으로 긴밀성을 유지했었는지를 보여 준다.

노동계급의 지지도를 보여 주는 알포드 지표(Alford index)[7]를 살펴보자. 미국을 제외한

6) 1980년대에 등장하여 영국의 대처, 미국의 레이건 행정부의 정책기조를 이룬 사상으로, 자유주의와 보수주의가 결합된 사상이다. 개혁적인 보수 성향을 가지고 있어 신보수주의(neo-conservatism)라고 불리기도 한다. 즉, 보수우파(라이트)를 계승하되 새로이 태어나겠다는 뜻을 담고 있다. 신우파 이념에 속하는 신자유주의(new freedom)와 신보수주의로 대체하여 사용하기도 한다. 뉴라이트에서 자유주의는 개인주의 · 제한적인 작은 정부 · 자유시장이라는 전통적인 자유주의 가치로 구성되어 있고, 보수주의는 사회 · 종교 · 도덕적 보수주의에 기초한 사회적 질서와 권위의 확립을 강조한다. 케인스파의 복지국가론을 비판하고, 공공정책을 위한 시장기구의 부활과 시민권의 제한을 주장한다. 또한, 신보수주의의 경우 국가개입의 축소, 작은 정부 지향, 시장기구 옹호, 인위적 평등지향 배제, 재산권 우선 등의 특징을 보인다. 국내에서도 2004년경부터 수구 · 부패 이미지로 점철된 기존 우파세력의 한계를 극복하겠다며 뉴라이트 운동이 활성화되었다. 현재 국내의 신보수주의 운동 진영으로는 2007년 출범한 '뉴라이트 전국연합(구 명칭 자유주의연대)'과 '뉴라이트 네트워크', '선진화정책운동' 등이 있다.

7) 알포드 지표(Alford index)란 노동계급의 좌파정당 지지율과 중간계급의 좌파정당 지지율의 차이를 비교하여 만든 수치

스웨덴 · 영국 · 서독 · 프랑스 등은 대체로 1950~1960년대 중반까지는 알포드 지표가 높게 유지되고 있었다. 하지만 1970년대 이후에는 국가마다 정도의 차이는 있으나, 대체로 계급투표 성향이 감소하고 있었다. 스웨덴 · 영국 등 상대적으로 복지국가가 발달한 국가일수록 노동계급의 계급투표 성향이 높게 나타났다. 이는 복지국가 황금기의 사회복지 팽창에 대하여 노동계급의 정치적 영향력이 직 · 간접적으로 발휘되었음을 의미한다.

한편, 국제노동기구(ILO)와 같은 국제기구의 사회보장에 대한 관심이 급속하게 증대되어, 이 시기 사회복지의 세계적 확대에 많은 영향을 주었다. 이 시기 국제노동기구는 복지국가 확립기 이후 영향력이 더욱 증가하여 사회보장에 대한 국제적 기준을 제시하고, 그 기준의 이행 여부를 감독하는 기구로서 위상이 높아졌다(이인재 외, 1999: 32-36). 주목할 점은 국제노동기구 활동이 사회 · 경제적 조건이 다른 가입국들의 정부대표, 노동자 대표, 사용자 대표 등 삼자 협의로 이루어졌는데, 이는 조합주의에서 노동계급의 영향력이 중요한 요소인 것처럼 국제기구에 대한 노동계급의 영향력도 증가했음을 보여 주는 것이다.

사회복지 부분에 한정해서 보면 국제노동기구는 1952년 사회보장의 최저 기준에 관한 조약을 제시한 이후 「출산보호에 관한 조약」(1952), 「사회보장의 내 · 외국인 균등처우에 관한 조약」(1962), 「고용재해급여에 관한 조약」(1967), 「의료 및 상병급여에 관한 조약」(1969)을 제시하였다. 또한, 출산보호에 관한 권고(1952), 고용재해급여에 관한 권고(1964), 장애 · 노령 · 유족급여에 관한 권고(1967), 의료 및 상병급여에 관한 권고(1969)를 제시하였다[8](이인재 외, 1999: 33).

로서, 노동계급이 좌파정당에 투표하는 이른바 계급투표 성향을 나타내는 것이다. 예를 들면, 노동계급의 80%가, 그리고 중간계급의 30%가 좌파정당을 지지했다면 이 경우 알포드 지표는 80에서 30을 뺀 50이다. 영국의 알포드 지표는 1960년대 중반까지는 45 수준을 유지하다가 1970년대 중반에는 35 이하로 떨어졌고, 1980년대 초반에는 20까지 떨어졌는데, 이는 계급투표의 성향이 거의 사라졌다는 것을 의미했다. 블레어의 우(右) 클릭이 성공한 이유이다.

8) 조약(條約)은 국제법 주체 간에 국제법률 관계를 설정하기 위한 명시적(문서에 의한) 합의를 말한다. 조약에는 여러 명칭이 있는데, 조약 · 협약 · 협정 · 약정 · 결정서 · 의정서 · 선언 · 규정 · 규약 · 헌장 · 합의의사록 · 각서 · 교환공문 · 잠정협정 · 공동선언 등이다. 어떤 명칭을 사용하든지 효력에는 차이가 없고 다 같이 당사국을 구속한다. 권고(勸告)는 국가 상호 간에 어떤 일에 관하여 상대방이 어떤 조치를 취할 것을 권유하는 일로, 국제법상으로 상대방을 구속하는 구속력은 없다.

한 가지 주목할 것은 이 시기, 특히 1960~1970년대 초반은 노동계급의 영향력만으로 사회복지의 확대를 설명할 수 없다는 점이다. 즉, 이 시기에 근로능력과 관계없이 취약계층, 특히 비(非)노동 취약계층까지 기초적 생활보장이 확산되었던 현상은 '시민각성의 시대' 혹은 '시민권운동의 시대(Civil Right Movement)'로 불릴 정도로 미국과 유럽을 휩쓴 시민운동에 힘입은 바가 컸다(박능후, 2000).

특히, 반전운동 · 신좌파운동과 더불어 소수집단을 위한 복지권리운동이 경제적 번영기에 활발히 전개되었다. 그 결과, 미국에서는 소수민족을 우대하는 「긍정적 차별법(Affirmative Act)」이 입법되기도 했다. 또한, 유럽에서는 장애인 · 노인 · 한부모 등 취약계층에 대한 배려가 '사회적 배제(social exclusion)'의 담론과정에서 본격화되었다. 이러한 '배제의 담론과정'에서 사회적 연대의 붕괴로 말미암아 발생하는 '배제된 자(the excluded: 취약계층)'에 대한 기초생활보장이 사회적 의무로 제시되기도 했다(감정기 외, 2010: 241-255; 박능후, 2000).

2. 복지제도의 확산과 발전

제2차 세계대전 후 25여 년간 복지국가는 1973년 제1차 석유파동(oil shock)이 일어날 때까지 사회복지에 대한 재정 지출을 더욱 확대해 나갔다. 하지만 제도의 외형적 측면에서는 뚜렷한 변화가 일어난 것은 아니다. 다만, 전후 엄청난 호황과 합의의 정치구도 속에서 사회복지 지출을 늘려나갔고, 복지국가 성립과 함께 출발한 다양한 제도 내용이 조금씩 변화하면서 급여 수준, 적용대상이 확대되어 갔다. 이러한 과정을 통해서 복지국가는 더욱 세련되게 발전했으며, 이러한 복지국가의 여러 제도가 세계로 확산되었다(김승훈, 2010: 290-293).

석유파동(石油波動, Oil Shock)

석유파동은 아랍석유수출국기구(Organization of the Arab Petroleum Exporting Countries: OAPEC)와 석유수출국기구(Organization of Petroleum Exporting Countries: OPEC)의 원유 가격 인상과 원유 생산의 제한으로 말미암아 세계 각국에서 야기된 경제적인 혼란사태를 말한다.

- 제1차 석유파동: 1973년 10월 16일 페르시아만(Persian Gulf) 6개 석유수출국들은 석유수출국기구(OPEC) 회의에서 원유고시가격을 17% 인상, 종전의 1배럴당 3달러 2센트에서 3달러 65센트로 인상한다고 발표한 데 이어, 17일 이스라엘이 아랍 점령지역에서 철수하고 팔레스타인의 권리가 회복될 때까지 매월 원유생산을 전월에 비해 5%씩 감산하기로 결정했다고 발표함으로써 중동전쟁에서 석유를 정치적 무기로 사용할 것을 선언했다.
- 제2차 석유파동: 1978년 12월 OPEC 회의가 배럴당 12.7달러이던 석윳값을 단계적으로 14.5% 인상하기로 결정한 것과 동시에 이란이 국내정치 및 경제적 혼란을 이유로 석유생산을 대폭 감축하고 수출을 중단함으로써 원유가격은 배럴당 20달러선을 돌파하고 현물시장에서는 40달러에 육박, 제2차 석유파동이 시작되었다. 이로 말미암아 선진국 경제성장률은 1978년의 4.0%에서 1979년에는 2.9%로 낮아졌고, 소비자 물가상승률은 10.3%를 기록했으며 경제협력개발기구(OECD) 제국의 경상수지는 1978년의 116억 달러 흑자에서 1979년에는 322억 달러 적자로 반전되었다.

1) 사회복지의 팽창

전후(戰後) 사회복지비는 물론 제도의 내용과 수준이 경제적 호황, 정치적 합의 구도 및 버츠켈리즘 아래에서 급격히 팽창하였다. 〈표 9-5〉에서와 같이 구미 각국은 1960년에 국내총생산(GDP) 대비 평균 12.48%를 사회 부문에 지출하였는데, 1975년에는 사회 부문 지출 비율이 무려 배로 증가하여 평균 23.13%로 나타났다. 특히, 스웨덴 · 노르웨이 · 덴마크의 스칸디나비아를 비롯하여 벨기에 · 네덜란드 · 서독 등의 국가는 약 25%에서 35% 정도에 이르는 높은 비율을 보였다.

반면, 미국 · 일본 · 그리스 등의 국가도 2배 정도의 상승을 보이지만, 복지 선진국들과 비교할 때 양 시기 모두 상대적으로 낮은 지출 비율을 보이고 있었으며, 1975년에 이르러서는 20%를 넘지 못했다. 또한, 이 시기에는 사회복지 지출의 증가율도 급속하게 높아졌다. 1950~1955년 사이에 약 0.9%이던 사회보장비용의 연평균 증가율은 1970~1974년 사이에 3.4%로 가속화되었다(Pierson, 1991: 128). 이는 복지국가 팽창 시기에도 내적으로 다양한 확대 경로가 있었음을 보이는 것이다.

〈표 9-5〉 구미 각국의 국내총생산(GDP) 대비 사회지출비율 변화 (단위: %)

국가 \ 연도	1960	1975
캐나다	11.2	20.1
프랑스	14.4	26.3
서독	17.7	27.8
이탈리아	13.7	20.6
일본	7.6	13.7
영국	12.4	19.6
미국	9.9	18.7
호주	10.2	18.8
오스트리아	17.9	24.5
벨기에	17.6	34.5
덴마크	—	32.4
핀란드	15.4	23.3
그리스	8.4	10.6
아일랜드	11.7	23.1
네덜란드	16.2	37.1
뉴질랜드	13.0	16.3
노르웨이	11.7	26.2
스웨덴	15.4	26.8
스위스	8.0	19.1
평균	12.48	23.13

출처: 김승훈(2010: 291); OECD(1988: 10).

이 시기에는 적용 범위도 급격히 확대되었다. 1930년대 초 서유럽에서는 노동인구의 약 절반만이 재해 · 질병 · 폐질 · 노령보험의 보호 속에 있었으며, 노동인구의 1/5만이 실업보험 혜택을 받고 있었다. 그러나 1970년대 중반에는 노동인구의 약 90% 이상이 노령 · 폐질 · 질병으로 말미암은 수입 상실을 대비하여 보험에 포함됐으며, 약 80% 이상이 재해보험, 60%가 실업보험에 적용되었다(Pierson, 1991: 128). 전체적으로 보면 나라마다 약간의 차이는 있지만, 1970년대에 이르러 거의 100% 가까이 확대되었다(Flora & Alber, 1981: 55).

2) 사회복지 팽창의 직접적 원인

이 시기에 사회복지 예산이 팽창한 대체적 원인은 사회 · 경제적 배경의 작용이라 할 수 있다. 그러나 직접적 원인은 사회복지서비스의 상대적 비용 상승, 인구의 증가와 구조 변화, 새롭게 개선된 서비스, 증대하는 사회적 욕구 등이었다. 이를 구체적으로 살펴보면 다음과 같다(Gough, 1979: 84-94).

첫째, 사회복지서비스의 상대적 비용이 평균비용보다 빠르게 증가하는 경향이 있었다. 왜냐하면, 사회서비스는 노동집약적이며 생산성 증대로 임금 상승분을 상쇄할 가능성이 희박하기 때문에 이들을 공급하는 상대비용이 해마다 증가했기 때문이다. 이는 같은 수준의 복지 수준을 유지하기 위해서 이전보다 더욱 많은 지출을 해야 한다는 것을 의미했다. 물론 인플레이션은 모든 가격에 영향을 미친다. 하지만 영향을 미치는 정도가 서비스 혹은 재화마다 다르기 때문에 총물가(일반물가)의 영향 이상의 특수한 현상이 발생하게 된다. 실제로 이 시기에 국가 대부분에서 국가 부문의 상대적 비용이 상승하였다. 모든 경제협력개발기구(OECD) 국가를 합쳐볼 때 1963~1973년까지 일반물가 상승률은 연 4.5%에 불과했지만, 국가서비스의 가격 상승률 증가는 6.4%에 이르고 있었다.

둘째, 제2차 세계대전 이후 총인구 증가는 물론 인구구조에서 어린이와 노인 등 사회적 의존 인구(비생산 인구, 피부양 인구)가 상대적으로 빠르게 증가하였고, 그 규모도 커졌다. 이로 말미암아 사회지출이 더욱 빠르게 증가하였다. 예컨대, 이러한 현상 중의 하나는 전후 베이비붐(baby boom)[9]으로 말미암은 아동 인구의 급격한 증가를 들 수 있다.

셋째, 새롭고 개선된 사회적 서비스가 사회적 지출의 상승을 초래했다. 사회적 서비스 개선은 크게 두 측면에서 이루어졌다. 한 측면은 앞서 기술한 것처럼 사회서비스 범위가 확장되어 더 많은 집단과 욕구가 급여대상이 되었다는 점이며, 다른 한 측면은 1인당 제공되는 급여 수준이 상승하였다는 점이다. 실제로 경제협력개발기구는 복지국가 황금기의 유럽공동체 국가들에 있어서 최저노령연금, 유족수당, 의료서비스 경비, 장애인을 위한 의료 혜택과 소득유지 영역의 사회보장 혜택이 그 내용과 적용범위면에서 상당히 개선되었던 것으로 평가하고 있다.

넷째, 새로운 사회적 욕구의 증대 또한 사회지출의 팽창을 초래한 중요한 원인으로 작용하였다. 영국의 사회정책학자 티트머스(Titmuss)[10]의 지적처럼 사회복지의 중요한 기능 중의 하나가 비(非)복지에 대한 보상기능이라고 한다면 복지국가 황금기에 일어난 자본주의적 발전, 즉 도시화 · 산업화는 범죄, 이혼 증가, 한부모 증가, 독거노인 증가 등 사회문제와 비복지를 끊임없이 증대시켰다. 또한, 여권(女權) 신장과 같은 새로운 사회적 분위기는 여성의 사회진출을 쉽게 하기 위한 각종 복지시책에 대한 요구를 증가시켰다.

---

9) 아기를 가지고 싶어 하는 어떤 시기의 공통된 사회적 경향으로, 출생률이 급격하게 증가하는 것을 의미한다. 베이비붐(baby boom)은 대체로 전쟁이 끝난 후나 불경기가 끝난 후 경제적 · 사회적으로 풍요롭고 안정된 상황에서 일어나는 경향이 있으며, 이에 따라 인구의 자연 증가율이 현저하게 높아진다. 미국에서는 제2차 세계대전 후인 1945~1960년에 출생률이 증가하였는데, 이때 태어난 베이비붐 세대는 미국 내 최대 인구 집단이란 점에서 일찍부터 관심의 대상이 되어 왔다. 이 베이비붐 세대는 전쟁 후 미국의 풍요 속에 자라났으며, 이후 미국사회의 소비문화를 이끌어 왔다. 특히, 이 세대 중에 의도적으로 자녀를 두지 않는 맞벌이 부부들이 많아 이들을 딩크족(Dink: Double income no kids족)이라 부르기도 했다. 일본에서는 1948년 전후로 출생률이 높아져 베이비붐 세대를 이루었는데, 이들을 단카이(團塊: 덩어리) 세대라 한다. 우리나라에서는 6 · 25 전쟁이 끝난 1955년 이후 베이비붐이 일어나 인구 증가율이 3% 수준까지 증가하기도 하였다.

10) 제2차 세계대전 후 사회보장과 사회복지 분야에서 영국뿐만 아니라 국제적으로도 많은 영향을 미쳤다. 그가 활약한 시기를 '티트머스 시대'라고까지 부르고 있다. 철저한 경험적 자료에 근거하여 그때그때의 문제에 대해 정확한 방침을 제시한 점에서 정평이 나있다. 정치적으로는 노동당에 속해 정책입안에 크게 공헌하였으며, 학문적으로는 사회복지행정학(social administration: 영국에서는 사회복지학을 이렇게 부름)을 확립한 것으로 유명하다.

3. 복지국가의 발전과 유형

앞에서 복지국가 황금기의 배경과 사회복지 발전 및 팽창에 관해 살펴보았다. 그런데 서구 선진국의 경우 같은 복지국가인데도 그 발전의 내용은 서로 달랐다. 그리하여 많은 연구가 복지국가의 유형을 분류하고, 각각의 특성과 구조를 분석하고 있다. 복지국가는 〈표 9-6〉에서와 같이 학자에 따라 다양한 유형으로 분류한다. 그들은 자신들 나름대로 복지국가의 분류 기준을 제시하고, 유형의 특성을 설명하며, 해당 국가를 선별한다(감정기 외, 2010: 264-270).

〈표 9-6〉 복지국가의 유형 분류

연구자(연도)	복지국가 유형
윌렌스키와 르보(Willensky & Lebeaux, 1965)	• 잔여적 복지국가 • 제도적 복지국가
림링거(Rimlinger, 1971)	• 사회적 시장경제 • 사회주의적 시장경제
티트머스(Titmuss, 1974)	• 잔여적 모형 • 산업업적수행 모형 • 제도적 재분배 모형
퍼니스와 틸턴(Furniss & Tilton, 1976)	• 적극적 국가 • 사회보장 국가 • 사회복지 국가
미시라(Mishra, 1984)	• 다원적(혹은 분화적) 복지국가 • 조합주의(혹은 통합적) 복지국가
조지와 윌딩(George & Wilding, 1985)	• 반집합주의 • 소극적 집합주의 • 페이비언 사회주의 • 마르크스주의
에스핑-엔더슨(Esping-Andersen, 1990)	• 자유주의적 복지국가 • 보수주의적(혹은 조합주의적) 복지국가 • 사회민주주의적 복지국가

출처: 감정기 외(2010: 265)를 참고로 저자가 임의로 수정.

여기서는 가장 최근의 복지국가 유형에 관한 연구로서 복지국가를 체제(regimes)의 군집(clusters)으로 분류한 에스핑-앤더슨(Esping-Andersen, 1990)의 연구를 따라 논의를 전개한다. 그의 복지국가 유형 분류는 분류의 체계성과 논리성을 인정받고 있을 뿐만 아니라, 가장 영향력 있는 시도로 평가받고 있다.

에스핑-앤더슨은 복지국가를 탈상품화(decommodification)[11] 정도, 국가와 사회계층체제의 형태, 시장과 가족 간 관계의 세 가지 기준으로 자유주의적 복지국가, 보수주의적(혹은 조합주의적) 복지국가, 사회민주주의적 복지국가로 분류하였다(감정기 외, 2010: 264-270; Esping-Andersen, 1990). 이를 간략히 요약하면 〈표 9-7〉과 같다(김상균, 1992: 437).

〈표 9-7〉 에스핑-앤더슨의 복지국가 모형

구분 \ 유형	자유주의적 복지국가	보수주의적(혹은 조합주의적) 복지국가	사회민주주의적 복지국가
해당 국가	미국, 캐나다, 호주, 영국, 뉴질랜드	독일, 오스트리아, 프랑스, 이탈리아	스웨덴, 노르웨이, 덴마크
급여 대상	빈곤자, 요구호자 중심	피용자 중심	모든 시민
급여 종류	극소화	필요시 확대 가능	극대화
급여 수준	최저생계비 수준	계급과 지위에 따라 차이	중간계급의 생활 수준
가족복지서비스	미약	미약	강력
사회보험운영체계	분립형	분립형	통합형
본인부담(사회보험)	많음	많음	적음
직업복지/자원복지 역할	강함	미약	미약
복지에 대한 가족 책임 강조	강력	강력	미약
복지의 재분배 기능	미약	미약	강력

출처: 김상균(1992: 437).

11) 탈상품화(Decommodification)란 복지국가의 급여가 하나의 권리로서 지급되어 개인이 시장에의 의존 없이 생계를 유지할 수 있는 상태를 의미한다. 따라서 복지국가가 형식적으로 공공부조나 사회보험과 같은 프로그램을 가지고 있는가가 문제가 아니라, 그러한 프로그램이 개인을 시장의존으로부터 벗어나게 하여야만 탈상품화 효과를 가진다고 말할 수 있다는 것이다.

1) 자유주의적 복지국가

자유주의적 복지국가에 속한 가장 대표적인 국가는 미국, 영국, 캐나다, 호주, 뉴질랜드 등이다. 자유주의에서는 개인의 존엄, 사상 신조의 자유, 경제활동의 자유와 재산권이 강조된다. 이러한 '국가로부터의 자유'라는 관점에서 보면 복지에 있어서 자조(自助)가 원칙이 된다. 자조가 곤란한 경우는 사회적인 호혜나 자선활동에 의한 구제가 기대되며, 국가는 부득이한 때에만 사회생활에 개입하는 것이 허용된다. 따라서 자유주의 원칙을 철저히 하면 공적 복지의 항상화(恒常化)·제도화뿐인 복지국가를 부정하게 된다.

자유주의적 복지국가(Liberal welfare state)는 시장 메커니즘(mechanism)의 근본적 역할을 인정하며, 기본적으로 보호대상을 가장 취약한 계층에 한정하는 엄격한 선별주의 원칙을 적용하였다. 수치감을 수반하는 자산조사(means test)[12]를 통해 욕구와 자산을 조사하고 분류하며, 대상범위와 적용되는 위험범위를 최소한으로 통제하였고, 사회권은 최소화되었다.

전반적으로 가족 및 민간에 대한 복지의존도가 높으며, 국가 개입에 대한 거부감이 강한 이데올로기(ideologie)가 사회를 지배하는 국가들이다. 따라서 개인 책임과 자조가 중요한 원리로 강조되었으며, 선별주의가 적용되는 공공부조가 상대적으로 중요한 보호제도로 자리 잡았다.

미국의 경우 경제 대공황과 전쟁을 거치면서 뉴딜(New Deal)정책, 「사회보장법」 제정 등 사회복지 프로그램이 확장되었고, 국가 역할이 이전보다 증가한 것은 사실이었다. 하지만 기본적으로 사회복지정책은 시장능력과 경제정책에 종속적이었으며, 결코 시장을 훼손하는 수준으로 사회복지를 확대하려고 하지 않았다.

12) 생활보장사업의 대상자 선정에서 필히 행하여지는 것으로 복지수혜자에게 수치욕을 조장시키는 등 명예훼손에 영향을 주고 있다. 이에 자산조사에 대한 비판과 더불어 찬성과 반대의 의견이 대립되고 있다. 먼저, 찬성의견을 보면 공금을 절약할 수 있고 개인의 욕구를 규명할 수 있으며 공공부조의 보완적 성격을 충족할 수 있다는 것이고, 반대의견을 보면 개인의 권리와 존엄성이 침해되고 클라이언트의 욕구 정도를 결정하기가 어려우며 자산조사를 위해 막대한 행정 비용이 소요된다는 것이다. 그러나 어느 국가든 자산조사는 행해지고 있다. 가능한 한 수혜자의 명예가 보장되는 범주 내에서 시행되도록 유도함이 바람직하다.

소수의 복지수급자에 대한 제한된 평등, 다수에 대한 시장 기준의 분화된 복지, 이 두 집단(수급자집단과 다수집단) 사이의 계급 정치적 이중구조가 어우러져 계층적 질서를 형성하였다. 이렇게 기본적 지향이 시장 의존적이었기 때문에 탈상품화 정도가 낮고, 재분배 기능은 세 유형 중 가장 약하여 불평등이 상대적으로 심하게 나타났다.

그러나 오늘날에는 최저한의 사회보장이 제도화되어 있지 않은 선진 자본주의국가는 존재하지 않는다. 이 의미에서는 자유주의의 전통이 강하고 상대적으로 '작은 정부'를 유지하는 미국이나 캐나다와 같은 국가들도 복지국가의 범주에 속하는 것이다. 단, 자유주의적 복지국가는 복지국가의 정통성이 약하기 때문에 경제나 재정위기에 처하였을 때 공적인 제도의 빈약함에도 불구하고 복지 재평가의 움직임이 표면화되기 쉽다.

2) 보수주의적(혹은 조합주의적) 복지국가

보수주의적(혹은 조합주의적) 복지국가에 속한 가장 대표적인 국가는 독일과 프랑스이다. 보수주의란 자유주의나 사회주의에 대한 대항 개념으로 그것 자체로서 일관된 이데올로기 체계는 가지고 있지 않지만, 보수주의적(혹은 조합주의적) 복지국가(conservative or corporatist welfare state)에서 말하는 보수주의란 복지 제공 주체로서의 전통적 공동체의 역할 중시를 의미하고 있다. 유럽대륙은 전통적으로 복지는 가족이나 교회, 길드 등의 상호부조에 의해 조달되어 왔다. 복지국가의 발전에 있어서도 이러한 전통적 공동체나 그것들이 담당한 권위적 자기질서나 지위관계의 유지가 의도되어 있는 것이 보수주의 복지국가의 특징이다.

보수주의적 복지국가의 원형은 19세기 비스마르크가 도입한 사회보험제도에서 찾을 수 있다. 보수주의적 복지국가는 자유주의적 복지국가의 관심인 시장 효율성과 노동력의 상품화 문제는 중요하지 않다. 이는 후기 산업사회의 계급구조를 유지하기 위한 시스템이라고 할 수 있었다. 따라서 사회복지를 하나의 사회적 권리로 제공하느냐의 문제는 주된 관심사가 아니었다. 이들 국가에서는 사회복지 제공은 사회적으로 존재하는 계급, 계층, 지위의 차이를 유지하는 것과 밀접하게 관련되어 있었다. 따라서 재분배 효과는 사회민주주의적 복지국가보다 약할 수밖에 없었다(김태성 · 성경륭, 1993: 178).

복지의 공급주체는 주로 국가가 맡았으며, 민간이나 기업복지의 역할은 상대적으로 약하였다. 특히, 교회 역할이 컸으며, 전통적 가족 기능을 유지하는 데 중점을 둔다는 점에서 보수적이었다. 복지제도의 중심인 사회보험은 비(非)노동 주부를 대상에서 제외하였고, 가족에 대한 서비스는 가족 내에서 주부의 역할을 고무시키는 방향으로 제공되었다.

사회복지는 임금노동에 근거한 사회보장 모형으로서 사고, 질병, 노령, 실업 등의 특정 상황에서 노동자를 사업장 혹은 노동시장 밖으로 방출하려고 할 때 부분적으로 이들의 소득을 보장하는 것을 주된 목적의 하나로 삼았다. 사회보험에 대한 의존은 자유주의적 복지국가보다는 탈시장적이지만, 보험원리 자체가 시장원리와 결합되어 있고, 이들 국가의 기본적 사회복지 구조가 지위나 계층에 따라 분화되어 있는 상태에서 계층적 · 구조적 차이를 유지하려는 데 목적이 있었기 때문에 탈상품화에는 일정한 한계를 가지고 있었다.

3) 사회민주주의적 복지국가

사회민주주의적 복지국가에 속한 가장 대표적인 국가는 주로 스칸디나비아 제국(덴마크 · 스웨덴 · 노르웨이 · 핀란드 · 아이슬란드)이다. 사회민주주의란 의회정치를 통하여 자본주의 경제가 초래한 다양한 폐해, 특히 심각한 빈부의 격차를 시정하고 노동자의 생활보장을 실현하고자 하는 견해로 복지국가의 가장 중요한 추진력이 된 정치 이데올로기이다. 이 때문에 복지국가와 사회민주주의라는 개념이 종종 같은 의미로 사용되어 왔다. 따라서 공적인 사회보장 · 복지제도의 정비라는 점에서는 사회민주주의적 복지국가(social democratic welfare state)가 가장 잘 진행된 것으로 생각되어 왔다.

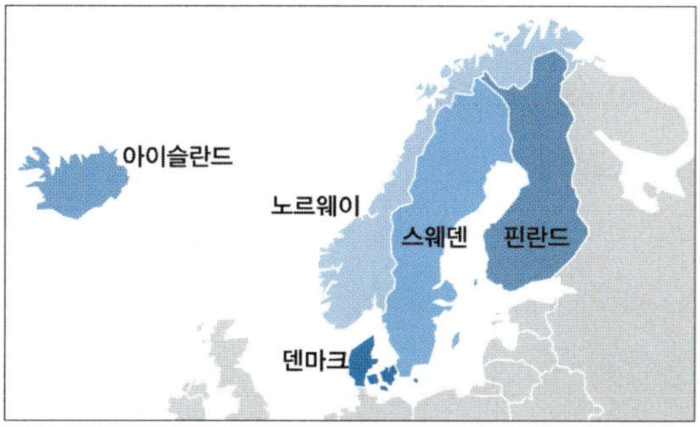

▲ 스칸디나비아 5개국

대표적인 사회민주주의적 복지국가라고 할 수 있는 북유럽(Northern Europe)[13)]에서는 높은 조직률을 자랑하는 강력한 노동조합을 배경으로 사회민주당이 정권을 획득하여 정치개입에 의한 재분배정책을 적극적으로 전개해 왔다. 시민은 노동시장에서의 퇴출, 평균적 생활 수준의 유지가 사회권으로서 보장된다. 이러한 사회보장정책은 광범위한 국민의 지지를 동원하여 사회민주주의의 장기정권을 가능하게 하였을 뿐만 아니라 고용·산업정책과의 유기적 결합으로 자본축적을 촉구하였다.

사회민주주의적 복지국가는 적용대상과 보장하는 위험범위에 있어서 보편주의를 추구하고, 사회권에 의한 탈상품화 정도는 새로운 중산층(new middle class)의 생활 수준까지 확대되었다. 사회민주주의가 사회개혁에 중요한 역할을 하였으며, 시장과 국가, 노동과 중산층의 이중구조를 허용하기보다는 최저 수준의 평등이 아닌 최고 수준(중산층 수준)의 평등을 추구했다. 복지에 필요한 재원은 누진적 체계의 조세제도를 통해 조달됐으며, 육체노동자는 사무직 노동자나 공무원과 상응하는 사회적 권리를 향유하였고, 모든 계층은 보편적 보험제도에 포함되었다. 이러한 복지국가에서의 시장 기능은 공공부문의 기능에 의해 최소화되며, 복지국가를 위한 연대, 즉 사회통합이 매우 중요한 목표

13) 유럽의 북부를 가리키는 지명으로, 그 범위에 대해서는 명확한 정의가 없다. 오늘날에는 유럽을 동유럽과 서유럽으로 나누거나, 중유럽·남유럽 등으로 구별하고 있기 때문에 이에 따라 북유럽을 스칸디나비아 제국 5개국(또는 여기에 그린란드, 페로제도, 네덜란드의 3자치령을 포함)을 가리키는 지명으로 사용하는 경향도 있다. 이 경우에는 노르덴(Norden) 또는 노르딕(Nordic) 제국의 동의어로 사용되고 있는 것이지만, 이에는 뚜렷한 근거가 없기 때문에 이와 반대되는 용례도 많다. 유럽의 위치나 대륙의 윤곽으로 보아, 거의 북위 55도 이북의 지역을 가리킨다.

가 되었다. 이러한 의미에서 모두가 수혜자이며, 모두가 의존자이고, 모두가 의무감을 느끼는 평등 지향적 체제라고 할 수 있다.

여기에 속하는 국가는 노조가 잘 조직화되어 있었음은 물론 이들의 의견이 정책결정 과정에 적극 반영될 수 있는 정치 시스템을 구축하고 있었다. 또한, 사회민주주의적 복지국가는 복지의 대상자에 대한 가족 및 시장의 보호나 보장능력이 소진될 때까지 기다리기보다는 적극적으로 개입하고, 미리 사(私)부문의 보호비용을 사회화시킴으로써 가족에 대한 의존을 강화하기보다는 개인의 독립능력을 강화시키고자 노력하였다. 이러한 의미에서 사회민주주의적 복지국가 모형은 자유주의와 사회주의의 독특한 혼합이라고 할 수 있다. 이러한 결과 아동, 노인, 도움이 필요한 자들에 대한 경제적 지원과 보호의 책임이 국가에 직접 귀속되었으며, 이것이 여성의 노동시장 참여와 같은 노동정책과 적극적으로 연계되었다.

이처럼 이들 복지국가에서는 노동과 복지가 긴밀하게 연계되었다. 이들 국가는 경제정책과 사회복지정책이 통합되어 있었는데, 가장 대표적인 것이 적극적 노동시장정책과 완전 고용의 지향이었다. 이러한 완전 고용정책은 노동과 소득 유지라는 양 권리의 연계를 의미했으며, 다른 한편으로는 연대와 보편성, 탈상품화를 지향하는 복지국가의 엄청난 유지비용을 해결하기 위해, 즉 사회문제를 최소화하면서 재정수입을 극대화하기 위해 필요하다. 이를 위한 방법으로 공공부문의 고용흡수기능을 적극적으로 활용하였다(감정기 외, 2010: 264-270; 박주현, 2018: 236-241).

Chapter

10

복지국가의 위기와 재편 및 전망

Chapter 10

복지국가의 위기와 재편 및 전망

1. 복지국가 위기의 배경과 내용

1) 복지국가 위기의 배경

많은 사람이 복지국가의 위기라고 말했던 배경이 무엇일까? 국가 개입으로 사회보장 수준과 자격 규정, 급여 종류, 범위 등이 확대되고, 이에 따라 자연스럽게 복지비용이 증가하자 이에 대한 비판이 제기되었다. 아울러 사회적 사건(예컨대, 통화 환율제도, 석유파동 등)이 발생하자 복지국가 확장을 추구하던 모든 나라에 정치 · 경제 · 사회적 문제가 도출하기 시작했다. 물론 이때 제기됐던 문제가 갑작스럽게 나타났던 것은 아니다. 이미 1960년대부터 서서히 그 모습을 드러내고 있었고, 1970년대 초반 모든 사회적 여건과 맞물려 급속하게 수면 위로 떠오르게 됐다(이강희 외, 2011: 188-191).

복지국가가 위기를 맞이하게 된 배경은 크게 두 가지 축으로 볼 수 있다. 그중 가장 대표적인 것이라고 생각할 수 있는 것이 1970년대 초반 브레튼 우즈 체계(Bretton Woods System: BWS)[1]의 붕괴, 석유파동으로 말미암아 그동안 안정되어 있던 경제가 근본적인 위기를 맞이하게 되었다. 환율체계의 붕괴는 국가마다 미래에 대한 예측을 어렵게 하였으며, 석유파동은 생산 물가를 급속도로 인상시켰다. 국가 거래의 불투명한 미래,

1) 브레튼 우즈 체제(Bretton Woods system: BWS)는 국제적인 통화제도 협정에 따라 구축된 국제통화체제로, 제2차 세계대전 종전 직전인 1944년 미국 뉴햄프셔 주 브레튼 우즈에서 열린 44개국이 참가한 연합국 통화금융회의에서 탄생되었다. 이 협정을 브레튼 우즈 협정이라 부른다.

생산 물가의 급속한 상승은 곧바로 경제성장률 저하와 인플레이션(inflation) 상승, 실업률 급증으로 이어졌다.[2] 구체적으로 살펴보면, 경제성장률은 절반으로 떨어졌고, 인플레이션 비율은 배로 급증하였으며, 실업률 또한 거의 배로 상승하였다. 이러한 사회 · 경제적 혼란은 복지국가 팽창 기간 유지되었던 복지국가 발전과 확충에 대한 모든 국민의 정치적 합의(consensus) 붕괴로 이어졌다.

이와 연관하여 노동계급의 정치세력화(노동조합, 정당 등)를 통한 국가정책결정과 투표에 영향력을 끼치던 비율이 급속도로 감소하는 추세로 변화하였다. 미국을 비롯한 유럽 대부분 국가에서는 복지국가 팽창 기간에 노동계급이 그들의 이익을 대변하여 주던 정당(노동당, 사민당 등)에 대한 지지도가 매우 높게 나타났는데, 1970년대로 들어서면서 계급투표 성향이 낮아지는 현상은 앞에서도 살펴본 바 있다.

이러한 현상은 1979년 영국 노동당 정부의 실각과 보수당 정부의 집권, 미국의 1980년 민주당 정부 대신 공화당 정부의 집권, 1981년 덴마크와 노르웨이의 사민당과 노동당의 선거 패배, 1982년 독일의 사민당 재집권 실패 등으로 나타났다. 결국, 복지국가의 선진국으로 알려졌던 스웨덴마저도 1991년 사민당이 정권을 잡는 데 실패함으로써 더욱 뚜렷하게 나타났다.

복지국가 위기를 가져오게 된 배경의 또 다른 하나의 커다란 축은 복지국가제도의 근본적인 한계로 말미암아 파생한 측면이다. 즉, 복지국가체제가 복지국가 팽창 기간 자격 규정, 범위, 수준, 비용 등 전반적으로 엄청난 확대와 증액을 하였음에도 여전히 빈곤문제는 해결되지 않으며, 사회적 불평등도 없어지지 않고 오히려 심화되는 경향을 보이고 있었다는 사실은 앞에서도 논의한 바 있다. 이러한 사실은 결국 복지국가의 확대와 발전에 대한 정당성을 의심받게 하였으며, 결과적으로는 1970년대에 등장한 신자유주의의 신랄한 비판을 받을 수밖에 없었다(이강희 외, 2011: 188-191).

결론적으로, 복지국가 위기의 배경을 요약하면 다음과 같다.

첫째, 여러 가지 경제적 사건(환율체계의 붕괴, 석유파동 등)으로 말미암아 생산력이 저하되

2) 이에 대한 상세한 수치는 이 책 제9장의 〈표 9-1〉 '구미 각국의 경제성장, 복지 관련 자료'를 참조하기 바란다.

었고, 이로 말미암아 지속적인 경제성장은 멈추게 되었으며, 자연스럽게 실업자 수는 증가하였다. 이는 곧바로 노동계급의 정치세력화에 악영향을 미치게 되었고, 이에 따라서 복지국가 발전과 확대에 대한 국가적인 합의는 붕괴되었고, 복지국가의 위기가 도래하였다.

둘째, 복지국가제도가 근본적인 한계에 도달하였다. 투입된 것만큼 복지 상태가 호전되지 않았으며(빈곤의 유지, 불평등의 심화 등), 이것은 결국 복지국가에 대한 회의를 가지게 되는 빌미를 제공하였고, 신자유주의(혹은 신보수주의)의 비판과 더불어 복지국가의 위기가 시작되었다.

필립스 곡선(Phillip's curve)과 스태그플레이션 현상

실업률과 화폐임금상승률 사이에는 매우 안정적인 함수관계가 있음을 나타내는 모델로서 영국의 경제학자 필립스(Phillips)가 발표했다. 즉, 인플레이션의 요인에 대한 수요견인설(demand-pull theory)과 비용인상설(cost-push theory) 사이에 열띤 논쟁이 계속되고 있을 때 필립스는 영국의 경제통계로부터 화폐임금상승률과 실업률 사이에는 역의 함수관계가 있음을 발견했다. 원래는 화폐임금상승률과 실업률 사이의 관계로 표시되지만, 물가상승률과 실업률 사이의 관계로 표시되기도 한다. 실업률이 낮을수록 화폐임금상승률(혹은 물가상승률)이 높으며, 반대로 화폐임금상승률(혹은 물가상승률)이 낮을수록 실업률은 높다.

그러나 스태그플레이션 현상은 필립스 곡선이 더 이상 유효하지 않음을 의미한다. 스태그플레이션 현상은 경제학자들에게는 매우 당혹스러운 현상이었다. 스태그플레이션의 원인은 무엇일까? 스태그플레이션 현상은 종전의 인플레이션 현상과는 본질적으로 다른 형태였다. 종전의 경우 인플레이션이라는 나쁜 현상은 생산이 증가하고 고용을 증가시키는 좋은 현상을 수반한 반면에 1974~1975년의 인플레이션은 인플레이션이라는 나쁜 현상과 산출량의 감소와 실업의 증가라는 나쁜 현상이 동반된 것이다. 일종의 머피의 법칙이라고나 할까. 나빠질 수 있는 모든 현상이 실제로 발생한 것이다. 원유는 우리 생활의 구석구석까지 파고 들어와 있다. 스태그플레이션은 급격한 원유가의 상승으로 말미암은 비용 인상이 경제의 총체적인 공급을 위축시켜 발생한 현상이다. 즉, 원유나 곡물과 같은 원자재 가격의 인상에 따른 공급충격(supply shock)은 수요충격보다 경제에 미치는 부정적인 영향이 더 크다. 결국, 인플레이션이 경기침체를 수반하는지 여부는 본질적으로 인플레이션의 발생 원인이 수요의 증가에서 발생했느냐 공급의 감소에서 발생했느냐의 차이에 귀착된다.

이러한 양상을 미시라(Mishra, 1984)는 다음과 같은 다섯 가지로 요약하였다(박광준, 2002; 2013: 212, 재인용).

- 스태그플레이션(Stagflation)[3]의 시작과 경제성장의 종식
- 완전 고용의 종말과 대량 실업
- 정부 세입은 감소하면서 재정 지출은 증가하는 재정 위기
- 사회서비스 예산의 삭감
- 복지국가 사회체제에 대한 일반적 신뢰의 상실

2) 복지국가 위기의 내용

복지국가 위기의 구체적인 내용을 복지제도 외부에서 기인된 측면과 복지제도 내부에서 기인된 측면으로 나누어 살펴보면 다음과 같다(이강희 외, 2011: 191–199).

3) 기존의 경제이론에 따르면, 경기가 침체되어 있을 때에는 물가는 떨어지고, 반면에 물가가 계속해서 오를 때에는 경제는 호황 상태에 놓여 실업률이 하락하는 역의 상관관계를 가지는 것으로 생각하였다. 그런데 1970년대 석유 파동이 일어나면서 선진국에서 물가가 상승하는데도 불구하고 실업이 늘어나는 현상이 발생하면서 기존의 물가와 실업에 대한 이론으로는 설명이 불가능한 현상이 생겨났다. 이를 스태그플레이션이라고 한다. 스태그플레이션이란 불경기를 의미하는 '스태그네이션(stagnation)'과 물가상승을 의미하는 '인플레이션(inflation)'을 합성한 용어로, 경제활동이 침체되고 있음에도 불구하고 지속해서 물가가 상승되는 상태가 유지되는 저성장 · 고물가 상태를 의미한다. 이때는 경제 성장과 물가 안정 어느 쪽도 달성하기 어려운 상황이 되므로, 기술 혁신이나 산업 구조조정을 통한 경제의 체질 강화를 모색해야 한다.

(1) 복지국가의 복지제도 외부 측면

복지국가 위기를 초래한 배경 대부분이 복지제도 외부에 있었다고 해도 과언이 아니다. 복지국가 위기의 시작점이라고 할 수 있는 환율제도 붕괴와 석유파동을 비롯하여 경제성장률의 저하, 실업률의 증가, 노동계급의 정치세력화의 약세와 더불어 나타나는 친(親)노동정당의 실각 등 위기 내용 대부분이 복지제도 외부 측면에서 시작되었다. 이런 외부 측면을 경제적 · 정치적 · 사회적 측면으로 나누어 살펴본다.

① 경제적 측면

복지국가 팽창 기간 모든 복지국가에서 채택하였던 케인스주의(Keynesianism),[4] 즉 완전 고용의 유지와 총수요 관리정책이 환율체계의 붕괴, 석유파동으로 말미암은 생산원가 증가로 위기를 맞이하게 되었다. 케인스주의에 따르면, 경기침체기 동안 수요관리를 통하여 소비능력을 증대시켜 주면 자연스럽게 침체기를 벗어나야 한다. 그런데 이 시기에는 경기침체에도 불구하고 스태그플레이션이 계속되어 실업률과 물가가 급속하게 상승하였으며, 경제성장이 둔화되었다.

〈표 10-1〉 경제협력개발기구(OECD) 국가 전체 거시경제 변화 (단위: 연평균, %)

경제지표	연도	
	1960~1973	1973~1981
실업률	3.2	5.5
인플레이션 비율	3.9	10.4
GNP 성장률	4.9	2.4
생산성 성장률	3.9	1.4

출처: Pierson(1991: 145).

4) 보통 케인스류의 총수요관리정책에 의한 경제 운용을 가리키는 말로서 사용되지만, 전문적으로는 적어도 1960년대부터 1970년대 초반까지 압도적인 영향력을 가지고 있던 사무엘슨(Paul Anthony Samuelson)에 대표되는 '신고전파 종합'의 견해를 가리킨다고 생각하는 것이 적합할 것이다. 신고전파 종합이란 케인스 경제학과 신고전파 경제학의 '종합'(또는 절충)으로 그 기본적인 사상을 요약하면, 불황 시에는 케인스 경제학에 기초하여 총수요 확대책을 취하지만, 완전 고용에 달하면 후에는 시장기구를 기본적으로 신뢰하는 신고전파 경제학이 부활한다는 것이다.

〈표 10-1〉과 〈표 10-2〉에서 보는 바와 같이 1970년대 경제협력개발기구(OECD) 국가의 실업률과 인플레이션 비율은 복지국가 팽창 기간과 비교할 때 두 배 정도가 높아졌다. 그런데 국내총생산(GDP)과 생산성 성장률은 거의 절반 수준도 미치지 못하는 것을 볼 수 있다. 또한, 복지국가의 위기 기간 중에서도 1970년대 중반의 경제지표가 더욱 악화되어 있음도 알 수 있다.

〈표 10-2〉 경제협력개발기구(OECD) 국가 전체와 주요 국가 개별 거시경제지표 변화

(단위: 연평균, %)

지표 / 국가	GDP 성장률		물가상승률		실업률		생산성비율		
	'75~'80	'80~'93	'75~'80	'80~'93	'75~'80	'80~'93	'60~'73	'73~'79	'79~'92
덴마크	2.5	1.8	10.4	5.0	6.4	9.6	2.7	1.1	1.4
프랑스	3.1	1.9	10.5	5.5	5.4	9.6	3.9	1.7	1.4
서독	3.4	2.1	4.1	2.9	3.0	7.2	2.6	1.8	1.0
그리스	4.4	1.5	16.4	18.5	2.0	7.5	5.8	2.1	0.5
이탈리아	4.8	2.1	16.8	8.7	7.3	10.8	4.4	2.1	1.1
네덜란드	2.2	1.7	6.0	2.8	3.6	9.0	3.4	1.8	0.9
스페인	1.8	2.5	18.6	8.2	7.4	18.9	3.3	0.9	1.7
스웨덴	1.3	1.1	10.5	7.1	1.6	3.1	2.0	0.2	0.7
영국	1.9	1.9	14.4	6.0	5.1	9.6	2.6	0.6	1.6
미국	3.4	2.4	8.9	4.4	6.8	7.1	1.6	△0.4	0.4
OECD 전체	3.6	2.5	10.0	5.4	5.3	7.5	3.0	0.6	0.9

출처: 감정기 외(2002: 259).

이러한 경제지표 수치는 팽창 기간 국가 대부분에서 채택하였던 완전 고용의 유지와 총수요 관리정책의 붕괴를 의미한다. 즉, 케인스주의에 대한 회의와 그에 따라 복지국가 역할에 대한 불신 분위기는 노동계급의 정치세력화 약화와 더불어 사회복지비용 상승률의 정체 혹은 축소를 가져왔다.

〈표 10-3〉에서 보는 바와 같이 복지국가 대부분에서 사회복지 지출 총액은 1975년까지 큰 폭으로 증가하다가, 그 후에는 둔화하거나 일부국가에서는 축소하는 모습으로 나타났다.

〈표 10-3〉 사회복지 지출 · 정부 지출 추이 (단위: %)

국가 \ 연도 · 지출	1970		1975		1981	
	S/GDP	G/GDP	S/GDP	G/GDP	S/GDP	G/GDP
캐나다	18.7	35.8	21.8	40.6	21.0	40.2
서독	23.5	37.3	32.6	47.4	31.5	47.8
이탈리아	21.4	33.3	26.0	41.6	28.9	45.0
영국	18.5	37.8	22.4	45.6	23.5	46.6
미국	15.7	33.0	20.8	36.0	20.7	35.7
호주	11.5	26.0	18.8	32.5	18.9	31.0
네덜란드	29.1	40.6	37.1	50.4	36.1	58.9
노르웨이	22.5	41.0	26.2	46.9	27.0	48.0
스웨덴	23.0	43.4	26.8	49.0	33.3	64.2

주: S=사회복지 지출 총액, G=정부 지출 총액
출처: 김태성 · 성경륭(1993: 248).

결론적으로, 복지국가 위기의 경제적 측면 내용은 환율체계의 붕괴와 석유파동으로 말미암은 생산원가 상승으로 생산력이 정체 혹은 감소하였고, 이것은 물가와 실업률의 상승과 국내총생산(GDP) · 생산성의 급속한 하락을 가져왔으며, 이러한 이유로 자연스럽게 사회복지비용이 삭감 혹은 후퇴하였다.

② 정치적 측면

경제적 측면과 더불어 복지국가 위기를 초래한 대표적인 것이 정치적 측면이다. 이는 복지국가 확대와 발전을 위한 모든 국민적 합의와 복지국가의 정당성에도 영향을 미쳤다. 복지국가 위기의 정치적 측면은 다음과 같다.

첫째, 노동계급의 친(親)노동자 정당지지도 하락이다. 복지국가에 대한 기대로 노동계급의 전폭적인 지지를 받았던 정당이 복지국가제도를 시행함에도 불구하고 빈곤 문제의 지속, 사회적 불평등의 심화 등 노동자의 욕구를 충족시키지 못하자 이들에 대한 지지도가 떨어졌음은 앞에서도 논의한 바 있다. 친노동자 정당의 지지도 하락은 곧바로 정권 재창출 실패와 신자유주의(혹은 신보수주의) 정권, 즉 영국의 보수당(마거릿 대처 정권: 1979~1990), 미국의 공화당(로널드 레이건 정권: 1981~1989), 독일의 기민당(헬무트 콜 정권: 1982~1999) 정부의 탄생을 가져왔다.

둘째, 노조가입률의 저하와 파업일수의 변화이다. 1970년대 초반 스칸디나비아(Scandinavia)[5]의 노조가입률 90%를 기점으로 1980년대 매년 노조가입률이 저하되었다. 1970년대 초 · 중반까지 매우 높았던 파업일수가 1980년대에 들어서서 급속하게 감소하는 추세를 보였다. 이는 노동조합의 힘이 저하되었음을 의미하며, 더불어 노동자들의 결집이 느슨해졌음을 뜻한다. 또한, 이것은 복지국가 팽창 기간 노동자들의 복지욕구가 어느 정도 채워졌음을 보여 주는 사례이기도 하다. 이러한 경향으로 말미암아 결국 이 시기에 노동자들은 임금삭감, 강제퇴직, 작업규칙, 작업재배치 등 노동의 유연성 강화로 생산을 늘리는 것과 관련하여 많은 것을 잃게 되었다.

셋째, 노동계급의 정치세력화 약화로 국가의 정책결정, 자본계급과의 합의 등에서 자본계급과 정부의 힘이 노동계급보다 월등해졌다. 결국, 이러한 경향은 노동의 유연성 강화 등 생산이윤을 높이기 위한 노동계급의 인내도 요구하였지만, 이보다 더 큰 영향은 노동계급의 정치세력화 밑바탕이 됐던 조합주의와 사회민주주의 이념이 쇠퇴함으로써 그를 대신하여 신보수주의(혹은 신자유주의) 이념으로 무장한 정권이 재등장하였다.[6]

---

5) 스칸디나비아(Scandinavia)는 북유럽 반도에 있는 스칸디나비아 반도의 역사와 지역을 뜻한다. 기본적으로 덴마크 · 노르웨이 · 스웨덴 3국이지만, 정치 · 경제 · 사회 · 문화의 유사성으로 핀란드와 아이슬란드까지 확장된다. '스칸디나비아'란 어휘는 19세기 공통유산인 언어와 문학을 통해 스칸디나비아주의로 개발됨에 유래한다. 1839년 덴마크 작가 한스 크리스티안 안데르센(Hans Christian Andersen)이 정치적인 스칸디나비아주의를 지원, 스웨덴 방문 후에 쓴 "나는 스칸디나비아인"이란 시를 보면 "나는 스웨덴 · 덴마크 · 노르웨이인들의 관계를 한 번 만에 이해했다. 이 감정으로 덴마크에 돌아간 즉시 이 시를 썼다. 우리는 하나의 민족이며 스칸디나비아인이라 부른다!"라는 구절이 있다.

6) 이러한 정권의 등장은 경제적 측면에서 케인스주의의 붕괴와 더불어 경제시장의 강화, 통화주의 경제원리 등의 실현에

특히, 이 정권에서 복지국가를 바라보는 시각은 1970년대 시작된 경기침체는 복지국가체제의 실패, 즉 국가에 의한 복지제도 확대는 그것의 비효율성 · 비효과성 · 비경제성 · 비생산적인 것에 의하여 필연적으로 실패를 가져온다는 견해다. 또한, 수급자의 확산과 급여 수준의 확대로 말미암아 국가재정의 고갈, 노동자의 근로의욕 저하가 발생하기에 국가의 개입보다는 자유경제시장에 맡겨야 한다고 보았다. 따라서 이들은 집권을 하자마자 곧바로 복지비용의 엄청난 삭감과 지출구조의 변화, 민영화 및 시장경제의 규제 완화, 노동계급의 정치세력화 확대를 봉쇄하는 정책을 강구하였다.

③ 사회적인 측면

경제 · 정치적인 측면과 합세하여 사회적 측면에서도 복지국가의 위기 징조가 나타났다. 그중 가장 대표적인 것이 사회연대의 붕괴이다. 즉, 복지국가 확대와 발전에 대한 계급 간, 정당 간, 더 나아가 모든 국민의 합의(consensus)가 이 시기에 완전히 무너졌다. 이미 제시한 바와 같이 노동계급의 정당지지도 변화 추이, 노동조합 가입률의 저하 등과 더불어 복지제도 확대를 위한 조세정책에 대한 조직적인 저항 등은 이러한 조짐을 확실하게 보여 준다. 또한, 가족구조의 변화로 말미암아 이혼율의 증가, 동거가족 양상의 확대, 독신가구의 증가, 자살률의 폭발적인 증가 등도 복지국가 위기의 사회적 측면이다.

▲ 사회복지는 사람을 게으르게 만드는가?

힘을 실어주는 결정적인 계기가 되었다.

(2) 복지국가의 복지제도 내부 측면

복지국가 위기를 초래한 복지제도 내부 측면의 가장 대표적인 것은 국가의 과대한 부담이었다. 집권(執權)하기 위하여 복지제도 확대를 추구함에 따라 국가경쟁력에 부담을 주게 되고, 제도 확대를 통한 국민의 기대 심리는 계속해서 높아져만 갔다. 하지만 국가경제 부담을 감소하기 위한 노력은 국민의 실망감으로 나타나게 되므로 그렇게 할 수가 없었다. 그리하여 국가의 과대부담은 복지제도의 관료화와 비대화를 가져오게 되었으며, 불필요한 재정적 부담이 커지게 되었다. 이는 결국 국가 개입에 따른 사회복지제도의 효율성을 의심하게 하는 결과를 낳았다. 복지국가 위기를 초래한 복지제도 내부 측면과 나빠진 경제 상황의 연계성 관련 구체적 견해는 다음과 같다(박주현, 2018: 255-258; 이강희 외, 2011: 196-197).

첫째, 복지국가의 지나친 복지제도 확대가 경제 상황에 악영향을 미쳤다는 것이다. 복지국가 확대는 산업 생산 부문을 위축시키고, 노동공급을 감소시키며, 저축과 투자 감소를 유발시켜 전체 경제 상황을 악화시켰다는 것이다(김태성 · 성경륭, 1993).

둘째, 비록 복지국가 확대가 직접적으로 경제 상황을 악화시키지 않았다고 하더라도 악화된 경제 상황에서는 복지제도가 할 수 있는 역할이 없다는 것이다. 즉, 경기침체가 되면 자연스럽게 실업률이 높아지게 되고, 구매능력이 감소하게 된다. 이때 복지국가가 복지제도를 통하여 구매능력을 유지시켜 주면 경제 상황이 다시 원래 상태로 돌아가야 한다. 그런데 1970년대 중반 이후에는 복지제도를 통한 원래 상태로의 복귀가 이루어지지 않았고, 오히려 더욱 악화된 상황을 맞이하였던 것이다. 결국, 복지국가의 복지제도 확대에 대한 국민적 합의가 깨지게 되었고, 복지에 관련된 모든 것은 위기를 맞았다.

〈표 10-4〉에서 보는 바와 같이 공공지출 비율은 1980년에 잠시 감소하였다가 1990년대에 다시 증가하는 경향이다. 하지만 사회지출 비율은 감소하는 국가들이 발생하고 설혹 증가하더라도 그 비율이 복지국가 팽창 기간의 증가 비율과 비교할 때 그 증가폭이 그리 크지 않다는 것을 알 수 있다. 이는 이미 앞에서 논의하였듯이 사회복지의

불가역적인 특성[7]을 감안한다면 1970년대 이후 복지비용 삭감이 많은 영역에서 이루어졌다고 할 수 있다.

〈표 10-4〉 국내총생산(GDP) 대비 공공지출과 사회지출 비율 (단위: %)

국가 \ 지출 비율	공공지출 비율			사회지출 비율		
	1975	1980	1990	1975	1980	1990
덴마크	48.2	56.2	58.3	24.2	26.8	27.8
프랑스	43.4	46.1	49.8	17.7	22.5	26.5
서독	48.9	47.9	45.1	26.2	25.7	23.5
그리스	26.7	33.1	53.3	8.6	11.1	20.9
이탈리아	43.2	41.9	53.2	21.0	21.2	24.5
네덜란드	55.9	54.9	54.1	29.6	28.3	28.8
스페인	24.7	32.2	41.8	11.8	16.8	19.3
스웨덴	48.9	60.1	59.1	21.2	25.9	33.1
영국	49.6	43.0	39.9	15.6	16.4	22.3
미국	43.6	31.8	33.3	14.5	13.4	14.6
OECD 전체	38.0	37.1	39.1	18.1	19.6	21.5

출처: 감정기 외(2002: 276); 이강희 외(2011: 198).

이렇게 복지에 대한 지출 비율이 감소한 것은 구체적인 복지제도에서도 볼 수 있다. 즉, 노령연금에 있어서는 수급 나이와 대기기간의 늘림, 급여수준에 대한 절감 등이 이루어졌고, 장애연금부문에서는 엄격한 장애심사, 급여 축소, 기간 제한, 소득심사가 시행되었다. 그 이외 다른 영역에서도 급여 기간과 수준, 자격 등을 축소 혹은 감소하는 경향이 나타나고 있다. 이러한 경향은 일정한 방향성, 즉 복지제도 수급에 대한 잔여적 성격(사회보장 내용 중 공공부조 부분의 강화)의 강화와 노동연계(근로조건부제도 시행 등, 즉 미국의 AFDC에서 TANF로의 변화의 예)를 시키는 목적성을 가진다.

그리고 노동자 실질임금 상승으로 말미암은 복지수급 축소를 의도하는 감세정책과

7) 이미 시행한 복지제도를 소멸하거나 감축하는 것은 정당정치를 하는 나라에서는 매우 어렵다는 특성을 말한다.

사회복지 분야 등 민간부문의 역할 강화, 즉 민영화 정책을 시도하였다. 이는 국가 전체 예산의 축소에 따른 보조금 삭감, 이용자들의 부담 증가 등의 형태로 나타나 경쟁과 경제시장 역할을 강조한 신자유주의(혹은 신보수주의)의 이념을 그대로 실현하였던 것이다.

이렇게 복지제도의 축소와 삭감을 시행했음에도 불구하고 국가 대부분에서 복지예산의 절대액수와 복지제도의 중요성이 결코 줄어들지 않았다. 오히려 사회적 불평등이 심화되고 복지대상자 수는 더욱 증가한 것으로 나타났다. 다시 말하면, 국가 개입으로 복지제도 운영을 대폭 감축하고 축소하는 정책을 시도한 결과, 복지다원주의가 나타났다. 결과적으로 국가 개입과 다양한 주체의 개입을 합산하여 보면 오히려 복지에 대한 비용은 늘어났다고 이해할 수 있다.

또한, 사회적 불평등은 더욱 가속화되었다. 소득불평등 정도를 나타내는 지니계수(Gini's coefficient)는 미국에서 1975년 0.397에서 1992년 0.433으로 높아졌고, 영국은 1970년대와 비교하여 1990년대는 약 10%가 높아진 것으로 조사되었다. 그리고 각국에서 아동 빈곤율이 높아졌다. 특히, 노인 빈곤율은 미국과 유럽에서 스웨덴을 제외하고 거의 대부분 20%를 상회하는 것으로 나타났다. 이는 복지대상자의 수가 결코 감소하지 않았을 뿐더러 소득불평등도는 높아졌다는 것을 의미한다(이강희 외, 2011: 191–199).

로렌츠 곡선(Lorenz Curve)과 지니계수(Gini's coefficient)

로렌츠 곡선은 누적 가구비율과 누적 소득비율 간의 관계를 표시하는 곡선이다. 횡축에 인원의 저소득층부터 누적 백분율을 취하고, 종축에 소득의 저액층부터 누적백분율을 취하면 로렌츠 곡선이 그려진다. 이 경우 대각(45도)선은 균등분배가 행해진 것을 나타내는 선(균등분포선)이 된다. 불평등도는 균등도와 로렌츠 곡선으로 둘러싸인 면적(A)으로 나타난다. 직관적으로 누적 가구비율이 커질수록 누적 소득비율도 커지는 것은 당연하지만, 양자 간 관계가 1:1(완전균등분배)이 아닌 이상 로렌츠 곡선은 대각선 아래에서 점차 증가하는 형태를 취한다. 그리고 소득분배 상황이 완전균등분배로 이행될수록 로렌츠 곡선은 대각선에 근접하므로 대각선과 로렌츠 곡선 간의 괴리가 커질수록 소득불균등이 악화된다고 이해할 수 있다.

지니계수는 인구분포와 소득분포와의 관계를 나타내는 수치로서, '0'은 완전평등, '1'은 완전불평등한 상태이며 수치가 클수록 불평등이 심화하는 것으로 이해한다. 이탈리아의 통계학자 지니(Gini)가 1912년에 개발했다. 지니가 제시한 지니계수는 소득분배의 불평등 정도를 나타내는 수치이다. 일반적으로 분포의 불균형 정도를 의미한다. 지니계수는 완전균등분배 상태를 기준으로 실제 소득불균등이 어느 정도인지를 측정한다. 그림에서는 균등분포선과 로렌츠 곡선 사이에 나타나는 영역의 면적 A(소득불균등의 기하학적 크기)를 직각삼각형 BCD의 면적(완전균등분배의 기하학적 크기)으로 나눈 값이다. 0에서 1까지 숫자로 표시하는 지니계수는 가계 간의 소득분포가 완전히 평등한 상태를 0으로 상정해 산출하는 지수로 1에 가까울수록 불평등 정도가 높아 '부익부 빈익빈' 현상이 심화됨을 의미한다. 수치가 0.400을 넘으면 상당히 불평등한 소득 분배의 상태에 있다고 할 수 있다. 지니계수를 통해 근로소득이나 사업소득 등 소득분배 상황은 물론 부동산과 금융자산 등 자산분배 상황도 살펴볼 수 있다.

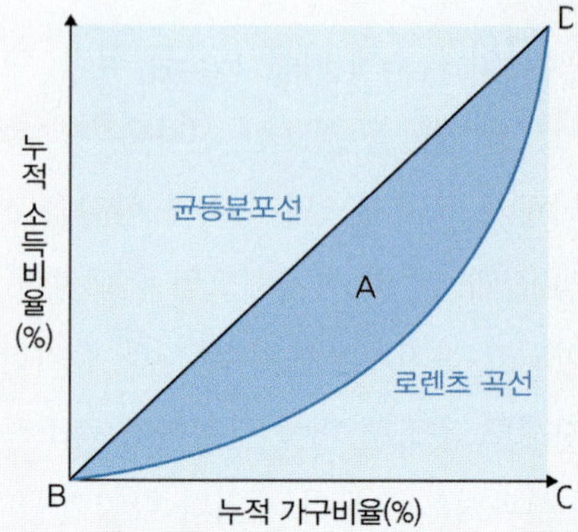

2. 복지국가의 재편

1) 민영화의 의미

원래 복지국가체제는 자유방임체제의 모순을 인정하고 사적 시장경제가 가정하고 있던 사회 구성원들 간의 개인적 관계가 실제에서는 사적인 것이 아니라 사회적 관계라고 하는 새로운 인식을 바탕으로 하여 성립되었다. 그러나 신자유주의자들은 이러한 사회적 소유를 사적 소유로 환원시킴으로써 시장경제의 활성화를 통해 작은 정부를 실현시키려고 하였다. 여기서 사회적 소유를 사적 소유 형태로 환원시키는 조치가 바로 민영화(privatization) 개념의 핵심이다(박광준, 2013: 220).

민영화란 공기업의 효율성을 높이기 위해 국가 및 공공단체가 특정기업에 대해 갖는 법적 소유권을 주식매각 등의 방법을 통해 민간 부문으로 이전하는 것을 말한다. 넓은 의미에서는 외부계약, 민간의 사회간접자본시설 공급, 공공서비스사업에 대한 민간참여 허용 등을 모두 포함하나, 일반적으로는 외부계약 등과 구분하여 좁은 의미로 사용되고 있다. 영국의 대처(Thatcher) 정권하에서 적극적으로 추진된 예가 유명하다. 공기업은 정부의 지원 아래 정부사업을 대행하므로 수익구조가 안정적인 데다, 특정적인 분야에서 독점적인 지위를 누릴 수 있는 특성이 있다. 이러한 안정적 구조에서는 효율성이 떨어지는 부작용이 나올 수 있으므로 민영화를 통해 시장에서의 경쟁을 통한 효율성 증진을 꾀하려는 것이다.

복지국가의 위기 이후 복지국가는 어떻게 재편되었을까? 복지국가는 크게 신자유주의(neo-liberalism)[8)]적(혹은 신보수주의적) 재편과 조합주의적 재편으로 이루어졌다. 그런데 그 내용은 서로 다르기 때문에 공통 특징을 도출하기는 어렵다. 이 가운데 정도의 차이는 있지만, 민영화는 1980년대 이후 복지국가에서 보이는 일반적인 경향의 대표적인 예라고 말할 수 있다. 우리나라에서 민영화가 된 대표적 기업으로는 포스코(POSCO, 포항제철), KT(한국전기통신공사), KT&G(한국담배인삼공사) 등이 있다.

민영화를 사회복지와 관련지어 논의하면 다음과 같다. 국가 급여의 양이나 범위를 축소시킨다거나 어떤 프로그램에 대한 국가의 지원이나 보조를 삭감하는 것, 혹은 국가가 운영하던 제도를 시장기능에 맡기는 조치 등 사회복지제도가 가지는 '사회성'을 부분적으로 혹은 전면적으로 부정하고, 적극적인 국가 개입으로 이루어진 사회복지체제에 대하여 국가 개입의 범위나 정도를 축소시켜서 그 부분만큼 사적 시장경제의 원

8) 자본주의 경제의 근본적 불안정성을 전제로 정부의 적극적 개입을 내세운 케인스주의가 쇠퇴하면서 재등장한 신고전파 경제학 전통을 이어받은 이념으로 개방화, 자유화, 민영화, 탈규제, 탈복지 등을 내세운다. 신자유주의 이론은 1970년대 후반부터 국민경제에서든 국제경제에서든 국가나 정부 차원의 모든 인위적인 개입을 공격하면서 '자유 시장'의 논리를 설파하는 데 성공했다. "사회와 같은 것은 존재하지 않는다. 개별적인 남성과 여성만이 있을 뿐이다"라는 마가렛 대처의 유명한 말은 신자유주의의 핵심적 원리로 볼 수 있다. 신자유주의는 고전적인 경제적 자유주의보다 자유의 방임원리를 문화적 · 사회적 차원에까지 확장해야 한다고 주장하는 점에서 자유지상주의(libertarianism)로 불리기도 한다. 신자유주의를 둘러싼 논쟁은 전 세계적으로 일고 있으며, 한국도 뜨거운 논쟁을 벌이는 나라 중 하나다.

리를 도입해 나가는 일련의 조치를 말한다(박광준, 2013: 220-223).

2) 민영화의 목적과 형태

공공 부문의 민영화는 외부에서 주도하는 외부민영화와 행정기관이 주도하는 내부민영화로 나뉜다. 민영화의 필요성은 정부규모를 최저 수준으로 유지할 수 있어 작은 정부 구현이 가능하다는 점과 민간 부문의 자본이나 인력이 유입되어 민간 경제가 살아날 수 있다는 점, 정부의 비용 절감으로 효율성이 강화된다는 점 등을 들 수 있다. 이에 반해 정부와 민간업체 사이에 책임 소재가 불분명해질 우려가 있고 민간업체의 독점화, 가격 인상 등 부작용이 나타날 수 있다.

사회복지 부문에서 민영화정책을 추진한 목적은 국가재정의 안정적 확보라는 측면과 더욱 이데올로기적인 측면에서 민간 부문의 효율을 촉진하고 국가에 대한 의존성을 감소시킨다는 것이다. 구체적으로, 민영화의 첫 번째 목적은 국가재정의 안정을 위해서는 보조금 지출의 삭감, 적자로 운영되는 공공기업의 정리, 국유 자산의 매각을 통한 국가재정의 안정이 지향되었다. 두 번째 목적은 효율의 추구이다. 신자유주의적(혹은 신보수주의적) 복지국가 재편을 단행한 국가에 있어서는 경제적인 측면에서의 효율성 확보보다는 효율 그 자체가 가진 이데올로기적인 측면이 더욱 강조되었다. 이들 국가에서는 민영화의 주목적이 효율과 경쟁이라고 밝히고 있다. 예컨대, 공공주택을 시세보다 싼 가격에 판다고 가정하자. 이때 국가는 매각에 따르는 재정 확보뿐만 아니라, 주택을 소유하는 것은 선이요 국가가 제공하는 주택에서 산다는 것은 국가에 대한 의존성을 의미하는 것이라는 이데올로기적인 요소를 강하게 품고 있다.

사회복지 분야를 포함한 사회 경제활동에 대한 국가 개입은 그 어떤 것이든 다음의 세 가지 형태, 즉 공여(provision), 보조금 지급(subsidy), 규제(regulation)로 이루어진다. 민영화란 위 세 가지 형태의 국가 개입을 축소하는 것으로 나타나기 때문에 민영화의 내용 역시 위와 같은 세 가지 형태로 범주화하여 살펴볼 수 있다.

민영화의 첫 번째 형태는 국가적 공여를 축소하는 것이었다. 예를 들면, 공공주택을 매각하는 것, 민간의료 영역을 확대하는 것, 건강보험이나 국민보건서비스(National Health Service: NHS)의 급여범위를 축소하는 것 등이 여기에 해당한다. 두 번째 형태는 국가에서 주는 보조금을 삭감하는 조치였다. 공공주택 입주자에 대한 보조금을 삭감하는 것, 건강보험 등에서 개인부담범위를 확대하는 것, 학비보조금을 학비융자로 대체하는 것, 공공운송기관에 대한 보조금을 삭감하는 것 등이 그 예이다. 세 번째 형태는 사회복지의 민간 제공자에 대한 규제 완화였다. 복지서비스 분야에 민간기업이 참여를 허용하는 것 등의 조치가 여기에 포함된다.

3) 민영화의 사례: 대처의 주택 부문 민영화정책

급진적인 민영화정책의 사례로 들 수 있는 것은 대처정부의 주택 부문 민영화정책이다. 그 내용은 ① 공공임대주택 매각, ② 주택보조금 삭감, ③ 주택 관련 보편적 서비스를 잔여적 서비스로 바꾼 것이다(박광준, 2013: 220-223).

공공임대주택(Council House)은 1979년 이후 대규모로 매각되었다. 국가자산 중 영국통신이나 영국가스 등을 매각하기는 했으나, 단일항목으로는 공공임대주택이 최고의 매각이었다.[9] 매각한 공공임대주택 수는 1980년에 8만 5,700호, 1982년에 20만 7,050호로 1979년과 1983년 총선 사이에 거의 50만 호가 매각되는 드라마틱한 변화를 가져왔고, 이후 매각은 계속되어 1984년에 10만 6,930호가 팔렸다.

또한, 공공주택 건설보조금은 대폭 삭감되어 공공임대주택 건설도 격감하였다. 주택 부문에서의 예산 삭감은 로빈슨(Robinson, 1986)의 분석에서 더욱 알기 쉽게 나타나는데, 1979~1980년을 기준으로 그것을 100으로 정했을 때 1984~1985년의 경우에는 45.3으로 나타났다(박광준, 2013: 223, 재인용). 주택 부문에서의 이러한 대처정책은 한마디로 주택

9) 공공임대주택 매각을 촉진하기 위해 법적·제도적 조치를 시행하였다. 1980년의 「주택법(Housing Act)」은 공공임대주택 거주자에게 저렴한 가격으로 그들이 현재 살고 있는 공공임대주택을 구입할 법적 권리를 부여함으로써 공공임대주택의 매각을 촉진하였다. 공공임대주택 구입을 쉽게 하기 위하여 시장가격의 최저 33%에서 최고 50%까지 가격인하 조치를 단행하였고, 1984년의 「주택 및 건축통제법(Housing and Building Control)」은 최대할인율을 50%에서 60%로 규정하였다.

서비스의 잔여적 서비스화(residualization)[10]라고 말할 수 있다.

공공임대주택의 임차인이 그 주택을 구입할 때는 최고 60%까지의 가격할인과 특별한 금융지원 혜택을 주었다. 그나마 그러한 주택을 구입한 사람은 경제적인 능력을 어느 정도 갖춘 사람들이었다. 그들은 이러한 국가의 특별한 지원을 받아 공공임대주택을 소유할 수 있었고, 그에 따라 부(副)를 축적할 수 있었다.

그러나 문제는 국가의 특별한 지원에도 불구하고 공공임대주택을 구입할 수 없었던 사람들이다. 물론 무리하여 공공임대주택을 구입하였던 수많은 저소득자들은 이후의 경기 후퇴로 직업이나 수입의 위협에 봉착함에 따라 심각한 경제적인 어려움을 겪는 등 문제가 없었던 것은 아니지만, 공공임대주택을 구입할 수 없었던 사람들은 다중적인 불이익에 직면하게 되었다. 그들은 공공임대주택을 구입한 사람들이 막대한 정부의 지원을 받았던 것과 비교할 때 상대적으로 불이익을 당하였다. 그리고 그들은 집세 인상과 집세 보조금의 삭감 등으로 더 한층 경제적인 어려움을 겪어야 했다.

공공임대주택을 구입하지 못하고 계속 임차 형태로 공공임대주택에 머무를 수밖에 없는 사람들이 겪어야 하는 또 하나의 중요한 불이익은 바로 '공공임대주택에 머무를 수밖에 없는 지위라고 하는 대중의 인식에서 오는 스티그마(stigma)'였다. 공공임대주택 중에서도 전반적인 주택의 질이 좋은 것 위주로 팔리면서 연금생활자 · 한부모세대 · 실업자 · 기타 공공임대주택을 구입할 가능성이 없어 보이는 사람들의 비율이 증가하게 되었고, 공공임대주택 입주가 저소득층의 표식이 되었다(박광준, 2013: 220-223).

10) 잔여적 서비스화(Residualization)란 공공의 주택 부문이 빈곤, 노령 등으로 말미암아 민간 영역에서는 적절한 주거를 확보할 수 없는 특정 사람들만을 위한 안전망을 제공하는 것으로 그 성격이 이행되는 것이며, 서비스 수급에 따르는 스티그마를 강화하고 수급자의 사회적 지위를 저하시키는 것이다(Flynn, 1988: 308).

3. 세계화와 복지국가의 미래

1) 신자유주의적 세계화

(1) 복지에 대한 이데올로기 관점

복지국가 위기는 복지국가에 대한 이데올로기적 논의를 다시 촉발시켰다. 복지국가체제가 경제 불황과 연계되어 위기의 원인이 복지국가체제의 내적인 모순에 있다는 비판이 우익과 좌익 두 진영 모두에서 제기되었다. 복지국가체제에 대한 사상적 공격이 가해지는 이러한 현상은 '《이데올로기의 종언(The End of Ideology)》의 종언'으로 표현될 수 있을 것이다.

벨의 《이데올로기의 종언》

미국 하버드대학교의 명예교수이자 미래학의 세계적인 석학인 다니엘 벨(Bell)의 철학서(1960)이다. 1950년대 미국 사회의 변화를 통해 새로운 세계의 전개를 예언하고 있고, 마르크스주의가 현대 산업사회에서 의지할 곳을 잃고 종말을 할 수밖에 없는 이유를 밝혀놓은 논평집이다. 벨이 말하는 이데올로기는 곧 정통 마르크스주의 및 수정 마르크스주의를 지칭하는 것으로, 미국과 유럽뿐 아니라 소련에서도 기술적 기능이 이데올로기에 우선하게 됨으로써 이데올로기는 이제 급진적인 인텔리에게도 낡은 것이 되어 그 정당성이 상실되어 가고 있다고 설명하고 있다.

사회복지에 대한 이데올로기적 관점의 다양성과 그 내용에 대해서는 많은 학자가 나름대로 독자적인 주장을 해왔다. 이념적 입장을 반집합주의자(The Anti-Collectivists), 소극적 집합주의자(The Reluctant Collectivists), 페이비언 사회주의자(The Fabian Socialists), 그리고 막시스트(The Marxists)로 분류하여 설명한 조지 등(George et al.)의 연구가 대표적인 것으로,

매우 간명한 분류이다. 윌리엄스(Williams)는 복지국가에 대한 태도를 중심으로 하여 반집합주의, 사회개혁주의, 그리고 복지의 정치경제라는 세 가지로 분류하고, 그 내용과 인물을 〈표 10-5〉에서 보는 바와 같이 제시하였다(박광준, 2013: 214-215).

〈표 10-5〉 복지에 대한 다양한 관점

<table>
<tr><th colspan="2">유형</th><th>복지국가에 대한 태도</th><th>정치적 전통(인물)</th></tr>
<tr><td colspan="2">반집합주의</td><td>사회복지는 개인의 자유, 창의 선택을 제한하고 과도한 복지수요를 만들어 낸다. 복지는 가족 등의 비공식 부문과 민간 부문의 역할이 중요하다.</td><td>우익, 시장의 자유, 경제적 자유주의, 신우익(Hayek, Friedman)</td></tr>
<tr><td rowspan="3">사회개혁주의</td><td>비사회주의적 복지집합주의</td><td>국가 복지급여는 국민적 효율, 박탈의 경감을 위하여 필요하다. 그러나 복지는 민간 부문으로부터도 제공되어야 한다(복지의 혼합경제, 복지다원주의).</td><td>정치적 자유주의, 사회민주주의(Beveridge, Keynes, Pinker, Owen)</td></tr>
<tr><td>페이비언 사회주의</td><td>복지국가는 부의 재분배를 통하여 더욱 평등하고 공정한 사회를 만들기 위하여, 그리고 사적 시장의 불평등 현상에 대처하기 위해서 핵심적으로 중요하다.</td><td>사회민주주의, 페이비언 사회주의(Tawney, Titmuss)</td></tr>
<tr><td>급진적 사회행정</td><td>복지국가는 부와 자원의 급진적 재분배, 그리고 평등의 추구로 구성되는 사회적으로 계획된 사회의 중핵이다.</td><td>페이비언 사회주의, 민주적 사회주의, 막시즘(Townsend, Walker)</td></tr>
<tr><td colspan="2">복지의 정치경제</td><td>복지국가는 자본계급과 노동계급 간의 근본적인 갈등의 결과이지만, 자본주의체제하에서는 복지 욕구에 대처하는 것이 불가능하다.</td><td>막시즘(Gough, Offe)</td></tr>
</table>

출처: F. Williams(1989: 16).

(2) 신자유주의와 그 복지관

1970년대 후반에 들어서면서 반집합주의는 신자유주의 혹은 신보수주의라는 이름으로 등장하여 사상적으로도, 실제 정책에서도 큰 영향을 미치게 되었고,[11] 이 주장에 근거한 복지국가 재편은 가장 급진적인 것으로 복지국가체제의 심각한 동요를 가져왔다.

11) 신자유주의 혹은 신보수주의라는 용어는 1979년 영국의 대처정권 탄생(Thatcherism)과 1980년 미국 레이건정권의 탄생(Reagonomics)을 가시적인 계기로 하는 경제 · 사회정책의 사상적 조류를 지칭하는 말로서 이해된다. 1970년대 중반 이후 일본의 자민당 정부, 특히 나카소네(中曾根)내각의 경제 · 사회정책(Nakasonerism)도 상당히 전형적인 경우이다.

신보수주의는 1990년대 초까지 신자유주의와 거의 비슷한 의미로 사용되었다. 신자유주의는 현재 지구자본주의의 심화 혹은 세계화의 진행과 더불어 강력해진 자본주의적 시장 질서를 대표하는 용어인데, 최근에는 신보수주의라는 용어 대신 신자유주의가 일반적으로 더 많이 사용되고 있다(박광준, 2013: 216-217).

이러한 신자유주의정책의 이론적 · 철학적 근거를 제공한 인물은 통화주의(Monetarism)[12]의 총수격인 프리드먼(Friedman), 경제이론보다는 사회철학적인 측면에서 큰 영향을 끼쳤던 노벨 경제학상을 받은 하이에크(Hayek), 그리고 역진적인 세제 개혁의 이론적 근거를 제공한 라퍼(Laffer) 등이다.

신자유주의정책에 내재된 복지에 대한 관념은 다음과 같이 요약될 수 있다(박광준, 2013: 217).

- 여러 선진제국에서 보이는 경기침체의 주된 원인은 복지국가체제의 실패, 즉 국가의 실패에 있다.
- 케인스주의에 입각한 복지정책은 본질적으로 특히, 인플레이션과 노동의욕 상실로 말미암은 경기침체로 국가재정의 파탄에 직면할 운명을 가지고 있었다. 따라서 국가재정의 건전화를 기하기 위해서는 작은 정부를 지향해야만 한다.
- 많은 사람은 공적 부문의 지원과 보호 없이도 충분히 생활할 수 있다. 따라서 국가의 부조를 받는 사람은 진정으로 생활이 곤란한 자에 한정되어야만 한다.
- 모든 개혁은 지금까지 국가가 맡아 오던 것을 시장경제에 이전하는 것에 주안점을 두어야 한다.

12) 경제활동에 대한 영향력 행사를 목표로 정책당국이 사용할 수 있는 정책수단 중 통화정책이 가장 중요하다는 주의 · 주장을 말하며, 이러한 견해를 신봉하는 사람을 통화주의자라 한다. 이에 대해 재정정책이 경제활동수준을 결정하는 가장 중요한 요인이라고 생각하는 사람을 재정주의자(Fiscalist)라 한다. 재정주의자들의 이론적인 기초는 케인스경제학의 흐름을 잇고 있는 신경제학(New Economics)인데, 신경제학과 통화주의는 현재 미국의 양대 경제 사조를 이루고 있다.

(3) 두 개의 국민 전략

신자유주의적 정책의 추진은 사회적 불평등을 심화시키는 결과를 가져올 수 있다. 그러나 신자유주의자들은 사회적 불평등은 사회에 불가피하게 존재해야만 하고, 그러한 불평등은 사회체제의 활성화를 위해서 필요한 것으로 간주한다. 따라서 사회적 불평등은 심각한 사회문제가 아니라고 주장한다.

빈곤층의 반대에도 불구하고 1970년대 말 이후 그 정책이 지속해서 추진됐던 것은 소위 '두 개의 국민 전략'이라는 정치적인 전략이 있었기 때문이다. 신자유주의자들은 국민을 두 개의 부류로 분해하여 자신들의 정권유지에 필요한 부류의 국민만의 지지를 통하여 정권을 유지하고자 하였다. 이것이 두 개의 국민 전략이다.

이 전략이 성공을 거두느냐 아니냐는 노동계급과 중간계급의 이해관계에 기초한 태도의 변화 여하에 달려 있다. 중간계급에 신보수주의적 정책의 경제적인 이점을 제공하여 그들의 지지를 획득하게 된다면, 사회복지의 축소로 생활에 위협을 받는 일부 빈곤층과 노동자들이 집권정당에 반대투표를 계속 하더라도 정권을 유지할 수 있기 때문이다. 이 전략이 성공한 영국은 중간계급이 이러한 정책에 동조하였기 때문이다. 그러나 스웨덴에서는 중간계급이 동조하지 않아 이러한 시도가 실패로 끝났고, 따라서 복지체제는 큰 틀에서 훼손 없이 유지될 수 있었다(박광준, 2013: 214-219).

(4) 프리드먼과 선택의 자유

▲ 밀턴 프리드먼 (1912~2006)

작은 정부는 신자유주의의 정책 이념이다. 자유시장의 존중, 규제의 완화, 재정수지의 균형 등을 추구하는 정책은 기본적으로는 정부의 역할이 작을수록 바람직하다는 생각을 바탕에 깔고 있다.

이러한 입장은 통화 공급관리로 인플레이션 퇴치와 작은 정부를 지향하는 통화주의의 총수로 시카고대학교의 교수였던 프리드먼(Friedman)에 의하여 잘 대변되고 있다.

그는 복지국가는 가부장적이고 권위적이기 때문에 사람들에게 선택의 기회를 갖지 못하게 하는 방식으로 자유를 위협하는 것이며, 선택의 기회를 가장 효과적으로 제공하는 것은 시장이라고 주장한다. 그는 개인의 자유와 인센티브를 중시하며, 복지국가의 낭비적이고 비효율적인 측면을 비판한다.

(5) 하이에크와 《예종(隷從)에의 길》

▲ 프리드리히 하이에크
(1899~1992)

복지국가에 대한 이념적인 측면에서 비판한 사람은 오스트리아 태생의 영국 경제학자 하이에크(Hayek)이다. 그는 '근본적으로 복지국가는 개인의 자유를 제한하고, 개인생활에 대한 국가의 간섭은 국가의 권력을 지나치게 크게 한다. 그리하여 국민은 국가의 노예 상태로 전락하게 될 것'이라고 그의 저서 《예종에의 길(The Road to Serfdom)》에서 주장하였다(Hayek, 1944, 정도영 역, 1973: 65-66). 《예종에의 길》은 전체주의와 공산주의의 시대사조를 비판한 정치학의 명저로, 정부 개입은 결국 국가적 재앙을 일으킨다고 했다.

> "자유주의적 주장은 사물을 있는 그대로 방임하여 두자는 주장이 아니고, 인간 노력을 조정하는 수단으로서의 경쟁력을 최대한으로 이용하자는 입장이다. 이 주장은 경쟁이 효과적으로 이루어질 수 있는 조건이라면 개인의 노력을 촉진시키는 일이 다른 어떠한 방법보다도 더 훌륭한 방법이라는 확신을 그 기초로 하고 있다(Hayek, 1944; 정도영 역, 1973: 65-66)."

이러한 주장의 배경에는 인간은 사회를 계획할 능력을 가지고 있지 못하다고 하는 자유주의자들의 인식이 강하게 자리를 잡고 있다. 하이에크는 만년에 동양사상, 특히 노장(老壯)사상에서 자신의 입장과 비슷함을 발견하여 그것을 소개하곤 했던 것으로 알려졌다. 즉, 노장사상에서 말하는 "타오(道)는 인간이 만드는 것이 아니다. 인간은 그것을 발견할 뿐이다."라는 것은 개인의 지혜와 능력의 한계를 직시하게 만드는 아주 중요한 가르침이라는 것이다. 여기에는 인간은 인간의 활동을 조정하고 어떤 의도적인 결과를 낳도록 계획할 능력이 없다고 하는 인간의 지혜에 대한 한계가 상정되어 있다. 이것은 인간의 계획능력에 대한 깊은 믿음을 가진 케인스주의의 인간관과는 상극(相剋)을 이룬다(박광준, 2013: 214–219).

2) 복지국가의 미래

그렇다면 복지국가들은 21세기에도 여전히 복지국가로서 존재하거나 적어도 복지국가의 성격을 유지할 수 있을까? 현재 시점에서 이러한 질문에 답하는 것은 매우 어렵다. 왜냐하면, 적어도 1990년대를 통하여 신자유주의(neo-liberalism)적 세계화가 주된 흐름이었음에도 불구하고 그 내부에는 유럽에서의 좌파정권 재집권, 비정부기구(Non-Governmental Organization: NGO) 및 비영리조직(Non-Profit Organization: NPO)을 중심으로 전 지구적 차원의 반(反)세계화 움직임 등이 세계화에 대한 제동 기제로 작용할 수 있기 때문이다. 또한, 세계화 경향에 내재된 문제, 즉 불평등과 빈곤의 심화, 생태계 파괴 등 반(反)공동체적 혹은 반연대적 문제를 신자유주의적 사상적 기반 아래에서는 결코 해결하기 힘들고, 다시 복지국가의 주요 원리에 인류가 의존할 수밖에 없을 것이라는 전망도 가능하다(감정기 외, 2010: 319–325).

(1) 복지국가에 대한 전망

1990년대 이후 복지국가의 미래에 대한 몇 가지 의견이 제시되고 있다. 가장 대표적인 것이 기든스(Giddens)의 《제3의 길(The Third Way)》이다. 이는 경제영역에 대하여 국가가 적극적 개입을 하고 국민의 복지를 권리로서 보장하는 사회민주주의의 길(제1의 길: 전통적 개념의 복지국가)이 국가 차원에서 더는 유지할 수가 없음을 밝히고 있다. 또한, 국가의 시장 개입을 최소화하여 시장의 자유를 최대로 보장할 것을 주장하는 신자유주의의 길(제2의 길)도 그대로 수용할 수 없다고 본다(Giddens, 1998; Giddens, 1999, 박찬욱 역, 2000).

기든스의 《제3의 길》

기든스는 사회이론과 계층론 분야에서 널리 알려진 영국의 대표적인 사회학자이다. 그의 학문적 장점은 마르크스와 베버(Weber), 뒤르켐(Durkheim) 등의 고전과 현상학·구조주의·민속방법론 같은 현대사회이론을 토대로 하여 현대사회와 자본주의의 현상을 분석한 데 있다. 1980년대 이후 좌우이념 대립 및 그 극복방안을 연구한 끝에 구조주의와 행동이론을 결합한 구조화(structuration) 이론을 발표하여 명성을 얻었다. 신자유주의와 사회민주주의를 모두 반대하고 '제3의 길'이라는 새로운 사회 발전 모델을 주창했다. 그 연구결과는 영국의 정치가 블레어가 주장한 '제3의 길'의 이론적 기반이 되었다. 영국 헐대학교(University of Hull) 사회학과를 졸업하고, 런던정치경제대학(LSE)에서 사회학 석사학위를, 케임브리지대학교에서 사회학 박사학위를 받았다. 런던정치경제대학 학장을 지냈으며, 현재 같은 대학 명예교수이다. 저서로 《자본주의와 현대사회 이론》(1971), 《좌파와 우파를 넘어서》(1994), 《사회학의 변론》(1996), 《제3의 길》(1998) 등이 있다.

따라서 제3의 길은 정부의 모든 기능을 국가도 아니고 그렇다고 시장도 아닌 제3의 힘에 의존하게 하려는 것으로 이해할 수 있다. 즉, 일정 부분 신자유주의적 정책 채택이 불가피하다는 점을 인정하면서도 시민운동 혹은 비정부기구(NGO)의 발전을 통해 정부기능과 시장기능을 보완하고, 국제적 차원에서 시장 관리기능을 강화하고자 한다. 정부기구의 경직성과 정치의 쇠퇴에 대하여 시민운동단체들의 기동성과 하위정치(sub-politik) 활성화에 의존하자는 것이다.

제3의 길은 1990년대 영국 노동당의 블레어(Blair)와 독일 사민당의 슈뢰더(Schroder)가 채택하였다. 영국 노동당의 복지정책은 교육, 노동복지, 개인의 저축이 핵심을 이루고 있고, 정부가 사회복지서비스의 공급자가 아니라, 규제자로서의 역할을 하며, 개인은 과거의 단순한 수급자에서 이제는 수급자이면서 동시에 제공자로서 변화할 것을 요구받고 있다(박순우, 1999).

▲ 토니 블레어(1953~)

▲ 게르하르트 슈뢰더(1944~)

독일은 1998년 성립한 사민-녹색 연립정부가 형성되면서 제3의 길을 주창했지만, 영국과는 달리 사회정책의 축소보다는 더욱 증가된 사회복지 지출과 고용창출, 부(副)의 재분배, 경제 활성화를 내세우고 있다. 그럼에도 세계화에 따른 국가와 기업의 구조조정과 비용절감의 추세 속에서 그러한 정책 기조가 유지될지는 확실하지 않다는 평가를 받고 있다(정연택, 1999).

제3의 길에 대하여 다른 하나의 전망은 복지국가의 심각한 후퇴에 대한 우려이다. 예를 들면, 조지(George)와 밀러(Miller)는 신자유주의적 세계화 속에서 각국의 정책과 정책환경이 현재와 같은 추세로 이어진다면 '감당할 수 있는 복지국가(the affordable welfare state)'가 조만간 '잔여적 복지국가(the residual welfare state)'로 후퇴할 것으로 예측하였다

(George, 1996; George & Miller, 1993).

현재의 서구 복지국가들은 세계화 추세 속에서 '높은 경제성장률의 추구'가 아니면, '복지서비스의 과감한 축소'라는 두 가지 중에서 어느 하나에 대한 정책적 선택을 강요받는 국면에 있다(George & Miller, 1993). 문제는 두 가지 정책 기조 중 어느 것을 선택한다고 하더라도 내부 메커니즘(mechanism) 혹은 정책 결과가 다름에도 불구하고 사회복지 혹은 복지국가의 축소로 귀결될 가능성이 높다.

이러한 전망과는 반대로 여전히 복지국가를 옹호하는 입장도 있다. 피어슨에 따르면, 복지국가들이 위기 상황을 겪은 것은 사실이지만, 이제는 다 지나가고 있다(현외성 · 강욱모 역, 1999). 즉, 세계화의 영향 또한 복지국가의 소멸로 귀결될 만큼 일방적이지 않으며, 국가의 적극적 개입과 역할은 여전히 존재하고 있고, 오히려 실업과 실업자 관리와 같은 복지제도의 특정 영역에 있어서는 국가의 개입이 더욱 강화되고 있다. 특히, 유럽사법재판소(Court of Justice of the European Union)의 판결, 「유럽사회헌장(European Social Charter)」의 제정은 개별 회원국의 복지를 증가시키는 기회로 작용할 수도 있다. 따라서 세계화가 곧 복지국가의 소멸로 이어지지는 않을 것이다(Pierson, 1991, 현외성 · 강욱모 역, 1999; 조영훈, 2000).

현재 사회민주주의 복지국가들의 문제는 과도한 자본주의적 경향과 그로 말미암은 문제를 효과적으로 길들이거나 해결할 수 있는 능력이 과거보다 감퇴했다는 점이다. 하지만 이러한 능력 감퇴가 자본주의적 문제가 없어졌다는 것을 의미하지는 않는다. 따라서 복지국가의 필요성은 여전히 유효하다고 말할 수 있다. 다만, 복지국가의 제도적 내용 및 개입방법 등에 대한 새로운 질문과 그에 대한 적절한 해법이 필요하며, 이러한 신중한 노력의 결과 복지국가는 문제를 일으키지만, 문제를 해결하는 존재로 남을 것으로 예측한다(Pierson, 1991, 현외성 · 강욱모 역, 1999).

(2) 복지국가 미래의 변수

앞에서 말한 복지국가에 대한 전망은 나름대로 자기 논리 및 불확실성을 함께 가지고 있다. 이러한 전망의 불확실성이 존재하는 가장 큰 이유는 기본적으로 현재의 신자유주의적 세계화가 어떻게 변화하고, 어떤 결과를 낳을 것이냐 하는 것이 투명하지 않기 때문이다. 그럼에도 제3의 길을 추구하든, 잔여적 복지국가로의 후퇴를 우려하든, 아니면 변모된 복지국가의 여전한 건재를 전망하든 다음과 같은 몇 가지 요인이 중요한 영향을 미칠 것으로 생각한다(감정기 외, 2010: 322-325).

첫째, 이른바 시민운동을 중심으로 한 제3섹터(the 3rd sector)의 영향력이다. 비정부기구(NGO)나 비영리조직(NPO) 등 시민운동은 국가의 독점적 횡포와 시장의 잔인성을 견제하고, 국제적으로는 세계화라는 거센 파도 속에서 시민의 이익을 보호할 수 있는 실질적 주체로 설정되고 있다(이정옥, 2000; George & Miller, 1993; Giddens, 1998). 실제 1999년 세계무역기구(WHO)의 '뉴밀레니엄(New Millennium) 협약'이 세계 시민운동의 힘으로 무산되는 결과가 나타나는 등 신자유주의적 세계화는 곳곳에서 시민운동의 강력한 힘과 충돌하고 있다. 시민운동과 같은 제3섹터 성장은 세계화의 속도와 방향에 영향을 줌으로써 복지국가에 부정적인 영향을 주어왔던 신자유주의적 경향에 어느 정도 견제력을 행사할 것으로 보인다. 이는 결국 시민복지국가(citizen's welfare state)[13]의 출현 같은 새로운 모습의 복지국가를 가능하게 할 수도 있다.

제3섹터(The 3rd Sector)

제3섹터란 제1섹터(the 1st sector)인 공공 부문과 제2섹터(the 2nd sector)인 민간 부문의 공통 영역을 지칭하는 개념이다. 본래 제3섹터는 공공 부문과 민간 부문 어디에도 속하지 않은 제3의 부문을 일컫는 말이었으나, 공공기관과 민간기업이 공동으로 자본을 투자해 설립한 특수법인을 지칭하는 개념으로도 사용되며, 비정부기구(Non-Governmental Organization: NGO)를 가리

13) 시민복지국가(Citizen's welfare state)는 잔여적 복지국가로의 후퇴 가능성에 대한 대안으로 조지와 밀러(1993)가 제시하는 개념으로서, 국가 역할과 시민의 태도에 대한 변화를 전제로 한다. 즉, 시민의 요구와 참여가 보장되어 국가복지의 비효율성과 경직성 등이 견제되고 보완되는 복지국가이다. 시민복지국가는 시민의 복지 수급 자격을 보호하는 국가의 제도적 관심이 여전히 중요하며, 나아가 복지국가의 생존 가능성이 시민의 의지에 상당부분 의지하게 된다.

키는 개념으로도 사용된다.

제3섹터는 일본에서 가장 발달한 제도로 중앙정부나 지방자치단체 등이 민간 부문의 우수한 정보, 기술과 풍부한 자본을 도입해 공동출자형식을 통해 사회간접자본(SOC)을 개발하는 것으로 지역개발이나 도시조성사업에 많이 사용된다. 미국에서의 제3섹터는 공공 부문(제1섹터)도 아니고 민간 부문(제2섹터)도 아닌 독립적인 섹터로서 재단, 교회, 자선단체, 노동조합 등 비영리조직(Non-Profit Organization: NPO)을 뜻하기도 한다. 우리나라는 본격적인 지방자치제의 실시와 관련, 지방자치단체의 재정확충과 지역경제 활성화의 필요성에 의해 1991년에 처음 도입되었고, 1992년 「지방공기업법」의 개정으로 제도화되었다.

레빗(Levitt)은 《The Third Sector: New Tactics for a Responsive Society》(1973)에서 제3섹터는 공공 부문과 민간 부문 양측에서 외면당한 문제를 해결하기 위해 제도화된 조직이라고 정의한다. 한편, 아미타이 에치오니(Etzioni)로 대표되는 수렴(convergence)적 입장은 제3섹터를 민간 부문의 전문성과 효율성을 공공 부문의 공익이나 책임성과 결합시키려는 메커니즘으로 파악한다. 제3섹터의 등장에 대해 논자 대부분은 전통적 관료제는 실패했으므로 정부는 재구조화되어야 하며, 정책의 방향성을 결정하는 주체와 서비스를 공급해야 할 주체를 구분하고 공공활동에 관여하는 민간 부문과 연계할 수 있는 새로운 조직 형태가 모색되어야 한다고 주장한다.

둘째, 지역 블록화(Area block)[14]의 영향이다. 세계화는 지역화 혹은 지역 블록화를 동반한다. 세계화가 본격화된 시기에 북미자유무역지역(NAFTA), 유럽연합(EU) 등 블록화가 진행됐다. 이는 블록(block) 내에서 국가 자율성, 즉 개입능력과 범위가 상당 부분 제한될 수 있지만, 역으로 유럽연합과 같은 블록권에서 제시되는 정책과 제도로 개별 회원국의 복지 수준과 복지 시스템이 달라질 수 있다. 왜냐하면, 정책을 포함한 국내정치가 외부로부터의 규제와 평준화에 노출됨으로써 국가에 따라서는 사회민주주의적 국민정서의 퇴조를 경험하거나(안상훈, 1999), 반대로 신자유주의적 정서가 사회민주주의적 경

14) 지역 블록화(Area block)란 여러 나라가 초국가적인 결속을 통하여 상품, 자본, 노동, 서비스가 자유롭게 이동하는 단일 시장경제를 추구하는 시도나 노력을 말한다. 즉, 경제적 또는 정치적인 이유로 자신들의 이득을 강화하기 위해 여러 지역 또는 국가가 합동하는 것이다. 예를 들면, APEC(아시아태평양경제협력체)이나 EU(유럽연합), NAFTA(북미자유무역지역) 같은 것들이다. 요즘처럼 세계화가 빠르게 진행되면서 일명 경제의 세계화라 하여 더는 국경이 큰 의미를 가지지 않게 되고, 자본주의하에서 자신들의 이득을 취하기 위해서 여러 국가가 손을 잡고 일명 '블록경제(bloc economy)'를 많이 취하게 되는 것이다. 참고로 자유무역은 국가권력에 의한 보호, 통제, 제한, 금지 등의 간섭이 없는 무역을 말하는 것으로, 자유무역지역(free trade area)은 정치적·경제적으로 밀접한 관계에 있는 국가 간에 무역의 수량제한 등을 철폐하여 자유무역화를 지향하고, 동 지역 이외의 국가에 대하여는 관세 및 무역정책에 있어서 각국의 자주적인 규제를 존속시키는 지역을 말한다.

향으로 보완될 가능성이 크기 때문이다.

셋째, TV(예컨대, 도올 김용옥의 TV 논어 강좌) 등을 통해 서양적 가치와 동양적 가치의 상호 관계와 영향에 대한 관심이 증가하듯이, 다양한 문화권에서 다양한 복지 시스템이 시험 혹은 연구되고 있다는 점이다. 최근 증가하는 동아시아 국가들의 복지제도에 대한 연구는 교육과 자립을 미덕으로 삼는 동아시아 국가들의 전통적 가치와 '저(低)부담-고(高)복지'를 창출해 주는 단순한 규제자로서의 국가 역할에 관심을 기울이고 있다(박순우, 1999). 이러한 관심과 연구는 지금까지 존재했던 복지국가의 원리와는 또 다른, 새로운 형태의 복지 원리를 창출할 가능성을 높게 만든다.

넷째, 미래의 노령인구 등 사회적 욕구나 문제의 규모가 중요한 변수로 작용할 것이다. 예를 들면, 2020년경 주요 국가의 노령인구는 현재와 큰 변화를 보이지 않겠지만, 2040년 혹은 2050년 추정치는 현재보다 현격하게 증가하는 것으로 나타난다. 이러한 사회적 조건에서는 아무리 신자유주의적 이념이 지배적일지라도 복지지출을 줄이기는 힘들 것이며, 오히려 복지지출이 확대될 가능성이 높다.

결국, 복지국가 모습은 하나의 전횡적인 주의(-主義, -ism)나 이론보다는 현재 진행되는 신자유주의적 세계화 속에서 변화하는 사회·경제적 환경(욕구 및 문제 규모와 성격의 변화 등)의 요구에 대하여 개별 국가 혹은 국민이 어떤 방식으로 대응하느냐에 따라 달라질 것이다. 시민 참여와 그에 기초한 민주주의, 세계화에 대한 주체적 대응과 시민사회의 실천능력, 다양한 문화와 가치에 대한 이해와 그것의 적용에 대한 개방적 태도 등이 개별 국가의 복지 시스템을 구성하는 데 중요한 과제로 대두할 것이다(감정기 외, 2010: 319-325).

Chapter

11

해방 이전의 대한민국 사회복지

Chapter 11

해방 이전의 대한민국 사회복지

1. 근대화 이전 사회의 사회복지

1) 삼국시대

삼국시대(三國時代)란 《삼국사기(三國史記)》[1]에 나타나는 삼국의 건국 연대, 즉 신라(新羅)는 기원전 57년, 고구려(高句麗)는 기원전 37년, 백제(百濟)는 기원전 18년으로부터 660년 백제 멸망, 668년 고구려 멸망까지의 700여 년간을 말한다. 삼국시대는 신라 · 고구려 · 백제 세 나라가 한반도의 주도권을 놓고 다투던 시기였다. 세 나라는 저마다 특색을 가진 문화를 발전시키며 성장했다. 고구려는 한반도 북쪽과 만주 지역을 지배했다. 5세기에 전성기를 누렸으며, 중국의 여러 나라도 함부로 하지 못하는 강한 나라였다. 백제는 한반도의 남서쪽을 차지한 뒤 4세기에 전성기를 이루었다. 바다 건너 왜에 학자를 파견할 정도로 발달한 문화를 자랑했다. 신라는 한반도의 남동쪽을 차지하며 세 나라 중에서 가장 늦게 국가로 발전했지만, 결국 통일 전쟁에서 승리하고 한반도의 주인이 되었다.

신라가 삼국을 통일하기 전까지는 삼국 간의 전쟁이 끊임없이 계속되었다. 따라서 백성은 풍수해 · 질병뿐만 아니라 전쟁에 따르는 각종 재해로 말미암아 많은 고통을

1) 국왕의 명령을 받은 김부식의 주도 아래 최산보(崔山甫) 등 8명의 참고(參考)와 김충효(金忠孝) 등 2명의 관구(管勾)가 편찬하였다. 이들은 자료의 수집과 정리에서 함께 작업했지만, 진삼국사기표(進三國史記表)와 머리말, 논찬(論贊) 및 사료의 선택, 인물의 평가 등은 김부식이 직접 했을 것으로 추정한다.

받게 되었다. 이와 같은 상황에서 백성들은 일정한 장소에 자리를 잡고 살지 못하고, 수십 호 또는 수백 호가 집단을 이루어 살기 좋은 곳을 찾아 떠돌아다니고 있었다. 당시의 왕들은 이들을 구호하여 국외 유출을 방지하고, 동시에 국외로부터 많은 유랑민(流浪民)을 국내에 이주하게 함으로써, 생산력과 병력을 증가시키기에 급급하였다. 따라서 빈곤한 백성에 대한 구제 및 보호사업은 삼국 모두에서 중요한 국가정책의 하나였다.

이 시기에는 국가의 정치 · 행정체제를 수립했으며, 유교 · 불교 · 도교 등을 받아들여 자신들의 고유문화와 결합시켜 민족문화를 이루면서 사회복지를 시행하였다. 또한, 하층계급은 절대적으로 상층계급의 지배에 복종하는 주종관계로 이루어진 사회구성을 형성했다. 사회질서의 기본 원칙으로 귀족주의, 토지 국유, 농본주의(農本主義) 등이 작용했다(유광호, 2005). 이와 같은 사회구조는 통일신라, 고려, 조선까지 크게 변하지 않았다. 삼국시대에는 왕들이 인구증가정책에 역점을 두었는데, 이는 노동력과 병력 증강을 확보하기 위한 조치였다(하상락, 1989).

삼국시대의 사회복지는 민본사상(民本思想)에 기초한 백성을 위하는 정책으로써 굶주린 백성을 구제하고 위로하는 것으로, 민생구휼(民生救恤)의 모든 책임이 왕에게 있다고 보았다. 이 시기의 사회복지사업인 구휼(救恤)사업은 네 가지의 궁한 처지를 뜻하는 사궁(四窮), 즉 늙은 홀아비와 늙은 홀어미, 부모 없는 어린이, 자식 없는 늙은이에 대한 보호, 병들고 자립이 불가능한 사람에 대한 구제로 재원은 국고에서 조달되었다.

주요 구제사업으로는 사궁구휼, 죄수들에게 형벌 경감 혹은 방면의 특전을 베푸는 경형방수(輕刑放囚), 종자 및 식량의 급여, 천재지변이나 빈곤이 왕의 부덕한 정치 탓에서 오는 거라 생각하고 식사량을 줄이면서 자신의 안락한 생활을 삼갔던 책기감선(責己減膳), 백성들이 영농에 힘쓰도록 권장하고 각종 재해에 대비하는 역농방재(力農防災), 유민을 안집시키고 구제하는 유민안집(流民安集), 흉년 · 춘궁기에 창곡을 빌려주었다가 추수기와 풍작 때 다시 갚게 하는 진대법(賑貸法), 관곡배급(官穀配給), 대곡자모구면(貸穀子母俱免) 등의 복지제도가 있었다(박주현, 2018: 277-278; 하상락, 1989).

이러한 구제제도 이외에도 조세감면(租稅減免)과 구료(救療),[2] 창제(創製)를 시행하여 사회복지적인 측면에서 구제활동을 하는 시기로서, 사회복지 발달의 초보적인 시점이다. 삼국시대 국가적 사업으로서의 사회복지는 자연재해, 환과고독(鰥寡孤獨),[3] 일회다산자, 빈곤자를 대상으로 시행되었다. 창제는 사회복지행정을 담당한 가장 오래된 구제기관으로서 전쟁 시 군량미 확보를 위해 설치되었으나, 평상시에는 백성을 구제하는 기능을 하였다(임은희 외, 2012: 269-274).

삼국시대, 즉 신라, 고구려, 백제에서 시행한 구휼제도(救恤制度, 빈민구제제도) 중 대표적인 몇 가지를 표로 정리하면 〈표 11-1〉과 같다.

〈표 11-1〉 삼국시대의 주요 구휼제도

제도	내용
관곡배급	각종 재해로 빈곤해진 백성에게 정부가 관곡을 배급하는 제도
사궁구휼	환과고독(과부, 홀아비, 무자녀, 노인, 고아)의 무의무탁한 빈민에게 의류, 관재, 곡물 등을 지급하는 제도
조세감면	재해로 심한 피해를 입은 백성에게 조세를 감면해 주는 제도
대곡자모구면	흉년 시 빌려준 관곡에 대하여 이자와 원본을 감면해 주는 제도
진대법	봄에 백성에게 곡식을 빌려 주고 가을에 갚도록 한 제도(진은 흉년에 기아민에게 곡식을 나누어 주는 것을 뜻하고, 대는 봄에 양곡을 대여하고 가을에 추수 후 거두어들인다는 뜻)

2) 빈민 · 행려자의 구호와 질병의 치료를 목적으로 시행되었던 의료제도를 말한다. 기록에 의하면, 신라 남해차차웅 5년(8)에 큰 역질(疫疾)로 사망자가 많아지자 왕은 친히 질병으로 신음하는 백성들을 위문하였고, 신라 유리왕 5년(28) 겨울에는 유사(有司)에게 명을 내려 과부 · 독신자 · 늙어 병든 자 등 생활능력이 없는 사람들을 잘 돌보라고 지시하였다고 한다.

3) 환과고독(鰥寡孤獨)이란 홀아비 · 과부, 어리고 부모 없는 사람, 늙고 자식이 없는 사람 등을 일컫는 말로, 《맹자(孟子)》 〈양혜왕장구(梁惠王章句下)〉 '호화호색장(好貨好色章)'에 나온다. 제(齊)나라 선왕(宣王)이 맹자에게 왕도정치(王道政治)에 대해 묻자 맹자는 다음과 같이 대답하였다. "옛날 문왕(文王)이 기(岐) 땅을 다스릴 때에는 경작자에게 9분의 1을 과세하였고, 벼슬을 한 사람에게는 대대로 그 녹(祿)을 주었으며, 관문(關門)과 시장에서는 사정을 헤아리기는 하였으나 세금을 거두지 않았고, 물을 막아 고기를 잡는 기구인 양(梁)을 금하지 않았으며, 죄를 지은 사람을 처벌하더라도 그 죄가 자식에게까지는 미치지 않았습니다. 늙어 아내 없는 이를 홀아비[鰥], 늙어 남편이 없는 이를 과부[寡], 늙어 자식이 없는 이를 외로운 사람[獨], 어리고 아비 없는 이를 고아[孤]라고 합니다. 이 네 부류의 사람들은 천하에 궁벽한 백성들로서 의지할 데가 없는 사람들입니다."

2) 고려시대

고려(高麗)는 918~1392년까지 474년간 왕씨(王氏)가 34대에 걸쳐 집권했던 왕조를 말한다. 왕건은 송악(松嶽: 지금의 개성)지방의 호족으로서 궁예의 부하로 활동하다가, 918년 민심을 잃은 궁예를 몰아내고 고려를 세웠다. 왕건은 935년 신라의 귀부(歸附)를 받고, 이듬해 후백제를 멸망시켜 마침내 후삼국을 통일하였다. 후기에는 몽골의 침입과 간섭을 받다가 1392년에 이성계에 의해 멸망했다. 고려는 건국 초기에 선정을 베풀어 국민생활의 안정에 치중하였다. 또, 삼국시대에 도입된 불교가 이 시대에 더욱 융성해짐에 따라, 불교의 자비사상은 우리나라의 구제 및 부조사업을 더욱 성행하게 하였다.

불교가 번창하게 되고 사찰의 건립이 크게 늘어남에 따라 다양한 종류의 불교 관계 금속공예품이 활발하게 제작되었다. 이것은 통일신라 후기에 크게 유행하기 시작한 선종(禪宗)의 영향으로 더욱 복잡하고 다양한 의식과 장엄이 필요해지면서 많은 수의 의식 법구가 요구되었기 때문이다. 아울러 귀족사회의 팽창과 그 문화적 욕구를 반영하듯 화려한 의장과 문양을 지닌 각종 금속제 장신구와 청동그릇, 청동거울은 물론이고 청동숟가락과 청동젓가락 등 일상용품의 제작이 크게 늘어났다. 정교한 타출 기법으로 제작된 은제병과 향합, 은제팔찌 및 장도집과 침통, 규모는 작지만 다채로운 형태와 문양의 금은제 단추 장식 등은 고려 금속공예의 화려하고도 귀족적인 면모를 잘 대변해준다.

고려시대는 농민의 안정적인 경제활동을 통해 국가체제로 발전하는 시기이다. 이 시기에는 창제도(創製度), 빈민구빈정책, 빈민구빈기관 등 사회복지가 제도적으로 확립되고, 빈민구제정책법이 제정 · 제도화되었다. 이 시기는 불교의 자비사상이 구빈정책에 많은 영향을 끼쳤으며, 민간의 행려자 보호사업 등의 활동도 활발하게 이루어졌다. 고려시대의 창제(創製)로는 흑창(黑倉), 의창(義倉), 유비창(有備倉), 상평창(常平倉) 등이 있었다.

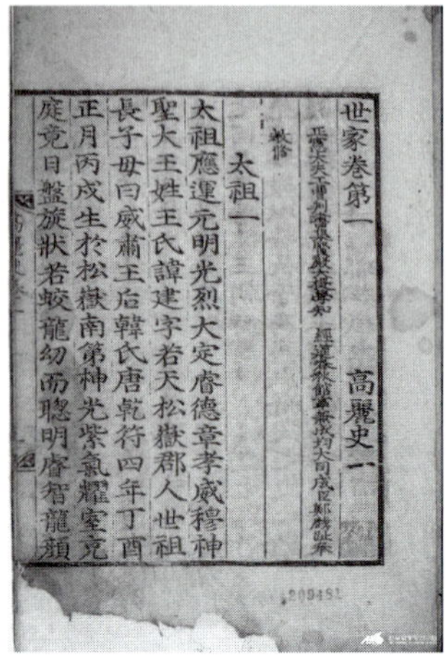

▲ **사실과 사관의 조화 《고려사》**

출처: http://www.aks.ac.kr

1449년(세종 31)에 편찬하기 시작해 1451년(문종 1)에 완성된 정인지(鄭麟趾)의 《고려사(高麗史)》[4)]에 따르면, 고려시대에는 〈표 11-2〉와 같이 5대 구제제도가 있었다(임은희 외, 2012: 271-272; 홍숙자 외, 2015: 251-252).

〈표 11-2〉 고려시대의 구제제도

제도	내용
은면지제	개국, 경사, 즉위, 전쟁 직후에 백성에게 왕이 조세탕감이나 각종 은전을 베푸는 제도
재면지제	전쟁, 천재지변, 질병 등으로 말미암은 이재민에게 부역, 조세, 형벌 등을 감면해 주는 경감제도
환과고독진대	과부, 빈곤한 홀아비, 고아, 무자녀 노인을 우선 보호대상자로 지정하는 구휼제도
수한질여진대	이재민들에게 소금, 곡식, 의료, 간장 등의 물품과 의료, 주택 등을 제공

4) 《고려사(高麗史)》는 《고려사절요(高麗史節要)》와 함께 고려왕조(918~1392)의 역사를 가장 충실하게 담고 있는 대표적인 역사서다. 현재 우리가 알고 있는 고려왕조에 대한 역사 지식의 대부분은 이 책에 실려 있다. 이 책은 고려 당대에 쓰인 것은 아니지만, 현재 전해지는 고려시대 역사서 가운데 가장 오래된 것이다. 《고려사》는 1451년(조선 문종 1) 정인지(鄭麟趾), 《고려사절요》는 그 이듬해 김종서(金宗瑞, 1390~1453)에 의해 각각 편찬되었다. 그러나 이들은 편찬 책임자에 불과하다. 두 역사서는 왕의 명령에 의해 편찬되었다. 《고려사》는 편찬 책임자 정인지를 포함하여 32명의 역사가, 《고려사절요》는 편찬 책임자 김종서를 포함하여 27명의 역사가가 참여하여 편찬된 이른바 관찬사서(官撰史書)이다.

납속보관제	빈민을 구휼하기 위한 재원조달의 방편으로 일정 관직을 제공하고 그 대가로 금전을 상납받는 제도

고려시대의 의료복지시설은 왕실이나 관료들을 치료하기 위한 의료기관으로 태의감(太醫監), 상약국(尙藥局)과 백성의 질병치료와 예방을 위하여 설치된 상설 의료기관인 제위보(濟危寶), 동서대비원(東西大悲院), 혜민국(惠民局) 등이 있었다. 백성의 질병치료와 약을 제조 · 판매하기 위하여 설치된 혜민국은 조선시대에 혜민서(惠民署)로 이름이 변경되었다. 또한, 사회제도는 사원에서 고아를 수양하여 승려로 육성하는 관습과 민가에서 고아를 수양, 10세까지 양육하다 원하는 사람에게 보내는 일 등이 《고려사》에 기록되어 있다. 고려시대에 시행한 연등제(燃燈祭)와 팔관회(八關會)는 현대적 집단지도와 레크리에이션의 시조라 할 수 있다.

3) 조선시대

조선(朝鮮)은 1392~1910년까지 518년간 이씨(李氏)가 27대에 걸쳐 집권했던 왕조를 말한다. 조선 왕조를 이룩한 주도 세력은 신흥사대부 세력과 무장 세력이었다. 고려 말기에 이르러, 안으로는 농장(農莊)의 확대에 따른 사회적 모순의 증대로 백성들의 생활이 더욱 어려워졌고, 밖으로는 이민족의 침략이 잦아 민족적 시련이 가중되었다. 이때 이민족의 침략에 대응해 등장한 무장 이성계(李成桂)가 사회적 모순을 개혁하려는 신흥사대부 세력과 힘을 합해 조선 왕조를 세웠다. 이에 앞서 이성계는 위화도회군으로 정치적 실권을 잡은 뒤, 전제 개혁으로 권문세족의 경제 기반을 무너뜨리고 국가 재정과 신흥사대부의 경제 기반을 다졌다. 그리고 이들 신진 세력은 불교를 배척하고 신흥사대부가 수용한 성리학을 사회 지도이념으로 삼았다.

조선시대의 빈민구제는 왕의 책임이 강했으며, 사회복지는 행정적으로 이전 시대보다 체계화를 이루었다. 또한, 신속한 구제를 중시하였으며, 구빈행정의 일차적인 시행책임은 지방관이 지고, 지도감독은 중앙정부에 의해서 이루어졌다. 이 시기에 활발하게 시행된 구휼사업은 상평창(常平倉),[5] 의창(義倉),[6] 사창(社倉)[7]으로써 전문적인 구황정책이 흉년에 대비한 구제정책으로 행해졌다. 또 민간 차원의 지역복지사업인 향약(鄕約),[8] 계(契), 두레[9]와 같은 상부상조제도가 발달하였다. 협동조합으로 지역사회의 발전과 지역주민의 자치규약인 향약의 목적은 조합원 간의 권선징악에 입각한 상부상조체계로서 복지와 질서를 유지하는 것이었다(박주현, 2018: 282-283).

▲ **칠갑산 한치재의 청양향약(靑陽鄕約)**

계의 기능은 향촌 공공사업의 수행, 상부상조, 사교, 금융 등 목적에 따라 다양한 명칭이 사용되었다. 그 대표적인 예로 혼상계(婚喪契), 종계(宗系), 노동계(勞動契) 등으로 상부상조를 일차적 목표로 존재하는 계이다. 두레는 농번기에 노동을 함께 나누는 공

---

5) 중국 · 한국에서 곡가조정(穀價調整)을 위하여 국가에서 설치한 창고를 말한다.

6) 평상시에 곡식을 저장하여 두었다가 흉년에 이것을 내어 빈민을 구제하던 제도를 말한다. 중국 한(漢)나라 때 창설되어 수 · 당(隋唐)시대에 널리 행하여졌으며, 우리나라에서도 고려 성종 5년(986)에 종래의 흑창(黑倉)을 의창(義倉)으로 개칭하여 시행하여, 조선시대까지 계속하였다. 원래 의창은 환곡(還穀)정책에서 나온 것으로 이식(利息)을 붙이지 않는 것이 원칙이었다.

7) 조선시대 각 지방의 사(社: 행정단위로서 현재의 면)에 두었던 곡물 대여기관을 말한다.

8) 향촌규약(鄕村規約)의 준말로, 지방자치단체의 향인들이 서로 도우며 살아가자는 약속을 말한다. 넓은 의미로 향촌규약, 향규(鄕規), 일향약속(一鄕約束), 향약계(鄕約契), 향안(鄕案), 동약(洞約), 동계(洞契), 동안(洞安), 족계(族契), 약속조목(約束條目) 등의 다양한 의미를 가진다. 원칙적으로 향약은 조선시대 양반들의 향촌자치와 이를 통해 하층민을 통제하기 위한 것이었지만, 다른 한편으로는 숭유배불정책에 의하여 유교적 예절과 풍속을 향촌사회에 보급하여 도덕적 질서를 확립하고 미풍양속을 진작시키며 각종 재난(災難)을 당했을 때 상부상조하기 위한 규약이라고 할 수 있다.

9) 두레는 원시적 유풍인 공동 노동체조직이며 농촌 사회의 상호 협력, 감찰을 목적으로 조직된 촌락 단위이다. 우두머리를 좌상(영좌)이라 하고, 두레를 표시하는 기(旗)가 있었다. 그 종류도 다양하여 성별에 따라 남자두레와 여자두레로 나눌 수 있고, 선후에 따라 선생두레와 제자두레, 또는 형두레와 아우두레로 나눌 수 있다. 이때 제자두레나 아우두레는 선생두레와 형두레에 대해서 존경과 복종을 표시해야 했다. 또한 세대별로는 청년두레 · 장년두레 · 노인두레가 있었으며, 농악의 유무에 따라 농악 있는 두레와 농악 없는 두레가 있었다.

동오동 풍습으로 조선 후기에 보편적인 농촌의 생활풍습으로 정착되었으며, 소농경영(小農經營)의 어려움을 극복하기 위해 조직된 단체로서, 진취성과 자주적 성격이 강한 농민조직이다. 품앗이는 가장 오래된 공동노동 풍습을 가지고 있으며, 노동력을 교환하여 돕는 것으로, 품앗이를 주고받는 양쪽 모두에게 해당된다. 품앗이는 두레보다 규모가 작고 단순하며 사사로운 일에 자주 쓰였고, 개인 성향이 강한 공동노동이었다(임은희 외, 2012: 269-275; 홍숙자 외, 2015: 252-255).

유광호(2005)는 조선시대 빈민구휼의 원칙을 다음과 같이 설명하고 있다. 첫째, 빈민구제에 대한 책임이 국가에 있음을 명확히 인정하였다. 둘째, 구호의 신속성을 중시하여 시행하였다. 셋째, 구제의 일차적인 직접책임을 해당 지방관에 지우고, 그 구호물량은 지방행정비를 절약하여 남은 비용, 또는 대부곡물의 이자수입 등에서 충당하게 하였다. 넷째, 중앙정부는 대체로 이차적인 책임을 지고 지방관서에 대한 지도감독 및 기본정책 수립, 구제사업 등에 치중하였다. 다섯째, 구제사업을 등한시하는 지방관리를 엄벌하고, 또 선정을 베푼 자에게는 포상을 하였다.

조선시대에는 구황청(救荒廳)이 설치되어 빈민구제가 전문적으로 이루어졌다. 또한, 걸인에게 식사를 제공하는 무료급식사업인 시식사업(施食事業)이 흉년과 재난 시에 수시로 설치·운영되었는데, 세종이 내린 진휼사목(賑恤事目)을 통해 구체적인 기록이 남아있다. 이 제도는 지역의 수령이 관아와 멀리 떨어져 있는 굶주린 백성에게 우선적으로 관심을 보이고, 진휼에 전력하지 않으면 죄를 과할 것 등을 교서로 내려졌다(김기원, 2003).

조선시대의 다소 특이한 부조제도로서 고조(顧助)·애상(哀喪)·관질(寬疾) 등의 제도도 실시되었다. 고조는 혼인비용이 없어 나이 많은 사족(士族)이 혼인을 못하고 있는 경우에, 혼인비용을 국고에서 부조하는 제도이다. 《경국대전(經國大典)》에는 사족의 자녀로서 혼인비용이 없어 30세가 되도록 혼인하지 못한 경우에는, 호조에서 그 비용을 부조하는 규정을 두고 있다. 애상은 비용이 없어서 죽은 자의 장례를 치르지 못하는 자에 대하여 국고에서 비용을 대어주는 것을 말한다. 《속대전(續大典)》에 의하면, 서울에서는 호조와 진휼청이, 또 지방에서는 관찰사가 장례비용을 지급하였으며, 전염병 등으로 전(全)가족이 모두 죽은 경우에는 관에서 상례를 치른다고 규정되어 있다. 관질은 불구폐질자(不具癈疾者)로서 자기 힘으로 의식주를 해결하지 못하는 자들에게 복술(卜術) 및 기타의 기술 지도를 하거나 또는 구호하는 것을 말한다.

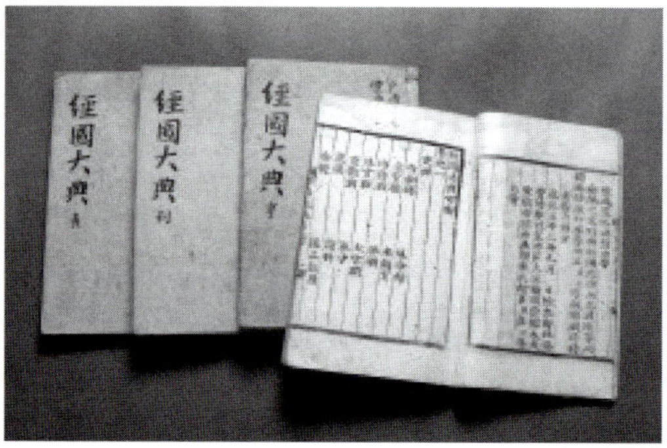

▲ **경국대전(經國大典)**

출처: http://www.humanistbooks.com

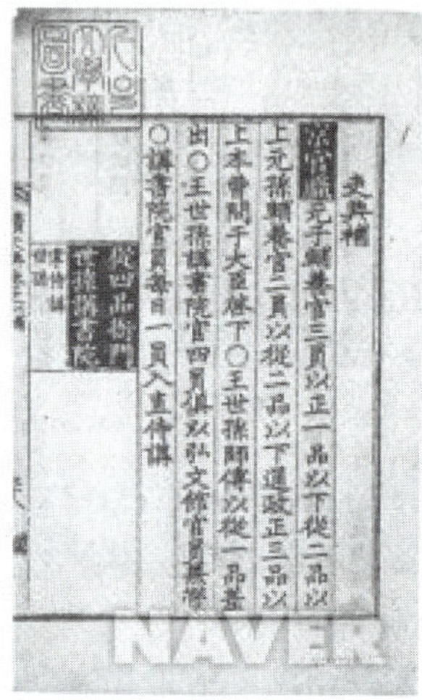

▲ **속대전(續大典)**

출처: http://www.humanistbooks.com

조선시대의 기본 법전이었던 《경국대전》은 조선왕조 개창 때부터의 정부체제인 육전체제(六典體制)를 따라 6전으로 구성되었다. 즉, 《경국대전》에는 이 · 호 · 예 · 병 · 형 · 공의 각전(各典)에 구제에 관한 규정을 두었는데, 각기 14~61개의 항목으로 이루어졌다. 이전(吏典)에는 혜민서(惠民署) · 활인서(活人署)와 노인후대에 관한 규정이 있고, 호전에는 상평창 · 비창(備倉) 및 빈민구제 등에 관한 규정을 두었으며, 예전에는 경로, 혼인비용 부조, 고아의 보호 등에 관한 규정을 두었다. 병전(兵典)에는 군제와 군사 등에 관한 규정을 두었다. 형전에는 형벌 · 재판 · 노비 · 상속 등을, 공전(工典)에는 도로 · 교량 · 도량형 · 산업 등에 대한 규정을 실었다. 또한, 《속대전》 이전에는 대동미법 · 선혜청 및 노인보호, 호전에는 창제(倉制) 및 환곡, 예전에는 유기아의 수양(收養) 및 병사자의 장례에 관한 규정 등을 두고 있다.

이와 같이 구빈에 관한 법제는 조선 건국 초부터 적극적으로 제정되어 구빈행정이 크게 체계화되었다. 구빈행정기관으로서는 건국 초에는 호조에서 구황행정을 관장하였으나, 세종 때에는 구황청이 설치되었다. 세조 때에는 상평청을 설치하였으나 1608년(선조 41)에 대동법이 시행됨에 따라 선혜청으로 개칭되었다. 1626년(인조 4)에는 선혜청이 폐지되고, 진휼청이 설립되어 구빈행정을 관장하였으나, 1894년(고종 31)에 폐지되고 혜민원이 설치되었다. 서울에 총혜민사(總惠民社)를 두고, 지방 각 군에 분혜민사(分惠民社)를 두었으나, 1903년에 혜민원은 폐지되었다.

한편, 창제(倉制)도 전문화되어 비황·구황 등의 개별적 목적을 가지게 되었다. 또 비황을 목적으로 교제창(交濟倉)과 제민창(濟民倉)이 숙종 때부터 영조대에 이르는 60~70년 동안에 설치되었는데, 이는 남북 각 지방 간의 구제용 곡물을 상호 보충하는 구실을 하였다. 즉, 남부지방과 북부지방의 농작물이 풍흉을 달리할 때나 또는 기타 유사시에 구빈곡물의 상호운송을 편리하게 하기 위하여, 남북 연해 및 강변 등의 선박수송이 편리한 여러 곳에 창을 설치하여, 북부의 창을 교제창이라 하였고, 남부의 창은 제민창이라 칭하였다. 그러나 1895년에 「사환조례(社還條例)」가 공포되자 각종 창제를 통합, 운영하게 되어 새로이 사환제도(社還制度)가 시행되었다.

이상에서 살펴본 바와 같이 조선시대의 구빈사업은 그 이전 시대와 비교할 때 상당히 체계화되고 발전되었으나 중엽 이후, 특히 말기 100년간에 있어서는 정치·경제·사회적 혼란에 따른 각종 재난이 발생하여 점차 위축되고 유명무실해졌다. 결국, 1910년 일제가 우리나라를 폭력으로 점령하게 되자, 우리나라 재래의 구호사업은 일단 중단되었다(한국사회복지협의회, 1977; http://www.aks.ac.kr).

2. 일제 강점기의 사회복지

일제 강점기(日帝强占期)란 1910년 8월 국권피탈로 대한제국(大韓帝國)[10]이 멸망한 이후부터 1945년 8·15광복에 이르기까지 일제 강점(强占)하의 식민통치시기를 말한다. 일제 36년은 대한민국 민족의 장구한 역사상 단 한 번 있었던 민족의 정통성(正統性)과 역사 단절의 시기였다는 점에 치욕적인 특성이 있다. 유구한 역사에서 우리 민족이 가장 크고 아픈 상처를 입은 한국사의 특수한 시기가 바로 이 시기였다.

최초의 근대적 헌법이라 할 수 있는 「대한국국제(大韓國國制)」

대한제국이 수립된 이후 왕권을 강화하고 통치권을 집중시키려는 움직임의 하나로, 법규교정소(法規校正所) 총재 윤용선(尹容善), 의정관 서정순(徐正淳)·이재순(李載純)·리센들(李善得)·브라운(柏卓安) 등이 전문 9조의 국제(國制)를 기초하여 왕의 재가를 받아 확정하였다. 1899년 8월 17일자로 내려진 조칙과 봉지(奉旨)에 따라 제정 반포된 「대한국국제」는 근대 제국의 절대 왕정체제를 도입하여 왕권의 전제화를 꾀하는 것이었다. 여기서 '헌법'이 아닌 '국제'라는 명칭을 사용한 것은 국회에서 제정된 것이 아니라 황제명으로 제정·반포되었기 때문이다.

제1조 대한국은 세계만국의 공인되온 바 자주독립하온 제국(帝國)이니라.
제2조 대한국의 정치는 이전으로 보면 500년 전래하시고 이후로 보면 항만세(恒萬歲) 불변하오실 전제정치이니라.
제3조 대한국 대황제께옵서는 무한하온 군권(君權)을 향유하옵시나니 공법에 말한 바 자립정

10) 대한제국은 1897년 10월 12일부터 1910년 8월 29일까지의 조선의 국명을 말한다. 1897년 고종은 러시아 공사관에서 덕수궁으로 환궁한 후 연호는 광무, 왕을 황제라고 칭하며, 국호를 대한제국이라고 선포하였다. 대한제국의 시정 방향은 옛 제도를 근본으로 하고, 새로운 제도를 참작한다는 구본신참(舊本新參)으로, 복고적인 성격을 보여 준다. 광무개혁의 내용은 정치적으로 「대한국국제」 9조를 반포하여 황제의 무한한 권한을 인정하는 전제 군주제이다. 경제면에서 양전 사업과 상공업 진흥책을 추진하였다. 양전 사업으로 근대적 토지소유권제도라고 할 수 있는 지계를 발급하였다. 그러나 외세를 배제한 상태에서 군사적·정치적 개혁을 실시할 만큼 황제의 권한과 군사력이 강하지 못하였다는 것이 광무개혁의 한계이다.

체이니라.
제4조 대한국 신민(臣民)이 대황제의 향유하옵신 군권을 침손할 행위가 있으면 그 이미 행한 것과 아직 행하지 않은 것을 물론하고 신민의 도리를 잃은 자로 인정할지라.
제5조 대한국 대황제께옵서는 국내 육해군을 통솔하옵셔 편제를 정하옵시고 계엄 · 해엄을 명하시나니라.
제6조 대한국 대황제께옵서는 법률을 제정하옵셔 그 반포와 집행을 명하옵시고 만국의 공공(公共)한 법률을 효방하사 국내법률도 개정하옵시고 대사(大赦) · 특사 · 감형 · 복권을 명하옵시나니 공법에 말한 바 자정율례(自定律例)이니라.
제7조 대한국 대황제께옵서는 행정 각 부부(府部)의 관제와 봉급을 제정 혹은 개정하옵시고 행정상 필요한 각항 칙령을 발하옵시나니 공법에 말한 바 자치행리(自治行理)이니라.
제8조 대한국 대황제께옵서는 문무관의 출척(黜陟) · 임면을 행하옵시고 작위 · 훈장 및 기타 영전(榮典)의 수여 혹은 체탈을 하옵시나니 공법에 말한 바 자선신공(自選臣工)이니라.
제9조 대한국 대황제께옵서는 각 유약국(有約國)에 사신을 파송, 주찰(駐紮)케 하옵시고 선전(宣戰) · 강화 및 제반 조약을 체결하옵시나니 공법에 말한 바 자견사신(自遣使臣)이니라.

이 시기의 대한민국 역사를 조금이라도 알기 위해서는 무엇보다도 먼저 대한제국을 강점한 일본제국주의의 대한제국에 대한 식민지정책의 기본적 특징을 알지 않으면 안 된다. 일본제국주의는 대한제국을 식민지로 강점한 다음 서구열강의 식민지정책과도 다른 그들의 독특한 식민지정책을 대한제국에 시행하였다. 일본제국주의의 대한제국에 대한 식민지정책의 특징은 ① 대한제국 민족 말살정책과, ② 식민지 수탈정책의 융합으로 요약할 수 있다.

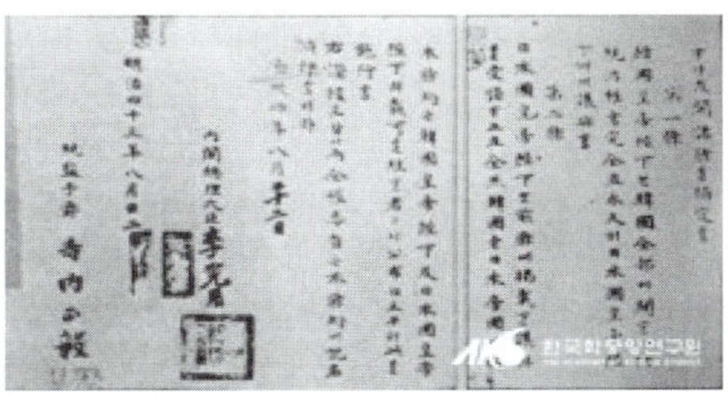

▲ 1910년 8월 22일 총리대신 이완용과 데라우치 사이에 조인된 합병조약

출처: http://www.aks.ac.kr

일제 강점기의 구호사업을 한마디로 말하면, 식민정책의 소산이었다고 할 수 있다. 우리나라를 강점한 뒤 일제는 메이지 왕(明治王)의 이른바 임시 은사금(恩賜金)[11]으로 1,739만 8,000엔(圓)을 배부하였는데, 이 기금에서 나오는 이자로써 각종 구호사업의 비용으로 충당하였다. 이는 우리 민족으로 하여금 일제에 복종하게 하려는 정치적 목적에서 비롯된 것이었다. 그리하여 1912년에 20만 엔, 1914년에 11만 5,000엔의 이른바 은사금과 국고 10만 엔을 합하여 은사이재구조기금을 설치하고, 1914년에 그 관리규정을 제정하였다. 1915년에 다이쇼 왕(大正王)이 일제의 왕이 되자 20만 엔의 이른바 은사금이 배정되어 1916년에 「은사진휼자금궁민구조규정(恩賜賑恤資金窮民救助規程)」을 공포하였다. 그리고 그 구호대상을 독신자로서 폐질 · 불구 · 중병자, 60세가 넘은 노쇠자로서 생계를 유지할 수 없고 다른 사람에게 의지할 수밖에 없는 자, 독신자가 아니더라도 기타 가족의 질병 · 폐질 · 불구 · 실종 · 재감(在監) 등으로 부양을 받을 수 없는 자 등으로 하여 구조미(救助米) 또는 구조미대금을 지급하도록 하였다.

1917년에는 전술한 이른바 임시 은사금의 이자 26만 3,650엔을 기금으로 한 「행려병인구호자금관리규칙(行旅病人救護資金管理規則)」을 제정, 공포하고, 이 기금의 이자로 행려병인 · 사망자 및 그 동반자의 구호에 충당하였다.

일제 강점기의 구호사업 재정은 국비와 지방비, 그리고 이른바 임시 은사금으로 구성되었으나, 지방비 또는 임시 은사금으로 불가능한 경우에 한하여 국비가 충당되었다. 구호행정기구로서는 강점 당시에 총독부의 내무부 지방국 지방과에서 담당하였으나, 1912년 3월부터 내무부 지방국 제2과에서 관장하였고, 1921년 7월에 제2과를 사회과라 개칭하여 비로소 독립된 한 과로 되고, 지방 각도에도 사회과를 두게 되었다.

일제 강점기 때 일제가 시행한 구호사업은 크게 이재구조(罹災救助) · 진휼구호 · 빈민구료(貧民救療) · 아동보호 등을 들 수 있다. 이재구호는 물난리 · 화재 · 가뭄 · 풍해 · 눈사태, 기타 비상재해의 이재민으로 구호를 필요로 하는 자들에 대한 식량 및 의류 급여, 주택개수비 급여, 의약품 급여 등을 하였다. 진휼구호는 노인 · 유아 · 불구 및 폐질 등으로 생계를 영위할 수 없는 자들에 대하여 이른바 은사진휼자금으로, 또한 행려병인

11) 은사금(恩賜金)이란 은혜롭게 베풀어 준 돈이라는 뜻으로, 임금이나 상전이 내려준 돈을 이르던 말이다.

및 행려사망인에 대한 구호는 행려병인구호자금에서 충당하였다. 빈민구료는 1933년 10월 이른바 은사금 7만 5,000엔과 국고금 8만 1,247엔을 기금으로 하여 시행하였다. 그 구체적인 내용은 관공립병원, 또는 공의(公醫)가 있는 지방과 없는 지방을 구분하여, 전자의 경우는 외래진료권을 발행하여 빈민이 자기 집에서 가까운 병원 또는 의사로부터 구료를 받게 하고, 후자의 경우는 각 면에 2개의 구료상(救療箱)을 설치하고 매년 그 약품 내용을 갱신·보충하였다.

이와 같이 일제 강점기 초기에는 이른바 은사금 등으로 구빈과 재해구호를 행하였으나, 어디까지나 식민통치를 위한 방편으로 행해진 것으로서 그 내용은 극히 보잘것없는 것이었다. 이러한 식민지구호사업의 성격은 일본에서 시행된 구빈제도와 비교해 보면 더욱 분명해진다.

일본에서는 1874년에 제정된 「휼구규칙(恤救規則)」에 의하여 구빈행정을 해오던 것을 1929년에 이를 폐지하고 「구호법」을 제정·공포하여 1932년 1월부터 시행하였으나, 우리나라에는 이보다 22년이 지난 1944년 3월에 비로소 이른바 「조선구호령(朝鮮救護令)」이 공포되었다.

이 법령은 65세 이상의 고령자, 13세 이하의 어린이, 임산부, 불구·폐질자, 상이자, 정신 또는 신체장애자 중 부양의무자가 부양할 수 없고, 빈곤하여 생활하기 곤란한 경우, 이들에 대한 생활부조, 의료·조산·생산부조를 부·읍·면 등 지방행정의 책임으로 시행하도록 하였다. 이 법의 의의는 근대적 구호제도의 법적 근거를 제공한 데 있으나, 일제강점기의 우리 민족에게는 명목상의 규정에 불과하였다. 즉, 일제 강점기에는 구호사업이 빈민의 생활향상이나 사회복지의 증진을 목표로 하는 장기적인 계획과 정책 밑에서 이루어진 것이 아니라, 자연재해 발생 때 이재민 또는 극히 한정된 요구호자에 대하여 미봉적인 응급 사후조치로 이루어졌다.

또한, 1939년 8월 30일에는 이른바 「조선이재구조기금령(朝鮮罹災救助基金令)」을 공포하여 비상재해에 처한 자를 구조하기 위하여 도(道) 단위에서 이재구조기금을 축적할 수 있도록 하였는데, 이는 「조선구호령」과 함께 제2차 세계대전 중 전쟁의 수행을 위한 군사적 목적을 지니고 있었다(박주현, 2018: 286–288; http://www.aks.ac.kr).

Chapter

12

해방 이후의 대한민국 사회복지

Chapter 12 해방 이후의 대한민국 사회복지

1. 자유당 정부의 사회복지

광복 후 미군정(美軍政)[1] 시절의 구호사업은 정치적 · 경제적 · 사회적 혼란과 급증하는 월남인구와 외국에서 귀환한 전재민(戰災民: 전쟁으로 재난을 입은 사람) 등으로 말미암아 계획적인 사업추진이나 장기적인 정책에 의해 이루어지지 못하고, 기아의 방지, 최소한의 생계유지, 보건 및 치료, 응급 주택공급 등에 중점을 두었다. 그리하여 중국 · 일본 등 외국에서 귀환한 자들을 위하여 국내 각지에 많은 국립과 도립의 이재민수용보호소를 설치하여, 1947년 4월부터 1948년 2월까지 연 수용인원 190만 6,984명의 요구호이재민을 수용 · 보호하였다(http://www.aks.ac.kr).

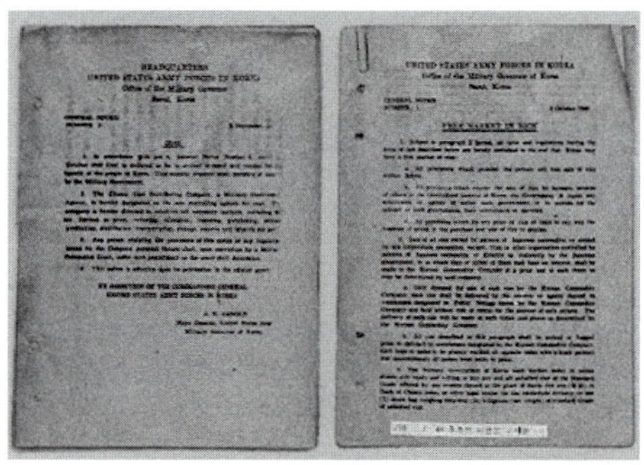

▲ 미군정이 발표한 고시문

출처: http://terms.naver.com

한편, 미군정은 1945년 10월 27일에 공포한 「미군정법령」 제18호에 의하여 조선총독부 경무국 위생과의 명칭을 보건후생부로

---

1) 미군정(美軍政)이란 1945년 일본의 항복으로 삼팔선(한반도 북위 38°선) 이남 지역에 미군이 진주하여 9월 8일부터 1948년 8월 15일 남한단독정부가 수립되기까지 3년 동안 실시한 군사통치시기를 말한다. 일본제국주의에 의하여 정치 · 사회 · 경제 · 문화 전반에 걸쳐 억압과 수탈을 당했던 한국은 1945년 8월 15일 제2차 세계대전의 종전으로 광복을 맞게 되었다. 그러나 이 광복이 곧 식민지기에 변질된 사회상의 원상회복을 의미하는 것은 아니었다. 광복을 맞은 우리 국민에게는 식민지시기의 질곡에서 벗어나 새로운 사회를 건설해야 하는 새로운 시대적 과제가 부여되어 있었다.

변경하고, 학무국 사회과, 경무국 방호과 등의 제반 구호업무를 보건후생부로 이관하였다. 그리고 구호에 관한 여러 각서를 「후생국보」에 발표하였는데, 이에 의하면 공공구호를 요하는 자는 65세 이상인 자, 6세 이하의 부양할 아이를 지닌 여성, 13세 미만의 어린이, 불치의 병자, 분만 시 요원조자, 정신적 · 육체적 결함을 가진 자로 규정하였다.

1946년 1월 14일 공포된 「후생국보」 제3호에 의한 이재민과 피난민의 구호 계획은 요구호자에게 식량 · 의류 · 숙사 · 연료 등의 편의를 제공하는 것이었으며, 1946년 2월 7일 공포된 「후생국보」 제4호는 궁민 및 실업자의 구호를 시행하고자 하였다. 또한, 이때부터 많은 민간 또는 외국 원조단체가 난립하여 구호사업에 도움을 주었지만, 행정적 조정과 전문성의 결여로 우리나라 사회사업의 혼란과 기형적 발전을 조장하기도 하였다.

▲ 이승만(1875~1965)

1948년 8월 15일 대한민국 정부는 공식 수립되었고, 이승만을 초대 대통령으로 선출함으로써 제1공화국이 출범하게 된다. 그리하여 미군정하의 보건후생부와 노동부는 사회부로 병합 · 개칭되었으며, 1949년 3월에 보건부가 독립되었다. 그러나 1955년 2월에 보건부와 사회부는 보건사회부로 통합되었다. 1950년대는 6 · 25전쟁의 영향으로 사회 · 경제적으로 매우 피폐한 상황이었으며, 많은 요보호대상자가 생활보호나 구호를 요청하는 상황에서, 구호사업의 성격은 극히 자선적이고 사후대책적이었다.

정부 수립 이후의 대한민국 정부는 사회복지정책을 추진할 적극적 의사는 물론 능력도 없었다. 따라서 이 시기의 구호사업은 국가적 차원이나 또는 전문적인 차원에서보다는 민간적이며 자발적인 차원에서 수행되는 가운데 그 내용은 영세적이고 비전문적이었다. 사회복지기관이나 시설의 운영은 종교단체나 외국 원조단체에 의하여 주도되어, 당시의 어려운 긴급 상황에 대처해 나갈 수 있었다. 6 · 25전쟁으로 말미암은 요구호자 수는 1951~1953년 기간에 대략 1,000만 명, 1954~1957년 기간에 대략 300만 명

정도였던 것으로 추산된다.

이 시기에 제정된 사회복지 관련 법률로는 「군사원호법」(1950)과 「경찰원호법」(1951) 등에 의한 국가유공자 보상 관련 법, 사보험적(私保險的) 성격을 지녔던 「국민생명보험법」과 「우편연금법」, 최초의 노동 입법인 「근로기준법」(1953), 최초의 사회보험제도라 할 수 있는 「공무원연금법」(1960) 등이 있었다. 그러나 특수직역 연금제도인 공무원연금을 제외한 나머지는 그 실효성이 없는 것들로, 후일 대체 입법이 대두되기까지 사실상 법적 효력을 발휘하지 못했다.

1959년 이후 한 때 공공부조, 의료보험, 실업보험, 노동재해보험 등에 대한 연구활동이 있기는 했으나, 그 성과는 보지 못하였다. 전반적으로 해방 이후부터 제2공화국이 끝나기까지의 이 기간은 시혜적 차원의 제한적 공공부조제도와 특수직역 연금인 공무원 연금제도만이 도입된 시기로서, 사회보장제도가 본격적으로 도입되기 시작했다고 말하기에는 무리가 따른다. 따라서 사회보장제도를 비롯한 사회복지제도의 깃털이 마련된 시기라고 말하는 것이 타당하다.

정부 수립 후 이내 들이닥친 전쟁은 고아와 미망인 등의 요보호자와 빈민을 일시에 쏟아낸 셈이 되었고, 이들을 위한 적절한 제도적 대응책이 마련되지 못한 상황에서 그 공백을 메우는 역할은 시설보호 중심의 민간 구호활동이 담당하였다. 해방을 전후한 시기부터 세워지기 시작한 사회복지시설은 전쟁을 거치면서 급증하였고, 그 가운데 아동복지시설이 80% 이상을 차지하였다. 1950년에 215개소이던 아동복지시설이 1955년에 496개소로 늘었다는 사실이 짧은 기간에 얼마나 빠른 속도로 시설 수가 늘어났던가를 말해준다(감정기, 2010: 390-391).

그런데 이러한 시설 대부분이 이 시기에 국내로 대거 진입한 외국 민간원조단체에 의해 직접 운영되거나 재정지원을 받는 것이었다. 당시 대한민국 정부나 민간 부분의 개인 혹은 단체로서는 대규모 요구호자들을 감당하기에 역부족이었다. 서방 여러 선진국의 민간원조단체가 구제와 개발지원 혹은 선교 등을 목적으로 제3세계 진출에 적극적 관심을 보이고 있었기 때문이다. 이들 외국 민간원조단체는 단순히 빈민을 포함한 요구호자들을 보호하는 데 그치지 않고, 구호활동의 방법과 기술 및 관련 지식 등을 전파함으로써 이 부문의 변화를 가져오는 데에도 중요한 역할을 하였다(박주현, 2018: 289–291).

'원조받는 한국' 역사 속으로, 「외국 민간원조단체에 관한 법률」

1963년 제정된 「외국 민간원조단체에 관한 법률」은 2000년 12월(법률 제6305호)까지 5차례 개정되었다. 외국 민간원조단체란 외국에 있는 본부의 지원으로 국내에서 보건 · 교육 · 생활보호 · 재해구호 · 지역사회개발 등의 사회복지사업을 하는 비영리 사회사업단체로서 그 사업에 필요한 재원이 외국에서 마련되고 실질적인 운영주체가 외국인인 단체로 정의한다.

이 법의 적용을 받고자 하는 외국 민간원조단체는 보건복지부 장관에게 등록해야 한다. 등록된 외국 민간원조단체가 도입하는 물품 가운데 대통령령이 정하는 물품은 「관세법」의 규정(제91조 제2호)에 따른 물품, 즉 자선 또는 구호의 목적으로 기증되는 물품과 자선 · 구호시설 또는 사회복지시설에 기증되는 물품으로서 해당 용도에 직접 사용하는 물품으로 간주하여 세금을 면제한다.

그런데 가난했던 시절 만들어졌던 「외국 민간원조단체에 관한 법률」은 52년 만에 역사 속으로 사라졌다. 이 법률 폐지안이 2015년 4월 국무회의를 통과했으며, 2016년 2월 공포되어 같은 해 8월 4일자로 시행되었다. 이는 우리나라의 지위가 국제사회에 원조를 할 만큼 격상되었고 국내에서 사회복지사업을 하는 외국 민간단체에 대한 지원 실적이 없어 법의 실효성이 크지 않기 때문이다. 즉, '원조를 받던 시대'가 완전히 종료되었음을 의미한다.

2. 권위주의 정부의 사회복지

1) 시대적 배경

(1) 제2공화국에서 제5공화국까지의 정치 상황

1950년 6월 25일 발생하여 3년이 넘게 진행되었던 전쟁은 종식을 위해 1953년 7월 27일 한국휴전협정(韓國休戰協定, the Korean War Armistice Agreement)[2]이 체결되었다. 그러나 휴전협정 후에도 정치 혼란은 계속되었다. 이승만은 미국의 묵인 아래 국내 좌파세력을 철저하게 억압하였다. 1954년 11월 29일에는 소위 사사오입개헌(四捨五入改憲)[3]을 통하여 대통령의 3선 금지조항을 고쳐서 1946년부터 3기 연속 대통령에 당선되었다. 이후 이승만은 1960년 3·15부정선거가 도화선이 되어 발발한 4·19혁명으로 4월 26일 하야(下野)성명을 발표할 때까지 약 12년간의 장기집권에서 물러나 미국 망명길에 올랐다(박광준, 2013: 299-302).

▲ 이철승 민주당 의원(좌)이 최순주 부의장(우)의 멱살을 잡은 장면

2) 정식 명칭은 '국제연합군 총사령관을 일방으로 하고 조선민주주의인민공화국 최고사령관 및 중공인민지원군 사령원을 다른 일방으로 하는 한국 군사정전에 관한 협정'이다. 당시 UN군 총사령관 클라크 · 북한군 최고사령관 김일성 · 중공인민지원군 사령관 펑더화이(彭德懷)가 서명했다.

3) 사사오입개헌(四捨五入改憲)이란 1954년 제1공화국의 제3대 국회에서 대통령 이승만(李承晩)에 대한 3선제한의 철폐를 핵심으로 하는 헌법 개정안을 통과시킨 제2차 헌법 개정을 말한다. 표결결과는 재적인원 203명, 재석인원 202명, 찬성 135표, 반대 60표, 기권 7표였다. 이것은 헌법 개정에 필요한 의결정족수인 재적 인원 203명의 3분의 2인 136표에 1표가 부족한 135표 찬성이므로 부결된 것이어서 당시 사회자인 부의장 최순주(崔淳周)가 부결을 선포하였다. 그러나 자유당 간부회는 재적인원 203명의 3분의 2는 135.333……인데, 영점 이하의 숫자는 1인이 되지 못하여 인격으로 취급할 수 없으므로 사사오입하면 135이고, 따라서 의결 정족수는 135이기 때문에 헌법 개정안은 가결된 것이라고 주장하였다.

1960년 4월 26일 이승만의 하야 이후 단기간 허정의 과도정부를 거쳐서 같은 해 6월 15일 「헌법」 개정을 통하여 내각책임제를 채택하여 같은 해 8월 23일 민주당 내각이 성립하였다. 대통령에는 윤보선, 국무총리에는 장면이 선출되어 제2공화국을 맞이하게 되었다. 장면 정부는 민주적 개혁을 시도하고 '경제개발5개년계획'을 통해 정치 · 사회적 안정을 추구하였다. 장면 내각은 민주당내의 구파와 신파의 세력 다툼으로 단합된 힘을 발휘하는 정책을 수행해 나아가지 못하였고, 부정 선거 관련자와 부정 축재자에 대한 처벌에 소극적이었다. 또한, 계속된 경기 침체와 독재정권 붕괴에 따른 국민의 다양한 요구를 수용하는 데 있어서도 많은 어려움이 있었으며, 통일 운동에도 소극적으로 대응하면서 민중으로부터 지지를 받지 못하였다. 그러다가 출범 9개월만인 1961년 5월 16일 박정희가 주도한 군사 쿠데타로 장면 내각은 막을 내렸다.

군사 쿠데타로 성립한 제3공화국(1962~1971)은 '절대빈곤으로부터의 해방'을 공약으로 내걸고 경제성장을 통한 근대화에 국가의 모든 자원을 투입하였다. 이 시기에 정부는 '경제개발5개년계획'과 같은 강력한 경제 성장 정책을 폈다. 그 결과 전 세계에서 유래 없는 눈부신 경제 발전을 달성했다. 그러나 빈부 격차 · 도농(都農) 격차 같은 문제가 심각했으며, 특히 노동자의 권리를 많이 제약했다. 또한, 민주주의를 탄압하는 각종 조치를 취하기도 했다. 박정희는 1969년 삼선개헌을 통하여 3기 연속 대통령에 당선되자 국민의 큰 저항에 직면하였다. 그러자 박정희는 계엄령 선포와 의회해산 등의 강력한 조치를 취하였고, 이를 통하여 간접선거제도를 도입한 「유신헌법」으로 제4공화국이 성립하였다. 그러나 개발독재(開發獨裁, developmental dictatorship)[4]에 대한 다양한 모순이 축적되었고, 노동계급과 민주화를 요구하는 국민 대중에 대한 억압적 조치에 대한 국민의 저항은 극에 도달하였다.

---

4) 개발도상국 또는 저개발국에서 대부분 정상적이지 않은 쿠데타 등의 방법으로 탄생한 정권이 일반적으로 강권통치를 통한 독재정치를 하는데, 정부 주도의 경제개발이 그 특징이다. 이러한 정치 형태를 개발주의적 독재 또는 개발독재(開發獨裁)라 한다. 여기서 '개발'이란 경제개발을 의미하는 것으로 '경제개발은 경제발전이고 경제발전은 곧 국가번영'이라는 등식에 따라 저개발국가에서는 경제개발이 우선이라는 논리하에 정치적인 민주화를 억압하는 독재정치가 시행되어 인권유린, 국민의 권리제한, 민주세력에 대한 탄압, 정적에 대한 테러, 노동착취 등과 빈부의 격차가 확대되는 것이 특징이다.

▲ **박정희 장군(중앙)과 5 · 16 군사 쿠데타**

출처: http://www.humanistbooks.com

그리하여 1970년대는 정치적인 상황이 매우 불안정하였다. 1979년 10월 26일 박정희는 측근인 중앙정보부장 김재규의 총을 맞고 생을 마감하였다. 그 직후 다시 전두환의 12 · 12 군사 쿠데타가 발생하여 제5공화국(1980~1987)이 성립하였다. 전두환은 1980년 5 · 18 광주민주화운동(五一八光州民主化運動)[5]을 무력으로 진압하고, 많은 희생자를 내면서 1981년 10월 27일 「헌법」 개정을 통하여 간접선거제로 대통령에 취임하였다. 제5공화국은 복지사회의 구현을 국정지표로 제시하였지만, 그것은 선언적인 의미가 강하다고 평가되고 있다. 민주화운동에 대한 무자비한 탄압은 1987년 6월의 국민적 민주화항쟁을 불러왔다. 결국, 같은 해 6월 29일 당시 대통령후보 노태우를 통하여 대통령직접선거제를 골자로 하는 개헌, 언론자유화, 지방의회 창설 등의 내용을 포함한 6 · 29선언을 하지 않을 수 없었다. 그리고 이를 통하여 대한민국 정치는 권위주의체제에서 민주주의체제로 이행하게 된다.

5) 1980년 5월 18일부터 27일까지 광주광역시(당시 광주시)와 전라남도 지역의 시민들이 벌인 민주화 운동을 말한다. 5 · 18광주민주화운동은 '광주민중항쟁', '광주시민항쟁', '광주항쟁', '광주의거' 등으로 불리나, 과거에는 신군부와 관변 언론 등에 의해 '광주소요사태', '광주사태', '폭동' 등으로 보도되기도 하였다. 계엄령 철폐와 전두환(全斗煥) 보안사령관을 비롯한 신군부 인사들의 퇴진, 김대중(金大中) 석방 등을 요구하였다. 1980년 발발 당시에는 극소수 불순분자와 폭도들의 난동(광주사태)으로 규정되었다가 제6공화국 출범 이후인 1988년 4월 1일 민주화추진위원회에서 '광주민주화운동'으로 정식 규정되었다.

(2) 산업화와 경제 발전

제3공화국의 박정희 정부는 경제발전을 통한 빈곤의 추방을 국정의 최우선 과제로 삼았다. 당시는 국민 40% 이상이 절대빈곤상태에 있었다. 1961년 7월에는 경제발전의 사령탑이라고 할 수 있는 경제기획원이 설치되었고, 1962~1966년 제1차 경제개발5개년계획이 시행되었다. 제1차 경제개발5개년계획의 목표는 모든 사회·경제적 악순환을 시정하고, 자립경제 달성을 위한 기반을 구축하는 것이었다.

그리고 국가가 주도하여 자본 동원과 할당, 경제개발을 추진하였다. 제1차 경제개발5개년계획 기간 중 연평균 경제성장률은 7.8%였다. 1967~1971년 제2차 경제개발5개년계획 기간 중에는 연평균 10.5%, 1972~1976년 제3차 경제개발5개년계획 기간 중에는 연평균 11.2%의 경제성장률을 이루었다. 많은 문헌은 이 시기를 대한민국 경제성장의 기점으로 보고 있지만, 그 이전 이승만정부의 경제정책과 그 성과를 그 기점으로 보아야 한다는 견해도 있다.

제3공화국의 경제성장은 1980년대까지 계속되었다. 통계청 '한국통계연보'에 따르면 1963년의 1인당 국내총생산(GDP)은 100달러였는데, 1969년에는 210달러였고, 1974년에 554달러, 1977년에는 1,034달러를 기록하여 처음으로 1,000달러를 넘어섰다. 박정희는 1980년에 국민소득 1,000달러 시대를 열겠다고 약속했는데 조기 달성한 셈이다. 그리고 민주화로 이행되는 1987년에는 4,968달러까지 상승하였다. 상대적으로 절대빈곤인구는 1965년 40.9%에서 1970년 23.4%로, 1976년에는 14.6%로 감소하였다(서상목, 1992: 33). 더구나 그 과정에서 비교적 공정한 분배가 이루어진 것으로 나타나고 있다.

'한국의 사회지표'에 따르면, 지니계수는 1965년 0.344, 1970년 0.332, 1976년 0.391, 1982년 0.357, 1985년 0.363, 1988년 0.340 등으로 1970년대 후반 가장 컸다. 지니계수는 1로 갈수록 소득불평등도가 높다는 의미다. 이렇게 본다면 1980년대 말까지의 한국의 경제 발전은 그 자체가 성공적이었다. 또한, 그 과정에서의 소득불평등도 최소한으로 억제한 성공적인 모델이라고 말할 수 있다. 흔히 경제성장의 과실은 고용 등을 통하여 국민에게 나누어진다고 하는, 성장주의자들이 강조하는 '트리클 다운 효과(trickle down effect)'[6]가 한국에서는 명백하게 있었다고 할 수 있다.

소득불평등, 1970년대 후반 가장 컸다… 양극화 뿌리는 개발독재시대 재벌 특혜

가난했던 시절 부모는 모든 자녀를 똑같이 대학에 보낼 수 없었다. 성공 가능성이 높은 맏아들만 공부를 시켰고 이 과정에서 다른 자녀는 희생당할 수밖에 없었다. 한국사회 경제 권력의 정점에 있는 재벌의 성장과정도 이와 비슷하다. 일제의 재산을 불하받고, 저리 대출을 받는 등 1960~1970년대 정부로부터 엄청난 특혜를 받았다. 이후에도 정부의 방패막 안에서 시장을 독점하며 땅 짚고 헤엄치기 경영을 했다. 정부 지원에서 소외된 기업들은 시간이 지나면서 쪼그라들거나 망했다.

임계점에 이른 소득 양극화의 뿌리는 개발독재시대에 있다. 높은 경제성장률 덕분에 일자리가 많이 생기기는 했지만 빈부 격차가 생겨나고 양극화가 구조적으로 고착되기 시작했다. 흔히 고령자들은 '독재를 했지만 박정희 · 전두환 정부 때가 불평등이 없어 더 좋았다'고 말하지만 이는 사실이 아니다. 소득 분배와 관련한 정부의 공식 통계는 1990년부터 발표되지만 한국개발연구원과 이정우 경북대학교 교수 등 전문가들의 분석에 따르면, 한국의 지니계수는 1965년 0.344, 1970년 0.332, 1976년 0.391, 1982년 0.357, 1990년 0.323 등으로 1970년대 후반 가장 컸다. 지니계수는 1로 갈수록 소득불평등도가 높다는 의미다.

출처: 경향신문(2014. 6. 12). 오창민 · 박병률 기자.

6) 트리클 다운 효과(Trickle down effect)는 대기업의 성장을 촉진하면 덩달아 중소기업과 소비자에게도 혜택이 돌아가 총체적으로 경기가 활성화된다는 경제이론이다. 말 그대로 '넘쳐흐르는 물이 바닥을 적신다.'는 뜻으로 상층의 부가 충분히 축적되면 아래 계층으로 자연스럽게 혜택이 돌아가는 것을 의미한다. 적하 효과, 낙수 효과, 하방 침투 효과로 번역되기도 한다. 이 이론은 독일의 사회학자 게오르그 짐멜(Georg Simmel)이 1904년 유행의 변화를 설명하기 위해 세운 가설에서 비롯됐다. 하위 집단은 상위 집단을 모방하고, 상위 집단은 자신들만의 지위를 나타내기 위해 새로운 패션을 택한다는 것이다. '트리클 다운'은 미국의 제41대 대통령 조지 워커 부시가 재임 중이던 1989~1992년까지 채택한 경제정책이다. 공화당이 집권하고 있던 당시 부시 행정부가 투자 증대를 통해 대기업과 부유층의 부를 먼저 늘려주면 중소기업과 소비자에게 혜택이 돌아간다는 것이다. 하지만 예상보다 아래층에 미치는 파급효과가 별로 없어 다음 정권이었던 클린턴 행정부는 이 정책을 폐기했다.

(3) 빈곤과 주택문제

이 시대의 대표적인 사회문제라고 하면 빈곤문제와 주택문제였는데, 이는 급속한 도시화와 깊이 관련되어 있었다. 통계청의 '인구주택총조사(각 연도)'에 따르면, 1960년의 도시화율(동 인구 기준, 읍 인구 제외)은 28.0%였으나, 1966년 33.5%, 1970년 41.2%, 1975년 48.4%, 1980년 57.3%, 1985년 65.4%, 1990년 74.4%로 상승하였다. 상당수의 이주민은 도시빈곤층을 형성하였다.

빈곤문제에 대처하는 공공부조제도인 생활보호제도(현 국민기초생활보장제도)의 수급률을 보면, 1966년 전(全)국민의 11.5%가 생활보호수급자였으나, 그 비율은 점차 줄어들어 1980년대 후반이 되면 5%대에서 안정되었다. 또한, 경제성장기와 일치하는 이 기간 중의 실업률은 거의 전 기간이 완전 고용 상태였음을 알 수 있다.

한편, 주택문제는 주택부족문제, 열악한 주거 수준의 문제, 철거민문제 등이 있었다. 1970년대 이후 서울과 그 위성도시, 그리고 대도시에로의 인구집중으로 도시부의 주택공급 상황은 급격하게 악화되었다. 정부는 1972년 「주택건설촉진법」을 제정하여 제3차 경제개발5개년계획 기간에 80만 호, 제4차 경제개발5개년계획 기간에 120만 호의 공급계획을 책정하였고, 1981년 이후 1995년까지 다시 500만 호 건설이라는 장기적인 목표도 가지고 있었다. 이러한 공급확대로 주택보급률은 개선되어 1980년 71.2%였던 것이 1995년에는 84.2%로 증가하였다. 그러나 급격한 주택공급은 부동산투기라고 하는 또 다른 문제를 일으켰다(박광준, 2013: 299-302).

2) 사회복지의 전개

(1) 개발독재와 사회복지

박정희 정부는 경제성장을 위해서는 정치적 안정이 없어서는 안 된다는 이유로 정치참여를 크게 제한하고 독재를 정당화하는 등 민주주의를 억제했다. 이러한 정치 행태(political behavior)는 1980년대에 개발독재로 표현되었다. 왜냐하면, 개발독재의 특징이 그러하듯이 경제성장 목표를 이룸으로써 정권의 정당성을 확보한 것으로 보았기 때문에 사회복지에 많은 자원과 노력을 기울일 필요가 없었다. 박정희 대통령이 집권한 1961~1979년까지 절대적 빈곤에서 탈출하여 경제성장을 이루기는 했으나, 이러한 경제성장은 인권, 민주주의, 사회복지 등 다른 모든 사회적 발전을 담보로 한 것이었다. 그러나 이 시기에 제정된 많은 복지 입법은 이후 우리나라 사회복지법제의 기초를 이루었다.

개발독재의 특징적 현상의 하나는 정권 안정에 필요한 공무원이나 군인에 대한 충성을 확보하기 위하여 이들에 대한 특별한 복지제도를 만들거나, 사회보험의 적용에서 그들을 가장 우선적으로 적용한다는 점이다. 연금보험제도나 의료보험제도에 있어서 가장 먼저 적용을 받는 집단은 공무원과 군인이었다. 이것은 분단국으로서 사회주의를 의식한 국가정책을 시행하면서 권위주의적 국가체제를 유지하고 있었던 타이완(Taiwan)에서도 그대로 확인되는 특징이다.

손준규(1983)에 따르면, 군사정권 초기에는 민생고를 해결한다는 것 이외에는 사회복지에 대한 공약이 없었는데, 민정이양을 앞두고 만든 국가재건최고회의(國家再建最高會議)[7]의 기본정책 방향에는 국민의 의료균점(醫療均霑)을 확립하고, 보조(補助)와 보험을 근간으로 하는 사회보장제도의 기틀을 마련하여 국민생활 향상과 복지사회를 건설한다는 것, 사회보장제도를 수립함으로써 빈곤과 질병, 실업과 인구 과잉 등 사회불안요인을 제거하고, 사회정의를 실현하여 복지사회 건설에 매진한다는 정책 방향이 수립되어 있었다고 한다(박광준, 2013: 302-305).

(2) 1960년대의 사회복지 입법과 의의

최천송(1977: 182)은 4 · 19혁명 이후 성립한 민주당정권하에서의 복지 동향 중 특기할 일로서 1960년의 '종합경제회의' 개최를 들고 있다. 여기에서 건의된 사회보장제도 심의위원회의 설치는 5 · 16군사정변 이후 1962년 3월 내각에서 발포하는 명령, 즉 각령

7) 처음 군사혁명위원회로 발족되었으나, 1961년 5월 18일 국가재건최고회의로 개칭하였다. 같은 해 6월 6일 헌법 일부 조항의 효력을 정지하고, 민정이양 때까지 국가재건최고회의가 국가의 최고통치기관으로서 지위를 가지게 하는 전문(全文) 24조와 부칙으로 된 「국가재건비상조치법(國家再建非常措置法)」을 제정 · 공포함으로써 법적인 뒷받침을 하였다.

(閣令) 제469호로 사회보장제도 심의위원회규정이 제정되었다. 이 위원회는 분과별로 사회보장제도의 연구와 도입을 위한 시행준비에 노력하였는데, 그 노력이 1963년 12월 「사회보장제도에 관한 법률」의 제정으로 이어졌다. 그러나 그 법률은 후속조치가 이루어지지 않아 실효를 거두지 못했다.

1960년에 「공무원연금법」이 제정된 후 1962년에 전면 개정하였으며, 같은 해 「군인보험법」을 제정하였다. 여기에는 복무 중 군인의 사망이나 전역 후 본인 및 가족의 생활안정을 위한 조치가 포함되었다. 그리고 1963년에는 「군인연금법」이 제정되었다. 「군인보험법」과 「군인연금법」은 중복되는 등의 운영상 문제점이 있었다.

한편, 1961년에 「생활보호법」이 제정된 것은 가히 주목할 만한 일이다. 왜냐하면, 우리나라에서 처음으로 공공부조의 근거 법률이 만들어졌기 때문이다. 「생활보호법」 부칙에는 이 법에 의해서 「조선구호령」이 폐지된다고 규정하고 있으므로, 1961년 이전까지는 대한민국의 공공부조 기본 법률은 1944년 일제 강점기 말기에 제정한 「조선구호령」이었던 셈이다.

사회보험분야에서 주목할 만한 것은 1963년에 재정한 「산업재해보상보험법」이다. 같은 해 「의료보험법」을 제정하였지만, 강제가입이 아닌 임의가입 형태의 제도였기 때문에 엄격한 의미에서 사회보험이라고 평가하는 데는 한계가 있는 제도라 하겠다.

한편, 사회복지서비스 부문에 있어서도 많은 입법이 성립되었다. 1961년에 「아동복리법」, 「갱생구호법」, 「윤락행위 등 방지법」, 「보호시설에 있는 고아의 후견직무에 관한 법률」이 제정되었다.

(3) 1970년대와 1980년대의 사회복지 입법과 의의

사회보험 부문에서 중요한 발전은 강제가입을 전제로 한 의료보험과 국민연금 시행이었다. 1976년 「의료보험법」의 전문 개정을 통하여 명실공히(名實共-) 사회보험으로서의 의료보험이 시행되었다. 그 배경으로 전남진(1987: 34)은 다음과 같은 요인을 들고 있다. 정치적으로는 유신체제의 도전에 대한 체제유지를 도모하는 것, 경제 · 사회적으로는 경제성장 일변도의 정책이 빚은 사회부조리 등이 저소득 환자가 의료서비스를 받지 못하는 사태가 다수 발생했다는 것에 대한 사회적 반성으로, 성장에 따른 개발이익의 사회 환원이 시급한 과제였다는 점이다. 그로 말미암아 당시 집권당인 공화당은 사회통합을 목적으로 의료보험을 적극적으로 추진하게 되었다는 것이다. 이와 더불어 당시 진행 중이던 남북적십자회담도 남북한의 체제경쟁과정에서 의료보험을 촉진하게 된 요인이라고 지적하였다.[8)]

한편, 1973년 「국민복지연금법」이 제정됐으나, 그 시행은 연기되어 1988년부터 시행하게 된다. 1973년에는 「사립학교교직원연금법」이 제정되어 공무원과 군인에 이어 사립학교 교직원이 공적 연금제도의 적용대상자가 되었다. 공공부조 부문에 있어서는 1977년 「의료보호법」이 제정되어 생활보호대상자뿐만 아니라, 저소득층의 의료보호가 제도화되었다. 그리고 1970년에 「재해구제로 인한 의사상자구호법」이 제정되었다.

사회복지서비스 부문에서는 1970년 「사회복지사업법」이 제정되었다. 「사회복지사업법」은 사회복지사업에 관한 기본적 사항을 규정하여 사회복지를 필요로 하는 사람에 대하여 인간의 존엄성과 인간다운 생활을 할 권리를 보장하고 사회복지의 전문성을 높이며, 사회복지사업의 공정 · 투명 · 적정을 도모하고, 지역사회복지의 체계를 구축하고 사회복지서비스의 질을 높여 사회복지의 증진에 이바지함을 목적으로 한다(같은 법 제1조). 이후 사회복지사업에 관련된 법률이 제정될 때마다 그것을 하위 법으로 정하는 내용의 「사회복지사업법」의 개정이 이루어졌다.

사회복지서비스가 정비된 것은 1981년 국제연합(UN)이 정한 '세계장애인의 해'였다는 것과 무관하지 않다. 1981년에는 「아동복리법」을 개정하여 「아동복지법」으로 명칭을 변경하였으며, 「심신장애자복지법」과 「노인복지법」이 제정되었다. 1982년에는 「유아교육진흥법」이 제정되어 내무부 산하에 '새마을유아원'이 설립되었다. 이러한 일련의

8) 남북적십자회담에서 남한에 의료보험이 없다는 것이 북측으로부터 비난되어, 그것이 의료보험 시행을 촉진하게 한 하나의 요인이었다는 주장의 첫 진원지가 어디인지는 확실하지 않으나, 많은 연구에서 이 점을 인용하고 있다. 그러나 그 견해를 뒷받침할 수 있는 증거가 있는지는 의문이다. 의료보험 시행에 있어서는 의료가 가장 필요한 계층부터 그 적용대상으로 한 것이 아니라, 보험료 징수가 쉬운 계층부터 적용하기 시작하였다는 것은 대한민국 의료보험 발전의 큰 특징이다.

법률이 성립됨으로써 사회복지서비스의 분야별 법적 정비가 이루어진 것은 중요한 의미가 있다. 왜냐하면, 이러한 입법으로 소위 '부조와 서비스의 분리'가 이루어지기 시작했기 때문이다. 즉, 그 이전에는 사회복지서비스대상자가 곧 공공부조(생활보호제도)의 대상자였다. 저소득자가 아니면 사회복지서비스를 수급할 수 없었다. 바꾸어 말하면, 사회복지수급자는 곧 빈곤자라고 하는 낙인(stigma)이 있었다.

이상의 여러 법은 비록 제한적인 성격은 여전히 가지고 있었지만, 서비스 수급의 전제조건으로서 소득 제한을 두는 조치에서 벗어났다는 점에서 그 의미가 있다. 즉, 대상 인구층이라면 소득에 관계없이 이용할 수 있는 보편적인 시스템으로서의 발걸음을 내딛게 되었던 것이다.

한편, 이 시기 여성의 사회발전 참여 기회가 신장되었다는 것도 의미 있는 일이다. 정부는 1983년 한국여성개발원을 설립·운영하였으며, 국무총리를 위원장으로 하는 여성정책심의위원회를 발족하였다. 그리고 제5차 경제사회개발계획(1982~1986)에서는 여성개발부문 계획위원회를 설치하여 여성인력 활용과 능력개발을 추진하게 되었다(박광준, 2013: 302-305).

3. 민주화 이후의 사회복지

1) 민주정부하의 사회복지 발전

이 시기는 개발독재 혹은 개발주의 일변도의 국가정책에 대한 국민의 대규모 저항으로 민주주의를 획득한 이후 경제위기를 맞이하기까지의 시기이다. 민주정부라고는 하지만 제6공화국의 첫 대통령이 군 출신이었기 때문에 제5공화국의 연장과 같은 의미가 있었고, 따라서 민주화는 제한적이었다. 그러나 지방자치제도가 시행되는 등 사회복지

발전에 중요한 정치적 환경 변화도 있다.

노태우 정부와 마찬가지로 뒤이은 김영삼 정부도 사회복지에 대해서는 소극적으로 대응했고, 변화하는 국제환경 질서에 적절히 대응하지 못하고 경제위기를 초래했다. 한편, 이 시기에 사회민주화와 더불어 국민의 생존권운동이 가시화되기 시작하였다. 그리고 이 시기부터는 사회복지 국제환경의 영향이 국내 정책에 뚜렷이 영향을 미치기 시작하였다(박광준, 2013: 308-314).

(1) 시민사회의 성장과 사회복지운동

유월항쟁(六月抗爭)[9]을 통하여 정치민주화를 진전시킨 것은 시민사회의 승리였다. 그러나 사회개혁이나 취약계층의 목소리를 대변하는 사회운동은 「국가보안법」으로 강력하게 억압되고 있었다. 「국가보안법」은 분배나 복지문제를 중시하는 이념정당의 형성을 방해하였을 뿐만 아니라, 인보운동(neighbourhood movement)[10]과 같은 지식인들의 빈곤 개선활동의 활성화를 제약하였다. 하지만 86아시안게임과 88올림픽의 준비과정에서 나타난 철거민문제가 심화되어, 철거민당사자들의 저항운동이 조직화되면서 그들을 대변하는 시민사회의 목소리가 점차 사회 저변으로 확대되어 갔다. 여기에는 문학이나 예술가들의 활동이 크게 이바지했다.

9) 전두환 전 대통령의 '4 · 13호헌조치' 발표 후, 1987년 6월 10일부터 6 · 29선언이 있기까지 약 20일 동안 계속된 민주화 시위를 말한다. 유월항쟁은 전두환 정권 출범 이후 점증된 민주화 열기를 단적으로 보여 주는 사건으로, 제5공화국의 실질적 종말을 가져왔다. 그러나 유월항쟁에 참여한 다양한 저항 주체는 대통령 직선제라는 요구 관철 이후 이해관계에 따라 급속히 해체되는 양상을 보여 주기도 했다. 유월항쟁의 부분적 성공은 한국현대사에서 절차적 민주주의가 뿌리내릴 수 있는 계기를 제공하였다. 그리고 이러한 절차적 민주주의의 달성은 1980년대 후반 사회 각 부문 운동이 분화되고 조직화되는 계기가 되어, 1987년 7~8월 노동자대투쟁과 농민집회, 전국대학생대표자협의회 형성의 배경이 되었다.

10) 스코틀랜드 장로파교회의 종교적 실천가인 찰머즈(T. Chalmers)가 1819년, 그라스 고시의 교구에서 시작한 운동을 말한다. 찰머즈는 구빈법이 빈민을 나태 · 부도덕하게 한다면서 반대하고 주민의 근린관계를 중시한 독자의 지역이론을 토대로 자선의 지역조직화를 제창 · 실천했다. 그의 운동은 확대되지는 못했으나 후일 자선조직협회(COS)에 의해 높이 평가되고 큰 영향도 주었다.

▲ '호헌 철폐'와 '독재 타도'를 외치는 학생과 시민

원래 사회문제는 자연스럽게 혹은 자동적으로 사회 관심사로 부상하는 것이 아니다. 그 문제로 고통받는 당사자, 지식인, 매스컴이나 사회운동가, 문학자 등에 의하여 그것이 전체 사회의 관심으로 부상하거나 고조 혹은 가속화되어, 그것이 사회복지 발전의 기초를 이룰 수 있다는 것은 영미(英美)의 사회복지 발전과정에서 확인할 수 있는 역사적 사실이다. 이러한 사실은 대한민국 사회에서도 마찬가지였다. 예컨대, 조세희의 소설 《난장이가 쏘아올린 작은 공》은 대한민국 철거민의 생활 실상에 대한 사회 관심을 고조시켰다. 정태춘의 노래 〈우리들의 죽음〉은 소위 달동네 빈곤층의 심각한 아동 보육문제를 울분으로 호소하였다. 부모가 일 나간 사이 화재로 숨진 어린 남매의 목소리를 빌린 노래였다. "낮엔 텔레비전도 안 하고 우린 결 줄도 몰라, 밤에 보는 텔레비전도 남의 나라 세상, 엄마, 아빠는 한 번도 안 나와 우리 집도 우리 동네도 안 나와…"라는 일절은 소외된 그들의 삶을 사회에 극적으로 호소했다. 이러한 운동은 공적인 보육서비스 형성에 큰 영향을 주었다. 시민운동의 저변이 확대되어 국가권력에 대항할 만한 세력을 형성하게 되는 것은 사회복지 발전에 있어서 매우 중요한 환경을 형성하였다.

이영환과 이정운(1996: 154)은 1990년대의 사회복지운동 특징을 다음과 같은 두 가지로 들었다. 첫째, 부문별 운동에서 시민운동적 연대운동에 이르기까지 운동의 양과 질에서 확대되었고, 그에 따라 참여자들의 폭도 확대되었다는 점이다. 즉, 장애인, 노인,

산재노동자 등 부문별 복지대상자들의 주체적인 투쟁이 조직화되고, 활동의 폭이 넓어졌을 뿐만 아니라, 사회복지분야에 종사하는 복지운동자들의 노동조합결성 운동이 활발해졌다. 나아가 경제정의실천연합이나 참여연대와 같은 시민운동단체도 사회복지운동에 참여하기 시작했다. 둘째, 사회복지운동의 내용이 부문별 요구운동에서 복지예산확보 등 정책 지향의 근본적 개혁을 요구하는 것으로 확대됨과 동시에 사회복지정책을 규율하는 복지 입법을 개정하거나 법 내용 실현을 사법적으로 추구하고 있다는 점이다.

(2) 사회보험의 전(全) 국민 확대

노태우 정부의 사회보장 부문의 정책 중 가장 중요한 것은 국민연금제도의 시행이다. 1973년 「국민복지연금법」이 제정됐으나, 같은 해 제1차 석유 파동[11]이 발생하였고, 보험료 등 연금보험 운용에 관련된 기술적 문제 등으로 말미암아 그 시행은 연기되었다. 그 후 연금제도 시행에 관한 논의는 1981년 제5차 경제사회발전계획에 의해 재개되어 1984년에는 대통령령에 의해 국민복지연금실시준비위원회가 구성되었다. 1986년 사회민주화에 대한 국민의 요구가 거세지는 분위기 속에서 전두환 정권은 국민연금제도 시행을 국민에게 약속하였고, 드디어 1988년 1월 1일부터 시행되었다.

의료보험제도는 1988년에 농어촌주민을 대상으로 확대하였고, 1989년에는 도시지역주민과 자영업자를 그 대상으로 포함하게 됨으로써, 1977년 공적 의료보험 시행 후 12년 만에 전(全) 국민의료보험이 달성되었다. 그리고 고용보험제도는 1993년 제정되어 1995년부터 시행되었다. 그 대상은 상시 근로자 30인 이상의 사업장 노동자를 강제적용하게 되었다. 그 후 1998년 영세사업장인 4인 이하 사업장으로 확대하여 모든 노동자를 포함하게 되었다. 「고용보험법」의 제정으로 소위 4대 사회보험체제가 완성되었다.

11) 1973년 10월 6일부터 시작된 중동전쟁이 10월 17일부터 석유전쟁으로 비화됨으로써, 세계 경제는 제2차 세계대전 이후 가장 심각한 불황에 직면하였다. OPEC는 원유 고시 가격을 17% 인상함과 동시에 이스라엘이 점령지에서 철수하고, 팔레스타인의 권리가 회복될 때까지 매월 전월 대비 5%씩 원유 생산을 줄인다고 선언하였다. 석유의 정치적 무기화, 자원 민족주의가 강화되었다.

(3) 사회복지인력의 확충

노태우 정부의 중요한 업적 중 하나는 공공부조 행정에 전문인력을 도입한 일이다. 이것은 6 · 29선언 이전인 1986년 9월에 결정된 것으로, 1987년 7월부터 대도시 저소득층 집단거주지역 동사무소에 사회복지 전문인력을 배치하기 시작하였다.

우리나라 사회복지 행정시스템은 일제 강점기의 유산이 강하게 남아 있는 영역이다. 중앙에 사회복지를 담당하는 보건사회부(현 보건복지부)가 있지만, 독자적인 전국적 조직을 가지지는 못했다. 그러한 상황에서 사회복지 전문인력(현 사회복지 전담공무원)을 배치한 것은 공공부조라는 한정된 영역에서나마 사회복지 전달체계의 확립을 시도한 것이라고 평가할 수 있다. 이후 「생활보호법」이 「국민기초생활 보장법」으로 변화되고, 그 이후에도 제도상의 변화가 급격하게 이루어졌음에도 불구하고 공공부조제도가 비교적 잘 운용되었다. 이는 우수한 복지인력 확보에 기인하는 바가 크다. 또한, 사회복지사가 국가행정기관에서 활동하게 됨으로써 공사기관에 근무하는 사회복지사들의 공사협력체계 발전에도 이바지하였다(박광준, 2013: 308–314).

2) 경제위기 이후의 사회복지 발전

이 시기는 경제위기 이후 성립한 김대중 정부가 사회안전망 구축에 노력하는 시기와 그 이후이다. 경제위기를 계기로 하여 사회안전망 미비가 명확히 드러났고, 대량 실업의 발생으로 경제성장에 의존하는 복지 발전에 명백한 한계가 두드러진 시기이다. 사회복지의 국제환경, 즉 세계화는 대한민국 경제위기의 원인을 제공하는 것이었지만, 다른 한편 그에 대처한 사회보장제도 확충의 내용에 있어서도 중대한 영향을 주었다. 이러한 특별한 사정으로 말미암아 우리나라는 한편으로 복지 확대가 진행되면서 동시에 복지의 시장화가 진행되는 독특한 복지 발전 양상을 보이에 된다.

한편, 이 시기에 조합주의(corporatism) 실험 혹은 의사조합주의(意思組合主義)라고 표현되는 합의의 정치로서 노사정위원회가 시행된 것은 특기할 만한 일이다. 이것은 '노동과 복지의 만남'으로 표현되기도 한다. 유범상(2003: 74)은 민주주의 발전은 사회복지와 노동운동의 만남으로 가능했음을 지적하면서 노사정위원회를 이러한 관점에서 보고 있다. 그는 1987년 민주화 이후 대한민국 노동운동은 비약적인 질적 성장을 하여 정부는 노동을 정치적 파트너로 삼게 되었고, 점차 사회복지를 어젠더(agenda)로 놓고 교환의 정치를 시도하게 되어 노동기구에서 사회복지가 논의됐다고 하면서, 노동과 사회복지의 만남은 사회복지 어젠더를 매개로 이루어진다고 주장하였다(박광준, 2013: 318-325).

(1) 신자유주의와 세계화

세계화(Globalization)란 정치분야에서뿐만 아니라 기술이나 지식의 발달을 가져오는 시간과 공간의 압축을 통하여 국가 간의 상호의존성이 증가하는 현상이다. 세계화는 사회주의체제에 대한 자본주의체제의 승리를 의미하기도 하고, 경제가 정치를 결정하는 시장경제의 이데올로기의 보급을 의미하기도 한다. 제3세계에 대해서도 경제 발전을 위한 개인주의적 기업이데올로기를 강요하는 경향이 있다.

▲ 세계화를 둘러싼 찬반 논란

우리나라는 이러한 의미에서의 세계화 영향을 직접적으로 받았다. 통화위기에 직면했던 대한민국은 국제금융기관에 차관을 요청하게 됐는데, 국제통화기금(International Monetary Fund: IMF)은 차관의 조건으로서 다양한 구조조정을 요구하였으므로, 우리나라는 사실상 구조조정을 강요당하게 되었다. 그러나 그러한 구조조정 요구는 당사자국의 복지 발전 수준에 따라 다르게 나타나는데, 우리의 경우 사회복지 측면에서 볼 때 그러한 구조조정 요구가 복지 삭감을 가져왔다고 보기는 어렵다. 오히려 복지 확충에 이바지한 측면도 있었다. 그 이유는 대한민국이 신자유주의적 구조조정을 본격적으로 단행하기에는 사회안전망이 갖추어져 있지 못했기 때문에 우선 필요한 것이 사회안전망을 갖추게 하는 것이었다는 판단에 따른 것이다. 이러한 사정이 신자유주의의 첨병이 복지 확충을 우리나라에 요구하였던 배경이었다고 생각된다.

(2) 저출산 · 고령화

저출산 · 고령화는 선진 복지국가들의 복지선택과 개혁에 가장 큰 영향을 주는 요인인데, 그것은 대한민국 사회에서도 마찬가지이다. 실제의 사회복지정책에 있어서 고령화의 영향이 나타나기 시작한 것은 김대중 정부 이후의 시기이다. 급속한 고령화는 동아시아 국가의 공통 현상이다. 대한민국 역시 장차 급속한 고령화가 예측되는데, 그 배경에는 평균수명 연장이라는 절대적인 요소도 있지만, 근본적으로는 급속한 저출산이 가져온 인구구조 변화의 결과이다(박광준, 2013: 318-325).

산업화와 도시화에 따른 잦은 인구 이동과 핵가족화의 보편화, 인구증가문제를 해결하기 위한 출산억제 정책, 여성의 교육수준과 의식의 상승 및 사회 진출 기회의 확대, 자녀 교육비의 증가 등으로 말미암아 자녀에 대한 의식에도 변화가 생기기 시작하였다. 이에 따라 적은 수의 자녀를 낳으려는 경향이 강해졌는데, 이를 소자녀관(小子女觀)이라고 한다. 이러한 소자녀관이 확산되면서 부모의 자녀에 대한 과잉보호로 말미암은 이기적 아동이 늘어나고, 친족 간 유대감 약화로 말미암은 소외감이 커지며, 경제활동인구의 감소로 말미암은 노인부양문제가 사회적 문제로 등장하는 등 많은 부작용도 나타나고 있다. 이러한 현상으로 말미암아 가족 내의 대화와 친족 및 이웃 간의 유대 강화가 어느 때보다도 중요해졌다.

(3) 생산적 복지와 사회안전망 구축

김대중 국민의 정부 사회복지정책은 생산적 복지이다. 생산적 복지 개념은 영국이 1970년대 말부터 1980년대에 걸쳐 국제통화기금의 구제금융을 받으면서 경제적 위기를 타개해 나가기 위해 도입한 개념이다. 당시 복지제도의 남용으로 말미암아 각종 사회안전망이 개인들의 노동 의욕을 떨어뜨려 생산의 효율성을 저해한다는 비판이 초래됐다.

영국에서는 실업자가 실업수당을 수령하기 위해서는 실업기간 중 새로운 능력을 학습하거나 기존의 능력을 제고할 수 있어야 한다. 다만, 소득지원은 직업의 유무와 관계없이 최저생계비의 지원이 필요한 사람에게만 지급된다. 이렇듯 영국에서 비롯된 초기 생산적 복지의 개념은 전체적으로 사회복지의 축소를 지향하는 신자유주의자들의 정책이었다. 복지에 투입되는 비용을 절감하여 이를 기업의 투자에 돌려 전체적으로 효율성을 제고하자는 취지이다. 유럽의 사회민주주의자들이 내세우고 있는 '제3의 길'에서 말하는 '사회투자국가'도 이념적 지향점은 다르지만, 사회복지에 투입되는 비용을 줄여 전체적인 효율성을 높인다는 의미에서 일맥상통한다고 볼 수 있다.

이것은 철학적으로는 민주주의 실현과 시장경제 발전을 지향하면서 복지를 중시하는 것으로서, 이혜경과 타케가와(2006: 47)는 이것을 '민주-복지-자본주의체제'로 표현한다. 즉, 과거 성장제일주의로 말미암아 경시되던 국민의 기본권 보장을 중시하고, 일을 통한 복지와 인간개발 중심의 복지를 목표로 하여 노사정이 함께 하는 복지구상이라는 것이다. 그런데 이 두 가지의 정책 방향은 서로 모순되는 것으로 보일 수 있다. '일을 통한 복지'라는 개념은 소위 신자유주의 복지정책의 상징과 같은 것으로, 복지를 축소하는 의미가 강하기 때문이다.

(4) 노동연계와 고령화대책

선진 복지국가와 대한민국 사회에서 동시에 같은 유형의 복지정책이 시행된다 하더라도 그 의미가 다를 수 있다는 점은 이미 논의하였다. 아마도 노동연계(workfare)만큼 그러한 성격을 명백하게 나타내 주는 사례도 없을 것이다. 선진국의 경우는 복지 축소의 수단으로서 이 정책이 추진됐지만, 우리나라에서는 사회안전망 확충과 동시에 노동연계복지가 진행되어 복지를 확충하는 하나의 방법으로서 인식되는 경향이 있었기 때문이다.

노동연계복지 배경에 경제의 저성장과 높은 실업률로 일어난 복지국가 위기가 있는데, 경제위기 원인을 복지확대나 노동시장의 경직성에서 찾았던 신자유주의 정책입안자들은 '노동하지 않으면 복지수급을 받지 못하게 한다'는 논리로 이러한 정책을 도입하였다. 그러나 우리나라에서는 「국민기초생활보장법」과 더불어 본격적으로 출발한 노동연계복지는 '노동시장 참여기회를 제공하는 것' 혹은 '빈민의 자립을 유도하는 것'이라는 의미가 강했다. 왜냐하면, 선진 복지국가의 경우는 현행의 복지수급자를 노동연계 복지체제로 재편성하는 것을 의미하지만, 우리나라는 복지수급대상에서 오랫동안 제외되어 왔던 실업자 및 노동능력 있는 빈민을 공적인 노동연계복지에 '새롭게 편입시키는 것'을 의미하기 때문이다.

저출산 · 고령사회대책은 주로 김대중 정부에 이어 노무현 정부 시절에 본격적으로 시행되었다. 2005년에 우리나라 합계출산율이 1.08을 기록한 것은 대한민국 정부에 큰 충격을 주었다. 정부는 그 원인을 지나친 가족계획정책의 추진과 양육비부담의 증가에서 찾았다. 하지만 출산율 저하의 진정한 원인은 총체적인 남녀불평등에 있다는 사실을 상기할 필요가 있다.

2005년 9월 1일 대통령 직속으로 '저출산고령사회대책위원회'가 발족되었고, 「저출산고령사회 기본법」이 제정되었다. 「저출산고령사회 기본법」의 기본이념은 인구구조의 균형과 질적 향상, 건강하고 안정된 노후생활의 보장이다. 그 내용은 크게 세 가지이다. 첫째, 저출산에 대응하는 정책이다. 출산과 아동양육 지원을 그 내용으로 한다.

둘째, 고령사회대책이다. 고령자의 고용, 소득보장, 개호보장, 고령친화산업육성 등을 그 내용으로 한다. 셋째, 5년 단위로 '저출산고령사회기본계획'을 책정하고 시행하는 것이다(박광준, 2013: 318–325).

3) 문재인 정부의 사회복지

문재인 정부[12]는 대한민국 제6공화국의 일곱 번째 정부이다. 박근혜 대통령이 임기 중 탄핵 심판된 이후 2017년 5월 9일에 치러진 선거에서 문재인이 제19대 대통령으로 당선되면서 같은 해 5월 10일에 출범했다.

문재인은 대선 공약에 많은 복지정책을 포함시켰으며, 당선 후에는 5명의 대선 후보 중에서 공통 공약부터 우선 실행하겠다고 약속했다. 공통 공약에는 기초연금 인상, 아동수당 지급, 국민건강보험의 보장 범위 확대, 저출산 대책, 장애등급제 폐지 등이 있다. 향후 5년 동안 국가가 국민 개개인의 출생부터 사망까지 전 생애를 돕고 책임지는 복지국가의 기틀을 다지겠다는 의지를 내보인 것으로 평가받으며, 이러한 생애주기 맞춤형 소득보장체계는 문재인의 핵심 대선 공약 중 하나이기도 하다.

노인 빈곤문제를 해결하기에는 현재의 공적 연금제도가 너무 취약하여 준보편적 노후소득 보장체계인 기초연금 등을 강화해야 할 필요성이 제기되어 왔다. 2011년 기준으로 국내총생산 대비 한국의 연금 지출은 2.2%에 불과해 OECD 평균인 8.1%와 비교할 때 매우 낮은 수준이기 때문이다. 평균 수급액도 월평균 70만 원에 미치지도 못했다. 이에 국정기획자문위원회는 65세 이상 노인 중 소득 하위 70%에 해당하는 경우를 대상으로 지급하는 기초연금액을 20만 원에서 25만 원으로 인상하며, 2021년부터는

---

12) 문재인은 대통령 선거 기간에 자신이 당선되면 새 정부 이름을 '더불어민주당 정부'로 명명하겠다고 했으나, 2017년 5월 18일 공식석상인 5 · 18 광주민주화운동 37주년 기념식에서 '문재인 정부'라는 명칭을 썼으며, 청와대도 정부 명칭을 별도로 붙일 계획이 없다고 밝혔다. 청와대 관계자는 "기념사에서 '정부는'이라고 하는 것보다 '문재인 정부는'이라고 하는 게 기념식을 보고 있는 국민에게 자신의 의지를 잘 보여 줄 수 있기 때문"에 해당 명칭을 사용한 것이었다고 밝히면서 "더불어민주당 정부라고 불러도 되고, 오늘처럼 문재인 정부라고 표현할 수도 있고, 보도에 자율적 · 실용적으로 사용하면 된다."고 밝힘으로써, 확정된 공식 명칭은 사실상 없음을 확인했다.

다시 30만 원으로 늘리기로 했다.

치매와 관련해서는 치매국가책임제를 2018년부터 시행하겠다고 공언했다. 이는 문재인이 대선 공약으로 내세웠던 것으로 지역사회 치매지원센터 확대 설치, 치매 검진 및 조기발견 지원, 의료 · 복지 · 돌봄 · 요양서비스 제공 및 연계, 치매안심병원 설립 및 치매책임병원 지정 등을 내용으로 한다. 추경에도 2,000억 원을 반영하여 일자리 창출과도 연계시키기로 했는데, 문재인은 "이제는 치매 환자를 본인과 가족에게만 맡겨서는 안 된다."며 치매의 건강보험 본인부담률도 10% 이내로 낮추겠다고 했다.

한편, 출생아 수가 계속 곤두박질쳐 저출산문제도 심각하게 다가왔다. 이를 해결하기 위해 문재인은 아동수당, 육아휴직 활성화 등 다양한 정책을 공약한 바 있다. 우선 유명무실해진 저출산 · 고령사회위원회를 강력한 컨트롤타워로 변모시킬 것을 밝혔다. 국정기획자문위원회는 "자녀 양육의 국가책임 구현과 함께 결혼, 출생, 양육친화적 사회시스템 제도를 바꾸어야 한다"고 강조하며, "저출산 쇼크는 대한민국의 명운을 좌우하는 절체절명의 과제"라고 대책 수립에 최선을 다할 것을 정부부처에 당부했다. 2017년 10월부터는 시험관 시술을 받는 부부에 대한 지원을 확대하기로 했다. 기존에는 저소득층에게만 3회까지 지원하던 것을 모든 부부에게 4회까지 지원하는 것으로 확대한 것이다. 또한, 비급여로 적용되던 진찰, 마취, 검사, 약제 등을 건강보험의 보장범위로 포함시키기로 하였다.

보육 · 아동정책에서는 아동수당을 신설하기로 했다. 당초 보건복지부는 가정에서 돌보는 만 0~5세 영유아에게 지급하는 가정양육수당을 인상하려고 했지만 예산안에 반영되지 못했다. 하지만 아동수당은 예정대로 진행하기로 했는데, 실제로는 70~80%가 지방비로 구성되다보니 돈은 지방자치단체가 내고 생색은 중앙정부가 낸다는 비판이 나온다. 지방자치단체에서는 "보조를 더 해주든지, 전액 부담해줘야 한다."고 주장하지만, 70%가 넘는 지지율을 보이는 정부를 상대로 반대를 하기도 어려워 속앓이만 하고 있다.

장애인정책으로는 장애등급제 폐지가 이루어졌다. 장애인단체는 장애등급제가 장애인의 편의를 고려하지 않고 등급이라는 낙인을 찍은 행정편의주의적 제도라며 폐지를 요구해왔는데, 2017년 12월 1일 「장애인복지법」을 개정하여 2019년 7월부터 단계적으로 폐지하고 장애 등급을 장애 정도로 변경하기로 했다. 또한, 장애인에 대한 악의적 차별행위의 판단 범위를 고의성 · 지속성 · 반복성 · 보복성을 모두 충족하는 것에서 한 가지만 해당되어도 차별행위로 규정하도록 했다.

국민연금과 기초연금의 인상 시기도 3개월 앞당겨 1월로 변경하기로 했다. 이는 물가상승률이 매해 4월에 나왔기 때문인데 연금 인상 시기를 1월로 앞당기면서 물가상승의 혜택을 입을 수 있게 된다. 또한, 국민연금의 유족연금을 인상하고 중복 삭감률을 축소하는 것도 추진 중이다. 또 기초생활보장제도에서 부양의무자 기준을 단계적으로 폐지하기로 했다. 소득이나 재산은 수급자 선정대상이지만 부양의무자 기준 등으로 실제 지원은 받지 못하는 경우가 2015년 기준으로 93만 명에 달했는데, 우선 2018년 10월부터 주거급여에 대한 부양의무자 기준을 폐지하기로 했다.

Chapter

13

대한민국 사회복지의 미래

Chapter 13

대한민국 사회복지의 미래

1. 대한민국 사회복지의 전망

대한민국이 급속히 고령화되어 간다는 것은 참으로 심각한 문제다. 우리나라 65세 이상 고령인구는 2017년 707만 명에서 2025년 1,000만 명을 넘겨 전체 인구에서 차지하는 비중이 20%를 넘기고, 2036년 30%, 2050년 40%에 진입할 것으로 전망된다. 실제 우리나라의 고령화 속도는 엄청나게 빠른 속도로 진행 중이다. 2000년 고령화사회에 진입한 이후 고령사회로 진입하기까지 17년이 걸렸으며, 2017년 고령사회가 된지 8년 만인 2025년 초고령사회에 진입할 것이다. 세계에서 가장 빠른 고령화 속도를 보인 나라로 손꼽히는 일본조차도 1970년 고령화사회에서 24년만인 1994년 고령사회로, 11년만인 2005년 초고령사회로 들어섰다.[1)]

고령사회 진입에 따라 정부의 사회복지 지출이 빠르게 증가하여 정부의 사회복지정책 수립을 어렵게 하고 있다. 따라서 정부의 재정 부담 완화와 지속 가능한 공동체복지의 실현을 위한 효과적 수단이 강구되어야 할 것이다. 정부의 공공복지 지출 부담 완화와 복지사각지대 제거를 위해 복지공동체의 실현을 도모해야 할 것이다. 또한, 시장경

1) 국제연합(UN)에서 정한 기준으로 볼 때 '노인'이란 65세 이상을 말한다. UN 기준에 따르면, 총인구 중 65세 이상의 인구 비율이 7% 이상인 사회를 고령화사회(ageing society), 14% 이상인 사회를 고령사회(aged society), 20% 이상인 사회를 초고령사회(post-aged society, 후기고령사회)라고 부른다. 서구의 대부분 선진국은 20세기 초를 전후해 고령화사회로 진입했고 영국 · 독일 · 프랑스 등은 1970년대에 고령사회가 됐다. UN 추계에 따르면, 2025년 고령인구의 비율은 일본 27.3%, 스위스 23.4%, 덴마크 23.3%, 독일 23.2%, 스웨덴 22.4%, 미국 19.8%, 영국 19.4%가 될 것으로 예상된다.

제에서 소외되었던 취약계층은 자선의 대상(일방적 수혜자)이 아닌 도움을 주고받는 당당한 주체가 될 수 있도록 하여야 할 것이다(박주현, 2018: 311-316).

대한민국 정부가 경제 · 사회정책 과제를 망라한 중장기 복지비전을 내놓은 건 노무현 정부 때의 '비전 2030' 보고서가 대표적이다. 하지만 이 보고서는 정권 말에 마련된 데다 정권 재창출의 실패로 장밋빛 계획에 그치고 말았다. 촛불시민혁명(박근혜 게이트)으로 탄생한 문재인 정부는 참여정부 실패를 교훈 삼아 일찌감치 새 중장기 복지 비전 마련에 착수하고 있다. 사회보장위원회가 준비 중인 '사회보장 2040'이 그것이다. 2018년 2월 9일 열린 사회보장위원회 회의에서 기초 연구 결과가 보고됐는데, 사회보장의 전면적 재설계를 꾀한다는 내용의 이른바 포용적 복지 구상이다. 이와 별도로 청와대 정책기획위원회도 '한국판 베버리지 보고서' 마련을 목표로 역시 종합적인 국가비전 보고서 작성을 검토 중인 것으로 알려졌다.

이들 보고서 마련과 관련해 유념해야 할 대목은 목적이 그럴듯한 새 국가복지 청사진 작업 자체에 있지 않다는 점이다. 보고서의 성패는 오히려 대통령과 정부가 얼마나 이 작업에 의지를 갖고 무게를 두는가, 모든 부처와 관련 연구기관, 민간 전문가들이 실질적으로 얼마나 참여하는가, 또 노동복지정책 과제가 얼마나 경제 · 교육 · 산업 등 제반 정책과제와 연계되어 논의되는가, 그리고 이를 현실화할 조세개혁 및 재정조달 수단을 얼마나 확보하느냐 등에 달려 있을 것이다(한겨레, 2018. 2. 19).

대한민국에서 스웨덴판 사회보장을 꿈꾸다(?)

6세부터 대학원 박사과정까지 무상교육, 전 아동에게 아동수당, 모든 노인에 양로서비스, 직장에서 해고되면 1년간 무노동 연봉 제공 및 재취업 교육, 세계 최고 양성평등 국가 …. 복지 천국 스웨덴의 모습이다. 스웨덴을 대한민국 복지의 롤모델(role model)로 말하는 사람이 적지 않다. 그러나 스웨덴의 세금 부담률은 덴마크에 이어 세계 두 번째다. 많게는 소득의 60%까지, 적게는 29%를 낸다. 대한민국에서 복지 천국 스웨덴을 배우자고 하는 사람은 그런 복지를 위해 치르는 그 나라 국민의 피와 땀에 대해서는 잘 모르는 것 같다. 복지를 공동구매하면 개인은 세금을 낸 이후이므로 따로 쌈짓돈을 지불하지 않기에 그 재화를 과소비하는 경향이 있다.

1) 복지 수요의 증가

(1) 노인인구 증가에 따른 복지 수요의 증가

통계청이 발표한 우리나라 '2016 인구주택총조사－등록센서스방식 집계 결과'를 보면 0~14세 유소년 인구는 676만 8,000명, 65세 이상 고령인구는 677만 5,000명이었다. 유소년인구는 13만 8,000명 줄어들고, 고령인구는 20만 6,000명 증가한 결과 고령인구가 유소년인구를 처음으로 추월했다(세계일보, 2017. 8. 31). 2025년이면 고령인구 1,000만 명으로 전체 인구 대비 비중이 20%를 넘는 초고령사회에 진입하게 되지만 은퇴자들의 사회안전망은 갖추어지지 않은 실정이다. 국민연금의 소득대체율은 50% 미만에 그치고 있다. 여기에 부동산 가격마저 하락하면 고령자들의 삶은 더 팍팍해질 수밖에 없다.

통계청은 2016년 장래인구추계에서 고령인구가 유소년인구를 추월하는 시기를 2017년으로 예측했지만, 저출산 현상이 심화되면서 시기가 1년 앞당겨졌다. 이재원 통계청 인구총조사과장은 "장래인구추계는 2015년 자료를 베이스로 예상한 것이고, 이번 등록센서스는 실제 출생 및 사망 자료에 근거한 것"이라며 "예상보다 출생이 적게 나타나 구조가 바뀌는 시점이 당겨졌다"고 말했다.

유소년인구 대비 고령인구를 뜻하는 노령화지수[2])도 100.1을 기록, 처음으로 100을 넘어섰다. 15~64세 생산가능인구(생산연령인구, 경제활동인구)는 1,631만 2,000명(72.8%)으로 집계됐다. 생산 가능인구 대비 유소년인구를 뜻하는 유소년부양비는 22.2에서 19.1까

2) 노령화지수란 15세 미만의 유소년인구에 대한 65세 이상 노령인구의 비율을 말한다. 노령화지수가 높을수록 그 사회에 노령인구가 많다는 의미며, 통상적으로 노령화지수가 30을 넘어가면 노령화사회로 분류된다.

지 떨어졌지만, 노년부양비[3]는 15.1에서 18.1로 급증하여 생산가능인구 5.5명이 고령자 1명을 부양하는 꼴이다(세계일보, 2017. 8. 31).

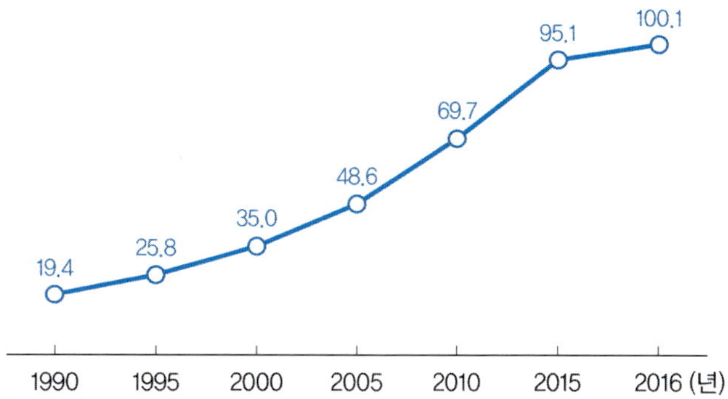

[그림 13-1] 연도별 노령화지수 추이

출처: 세계일보(2017. 8. 31). 이천종 기자.

우리나라는 산업화와 근대화가 서구와는 다르게 급속도로 진행되어 국민이 경제 성장과 개발에 관심이 집중되어 있는 사이 사회는 어느덧 고령사회가 되었다. 2017년 8월 우리나라는 고령사회에 진입했다. 우리나라 노령화 특색 중의 중요한 하나는 고령화의 속도문제이다. 우리나라는 2000년 고령화사회에 진입한 이후 통계청 예측보다 1년 빠른 17년 만에 노인인구가 14%를 상회하는 고령사회로 접어든 것이다. 이는 세계에서 가장 빠른 속도다. 일본은 24년, 미국은 73년, 프랑스는 113년이 걸렸다. 인구학자들은 우리나라가 2025년이면 초고령사회에 들어서고, 2050년에는 일본을 제치고 세계 최고령국이 될 것으로 예측하고 있다.

프랑스처럼 고령화가 서서히 진행되는 나라에서는 노후의 보장에 대해 개인이나 사회가 충분히 준비할 수 있지만, 우리나라와 같이 고령화가 급속히 이루어지는 나라에

3) 노년부양비란 총인구 중에서 생산가능인구(15~64세)에 대한 고령인구(65세 이상)의 백분비를 말한다. 생산가능인구가 고령인구를 부양하는 데 드는 경제적인 부담을 나타내며, 이를 통해 사회의 고령화 추세를 파악할 수 있다. 따라서 노년부양비는 생산가능인구의 경제적 분담을 완화하기 위한 방안과 노후 생활안정대책을 마련하는 데 기초 자료로 활용된다. 인구추계방법인 코호트 요인법(cohort component method)에 의해 작성되는 가공통계로, 전국 단위로 작성된 추계인구자료를 기초로 하여 시도별 향후 인구변동요인(출생, 사망, 이동)을 가정한다.

서는 경제적인 면은 물론이고, 심리사회적인 면에서도 상당한 문제가 있을 것이다. 또한, 노인인구 성비(性比)에 있어서 현격한 차이가 있다. 노인인구 성비는 여자 100명에 남자 72.6명으로 격차가 갈수록 심화된다. 100세 장수시대라고 하나 여자 장수가 주도하고, 남자는 중노동 과로로 좀 더 일찍 사망한다고 믿어진다.

도시와 농촌의 지역별 노인인구 편차도 우리나라 노령화 특색 중의 하나이다. 도시지역과 비교할 때 농촌지역의 노령화 현상이 두드러지게 나타난다. 이러한 현상으로 말미암아 농촌의 인력 부족과 도시의 과밀화로 인력의 수요공급에 차질이 오고 있다. 특히, 초고령사회에 진입한 농촌, 머지않아 노인 돌봄과 건강문제는 농촌사회의 가장 중요한 화두가 될 것이다. 농촌의 경우 병원 등 의료시설이 턱없이 부족하고, 교통까지 불편하기 때문에 도시와는 차별화된 대책이 요구되고 있다.

(2) 장애인 증가에 따른 복지 수요의 증가

장애인(障碍人)이란 신체적 · 정신적 장애로 오랫동안 일상생활이나 사회생활에서 상당한 제약을 받는 사람을 말한다. 신체적 장애란 주요 외부 신체기능의 장애, 내부기관의 장애 등을 말하며, 정신적 장애란 발달장애 또는 정신질환으로 발생하는 장애를 말한다. 태어났을 때부터 장애를 가지고 있는 선천적 장애인과 사고 등으로 나중에 장애를 갖게 된 후천적 장애인으로 나눌 수 있다.

우리나라에서는 1989년에 「장애인복지법」을 만들어 장애인들도 사회 구성원으로서 불편하지 않게 살아갈 수 있도록 여러 가지 지원을 하고 있다. 장애인복지의 기본이념은 장애인의 완전한 사회 참여와 평등을 통하여 사회통합을 이루는 데에 있다. 장애인은 인간으로서 존엄과 가치를 존중받으며, 그에 걸맞는 대우를 받아야 한다. 장애인은 국가 · 사회의 구성원으로서 정치 · 경제 · 사회 · 문화, 그 밖의 모든 분야의 활동에 참여할 권리를 가진다. 장애인은 장애인 관련 정책결정과정에 우선적으로 참여할 권리가 있다.

2015년 기준 등록장애인은 여자 104만 3,463명과 남자 144만 6,943명으로 총 249만

406명이다. 이는 장애인 등록이 시작된 1989년 17만 6,687명과 비교하면, 30년 만에 무려 14배로 증가한 수치이다. 등록장애인 수가 늘어난 것과 실제 장애인 수가 정비례하는 것은 아니지만, 실제 장애인 수도 늘어난 것은 분명하다.

한편, 고령장애인이 증가하고 있다. 고령장애인은 '장애'와 '노화'라는 이중고를 겪으면서도 서비스 및 정책 부족으로 말미암아 주로 가족을 통한 돌봄에 의존하는 등 더욱 어려움에 처해 있다. 실제로 보건복지부가 집계한 전체 등록장애인 중 만 65세 이상의 고령장애인은 2007년 42.9%(90만여 명)였으나 2016년에는 54.6%(137만여 명)로 증가한 것으로 드러났다. 만 50세 이상 고령장애인은 2007년 63.4%(133만여 명)에서 2016년 75%(188만여 명)로 증가했다.

이는 2017년 8월 우리나라 65세 이상 인구가 전체 인구의 14%를 넘는 고령사회에 진입한 인구추이에 비교해 봐도 고령장애인 집단의 양적 팽창이 두드러짐을 알 수 있다. 이 같은 고령장애인 증가 추이에 비춰볼 때 고령장애인의 삶의 질이 지속적으로 향상될 수 있도록 실천적 · 정책적 · 제도적 뒷받침이 요구되는 절실한 상황이 됐다. 그러나 국내 고령인구 대상 복지서비스는 장애 여부 또는 장애 유형과 관련 없이 노인의 연령범주에 포함된 모든 개인을 대상으로 하는 등 비장애 노인 중심으로 구성되어 있어, '장애'와 '노화'를 동시에 겪고 있는 고령장애인의 복지욕구를 반영하지 못하고 있는 실정이다(국민일보, 2018. 1. 19).

고령장애인 증가 50세 이상 188만 명 '35.8% 자살충동 겪어 일반인의 10배' 중장기대책 절실

서울에 사는 최건일(59 · 가명)씨는 아내(57)와 함께 살고 있다. 장애로 말미암아 일하는 것이 어려워 오랜 기간 소득이 없이 지냈다. 그래서 아내에게 늘 미안한 마음이다. 최근엔 고혈압과 당뇨 등 합병증까지 생겨 추가적인 의료비가 들어 신체적 · 정신적으로도 더욱 힘든 상황인데, 늘 옆에서 그를 돌봐주는 아내도 이제는 나이가 들어 힘에 부치는 모습을 종종 본다.

> 아내의 도움을 받아 병원을 월 1회 방문하긴 하지만, 장애별 특성을 고려한 검진 · 치료기구를 갖춘 병원은 거의 없다. 그를 진료하는 담당의사는 장애에 대한 이해가 부족해 답답할 때도 많다. 무엇보다 가정형편이 어려워 치료비용이 부담스럽고 장애 때문에 이동이 어려운 상황이라 국가에서 건강검진서비스를 좀 더 강화하고 방문보건서비스를 해줬으면 하는 것이 희망사항이다. 이러한 상황은 종종 그를 극단적인 생각을 하도록 만든다. 자살을 생각할 때도 있다.
>
> 출처: 국민일보(2018. 1. 19). 정창교 기자.

현재 장애인은 장애 상태와 정도 등 의학적 기준에 따라 장애등급(1~6등급)을 인정받고 있다. 그런데 그 동안 장애인서비스가 장애등급에 따라 획일적으로 제공돼 개인의 서비스 필요도가 충분히 반영되지 못하고, 장애인에게 등급을 부여해 낙인 효과를 초래한다는 문제가 지속해서 제기되어 왔다. 정부는 이러한 문제점을 해소하고 장애인의 욕구 · 환경을 고려한 맞춤형 서비스를 제공하기 위해 '장애등급제 단계적 폐지 및 종합지원체계 도입'을 국정과제로 발표했다. 드디어 2019년 7월 장애등급제 폐지가 본격 시행되는 가운데, 보건복지부가 장애인연금법 시행령 및 시행규칙 속 '장애 등급'을 '장애 정도'로 변경하는 등 법령 재정비를 추진한다. 보건복지부에 따르면, 7월 장애등급제가 폐지됨에 따라 장애등급을 활용한 현행 장애인연금 수급기준을 사용할 수 없게 돼, 과도기적으로 장애 정도를 활용한 장애 유형별 의학적 기준에 따른 수급기준을 규정했다. 기존 1~3급 장애인은 '장애 정도가 심한 장애인', 기존 4~6급 장애인은 '장애 정도가 심하지 않은 장애인'으로 개편된다.

(3) 청소년의 비행 증가에 따른 복지 수요의 증가

비행(非行, Delinquency)은 일반적으로 청소년이 저지르는 잘못된 행위를 말한다.[4] 성인

4) 넓은 뜻으로 '나쁜 일'을 한 아이의 행동을 뜻하는 비행은, 법률적으로 보면 「소년법」 제4조 제1항에 따라 죄를 범한 소년, 형벌 법령에 저촉되는 행위를 한 10세 이상 14세 미만인 소년, 앞으로 형벌 법령에 저촉되는 행위를 할 우려가 있는 10세 이상인 소년의 행위를 말하고 이들을 비행소년이라고 부른다. 실태는 통계적인 면과 사례의 두 가지 측면에서 알 수 있다. 웨이너(Weiner, 1982)는 심리적인 문제로 말미암아 행해지는 일탈행동을 심리적 비행(psychological delinquency)이라 이름하고, 비행자의 심리적인 특성에 따라 비행의 종류를 성격적 비행(personalistic delinquency), 신경

과 달리 과거의 객관적 범죄행위뿐 아니라 장래에 죄를 범할 가능성을 내포하고 있다. 이는 법률을 위반한 의미에서의 비행보다는 반사회적 행위에 초점을 둔다. 즉, 미성년자로서 지켜야 할 규칙을 위반하는 행위, 부모에 대한 불복종, 상습적인 학교 결석, 가출, 음주, 성행위 등을 말한다. 소년이란 말에는 소녀도 포함되며, 우리나라에서는 「소년법」으로 19세 미만이라고 규정하고(「소년법」 제2조), 여러 외국에서는 연령에 다소 차이가 있다.

▲ ADHD로 말미암은 적대적 반항장애

청소년 비행(Juvenile delinquency)이란 청소년이 반사회적 행위를 하거나 사회규범에 어긋나는 행위를 하는 것을 말한다. 구체적으로 범죄소년, 촉법(觸法)소년,[5] 우범소년으로 형벌 법령에 저촉된 행위를 하였거나 특별법 또는 환경에 비추어 장래 형벌 법령에 저촉되는 행위를 할 우려가 있는 10세 이상 19세 미만인 자의 비행을 말한다. 사회적 행동과 연관 지어서 청소년 비행을 보통 범죄라 불리는 행위, 부모가 손을 쓸 수 없는 행위, 정당한 이유 없이 가출하는 행위, 불량교우 · 유해 장소에 출입 · 도박 · 성행위 · 상습적 학업태만 · 기타 자기 또는 타인을 해롭게 하는 행위, 청소년으로서는 금지되어 있는 일련의 행위 형식 등을 뜻한다고 볼 수 있다.

증적 비행(neurotic delinquency), 정신병적 비행(psychotic delinquency) 등으로 구분하였다. 원인, 대응에 대해서는 비행행동을 어떻게 보는가의 견해에 따라 차이가 있다.

5) 촉법소년이란 만 10세 이상~14세 미만으로 형벌을 받을 범법행위를 한 형사미성년자를 말한다. 그러나 촉법소년은 범법행위를 저질렀으나 형사책임능력이 없기 때문에 형벌처벌을 받지 않는다. 대신 가정법원 등에서 감호위탁, 사회봉사, 소년원 송치 등 보호처분을 받게 된다. 한편, 나라별 형법 적용 개시연령은 일본은 우리나라와 마찬가지로 14세이고, 영국은 18세이다.

최근 청소년 비행문제가 사회적으로 대두되고 있어 처벌 강화의 목소리가 높아져 가며 급기야 「소년법」 폐지 주장까지 나오는 상황이다. 날로 심각해지는 학교폭력과 정신적 결핍으로 말미암아 청소년들은 상처받고 힘들어 하지만, 우리 사회가 이들을 향해 따뜻한 사랑의 손길을 충분히 건네지 못하는 상황이다. 충분한 심리적 치료와 치유의 과정을 거쳐 이들이 범죄자가 아닌 우리 사회의 구성원으로서 역할을 할 수 있는 발판이 이루어져야 한다.

청소년 비행의 요인 중 하나인 가출청소년에 대해 살펴본다. 매년 경찰에 신고가 되는 가출청소년은 2만 명이 넘는다. 2016년 기준 청소년의 13.5%는 최근 1년 동안 심각하게 가출을 고민해 본 적이 있다고 한다. 신고가 되지 않은 사례 등을 고려하면 27만 명에 달할 것으로 추산된다.

청소년 비행도 심하면 병이다

한 아이가 있다. 초등학교 때에는 성질이 급한 개구쟁이 정도였으나, 중학교 1학년이 되면서부터 어른들의 말을 잘 듣지 않고 공부에 관심이 점점 줄면서 집에 늦게 들어오는 경우가 많아지기 시작했다. 중학교 2학년 때는 밤늦게 집에 들어오면서 담배를 피우다가 들키기도 하고, 몰래 술을 마시기도 했다. 친구들이나 아는 형들을 따라 호기심에 시작했던 담배도 점점 더 많이 피우게 됐다. 집에 들어오는 시간도 점점 늦어지다가 급기야 어느 순간부터는 곧잘 외박도 했다. 부모님께는 학교에 간다고 거짓말을 하고 지각이나 조퇴를 빈번히 하다가 학교를 빼먹는 날도 많아졌다. 아이는 길 가는 초등학생에게 겁을 주어 돈을 뺏기도 하고, 자전거나 오토바이를 몰래 타고 가서는 주인에게 돌려주지도 않았다. 마음에 안 든다는 이유로 친구를 병원에 입원할 만큼 심하게 때리거나, 편의점에서 물건을 훔쳐 경찰서에 가는 등의 심각한 사건도 있었다. 그걸 꾸짖는 부모님이나 어른에게는 심하게 대들고 거짓말도 양심의 가책 없이 계속 이어졌다. 결국 학교에서 징계를 받은 아이는 학교를 그만 두게 될 지경에 이르렀다.

출처: http://terms.naver.com

(4) 중간지대 인구 증가에 따른 복지 수요의 증가

중간지대란 보는 관점에 따라서 다르기 때문에 설명하기가 매우 어렵다. 여기서는 가정과 시설 어느 쪽에도 속하지 않고, 지역사회 내에 방치되어 있는 상태를 중간지대라고 지칭한다. 중간지대 인구란 중간지대에 속한 사람들을 말하고(류상열, 2002: 346), 여기서는 노숙인[6]과 북한이탈주민에 대해 살펴본다.

보건복지부는 '2016년 노숙인 등의 실태조사 결과'와 '제1차 노숙인 등의 복지 및 자립지원 종합계획'에 대한 보완 방향을 발표했다. 이번 조사는 관련 법률이 시행된 2012년 6월 이후 처음 실시된 전국 조사로, 민간의 조사는 몇 차례 있었지만 정부 차원에서 전국 노숙인을 상대로 실태조사를 한 건 이번이 처음이다. 조사는 앞으로 5년마다 정기적으로 이루어진다.

거리나 시설, 쪽방 등에 머무는 노숙인은 국내에 전부 1만 7,500여 명인 것으로 나타났다. 이들 가운데 남성과 여성의 비율은 7 대 3가량이고, 대개 질병이나 장애, 이혼, 가족해체 같은 문제로 노숙을 하게 된 것으로 나왔다. 거리 노숙인들이 생활시설을 이용하지 않는 이유는 '단체생활과 규칙 때문'이었다(한겨레, 2017. 9. 27).

이번 조사는 2016년 7월부터 2017년 6월까지 한국보건사회연구원이 실시했다. 1차로 2017년 10월 19일 자정부터 다음날 새벽 5시까지로 시간을 정해 거리와 시설의 노숙인, 쪽방주민을 일시집계한 뒤 이 가운데 2,032명을 표본 삼아 심층 면접조사를 진행했다. 일시집계에서 조사된 노숙인은 1만 1,340명이었고 쪽방주민은 6,192명으로, 전부 1만 7,532명이었다. 이들 중 거리노숙인은 1,522명, 일시적 보호시설에 있는 이들이 493명, 각종 생활시설에 있는 이들이 9,325명이었다. 생활시설 노숙인들은 50대가 가장 많았고(33.4%), 60대(27.5%), 40대(17.8%), 70대(11.1%) 순이었다. 일부(7.7%) 20~39살의 청년 노숙인도 있었다.

---

6) 이전에는 '노숙자'라고 불렀다. 홈리스(Homeless)라고도 불리는 노숙인의 개념은 아직 합의되지 않아 누가 정의하느냐에 따라서 그 범위와 의미가 달라질 수 있다. 노숙인은 주로 일정한 주거 없이 거리에서 잠을 자며 생활하는 사람을 의미하지만, 포괄적으로는 노숙인 쉼터에서 생활하는 사람, 쪽방과 같은 열악한 주거공간에서 거주하는 사람 등 잠재적 노숙상태에 있는 사람들까지 포함하기도 한다. 우리나라의 관계법령에서는 노숙인을 '일정한 주거 없이 상당한 기간 거리에서 생활하거나 그에 따라 노숙인 쉼터에 입소한 18세 이상의 자'로 규정하고 있다.

「북한이탈주민의 보호 및 정착지원에 관한 법률」에서는 북한이탈주민을 "군사분계선 이북지역(북한)에 주소, 직계가족, 배우자, 직장 등을 두고 있는 사람으로 북한을 벗어난 후 외국 국적을 취득하지 않은 사람"으로 정의한다. 한국에서는 「북한이탈주민의 보호 및 정착지원에 관한 법률」에 따라 대한민국의 보호를 받으려는 의사를 표시한 북한이탈주민에게 보호, 교육, 취업, 주거, 의료, 생활보호 등을 지원하여 정착을 돕는다.

북한이탈주민 입국자 수는 2012년부터 매년 1,500명 내외로 2016년에는 1,418명이 입국하였다. 그러나 2017년에는 김정은 체제 유지를 위해 국경지역에서 강력한 탈북 단속을 벌이는 등 여러 사정으로 말미암아 입국자 수는 1,127명으로 대폭 줄었다. 입국자 중 여성이 높은 비율을 차지하는 현상은 계속되고 있어, 2017년 입국자 중 여성 비율은 83%였다. 2017년 12월까지 누적 입국자 수는 3만 1,339명이며, 이 중 2만 2,345명인 71%가 여성이다. 학교에 다닐 연령으로 볼 수 있는 20세 이전의 북한이탈주민의 비율은 전체의 약 15%로 약 4,700명 정도이나, 이들이 모두 학교에 다니는 것은 아니다(박주현, 2018: 315).

▲ **중국의 탈북민 강제송환 막아야!**

출처: www.futurekorea.co.kr

북한이탈주민은 다른 다문화가정과 비교할 때 한국과 가장 비슷한 문화와 언어로 말미암아 적응하기가 쉽겠다고 생각하겠지만, 미묘한 문화와 언어 차이, 그리고 사회제체의 다름으로 생기는 문제가 적지 않다. 북한이탈주민은 한국에 입국하는 초기에 정부에서 주는 정착금과 정착 장려금을 지원받는데, 이로 말미암아 한국사회에서 취업을 통해 적응하려는 노력을 적게 한다는 이야기를 듣기도 한다. 이에 따라 일정기간 지원되는 정부의 지원금이 떨어지는 경우 막막함에 처하는 경우가 많다(박주현 · 최덕경, 2016: 173-176).

2) 서비스체제 및 방법론의 변화

우리나라 사회복지서비스체제는 1950~1970년대까지는 단일체제를 유지해 왔으며, 1980년대부터 현재까지는 중간 정도의 종합체제를 구축하고 있다. 예를 들어 1950년대부터 시작된 우리나라 사회복지서비스는 국가가 시행하는 공공복지와 외국원조기관이 시행하는 민간복지를 들 수 있는데, 이 시기에는 대부분 외국원조에 의한 사회복지서비스가 주류를 이루었다. 그러므로 공공복지와 민간복지는 전혀 연계되지 않았으며, 독립적으로 운영되어 왔다.

1980년대 들어와서는 공공복지가 좀 더 강화되었다가 외국원조기관이 철수함으로써 공공복지체제로 전환되었다. 따라서 복지서비스체제 대부분이 반관반민 형태인 법인 등 사회단체가 정부로부터 위탁 운영하는 체제로 바뀌게 된 것이다. 이러한 현상은 향후 새로운 형태의 서비스체제로 구축될 것이다(류상열, 2002: 349-350).

3) 전문적 서비스에 대한 욕구 증대

서비스 통합과정에서 자칫 나타나기 쉬운 서비스 및 전문성에 대한 문제가 제기될 수 있다. 우리나라는 6 · 25전쟁 후 갑작스럽게 쏟아진 복지욕구를 충족시키기 위해서 일시적이고 응급처치적인 방법으로 접근하였다. 그런 와중에서 개별적 서비스가 외국원조기관에 의해 부분적으로 시행되었으나 꽃을 피우지는 못하였다. 그 후 통합적 접근과 개별적 접근 사이에서 방황하다가, 1992년 이후 서서히 통합적 접근으로 문제를 풀어가기 시작하였으나, 그것마저 확고한 자리를 잡지는 못했다.

이런 상황을 감안하면 사회복지서비스 실천과정에서 어떤 요구가 제기될 것인가는 중요한 관심사가 아닐 수 없다. 서비스를 제공하는 사회복지사 입장에서나 서비스를 제공받는 클라이언트 입장에서 볼 때 전문적인 서비스의 요구는 증대될 것이라고 본다. 그 이유는 노인과 장애인의 증가로 복지욕구의 양적 증가와 함께 정신장애, 학교폭력, 마약중독, 치매, 비행과 범죄 등의 증가로 더 질 좋은 전문적 서비스가 필요하기 때문이다(류상열, 2002: 351).

2. 대한민국 사회복지의 과제

우리나라가 선진국 수준의 복지국가로 발전하기 위해서는 복지개혁이 요구된다. 그러면 복지개혁이 실현될 수 있는 조건은 무엇인가? 구미 각국의 100여 년에 걸친 복지국가 발전을 비교역사적 관점에서 되돌아 볼 때, 복지국가의 성장을 촉진한 가장 중요한 두 가지 거시적 요인은 자본주의 발전과 정치 민주화라는 것을 확인할 수 있다. 우리나라도 지난 60년 동안 자본주의 발전이 급속히 이루어졌다. 특히, 1987년 이후에는 정치 민주화도 상당한 정도로 추진됐다고 할 수 있다. 따라서 우리나라는 복지국가 성장을 위한 두 가지 거시적 요인은 어느 정도 충족되었다. 따라서 경제성장 과정에서 더 많은 혜택을 누린 집단으로부터 정당한 몫을 받지 못하거나 소외된 계층으로 성장의 과실이 이전되어야 한다. 이를 위해서는 재분배를 주도하고 복지를 증진할 수 있는 사회세력이 조직되고 정치적으로 진출할 필요가 있다.

앞으로 우리나라가 복지선진국으로 발전하기 위해서는, 그리하여 모든 국민과 노동계급이 더욱 안락하고 안전한 삶을 영위하기 위해서는 복지와 재분배를 합법적으로 강제할 수 있는 노동계급(혹은 모든 임금취득 계층)과 진보정당의 조직적 · 정치적 성장이 선행되어야 한다. 그러나 오늘날의 현실을 보면, 우리나라는 여전히 적대적 남북관계와 심각한 경제적 불안정 문제에 직면하고 있다. 또한, 그간 집요하게 정치적 진출을 시도한 진보정당들도 1987년 이후 몇 차례 선거에서 자신들의 득표 목표에 실패했다. 이런 점에서 볼 때, 우리나라에서 단기간에 노동계급의 조직력이 신장하고, 진보정당의 정치력이 강화되어 복지개혁이 대대적으로 이루어질 가능성은 아직 낮다고 하겠다(김태성 · 성경륭, 2000: 475–476; 박주현, 2017: 326–327).

1) 복지 수요의 증가에 대한 대책

(1) 노인인구 증가에 따른 대책

노인인구 증가는 세계적인 추세로서 우리나라만의 문제는 아니다. 그런데 앞에서도 언급하였지만, 우리나라 노인인구 증가 속도가 선진국에서는 가히 상상할 수 없을 정도로 빠르다는 게 문제이다. 우리나라 노인은 소위 조국 근대화 과정에서 철저하게 희생당한 계층이지만, 자력으로 살아가기에는 너무도 준비가 안 되어 있는 상황이다.

통계청 조사에 따르면, 은퇴가구(2016년 기준)의 소득은 월평균 152만 원(연간 1,826만 원)으로 경제활동가구의 37% 수준으로 떨어진다. 은퇴가구 소득의 64%는 정부나 가족 등이 보조하는 이전소득이다. 보험개발원 분석에 따르면, 은퇴 후 최소생활비 예상금액은 월 265만 원(부부 기준) · 158만 원(개인 기준)이고, 적정생활비는 월 327만 원(부부 기준) · 194만 원(개인 기준)이다. 은퇴 연령 이후에도 당장 먹고 사는 문제조차 해결되지 않다 보니 다시 경제활동에 참여해 실제 은퇴 나이는 72.1세로 경제협력개발기구(OECD) 평균인 64.3세보다 7.8세나 높다. 65세 이상 고령층의 취업자 수는 2014년 195만 명에서 2018년 231만 명으로 5년 새 18%나 늘었다. 최근 정부가 노인 일자리를 늘림에 따라 하루에 2~3시간씩 쓰레기 줍기 등을 하고 한 달에 30만 원가량을 받는 일의 수요가 급속도로 증가할 정도다.

▲ 50년 뒤 지하철엔 2명 중 1명 공짜 승객

이 과도기적 상황에 처한 이들을 위한 대안은 없는가? 건강보험 재정은 적자에 허덕이고, 국민연금은 아직 미성숙 상태고, 가족부양의식은 점점 약화되어 가는 현실 속에서 노인들을 위해 할 수 있는 게 무엇인가? 이 질문에 답하기에는 답답하기만 하다. 그렇지만 마냥 이대로 보고만 있을 수는 없을 것이다. 예컨대, 기초연금 및 국민연금의 현실적 급여를 위한 대안이 모색되어야 할 것이다(류상열, 2002: 352-358). 인구문제가 개선될 여지를 보이기보다 현재 예측보다 악화 속도가 더 빠를 수 있어 정부와 국회를 포함한 범국가대책기구를 만드는 식으로 특단의 대책이 나와야 한다. 정부는 저소득층 노인의 소득보전에 집중하고 중산층 · 고소득층은 저축이나 민간연금 등으로 스스로 노후소득을 마련할 수 있도록 간접적인 뒷받침을 해야 한다.

(2) 장애인 증가에 따른 대책

최근 한 장애인 시설에서 생활재활교사가 지적장애인들에게 폭행을 지시하고 이를 촬영하는 충격적인 사건이 발생했다. 우리 사회에서 장애인에 대한 물리적 · 정서적 학대가 문제가 된 건 하루 이틀 된 문제는 아니다. 그런데 장애인에게 욕설과 조롱을 일삼거나, 폭행을 가하는 등의 '학대'를 일삼는 이들의 상당수가 장애인들을 보호해야 할 의무를 가진 '교사'라는 사실이 드러나면서 사회적 공분이 일고 있다. 과연 우리 사회가 장애인들을 보호할 울타리를 마련할 수는 없는 것일까? 2018년 2월 장애인들이 서로의 뺨을 때리는 등 폭행을 가하는 충격적인 영상이 공개됐다. 폭행을 지시하는 장애인시설 생활재활교사, "더 때려, 더 세게 때려!"

우리나라 장애인복지는 세계적으로 인정받아 장애인 보호와 관련하여 국제적인 기구로부터 수상한 실적도 있다. 그러므로 대외적인 분야에서는 어느 정도 수준을 유지하고 있다고 볼 수 있으나, 질적인 부분에서는 아직 부족한 부분이 많다. 따라서 이에 대한 대책이 강구되어야 할 것이다. 예컨대, 등록하지 않은 장애인 실태를 파악하여 빠짐없이 등록하고, 장애인의 개인적 욕구에 따른 서비스를 제공토록 하여야 할 것이다. 특히, 장애가 발생하지 않도록 예방하는 것이 무엇보다 중요하다.

(3) 청소년의 비행 증가에 따른 대책

최근 청소년 강력 범죄를 비롯하여 다양한 비행과 일탈행위가 발생함에 따라 지역 실정에 맞는 청소년 비행 대책 수립의 필요성이 대두되고 있다. 이에 따라 청소년 유관기관 및 단체와 합동 추진체계를 구축, 청소년 비행 예방을 위한 맞춤형 치안활동을 전개하는 '청소년비행대책협의회' 활동이 늘어나고 있다. 청소년비행대책협의회는 지역사회 소년범 비행의 원인 · 현황에 대해 분석하고, 정기 간담회를 통해 청소년의 비행예방 및 위기청소년 정보공유를 통해 청소년 보호 사각지대 해소를 위한 사회안전망 구축을 추진한다.

사실 청소년 비행은 강력범을 제외하고는 나이가 들면 치유될 수 있는 병에 불과하다고 볼 수도 있다. 그러나 이들에 대한 따가운 사회의 눈총이 이들을 더 어렵게 만드는 경우가 많다. 청소년 비행의 예방이나 치료를 위해서 다음과 같이 제언한다. 가정 · 학교 · 사회가 하나의 팀워크를 이루어 청소년 문제를 해결해 나가는 것이 바람직하고, 웬만한 비행은 시설보호보다 지역사회보호(재가보호)를 통해 교정하는 것이 바람직하다. 비행청소년을 위한 보호관찰제도가 이에 해당된다.

"청소년 고민 나눠요" 상담원이 찾아갑니다

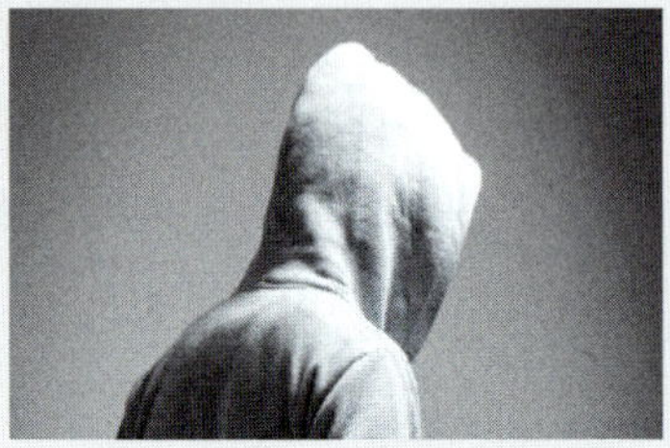

강원도일시청소년쉼터가 청소년들의 고민을 가까이서 듣기 위해 '찾아가는 사랑의 밥차'를 연다. '찾아가는 사랑의 밥차'는 청소년을 거리에서 오는 위험으로부터 보호하고, 위기청소년 조기 발견을 통해 비행과 범죄 노출을 방지하기 위해 기획됐다.

전문상담원과 이야기를 나눌 수 있는 상담부스, 미니 디퓨저를 만드는 체험부스, 식사를 제공하는 간식 제공 부스 등으로 나뉘어 운영된다. 특히, 청소년들에게 인권과 관련된 정보를 제공하는 인권캠페인 부스도 함께 운영돼 인권 의식을 높여 갈 것으로 기대되고 있다. 쉼터 관계자는 "위기청소년들을 현장에서 직접적으로 지원하고, 가출 예방교육과 보호활동 효과를 높이기 위해 매달 마지막 주 화요일마다 진행할 예정"이라고 말했다.

출처: 강원일보(2018. 3. 27). 이하늘 기자.

(4) 중간지대 인구 증가에 따른 대책

우리나라는 국제통화기금(國際通貨基金, International Monetary Fund: IMF)[7] 경제위기 이전에도 노숙인이 존재했지만, 분산되거나 격리되어 있어서 일반인의 관심의 대상이 되지 않았다. 노숙인은 일반 사회 구성원에게는 부랑인 등으로 표현되며, 걸인 혹은 정신병자라는 식으로 이해되어 격리되어야 할 존재로만 생각되었다.

7) 세계무역의 안정된 확대를 통하여 가맹국들의 고용증대, 소득증가, 생산자원개발에 이바지하는 것을 궁극적인 목적으로 하는 국제통화기금(IMF)은 1944년 「브레턴우즈협정(Bretton Woods Agreements)」에 따라 1945년 12월 설립, 1947년 3월부터 IBRD(국제부흥개발은행)와 함께 업무를 개시한 국제금융기구다. 제2차 세계대전 이후 정치적 · 경제적으로 세계적인 주도권을 잡은 미국의 주도로 설립되었다. 한편, 우리나라는 1997년 외환위기로 IMF에 구제금융을 신청하고, 1999년 5월 20일까지 총 10차에 걸쳐 195억 달러를 차입하는 등 IMF 구제금융 위기를 맞기도 했다.

▲ 미국 워싱턴에 소재한 IMF 본부

국제통화기금 경제위기로 실물경제의 위기가 오고 실업자의 증가와 함께 노숙인이라는 사회적 계층이 등장함으로써, 1998년부터 본격적으로 노숙인문제가 사회문제로 대두되기 시작하였다. 노숙인은 개인적 결함을 가진 특별한 존재가 아니고, 실업과 빈곤문제의 한 양상으로 존재하므로 보통의 정상적인 사람도 노숙인이 될 수 있다는 위기의식이 나타난 것이다. 당시에는 경제 상황으로 말미암은 단기적인 현상으로 보아 경기가 회복되면 해결될 것으로 보았다. 그러나 20년이 지난 현재도 다수의 노숙인이 존재하며 여성노숙인, 청소년노숙인, 가족노숙인 문제 등으로 대상층도 다양해지고 있다.

노숙인문제 해결은 그 원인을 개인적 관점에서 볼 때는 개인의 역기능을 변화시키거나 자활의지 및 능력을 고취시키기 위한 상담, 교육, 사례관리 등이 중요하고, 사회구조적 관점에서는 국가적 빈곤대책, 노동시장개입, 공동임대주택 확대 등 거시적 사회정책을 통해 이루어질 수 있다. 노숙의 주요 사회구조적 요인인 빈곤과 실직의 문제는 국제통화기금 경제위기로 촉발되었지만 개인의 성장배경, 저학력, 저임금취업, 불안정한 결혼생활, 가족관계의 악화, 저렴한 주택의 부족, 이웃공동체의 붕괴, 알코올중독, 정신질환의 문제 등이 맞물려 나타난 현상이다. 따라서 노숙인문제는 본질적으로 우리사회의 불평등 심화, 빈곤문제 등과 밀접하게 연관되어 있다. 그러므로 개인적 · 사회구조적 요인을 함께 고려하는 균형적 시각을 가지고 이 문제를 해결해나가야 할 것이다.

"너무 추워서" 빈 건물 들어가 불낸 노숙인 집행유예

추위를 피해 빈 건물에 무단으로 들어갔다가 불을 낸 노숙인에게 집행유예가 선고됐다. A씨는 광주 광산구 한 아파트 상가 창고에 들어가 일회용 라이터로 종이 상자와 전단지에 불을 붙여 그 불길이 창고에 있던 타이어, 냉장고, 벽면에 옮겨 붙게 했다. 또 광산구에서 문이 잠기지 않은 한 식당에 침입, 막걸리를 훔쳐 마시고 소파 위에 냅킨, 커튼 등을 올려놓고 불을 붙였다. A씨는 일정한 직업과 주거가 없는 노숙인으로 한파를 피해 사람이 없는 건물에 들어가 불을 피웠다가 이 같은 일을 저지른 것으로 조사됐다.

출처: 연합뉴스(2018. 3. 19). 장덕종 기자.

북한이탈주민 수가 점차 늘고 있다. 앞에서도 살펴본 바와 같이 2017년 12월 기준 3만 1,339명이다. 그 진짜 이유가 무엇인지 우리가 정확하게 알 수는 없다. 그러나 주로 빈곤, 정치적인 이유, 자녀교육, 자유, 햇볕정책 등으로 그 수가 늘어날 것으로 예상된다. 특히, 그 시기가 언제인지는 아무도 알 수 없지만, 언젠가는 통일이라는 것도 염두에 두어야 할 것이다(류상열, 2002: 354-355).

북한이탈주민 2명 중 1명만 일하고, 임금근로자 평균 임금은 2016년 기준 10년 이상 거주자의 평균 월급이 168만 원, 3년 미만 거주자는 152만 원으로 조사됐다.[8] 또한, 북한이탈주민 근로자의 26.9%가 단순 노무자이며, 27.3%는 서비스 종사자, 0.6%는 농어업 종사자 등 54.8%가 일용직과 비정규직인 것으로 나타났다. 북한이탈주민의 54.2%인 일용직과 서비스 종사자는 고용보험에 가입되지 않은 비정규직이어서 근무 연속성이 보장되지 않아 북한이탈주민의 정착자산 형성을 지원하는 미래행복통장에

8) 통일부 산하 남북하나재단이 만 15세 이상 북한이탈주민 2,715명을 방문조사한 뒤 발표한 '2017 북한이탈주민 정착실태조사' 결과, 북한이탈주민의 실업률은 2016년 5.1%에서 2017년 7.0%로 증가했다. 반면, 일반 국민 실업률은 2016년과 2017년 3.6%로 동일했다. 2017년 북한이탈주민 월평균 임금은 178.7만 원으로 전년(162.9만 원)보다 상승했다. 그러나 2017년 일반 국민의 월평균 임금(242.3만 원)보다는 63.6만 원 낮았다. 한편, 자영업자 비율은 2011년 6.4%에서 2017년 13.6%로 급증한 것으로 나타났다(머니투데이, 2018. 3. 22).

가입하기 힘들다. 따라서 가입조건을 완화해 북한이탈주민들 간에 형평성을 제고해야 한다(한라일보, 2017. 10. 31).

이들을 위한 대책으로는 첫째, 탈북자는 한 동포라는 관점에서 보호가 이루어져야 한다. 황장엽 씨 사건에서도 볼 수 있듯이 그는 자신이 망명자가 아니라, 조국에 돌아온 동포라는 것을 누누이 강조하였다. 둘째, 탈북자에 대한 국민적 관심을 고취시켜야 한다. 최근 우리 정부는 북한의 비위를 거스를까봐 탈북자에 대해 매우 소극적으로 대처하고 있다는 인상을 주고 있다. 따라서 민간 차원의 보호운동이 일어나야 한다.

2) 서비스체제의 개선

사회복지 전달체계를 바꾼다는 것이 결코 쉬운 일은 아니다. 그러나 여기서는 다음과 같은 두 가지 관점에서 살펴보고자 한다(류상열, 2002: 355).

첫째, 공공기관끼리의 통합을 이루어 나가는 것이다. 예컨대, 보건과 복지, 아동과 노인, 공공부조와 장애인, 자원봉사와 청소년 등 서로 보완기능을 할 수 있는 기구의 통합이 필요하다.

둘째, 독자적인 민간기관 설립을 추진해 나가는 것이다. 1950년 이후 외국원조기관이 우리나라에서 활동할 때를 제외하면 순수한 민간기관은 극히 소수에 불과했다. 설립 주체는 민간이지만, 설립 후 운영비를 정부로부터 받게 되거나, 프로그램을 위탁·운영하면 순수한 민간기관이라고 볼 수 없다. 그러므로 전문적인 서비스를 받고자 하는 클라이언트를 위해 순수한 민간기관[9], 즉 소규모 전문적인 기관을 많이 설립하여야 한다.

9) 순수한 민간기관이란 설립과 운영에 있어서 정부의 재정적 지원을 받지 않고, 기관의 설립 목적에 따라 자율적으로 운영해 가는 사회복지기관을 의미한다.

3) 서비스방법의 개선

(1) 클라이언트 중심의 서비스

고령화의 급속한 진전에 따라 욕구가 다양해지고, 중복욕구를 가진 클라이언트가 늘어나게 된다. 이러한 상황에서 지금처럼 통상적인 단순한 방법으로는 클라이언트의 욕구를 충족시킬 수 없다. 그러므로 클라이언트의 다양한 욕구에 따라 방법 혹은 기술을 적용시켜 나가야 한다. 즉, 케이스워크, 그룹워크, 지역사회사업 등의 단일 기술로 치료하던 것을 클라이언트에 따라서는 사례관리(事例管理, case management)라는 통합방법을 사용하여야 한다.

사례관리

사례관리는 발달장애, 장애인복지, 지역사회 정신보건, 의료 · 보건사업, 노인복지 등과 같은 인간을 대상으로 하는 서비스에 두루 쓰이는 실천양식으로, 지역사회 세팅 내에서 만성 장애인이나 중증 장애클라이언트에게 차츰 확대되고 지속적인 보호를 제공하는 수단으로 여겨지고 있다.

사례관리의 본질적인 목적은 문제해결에 있다. 문제해결이란 지속적인 서비스를 제공하고 서비스체계의 경직성, 분산된 서비스, 서비스나 시설접근의 어려움 등을 극복함으로써 이루어지는 것을 말한다. 사례관리기법은 서비스체계 차원과 동시에 클라이언트 차원에서 생각할 수 있다. 즉, 정부나 사회복지기관과 같은 서비스체계 차원에서의 사례관리기법은 체계 내의 클라이언트에 대한 서비스를 조장하는 전략으로 이해할 수 있고, 클라이언트 차원에서의 사례관리는 클라이언트에 대한 특정한 서비스의 필요성과 그 필요한 서비스를 제공받을 수 있도록 하는 클라이언트 중심의 목적 지향적인 과정으로 정의되고 있다.

클라이언트 혹은 클라이언트 그룹을 위한 모든 원조활동은 조화를 이루도록 조정하는 절차이다. 그 절차는 그 기관 또는 다른 기관 내의 많은 사회사업가가 전문적 팀워크를 통해 그들의 서비스가 서로 조화롭게 제공되도록 하고 그 결과, 요구되는 서비스 폭도 넓히게 된다. 사례관리는 여러 분야의 다른 전문가, 기관 및 휴먼 서비스 프로그램의 서비스가 필요한 클라이언트를 알아내는 것도 포함될 수 있다. 또 케이스 발견과 다양한 측면에서의 문제 사정과 빈번한 문제 사정도 여기에 포함된다.

(2) 시설보호와 재가복지의 균형 유지

사회복지서비스에 있어서 시설보호에서 재가보호로의 전환을 시도하는 것은 세계적인 추세이다. 우리나라에서도 1990년대에 들어와서 재가복지를 추진하고 있는데, 아직은 시설보호에서 재가보호로의 전환이라기보다는 시설보호와 재가복지를 함께 추진하고 있는 실정이다. 이러한 실정을 감안해서 시설보호를 충실히 하면서 재가복지를 추진해 나가야 한다. 특히, 재가복지를 충실히 하기 위해서는 여기에 필요한 시설과 장비를 확보해야 한다(류상열, 2002: 356-357).

4) 전문교육과 전문가 양성

전문(專門)이란 어떤 분야에 상당한 지식과 경험을 가지고 오직 그 분야만 연구하거나 맡음 또는 그 분야를 뜻한다. 전문교육(專門敎育, Professional education)이란 전문가(professional)를 양성하는 교육, 즉 고등교육의 단계에서 고도로 전문화된 직업인을 양성하는 교육을 지칭한다. 다르게 표현하면, 전문교육은 일반 교양교육과 대조되는 개념으로, 특정 분야의 전문지식과 기술 및 직업윤리 등을 습득시키기 위한 교육을 말한다.

이런 의미에서 오늘날 우리 대학은 전문교육으로 전문가를 양성하고 있다고 말할 수 있는가? 대학에 따라 교과과정이 차별화되어 있는데, 근래에 와서는 사회복지사 1급 국가고시 시험과목을 중심으로 교과목이 짜여 있어 정책론 중심의 교육이 강화되는 인상을 주고 있다. 1950~1970년대까지 외국원조기관이 우리나라 사회복지를 담당하고 있을 때에는 방법론이 강화되어 있었다. 정책론이든 방법론이든 한쪽으로 치우치게 되면 전문가가 되기까지는 문제가 있다. 따라서 대학에서는 균형 있는 교과과정을 편성·교육해야 한다.

지금 우리의 현실은 어떠한가? 노후 대비를 위해서 은퇴 후에도 제2의 직장을 찾거나 고용불안으로 말미암아 안정된 직종 또는 직장을 찾는 경단녀, 전업주부, 30~40대 직장인, 중장년층이 사회복지사를 동경하고 있다. 학점은행제·사이버대학 졸업자를 포함하여 1년에 수천 명의 사회복지사가 배출되고 있다. 그들 모두가 사회복지 전문가인가? 여러분은 그렇지 않다고 대답할 것이다. 현재 우리나라 교육과정이나 수준으로 볼 때 그들 모두가 전문가가 된다는 것은 결코 기대할 수 없다(박주현, 2018: 321; 박주현 외, 2014: 49-50).

그렇다면 우리는 어떻게 해야 할까? 전문분야에서 전문가가 되기 위해서는 재학 중 이론은 물론 실습을 성실히 하여야 할 것이다. 또한, 개인이 원하는 분야를 선택하여 개별적인 현장실습을 통해 임상경험을 가능한 한 많이 하는 것이 매우 중요하다. 왜냐하면 다양한 학문분야의 지식이 사회복지 실천현장에 접목되고 현장의 특성에 맞게 잘 조화되어 독특한 지식체계를 구성하고 있기 때문이다(류상열, 2002: 357; 배은숙 외, 2013: 13).

참고문헌

감정기 · 최원규 · 진재문 (2002). 사회복지의 역사. 경기: 나남.

감정기 · 최원규 · 진재문 (2010). 사회복지의 역사(개정판). 경기: 나남.

김광수 (1984). 중상주의. 서울: 민음사.

김근홍 · 서화자 · 심창학 · 이만식 · 함세남 · 홍금자 (2007). 사회복지 역사와 철학(제2판). 서울: 학지사.

김기원 (2003). 한국사회복지정책론. 서울: 나눔의집.

김덕호 (1994). 산업사회 영국의 빈곤과 복지정책: 자선조직협회 vs. 페이비언협회 1869~1909. 『역사학보』, 144, pp. 187-221.

김동국 (1986). 社會福祉史. 부산: 에바다출판사.

김상균 (1987). 현대사회와 사회정책. 서울: 서울대학교출판부.

김상균 (1992). 사회민주주의형 복지국가와 조합주의의 모색. 한국사회복지학회. 복지국가의 현재와 미래, 국제학술회의 자료집.

김승훈 (2010). 사회복지발달사. 서울: 나눔의집.

김태성 · 성경륭 (1993). 복지국가론. 경기: 나남.

나병균 (1993). 제3세계 국가들 간의 복지정책 비교를 위한 이론적 논의: 행위자로서의 국가 역할을 중심으로. 한림대학교 사회복지연구소 편. 『비교사회복지』, 2.

남세진 (1995). 한국사회복지론. 서울: 나남.

남세진 · 조흥식 (2001). 집단지도방법론. 서울: 서울대학교출판부.

노무지 · 전영진 · 김철진 (2015). 사회복지발달사. 서울: 형지사.

노무지 · 전영진 · 최원석 (2009). 사회복지발달사(제2판). 서울: 청목출판사.

대한성서공회 (2007). 성경전서(새번역). 서울: 대한기독교서회.

류상열 (2002). 사회복지역사. 서울: 학지사.

박광준 (2002). 사회복지의 사상과 역사. 경기: 양서원.

박광준 (2013). 사회복지의 사상과 역사. 경기: 양서원.

박기봉 (2006). 조선상고사. 서울: 비봉출판사.

박능후 (2000). 기초보장제도의 역사적 전개과정과 함의. 『보건사회연구』, 20(2), pp. 3-49.

박순우 (1999). 영국의 사회복지. 한국사회과학연구소 사회복지연구실 편. 세계의 사회복지, pp. 97-144. 서울: 인간과복지.

박주현 (2017). 사회복지정책론. 서울: 어가.

박주현 (2018). 사회복지발달사. 서울: 어가.

박주현 · 박연옥 · 김준환 · 배은숙 · 박서춘 · 박서영 (2014). 사회복지실천론. 서울: 창지사.

박주현 · 최덕경 (2016). 다문화사회의 이해와 실천(제2판). 서울: 창지사.

박태정 (2014). 사회복지역사 탐구. 서울: 학지사.

배은숙 · 문혜숙 · 김준환 · 이금옥 · 박주현 (2013). 사회복지실천기술론. 서울: 창지사.

서상목 (1992). 빈곤의 실태와 영세민대책. 서울: 한국개발연구원.

서울신학대학교 기독교사회복지연구소 (1991). 基督敎 社會福祉. 경기: 서울신학대학교 기독교사회복지연구소.

손준규 (1983). 社會保障 · 社會開發論. 서울: 집문당.

송호근 (1999). 시장과 복지정책. 서울: 나남.

신재명 · 노무지 (2005). 사회복지발달사. 서울: 청목출판사.

신중섭 (1994). 世界의 社會福祉. 서울: 유풍출판사.

신채호 (1948). 朝鮮上古史. 서울: 종로서원.

안상훈 (1999). 스웨덴의 사회변화와 사민주의 복지개혁. 한국사회과학연구소 사회복지연구실 편. 세계의 사회복지, pp. 217-251. 서울: 인간과복지.

외교통상부 (2008). 국제사회의 빈곤퇴치를 위한 유엔새천년개발목표(MDGs) 이행 추진 현황.

원석조 (1993). 비스마르크 사회정책의 본질. 한국복지연구회 편. 사회과학과 사회복지학. 서울: 한울아카데미.

원석조 (1996). 1911년 영국의 국민보험과 계급관계. 『사회복지정책』, 3, pp. 31-64.

원석조 (2013). 사회복지발달사(제2판). 경기: 양서원.

유광호 (2005). 사회보장발달사. 서울: 유풍출판사.

유범상 (2003). 한국의 노동정치와 사회복지의 '만남': 의미, 구조, 전략. 『상황과 복지』, 14, pp. 69-108.

이강희 · 양희택 · 노희선 (2006). 사회복지발달사. 경기: 양서원.

이강희 · 양희택 · 서대석 (2011). 사회복지발달사. 경기: 양서원.

이상록 (1991). Neo-Marxist 사회정책 발달론에 대한 비판적 연구. 서울대학교 대학원 석사학위논문.

이영환 · 이정운 (1996). 사회복지를 시민운동으로-참여연대의 국민생활최저선 확보운동을 중심으로-. 『상황과 복지』, 창간호, pp. 153-160.

이인재 · 류진석 · 권문일 · 김진구 (1999). 사회보장론. 서울: 나남.

이정옥 (2000). 글로벌리제이션의 다면성과 사회운동의 국제연대. 『경제와 사회』, 48, pp. 62-92.

이혜경 · 타케가와 편 (2006). 한국과 일본의 복지국가레짐 비교연구. 서울: 연세대학교출판부.

임은희 · 홍숙자 · 김성기 · 김경숙 · 엄옥연 (2012). 사회복지발달사. 경기: 양서원.

장훈 (1984). 社會保障法總論: 基本理論과 歷史. 대구: 대구대학교출판부.

전남진 (1987). 社會政策學講論: 福祉政策의 樹立과 分析. 서울: 서울대학교출판부.

전재일 · 김상규 (1997). 個別社會事業. 서울: 형설출판사.

정연택 (1999). 1990년대 이후 독일 사회정책의 역사. 한국사회과학연구소 사회복지연구실 편. 세계의 사회복지, pp. 145-177. 서울: 인간과복지.

정재훈 · 유영림 · 이수진 (2016). 사회복지발달사. 서울: 청목출판사.

조영훈 (2000). 복지국가의 몰락?: 스웨덴 사례 분석을 통한 세계화론의 복지국가 쇠퇴론 검토. 『한국사회학』, 34, pp. 929-949.

진재문 (1994). 국가코포라티즘의 적합성에 관한 연구: 의료보험법(1976)의 정책결정과정을 중심으로. 서울대학교 대학원 석사학위논문.

최천송 (1977). 韓國社會保障論. 서울: 한국노사문제연구협회.

하상락 (1989). 韓國社會福祉社史論. 서울: 박영사.

한국사회복지협의회 (1977). 韓國社會福祉總覽. 서울: 한국사회복지협의회.

함세남 · 이원숙 · 김덕환 · 김범수 · 윤찬중 · 서화자 · 구종회 (2006). 先進國 社會福祉發達史. 서울: 홍익재.

허구생 (2002). 빈곤의 역사, 복지의 역사. 서울: 한울아카데미.

홍숙자 · 김경숙 · 박용권 · 조재숙 · 조현상 (2015). 사회복지발달사. 경기: 양서원.

Armstrong P., Glyn, A., & Harrison, J. (1991). *Capitalism since 1945*. 김수행 역 (1993). 1945년 이후의 자본주의. 서울: 동아출판사.

Blaug, M. (1964). The Poor Law Report Reexamined. *The Journal of Economic History*, Vol. 24(2), pp. 229-245.

Bruce, M. (1961). *The Coming of the Welfare State*. Oxford: B. T. Batsford Ltd.

Bruce, M. (1968). *The Coming of the Welfare State*(2nd ed.). Oxford: B. T. Batsford Ltd.

Day, P. J. (1997). *A New History of Social Welfare*(2nd ed.). Boston: Allyn & Bacon.

Dolgoff, R., & Feldstein, D. (1984). *Understanding Social Welfare*(2nd ed.). NY: Longman.

Esping-Andersen, G. (1990). *The Three World of Welfare Capitalism*. Cambridge: Polity Press.

Estelle, J. (1987). "The Nonprofit Sector in Comparative Perspective." in W. W. Powell(Ed.). *The Nonprofit Sector: A Research Handbook*. Yale University.

Flora, P., & Alber, J. (1981). "Modernization, Democratization, and the Delelopment of Welfare State in Western Europe", In P. Flora and A. J. Heidenheimer(Eds.). *The Development of Welfare State in Europe and America*. London: Transaction Books.

Flynn, R. (1988). Political Acquiescence, Privatization and Residualisation in British Housing Policy. *Journal of Social Policy*, Vol. 17.

Fraser, D. (1984). *The Evolution of the British Welfare State*(2nd ed.). London: MacMillan.

Friedlander, W. A., & Apte, R. Z. (1974). *Introduction to Social Welfare*(4th ed.). Englewood Cliffs:

Prentice Hall Inc.

George, V. (1996). "The Future of The Welfare State", In V. George & P. Taylor-Gooby(Eds.) *European Welfare Policy*. NY: St. Martin Press.

George, V., & Miller, S. (1993). "2000 Beyond: A The Residual or a Citizen's Welfare State?" In V. George and S. Miller(Eds.). *Social Policy Toward 2000*. London: Routledge.

Giddens, A. (1998). *The Third Way: The Renewal of Social Democracy*. Cambridge: Polity Press.

Giddens, A. (1999). *Runaway world: how globalisation is reshaping our lives*. 박찬욱 역 (2000). 질주하는 세계: 세계화는 어떻게 우리의 삶을 바꾸고 있는가. 서울: 생각의나무.

Goffman, E. (1963). *Stigma: Notes on management of spoiled identity*. Englewood Cliffs, NJ: Prentice-Hall.

Gough, I. (1979). *The Political Economy of the Welfare State*. London: MacMillan.

Handel, G. (1982). *Social Welfare in Western Society*. NY: Random House.

Hayek, F. A. (1944). *The Road to Serfdom*. 정도영 역 (1973). 예종에의 길(상 · 하). 서울: 삼성미술문화재단.

Higgins, J. (1981). *States of Welfare: Comparative Analysis in Social Policy*. Oxford: Basil Blackwell & Martin Robertson.

Hobsbawn, E. J. E. (1987). *The Age of Empire*. 김동택 역 (1998). 제국의 시대. 서울: 한길사.

Huber, E. (1995). 한국복지연구회 역 (1999). 변화하는 복지국가. 서울: 인간과복지.

Jones, K. (1991). *The Making of Social Policy in Britain 1830~1990*. London: The Athlone Press Ltd.

Jones, K. (2000). *The Making of Social Policy in Britain : From the Poor Law to New Labour*. London: Continuum.

Leeuwen, van & Marco, H. D. (1994). "Logic of Charity: Poor Relief in Preindustrial Europe." *The Journal of Interdisciplinary History*(24-4, spring), pp. 589-613.

Leily, J. (1978). *A History of Social Welfare and Social Work in the United States*. NY: Columbia University Press.

Levine, D. (1988). *Poverty and Society: The Growth of the American Welfare state in International Comparison*. New Brunswick: Rutgers University Press.

Loch, C. S. (1982). *Charity Organization*. London: Swan Sonnenschien & Co.

Macarov, D. (1978). *The Design of Social Welfare*. NY: Holt, Rinehart & Winston.

MacPherson, S., & Midgley, J. (1987). *Comparative Social Policy and the Third World*. Sussex: Wheatsheaf Books. 현외성 역 (1989). 비교사회정책과 제3세계. 서울: 성은출판사.

Maxine, A. E. (1992). "Social Work in Uganda: Survival in the Midst of Turbulence." in M. C. Hokenstad, S. K. Khinduka, & J. Midgley (1992). *Profiles in International Social Work*. NY:

NASW.

Mesa-Lago, C. (1994). "Social Security and Prospects for Equity in Latin America." *The World Bank Discussion Paper*, Vol. 140.

Midgley, J. (1984). *Social Security, Inequality and Third World*. NY: John Wiley & Sons, Inc. 한국복지연구회 역 (1986). 제3세계 불평등과 사회보장. 서울: 한국복지정책연구소.

Midwinter, R. (1984). *The Development of Social Welfare in Britain.* Buckingham: Open University Press.

Mishra, R. (1984). *The Welfare State in Crisis: Social Thought and Social Change*. Sussex, UK: Wheatsheaf Books.

OECD (1988). *The Cost of Social 1981~1983*.

Pierson, C. (1991). *Beyond the Welfare State? The New Political Economy of Welfare.* Cambridge, UK: Polity Press.

Pierson, C. (1991). *Beyond the Welfare State? The New Political Economy of Welfare.* Cambridge, UK: Polity Press. 현외성 · 강욱모 역 (1999). 전환기의 복지국가. 경남: 경남대학교출판부.

Reischauer, R. (1989). "The Welfare Reform Legislation: Directions for the Future" in Welfare Policy for the 1990s edited by Cottingham and Ellwood. Cambridge, MA: Harvard University Press.

Rimilinger, G. (1971). *Welfare Policy and Industrialization in Europe, America and Russia*. NY: John Wiley & Sons Inc.

Rodgers, B. (1969). *The Battle against Poverty*, Vol. Ⅰ, Ⅱ. London: Routledge & Kagan Paul.

Shawly, A. (1972). "Social Work Education in Africa." *International Social Work*, Vol. 15.

Therborn, G. (1987). Welfare State and Capitalist State Markets. *Act a Sociologica*, 30(3/4), pp. 237-254.

Tratter, W. (1999). *From Poor Law to Welfare State: A History of Social Welfare in America.* NY: The Free Press.

Webb, S., & Webb, B. (1910). *English Poor Law Policy*. London: Archon Books(Reprint, 1963).

Webb, S., & Webb, B. (1927). *English Poor Law History*. London: Archon Books(Reprint, 1963).

Wilensky, H. (1975). *The Welfare State and Equality: Structural and Ideological Roots of Public Expenditures.* Berkeley: University of California Press.

Williams, F. (1989). *Social Policy: A Critical Introduction*. Cambridge: Polity Press.

World Bank (1999). *World Development Indicators*.

강원일보 (2008. 3. 27). "청소년 고민 나눠요" 상담원이 찾아갑니다.

경향신문 (2014. 6. 12). [양극화, 문제는 분배다] 소득불평등, 1970년대 후반 가장 컸다… 양극화 뿌리는 개발독재시대 재벌 특혜.

국민일보 (2018. 1. 19). 고령장애인 증가 50세 이상 188만 명 “35.8% 자살충동 겪어 일반인의 10배” 중장기대책 절실.

머니투데이 (2018. 3. 22). 탈북민 실업률 7%로 증가… 월평균 임금 178만 원.

세계일보 (2017. 8. 31). 고령인구, 유소년층 첫 추월… 노령화지수 100 돌파.

연합뉴스 (2018. 3. 19). “너무 추워서” 빈 건물 들어가 불낸 노숙인 집행유예.

한겨레 (2017. 9. 27). 노숙인 29.2%는 가족 해체 · 실직 탓에 거리로 나왔다.

한겨레 (2018. 2. 19). [유레카] 비전 ‘사회보장 2040.’

한라일보 (2017. 10. 31). 탈북자 3만 시대… 제주는 283명.

NAVER 지식백과 http://terms.naver.com

두산백과 http://www.doopedia.co.kr

미래한국 http://www.futurekorea.co.kr

북이십일 아울북 http://www.book21.com

살림출판사 http://www.sallimbooks.com

서울대학교 철학사상연구소 http://philinst.snu.ac.kr

신원문화사 http://www.shinwonbook.co.kr

한국민족문화대백과 http://encykorea.aks.ac.kr

한국외국어대학교 러시아연구소 http://www.rus.or.kr

한국학중앙연구원 http://www.aks.ac.kr

휴머니스트 http://www.humanistbooks.com

찾아보기

저 / 자 / 소 / 개

- **장갑수** 백석문화대학교 사회복지학부 사회복지전공 교수
- **곽미정** 김포대학교 보건복지과 교수
- **권 붕** 경복대학교 복지행정과 및 경민대학교 사회복지과 겸임교수
- **김광수** 대신대학교 사회복지학과 교수
- **정명희** 중원대학교 사회복지학과 교수
- **박주현** 백석문화대학교 사회복지학부 및 백석대학교 평생교육원 교수

사회복지역사

1판 1쇄 인쇄 — 2019년 8월 5일
1판 1쇄 발행 — 2019년 8월 9일

저 자 - 장갑수 곽미정 권 붕 김광수 정명희 박주현
발 행 인 - 강철원
발 행 처 - 양성원
주 소 - 경기도 파주시 검산로 173번길 29-20
전 화 - 031-946-3861(代)
팩 스 - 031-946-3864
이 메 일 - tnwpub@naver.com
홈페이지 - tnwpub.co.kr
출판등록 - 2015년 8월 31일 제 2015-000211 호

ISBN 979-11-6126-200-0

정가 19,000원